U0935661

白璧德与中国文化

BABBITT AND CHINESE CULTURE

乐黛云/主编 ◎ 段怀清/著

首都师范大学出版社
CAPITAL NORMAL UNIVERSITY PRESS

图书在版编目(CIP)数据

白璧德与中国文化 / 段怀清著. —2 版. —北京：首都师范大学出版社，2019.12

(中学西渐丛书 / 乐黛云主编)

ISBN 978-7-5656-5369-8

Ⅰ. ①白… Ⅱ. ①段… Ⅲ. ①哲学思想—研究—美国—现代②文化交流—研究—中国、西方国家 Ⅳ. ①B712.59②G04

中国版本图书馆 CIP 数据核字(2019)第 265281 号

中学西渐丛书

BAIBIDE YU ZHONGGUO WENHUA

白璧德与中国文化

段怀清 著

项目统筹 杨林玉 责任编辑 王红梅 韩乔治

责任设计 王征发

首都师范大学出版社出版发行

地 址 北京西三环北路 105 号

邮 编 100048

电 话 68418523(总编室) 68982468(发行部)

网 址 http://cnupn.cnu.edu.cn

印 刷 中煤(北京)印务有限公司

经 销 全国新华书店

版 次 2019 年 12 月第 2 版

印 次 2019 年 12 月第 1 次印刷

开 本 710mm×1000mm 1/16

印 张 18.75 插页 2

字 数 290 千

定 价 68.00 元

白璧德（Irving Babbitt）

（1865—1933）

总 序

乐黛云

经历了20世纪的两次世界大战，经历了原子弹轰炸广岛，经历了“古拉格群岛”“文化大革命”等无可言状的精神苦难，人类曾梦想21世纪将是一个和平发展的美好的世纪；然而没有想到头一年就发生了“9·11”这样的恐怖袭击。战乱、暴动、屠杀仍然随处可见。为什么会如此？原因当然多种多样，然而，深刻的文化冲突不能不说是众多原因中很重要的一个方面。目前，“文化霸权主义”和“文化割据主义”的冲突无疑已给世界带来了严重的灾难。前者企图以强大军事力量为后盾，强行推广他们的意识形态，以图覆盖甚至泯没其他民族文化；后者则采取文化隔绝封闭的孤立政策，不惜以恐怖灭绝手段，维护其停滞与不变，并与一切和他们的看法相悖的力量拼死抗争。随着高科技发展所带来的日益增强的武器杀伤力及其对自然生态无可挽回的破坏，这种冲突所带来的灾难还会越来越严重。

目前，全世界的有识者都在考虑如何才能化解这一场有可能将人类引向毁灭的冲突。法国前总理米歇尔·罗卡尔(Michel Rocard)曾指出：策划和平要比策划战争困难得多。同样，实行引向战争的“对抗”，也比实行引向和平的“对话”困难得多！事实告诉我们：“文化霸权主义”和“文化割据主义”的“死硬派”，恐怕是很难对话，也不大可能“化干戈为玉帛”的。但是，希望仍在于两者之间的、极其广大的、不同层次的反对战争、要求和平的人民。他们对文化冲突的遏制和对文化共存的自觉将决定世界的前程。

西方已有学者提出必须在经济全球化和科技全球化之外，寻求另一种全球化，即文化多元共生的全球化。“共生”不是“融合”，也不是简单的和平共处，而是各自保持并发扬自身的特点，相互依存，互相得益。多元文化共生的全球化，反对以一种文化打压或覆盖另一种文化，主张多种文化保持“共生”互利的状态，以收和平共处、相得益彰之效。多元文化共生的前提就是各民族对自身的文化有充分的自觉。

近世以来，西方文化始终处于强势文化的地位，西方的文化自觉首先表现在审视自己文化发展中的弱点和危机方面。早在20世纪初奥斯瓦尔德·斯宾格勒在《西方的没落——世界历史的透视》一书中已相当全面地开始了对西方文化的反思和批判，到了21世纪，这种反思和批判达到了更加深刻的程度。例如，法国著名思想家、高等社会科学院研究员埃德加·莫兰(Edgar Morin)指出，西方文明的福祉正好包藏了它的祸根：它的个人主义包含了自我中心的闭锁与孤独；它的盲目的经济发展给人类带来了道德和心理的迟钝，造成各领域的隔绝，限制了人们的智慧，使人们在复杂问题面前束手无策，对根本的和全局的问题视而不见；科学技术促进了社会进步，同时也带来了对环境、文化的破坏，造成了新的不平等，以新式奴役取代了老式奴役，特别是城市的污染和科学的盲目，给人们带来了紧张与危害，将人们引向核灭亡与生态死亡。[①] 波兰社会学家齐格蒙特·鲍曼在《现代性与大屠杀》一书中更是强调，在西方，高度文明与高度野蛮其实是相通的和难以区分的……现代性是现代文明的结果，而现代文明的高度发展超越了人所能调控的范围，导向高度的野蛮！

有的学者不仅对上述以贪欲和聚敛为核心的文明进行了深入的反思，还进一步指出以物质为基础的现代发展观本身即将受到修正。可持续性的全球经济之目标应该是：通过将人类的生产和消费与自然界的能力联系在一起，通过废品利用和资源的重新补充，不断再生产出高质量的生活。在这样的生活中，重要的并非个人的物质积累，而是自我修养；并非聚敛财富，而是精神的提升；并非拓宽疆土，而是拓宽人类的同情(empathy)。[②] 可以说这是西方更深入、更触及精神方面的文化自觉。

---

① 参见《超越全球化发展：社会世界还是帝国世界?》见乐黛云：《迎接新的文化转型时期》，202页，上海，上海文化出版社，2005。

② ［美］J. 里夫金：《欧洲梦：欧洲梦是如何悄悄地使美国梦黯然失色》，杨治宜译，重庆，重庆人民出版社，2006。

如果说西方文化数百年来处于强势地位，其文化自觉在文化多元发展的大趋势下更多地倾向于审视自己文化的危机和弱点；那么，中国文化近百年来，作为一种弱势文化，不断受到西方文化的轻视和压抑，当代中国的文化自觉，首先就是与本民族文化复兴的强烈愿望结合在一起。正如我国著名的社会学家、人类学家、民族学家费孝通所说：中国的文化自觉首先是要了解自身文化的种子(基因)，也就是民族繁衍生息的最基本的特点；其次，必须创造条件，对这些基本特点加以现代解读，这种解读融会古今中外，让原有的文化基因继续发展，使其在今天的土壤上，向未来展开一个新的起点；另外，还要将中国文化置于全球化的语境之中，研究它与其他文化的关系，使其成为正在进行的全球文化多元建构的一个组成部分。这是我们过去从未遭遇，也全无经验的一个崭新的领域。

近年来，西方文化显示了对他种文化的强烈兴趣，特别是对中国文化的兴趣。他们首先把中国文化作为一个新的参照系，即新的“他者”，以之作为参照，重新反观自己的文化，找到新的认识角度和新的诠释。法国学者弗朗索瓦·于连(Francois Jullien)写了一篇题为《为什么我们西方人研究哲学不能绕过中国?》[①]的著名文章！他认为，要全面认识自己，必须离开封闭的自我，从外在的不同角度来考察。在他看来，“穿越中国也是为了更好地阅读希腊”，他认为，“我们对希腊思想已有某种与生俱来的熟悉，为了了解它，也为了发现它，我们不得不暂时割断这种熟悉，构成一种外在的观点”，而中国正是构成这种“外在观点”的最好参照系，因为“中国的语言外在于庞大的印欧语言体系，这种语言开拓的是书写的另一种可能性；中国文明是在与欧洲没有实际的借鉴或影响关系之下独自发展的、时间最长的文明……中国是从外部正视我们的思想——由此使之脱离传统成见——的理想形象”[②]。他强调指出：“我选择从一个如此遥远的视点出发，并不是为异国情调所驱使，也不是为所谓比较之乐所诱惑，而只是想寻回一点儿理论迂回的余地，借一个新的起点，把自己从种种因为身在其中而无从辨析的理论纷争之中解放出来。”[③]

① 参见乐黛云：《迎接新的文化转型时期》，566页，上海，上海文化出版社，2005。

② 参见[法]于连：《迂回与进入》前言，杜小真译，3页，北京，生活·读书·新知三联书店，1998。

③ 参见[法]于连：《道德奠基：孟子与启蒙哲人的对话》，宋刚译，北京，北京大学出版社，2002。

其次，不但是作为参照，还要从非西方文化中吸收新的内容。2004年里查·罗蒂访问复旦大学哲学系时说："我隔了20年再次来到上海，中国的变化简直可以用奇迹来形容。这个奇迹不是改变了我的思考，而是进一步印证和强化了我已有的看法，那就是中国是未来世界的希望。"①在北京大学比较文学与比较文化研究所举办的"多元之美"国际学术讨论会上，法国比较文学大师巴柔(Daniel-Henri Pageaux)教授特别提出："弗朗索瓦·于连对于希腊文化与中国文化的研究是一个很好的例子，它正好印证了我已经讲过的经由他者的'迂回'所体现出来的好处。"他还强调说："从这次研讨会的提纲中，我看到'和谐'("和实生物，同则不继")概念的重要性……中国的'和而不同'原则定将成为重要的伦理资源，使我们能在第三个千年实现差别共存与相互尊重。"②一些美国汉学家的著作也体现了这种认识论的改变，如安乐哲(Roger Ames)和大卫·霍尔(David Hall)合作的《通过孔子而思》(*Thinking Through Confucius*)、斯蒂芬·显克曼编撰的《早期中国与古代希腊——通过比较而思》等。类似观点的著作还很多。

另外，改变殖民心态，自省过去的西方中心论，理顺自己对非西方文化排斥、轻视的心理，这一点也很重要。意大利罗马大学的尼兹教授认为克服西方中心论的过程是一种困难的"苦修"过程。他把比较文学这一学科称为"非殖民化学科"。在《作为非殖民化学科的比较文学》一文中，他说："如果对于摆脱了西方殖民的国家来说，比较文学学科代表一种理解、研究和实现非殖民化的方式；那么，对于我们所有欧洲学者来说，它却代表着一种思考、一种自我批评及学习的形式，或者说是从我们自身的殖民意识中解脱的方式。……它关系到一种自我批评以及对自己和他人的教育、改造。这是一种苦修(askesis)!"③没有这种自省的"苦修"，总是以殖民心态傲视他人，多元文化的共存也是不可能的。

总之，许多先进的西方知识分子提出人类需要的不是一个单极统治的帝国世界，而是一个多极均势的"社会世界"，一个文明开化、多元发展的联盟。要达到这个目的，人类精神需要发生一次"人类心灵内在性的巨大

① 载《文汇周报》2004年7月27日。

② [法]巴柔(Daniel-Henri Pageaux)：《文化还是文化间性：从形象学到媒介》，载2001年4月"多元之美"大会文献。

③ [意]阿尔蒙多·尼兹：《作为非殖民化学科的比较文学》，载《中国比较文学通讯》，1996(1)，5页。

提升”，它表达的是对另一个全球化的期待，这就是全球的多极均衡，多元共存，也就是一个“基于生活质量而非个人无限财富积累的可持续性的文明”。从这种认识出发，他们一方面回归自身文化的源头，寻求重新再出发的途径；另一方面广泛吸收非西方文化的积极因素，并以之作为“他者”，通过反思，从不同视角更新对自己的认识。这些新发展构成了与过去的汉学(中国学)很不相同的“新汉学”。

反观中国，有关中西文化关系研究的著作日益增多，特别是汉学(中国学)研究更是蓬勃发展。新世纪以来，出现了《20世纪西方哲学东渐史》14卷(首都师范大学出版社)《跨文化沟通个案研究丛书》15卷(文津出版社)等系统总结性的大型综合丛书，引起了广泛关注，前者还获得了国家图书大奖。但总的说来，显然研究西方对中国的影响的著作较多，从反方向研究中国文化对西方文化影响的专著却相对较少，尤其缺少这方面的综合性系统研究。特别是对于西方主流文化中的中国文化因素，更是几乎付诸阙如！事实上，中国文化正是通过伏尔泰、莱布尼茨、荣格、白璧德、庞德、奥尼尔、色加楞、米肖等主流文化的哲学家、思想家、文学家的融会贯通，包括误读和改写，才真正进入西方文化的。这些西方主流文化的大家并不全面熟悉中国文化，也并不精通汉语，但却从中国文化汲取了至关重要的灵感和启迪。这是一个十分复杂的过程，包括误读、改写、吸收和重建，这种研究不是一般通行的汉学研究所能代替的。这个过程的目的首先都是为了寻找一个外在的视角，以便更好地审视和更深刻地了解自己。但要真正“外在于自己”却并不容易。人，几乎不可能脱离自身的处境和文化框架，他们对“异文化”的研究和吸取也就往往决定于其自身的处境和条件。当他们感到自身比较强大而自满自足的时候，他们在异文化中寻求的往往是与自身相似的东西，以证实自己所认同的事物或原则的正确性和普适性，也就不免将异文化纳入本文化的意识形态而忽略异文化的真正特色；反之，当他们感到本文化暴露出诸多矛盾，而对现状不满时，他们又往往将自己的理想寄托于异文化，将异文化构建为自己的乌托邦。从意识形态到乌托邦构成一道光谱，显示着西方文化主流学者对中国文化理解和吸收的不同层面。

本丛书意在对这个充满着误读、盲点和过度诠释，同时又闪耀着创意、灵性和发展的非常复杂的过程进行饶有兴味的探索，比较全面、系统地梳理中国文化进入世界文化主流的历史现象，对在这方面有重大贡献的代表性历史人物，进行系统研究。首先是对相关资料进行全面收集，其次是对于误读、吸收和重建等文化现象进行分析，最后上升到对两种文化相遇时所产生的种种理论问题进行探讨和总结。

本丛书现包括以下5种：《莱布尼茨与中国文化》《白璧德与中国文化》《卡夫卡与中国文化》《史耐德与中国文化》《庞德与中国文化》。如有可能，我们将在此基础上，继续推出相关学术著作，以期更加完善、充实。

2006年10月6日于北京大学朗润园

2006年起我们推出了中学西渐丛书第一辑5种，第一辑出版后在海内外产生了广泛影响。在此基础上，我们又着手推动丛书的后续著作出版事宜，策划了《中国禅与美国文学》《黑塞与中国文化》《伏尔泰与中国文化》《荣格与中国文化》《布莱希特与中国文化》，并根据读者的反馈对第一辑予以修订。此次一共推出10种，欢迎广大读者批评指正。

2019年9月4日

目　录

第一章　绪　论 …… 1

第一节　西方汉学历史语境中的白璧德 …… 1

第二节　白璧德与中国文化的关系形态 …… 13

第三节　白璧德与中国文化之间关系的认识论与方法论意义 …… 19

第二章　白璧德及其人文主义 …… 25

第一节　白璧德及其人文思想概述 …… 25

第二节　马修·阿诺德的文化批评与白璧德的人文批评 …… 42

第三节　更高意志：人文主义与宗教 …… 63

第四节　内省：人文主义对科学主义的批判 …… 71

第五节　道德想象：人文主义对浪漫主义的批判 …… 78

第六节　古典经典与人文标准：人文主义对现代教育的批判 …… 87

第三章　白璧德与中国古代思想传统 …… 93

第一节　白璧德与东方经验的意义 …… 93

第二节　白璧德与儒家思想传统 …… 108

第三节　白璧德与早期道家思想 …… 121

第四章　白璧德与现代中国知识分子 …… 126

第一节　白璧德与现代中国知识分子概述 …… 126

第二节　《学衡》与“学衡”派知识分子联盟 …… 149

第三节　白璧德与梅光迪 …… 187
第四节　白璧德与吴宓 …… 215
第五节　白璧德与梁实秋 …… 232

附　录 …… 259
附录一　白璧德的著作 …… 259
附录二　有关白璧德的研究论文与著作选录 …… 260
附录三　本书参阅过的部分与白璧德的中国知识相关的1860～1940年间英美中国学著作中文献目录及相关要点摘引（含期刊、报纸） …… 264

参考文献 …… 282
后记 …… 284

CONTENTS

Chapter Ⅰ Introduction

1. Irving Babbitt in the Historical Context of the Western Sinology
2. Irving Babbitt and the Confinguration of His Relationship with Chinese Culture
3. Irving Babbitt and the Meaning of Epistemology and Methodology of His Relationship with Chinese Culture

Chapter Ⅱ Irving Babbitt and His Humanism

1. Irving Babbitt and His Humanism
2. The Cultural Criticism of Matthew Arnold and The Humanistic Criticism of Irving Babbitt
3. Humanism and Religion
4. Humanism and Scientism
5. Humanism and Naturalism and Romanticism
6. Humanism and Modern Education

Chapter Ⅲ Irving Babbitt and the Ancient Chinese Thoughts

1. Irving Babbitt and the Oriental Experience
2. Irving Babbitt and the Confucian Humanism
3. Irving Babbitt and the Early Daoism

Chapter Ⅳ Irving Babbitt and the Modern Chinese Intellects

1. Irving Babbitt and the Modern Chinese Intellects
2. *Xue Heng*(*The Critical Review*) and the Alliance of the Intellects of *Xue Heng*
3. Irving Babbitt and K. T. Mei (Mei Guang Di)
4. Irving Babbitt and Wu Mi
5. Irving Babbitt and Shih-Chu'iu Liang (Liang Shi Qiu)

Appendix

Appendix 1 Works by Irving Babbitt

Appendix 2 Works and Articles about Irving Babbitt and Humanism(Extract from George A. Panichas's *Irving Babbitt*: *Representative Writings*)

Appendix 3 Some Western Sinology Studies During Irving Babbitt's Time Referenced for This Book

Bibliography

Epilogue

“真的，”理雅各说，“他们的文明与我们的极为不同，但是他们早已经摆脱了野蛮愚昧。一旦我们想到四千年来人们已经开始并且一直在这里生存并且收获，成长繁衍，我们禁不住就会推测到，这个民族可能具有某些更高的品性——亚述人、波斯人、希腊人、罗马人以及其他一些更现代的帝国，兴起、教化而又衰落，但是，唯有中华帝国依然耸立，还有它的四万万国民。为什么会这样呢？很清楚，在它的国民当中，一定存在着某种最伟大的德性和力量而成就的道德和社会原则。”

“没有任何其他国家对于学术精华的热爱开发得像中国那样，而且，世界上也没有任何一个国家对于学术如此高地看待和崇敬。”

——*James Legge*：*Missionary and Scholar*，by Helen Edith Legge，London：The Religious Tract Society，1905.

你渴望的是
最优的和最优者的结合，
要打破那
东方与西方的畛域。

——《怀念——赫尔曼·布德勒》(Hermann Budler，已故德国驻广州领事)，摘引自《辜鸿铭文集》。

第一章 绪 论

第一节 西方汉学历史语境中的白璧德

如果就一般意义上的“汉学”(sinology)及“汉学家”(sinologist)的标准来衡量白璧德及其学术工作，他显然不能够被纳入到19世纪末20世纪初的西方汉学家之列①，遑论在更长久的西方汉学史上占据什么醒目的位置，这一点，就连他的最忠实的中国学生几乎都不回避②；他的学术工作，无论是其目的、方法抑或思想学术成果，就与中国直接相关部分而言，也不符合甚至直接违背从17世纪开始逐渐形成的西方汉学的传统规范要求。简言之，如果我们对于上述西方“汉学”和“汉学家”的认识与界定没有重大甚至

① 西方的“东方研究”或者“东方学”“汉学”“中国研究”等，其称呼由来既有历史、国别习惯传统的缘故，也有在关注研究对象、内容以及方法等方面的一些实际差异。严格地讲，白璧德对于“中国”的阐述，主要集中在古代中国思想传统方面，更确切而言，集中在对孔子儒家人文思想和早期道家思想在一个更宽泛广阔的世界历史语言的语境当中来进行的。这种阐述比较在方法上强调融会贯通，在言说语境上强调20世纪西方文明自身所遭遇到的困境。鉴于白璧德并不能够直接阅读中文和相关历史文献，而只能够借助于翻译的西方文献进行解读，因此，严格意义上，白璧德的“中国”研究，更接近20世纪美国兴起的“中国研究”(Chinese Studies)，而不是19世纪英国或者欧洲“汉学”。有关19世纪英美两国对于“汉学”以及“汉学”是否为一门科学的讨论，可以参阅19世纪后半期重要的英文汉学评论刊物 *The China Review, or Notes and Queries on Far East*，亦可参阅段怀清、周俐玲编著《〈中国评论〉与晚清中英文学交流》。

② 梅光迪在高度肯定白璧德在中西古代思想会通方面所做的杰出工作的同时(白璧德对于孔子的深刻理解，与他对于孔子和亚里士多德之间所做的大师级的比较，轻而易举地就将他置入到所有研究中国圣人的西方学者的前列)，也注意到白璧德的中国研究的一个突出特点或者“缺陷”，那就是白璧德的上述工作并不是在直接使用中国语言文献资源的状况下实现的(转引自 A. Owen Aldridge: *Irving Babbitt: In and About China*, Modern Age, 1993, Summer, p.337)。

根本的突破，要将白璧德置于西方汉学史，特别是19世纪末20世纪初西方汉学传统的历史语境中来认识评价显然是勉强的[①]。

原因很简单。利玛窦(Matthieu Ricci)在其《中国札记》[②]中向那些西方读者介绍中国时曾经这样自信地写道："我们在中国已经生活了差不多三十年，并曾游历过它最重要的一些省份。而且我们和这个国家的贵族、高官以及最杰出的学者们友好交往。我们会说这个国家本土的语言，亲身从事研究过他们的习俗和法律，并且最后而又最为重要的是，我们还专心致志夜以继日地攻读过他们的文献。"利玛窦还将他这种西方传教士—汉学家(Missio-nary-Sinologist)[③]类型才具备的"优点"进一步放大，甚至成为所有计划严肃认真地从事中国研究的汉学家们必须具备的条件。据此他很肯定地认为，"这些优点当然是那些从未进入这个陌生世界的人们所缺乏的"。不仅如此，利玛窦还认为，由那些从来不曾进入中国的人来写中国，因为他们"并不是目击者，而是只凭道听途说并有赖于别人的可信性"，因此，这种道听途说式的关于中国的著作，被认为是"想象"太多，或者"听得"过多、并不加考究思索地照搬照抄。

事实上，利玛窦上述西方汉学家标准，因为在相当长一个历史时期，

---

① 从16世纪至1924年间，能够统计到的西方汉学家共有7 737位，其中113位至少发表或者出版了20篇(部)以上有关中国的论文(著作)，其中英国37人，法国29人，德国12人，美国9人，其他国家7人，不明国籍者19人。19世纪既是西方汉学快速发展的时期，也是英美汉学或者中国研究迅速发展并在西方汉学中占据重要地位的时期。而在所有37位英国高产汉学家中，仅有2位逝世于1850年之前、6位逝世于1925年之后，他们中的绝大多数，在华期间和汉学研究最佳年龄阶段，均在19世纪。这一事实在某种程度上已经说明，19世纪的英国汉学研究队伍，已经成为左右西方汉学研究的主导力量(阙维民：《剑桥汉学的形成与发展》，31～43页，载《汉学研究通讯》，总第81期，2002年2月)。另见高第(Henri Cordier，1849～1925)编撰的《汉学文献目录》(法文本)。该目录收录16世纪至1924年以欧洲语言著述的汉学著作、印刷品和文章共70 000余种，几乎涵括了1924年以前西方汉学研究中所有专题的必备文献。1953年，美国哥伦比亚大学东亚图书馆编制了一份详细的《汉学文献目录索引》(油印本)。一个不争的事实是，白璧德对于东方经验和中国古代思想传统的现代阐述，就是在上述西方汉学的学术基础之上展开的。

② 参阅利玛窦：《中国札记》，25页，北京，中华书局，1983。

③ 西方传教士—汉学家传统，在19世纪西方汉学大发展的过程中得到了加强。这种类型的汉学家除了大多具备利玛窦所列举的那些特征之外，因为他们来华之动机目的、因为他们的知识结构、因为他们更为关注的对象主题等，使得传教士—汉学家的汉学研究，成为西方汉学中一种非常醒目的类型。这是西方汉学发展过程中特定历史阶段的产物。19世纪中后期英国伦敦大学、牛津大学、剑桥大学设置的中文教授教席的首任中文教授，除个别为外交官—汉学家外，其余早期都曾经为传教士—汉学家。

鉴于主要是传教士—汉学家在从事中西社会的接触、文化文献的译介、传播和研究评估，或者说，对于西方中国学的开启、推动，不仅肇始于最初的天主教传教士和稍后的基督教传教士，而且，也因为他们在宗教以及精神文化方面的特殊兴趣，而使得随后相当一个历史时期的西方中国学不是在一种世俗化、科学化的学术环境中展开的，也还没有“深入”到大学这类公共教育机构的专业学科领域，也正因为这些，这种汉学研究带有一种特殊的精神信仰与价值判断方面的思想特质。

然而，上述这种标准，即便在20世纪西方中国学研究中——也就是已经比较普遍地与西方世俗化的高等教育体系和专门化的研究体系相结合的中国学研究中，一直到白璧德去世之前，依然是评价一个西方中国研究者学术成果的重要参考。1932年，耶鲁大学神学院(Christian Nuiture)的贺拉斯·布士勒尔教席教授R. S. 史密斯博士(Robert Seneca Smith)，在给一个名叫W. H. 斯图亚特(Warren Horton Stuart)的学生用来申请博士学位的一部《基督教中国青年会的基督教育中中国精神遗产的资源利用》[①](*The Use of Material from China's Spiritual Inheritage in the Christian Education of Chinese Youth*)论文所写的序言中，即明确指出，该书作者的“中文知识”“对中国文学的鉴赏”以及对中国传统和习俗“富有同情心”和“不歧视的理解”，使得作者的研究“达到了预计目标”。而这部被序言作者认为很有特点的有关中国古代教育思想与西方基督教思想进行比较研究的博士学位论文，同样被序言作者认为是一部在华基督教传教士们可资借鉴的传教指南。

即便如此——西方汉学家们虽然如此重视汉学研究者的中国知识背景、生活经验与文化素养，实际上，在一个中国学者眼里(一个同样从事中国古代社会和近现代社会研究的中国学者)，这些西方汉学家们的中国知识依然常常被认为是不够的，不少时候他们的研究甚至还被认为缺乏必

① Warren Horton Stuart: *The Use of Material from China's Spiritual Inheritage in the Christian Education of. Chinese Youth*, Kwang Hseuh Publishing House/Oxford University Press China Agency(Shanghai), 1932.

要的中国常识。20 世纪初，一个在美国一所大学讲授《中国学入门》[①](*Chinese Civilization：An Introduction to Sinology*)的中国学者，曾经试图揭示西方中国学长期不能够真正普及和大众化，同时也不能够真正进入西方主流文化，而只能够局限于那些专业从事中国学研究或者对中国抱有兴趣的特殊人群这一狭小有限范围的原因所在。这位中国学者认为，美国乃至整个西方的"中国研究"的社会处境之所以如此，首先是西方民众对于汉学研究者们研究选题的普遍忽略，无知或者漠不关心；其次是对于该选题(中国研究)的不幸误导阐释，或者对于它的不公正态度；再次为汉学家们不系统的研究、不平衡的中国知识以及缺乏权威性的诠释[②]。这位中国学者还特别指出，上述状况，一直到 20 世纪 20 年代，也就是他在美国大学中作上述讲座的时候，也没有得到多少改观。其中最突出的一点，就是在当时西方的公立学校或者大学中，"中国历史并不包含在世界历史中"[③]，"而且那些研究比较哲学的学生也不研习中国哲学"[④]。不仅如此，"一切有关中国的课题，似乎也只教习给那些准备到中国去的学生"[⑤]，而且，更为引人注目的是，"那些研究中国课题的西方学者很少懂得中国语言"，"更少的汉学家能够阅读中国文学"[⑥]。更有甚者，"即便是那些颇为知名的汉学家，已经终身致力于某些专题研究，甚至他们的某些研究成果已经超越了一般中国学者，但他们依然令人奇怪地竟然缺乏中国学生们在学校中也

---

① Kiang Kang-hu：*Chinese Civilization：An Introduction to Sionlogy*，Chung Hwa Book Co.，Ltd. Shanghai，China，1935.

② 江亢虎认为，过去那些西方汉学家对于中国人文化和生活的描述评价，"往往站在外国中国学家的立场上"。Kiang Kang-hu：*Chinese Civilization：An Introduction to Sionlogy*，Chung Hwa Book Co.，Ltd. Shanghai，China，1935. pp. Ⅲ～Ⅳ.

③ Kiang Kang-hu：*Chinese Civilization：An Introduction to Sionlogy*，Chung Hwa Book Co.，Ltd. Shanghai，China，1935. p. Ⅳ.

④ Kiang Kang-hu：*Chinese Civilization：An Introduction to Sionlogy*，Chung Hwa Book Co.，Ltd. Shanghai，China，1935. p. Ⅳ.

⑤ Kiang Kang-hu：*Chinese Civilization：An Introduction to Sionlogy*，Chung Hwa Book Co.，Ltd. Shanghai，China，1935. p. Ⅳ.

⑥ Kiang Kang-hu：*Chinese Civilization：An Introduction to Sionlogy*，Chung Hwa Book Co.，Ltd. Shanghai，China，1935. p. Ⅳ.

被要求掌握的那些普通而且重要的知识”[①]。或许正是有鉴于此，这位中国学者甚至自负而明确地指出，当时以及在此之前的西方汉学研究“不正确”和“不完整”。

撇开对西方汉学家的中国知识方面的一般要求和专业素养不论，单就西方汉学研究如何才算“正确”和“完整”而言，对于直到20世纪初依然处在发展中、还没有完全从西方的东方学研究中分离独立出来的“中国学”来说，确实还面临着多重挑战：其一是中国学最初因为传教而催生的文化接触、译介和传播的需求动力，随着西方强势地位在19世纪中后期的实际形成，已经逐渐趋于淡化；也就是说，19世纪西方因为宗教和经济商业利益而兴起的中国研究，已经因为西方在中国利益的实际确定而显得可有可无；其二是中国学之于西方思想文化的启发借镜意义和功用（就像中国古代儒家思想文化对于启蒙时期的欧洲，特别是16世纪的意大利、17世纪的法国），也因为西方在近代的强势崛起以及“西方意义”的普遍化和世界化而大大弱化；其三是上述两种合力的综合，也就是在传教、贸易、交通等功利性需求所催生、支撑的中国学的时代所确立的准则，在世界日益近代化同时也日益西方化的时代，遭遇到了严峻的挑战：既然殖民主义者的文化已经被确定认同为具有优势地位的优越文化，中国的意义和中国文化的价值也已经因此而大打折扣，那么，西方中国学的意义，除了本来就局限于一定范围的专业学科意义之外，究竟还有什么思想史、文化史意义和现实价值呢？

比较之下，辜鸿铭是较早地从充分肯定中国古代思想文化传统之于近代西方的意义以及强调中国传统思想文化模式的世界普遍意义和现实价值角度，来审视西方中国学的历史、现状及其不足的近代中国知识分子，只是他的中西方文化批评，从一开始就打上了深刻的时代烙印和鲜明的中华

---

① Kiang Kang-hu: *Chinese Civilization: An Introduction to Sionlogy*, Chung Hwa Book Co., Ltd. Shanghai, China, 1935. p. Ⅳ.

中心论的个人情感色彩[①]。这也是白璧德同样借鉴中国古代儒家人文思想传统之于西方现代之意义，但其立足点却与辜鸿铭迥然不同之原因所在。不仅如此，在强调中国古代儒家人文思想传统之于近现代西方、西方的价值意义的同时，白璧德实际上是在努力建构一个融会贯通东西方人文传统资源的新的思想文化体系，以作为现代人——不仅只是西方人，还包括东方人——安身立命的依凭，甚至，像他的学生艾略特所指出的那样，作为宗教在现代的替代物。

辜鸿铭认为，并不是任何一个人，甚至包括多数西方汉学家，都能够懂得中国人和中国文明。“事实上，要懂得真正的中国人和中国文化，那个人必须是深沉的、博大的和纯朴的”[②]。而当时的美国人在辜鸿铭看来，他们博大、纯朴，但不深沉；而英国人虽然一般说来深沉、博大，却不纯朴；而德国人似乎也不能理解真正的中国人和中国文明，“因为德国人特

---

① 辜鸿铭认为，民族特性与这种特性的最高概括形式：观念和理论密不可分，甚至认为后者规范形成了民族特性并最终影响到民族历史和文化。因此，他认为，研究一个民族的集体和特性，包括他们的行为活动和实践，就要关注和研究他们的观念和理论，而这里所谓的观念和理论，更具体地就是指民族理想(national ideals)。而这些民族理想被保留在哪里呢？他认为，就在那些经典原典之中，包括反映那些原典精神和追求的民族文学之中，“从民族文学中，既能窥见他们最美好最高妙的特性，也能看到他们最糟糕的性格方面”。(《辜鸿铭文集》，126页，下卷)而这里所谓的民族文学，显然并非西方现代意义或者五四新文化运动中启蒙知识分子们所倡导的人的、平民的文学，而是辜鸿铭所谓的“该国人民正统权威的民族文学”(同上)。而要研究一国的文学，在研究方法上，“一定要将其视作一个有机的整体去系统地研究，而不能割裂零碎，没有计划或程序，正如迄今为止绝大多数外国学者所做的那样”(同上书，127页)，也因此，在辜鸿铭看来，大多数西方汉学家“不大能够认识到中国文学的价值和意义”(同上)。他还进一步补充道：事实上真正懂得它的人也实在稀少！变成他们手中理解中国民族性格的力量就太小！在他看来，19世纪的西方汉学家中，除了英国汉学家理雅各(James Legge，1815～1897)及其他一两个学者之外，“欧洲人了解中国文学主要是通过翻译过去的小说，而且并不是最优秀的、只是其中一些最平常的小说”(同上)。循着上述观点，辜鸿铭认为，不仅那些指责中国文学的西方人不过是通过那些被翻译成西方语文的并不入流中国文学作品来认识了解中国文学，即便是那些接触过中国文学中的最优秀作品和作家的西方研究者，也因为并不能够从总体上把握中国文学和中国文化的整个精神和审美追求，因此，他们对于中国的知识、研究以及批评观点，也不可能是真正切中肯綮的。更何况其间还存在着语言文化上的巨大差异——在这一点上，辜鸿铭又几乎将中国文化的独特性夸大到难以与西方文化对话交流的地步。

就在文化读解上高度重视儒家原典甚至几乎到唯原典为圭臬的同时，辜鸿铭有时候又因为阐述的需要，而将发展的、历史的中国文学观纳入到自己的论述当中。他在批评那些西方汉学家“习惯于仅从以孔子名义合成的那些作品，来构筑他们对中国文学的评价”的同时，又指出中国人的文学活动在孔子时代还只是刚刚起步，“此后又经历了十八个王朝二千多年的发展”，而“孔子时代的人对文学形式的理解，还非完善”(同上书，128页)。那么，又怎么认识孔子和孔子时代的重要性呢？辜鸿铭认为，以孔子名义合成的那些作品之所以被视为经典或权威作品，“主要不是因其文体的优美或文学形式的完善，而是以它们所蕴涵的内容的价值为准绳的”(同上书，129页)。

② 辜鸿铭：《辜鸿铭文集》下卷，6页，黄兴涛编著，海口，海南出版社，1996。

别是受过教育的德国人，一般说来深沉、博大，但不纯朴”[①]。在19世纪的西方汉学家中，辜鸿铭认为似乎也只有法国人，“最能理解真正的中国人和中国文明”，原因在于，法国人拥有一种“非凡的，为上述诸民族通常所缺乏的精神特质，那就是灵敏(delicacy)”。上述民族特性上的缺陷，在辜鸿铭看来，自然也就成为了各国汉学家们从事中国学研究必须克服的“先天障碍”。而作为研究学习对象的中华文明，自然具有它的研究学习者必须具备的那些特性，也就是“深沉”“博大”和“纯朴”，也因此，辜鸿铭认为，通过研究中国人、中国书籍和文学，“所有欧美人民都将大获裨益”[②]。不仅如此，正是因为中华文明具有辜鸿铭所阐发揭示的价值意义，中华文明和对于这种文明的研究，还将“有助于解决当今世界所面临的困难，从而把欧洲文明从毁灭中拯救出来”[③]。

对于中华文明之于西方的意义——这一主题也是白璧德所关注的，甚至也是他借镜或者借重东方经验的出发点——特别是其现实的社会意义、政治意义和伦理意义的积极评价，一方面固然与辜鸿铭的中华文化优越论立场有关，但也确实与西方在20世纪初所遭遇到的巨大的政治、经济、社会、文化挑战不无关系。面对第一次世界大战对于欧洲所造成的巨大灾难，辜鸿铭曾经不乏真诚关切地询问道：“现在基督教作为一种道德力量已丧失其效用，在这种情况下，欧洲人民何处寻找这种取代军国主义的新的有效的道德力量呢?”而对自己提出的这一“西方”问题[④]，辜鸿铭又这样旗帜鲜明地回答道，“我相信，欧洲人民会在中国——在中国的文明里找

① 辜鸿铭:《辜鸿铭文集》下卷，7页，黄兴涛编著，海口，海南出版社，1996。

② 辜鸿铭:《辜鸿铭文集》下卷，8页，黄兴涛编著，海口，海南出版社，1996。

③ 辜鸿铭:《辜鸿铭文集》下卷，8页，黄兴涛编著，海口，海南出版社，1996。

④ 20世纪初，曾经有几位具有世界影响力的西方思想家来华游历讲学，其中有代表性的有英国思想家罗素和美国哲学家杜威。他们通过耳闻目见，对于原本只限于汉学家所贡献的文献资料中的中国有了直接的了解，在此基础之上，罗素专门撰写了一部著作《中国问题》。在这部著作中，罗素更多论述的，是“中国问题”这一命题的中国意义，殊少涉及这些“问题”对于西方的普遍意义，似乎这些“问题”也仅限于中国。同样地，同时期也有一些中国学者在论述20世纪初西方所面临的挑战与困境的时候，似乎也在刻意渲染这些挑战与困境的西方文化和历史因素，而回避或者忽略这些挑战与困境的世界意义，其中最有代表性的人物莫过于梁启超。有关杜威对于“中国问题”的看法，除参照《杜威谈中国》(浙江人民出版社，1995年)之外，还可参阅杜威及夫人来华家书选(*Letters From China and Japan*, by John Dewey, Ph. D., LL. D., Professor of Philosophy in Columbia University, Alice Chipman Dewey, Edited by Evelyn Dewey. London & Toronto. J. M. Dent & Sons, Ltd. 1920)。

到它，中华文明中的这种使军国主义失去必要性的道德力量”[①]。上述问题在另外一个语境中，曾经被辜鸿铭进一步阐发过，他试图要弄明白(实际上很多时候，他所试图探明的问题的答案，从一开始就在他自己手中，特别是在论述中西文明的时候，似乎永远就是这样)，一个欧洲人，在一种没有或者不需要教士和兵警的社会环境中，依然还会就身于秩序，而且还是自愿的，这一切可能吗？而这，不正是一些欧洲文化优越论者所持有的白种人道德优越论的核心观点吗？辜鸿铭认为，在西方基督教文明阶段，个人和社会秩序是由上帝、教会和教士来构建和维持的；而西方科技文明带来的军国主义在对内在的个人与社会秩序的构建和维持上，更多是依靠兵警，也就是外在的力量威权。什么样的一种文明，在没有教士和兵警的境况下，依然能够使得一个人自觉地遵守秩序呢？辜鸿铭认为，这种文明就是中国古代曾经一直占据主导地位的自愿的自我约束的道德伦理文明。而西方中国学的最大意义和最高目的，就在于向他们的同胞揭示并介绍这种文明。如果撇开辜鸿铭的中华文明观的强烈的民族中心主义色彩，如果撇开辜鸿铭所希望并期待西方汉学家或者西方思想家揭示并介绍的中华文明的精髓的本体特性是否还存在疑义不论，单就他希望西方汉学家们所揭示的对象内容，以及这种对象内容服务的目的功能而言，其实辜鸿铭与白璧德是一致的。

鉴于此，辜鸿铭对西方汉学家提出了这样的建议——如果他们想真正地认识了解中国文化的真谛和精髓的话，那么，他们“首先应该去努力弄懂的，是中国人个人行为原则方面最基本的知识”，并强调“这是必要而不可少的”；其次，“他要检查一下，看看这些原则是如何运用和贯彻到中国人复杂的社会关系和家庭生活之中的”；再次，“在完成上述研究之后，他才能将其注意力和研究方向，对准国家的行政和管理制度”[②]。上述研究途径，也就是儒家经典《大学》中所阐明的被西方汉学家理解为“伟大的学问”(great learning)所揭示并规范的人生哲学的基本途径。循着上述路径，辜鸿铭认为，西方汉学家才能够不满足于一般语文意义上的汉学研究，而能够透过历史语言文化，去贴近、触摸、感受和体会一个民族精神文化产生

① 辜鸿铭：《辜鸿铭文集》下卷，21页，黄兴涛编著，海口，海南出版社，1996。
② 辜鸿铭：《辜鸿铭文集》下卷，125页，黄兴涛编著，海口，海南出版社，1996。

发展的历史脉络，认识、理解这种文化的精神理想和意志追求，并从根本上去领悟、把握这种文化所揭示的最高真理。

辜鸿铭对于19世纪西方汉学、尤其是维多利亚时代的英国汉学所作的上述批评，正是在他刚刚完成在英国的教育回到东方，并在马建忠的建议之下准备前往大陆拓展事业之时，而此时他自己对于儒家经典，实际上也还不具有真正意义上的系统的专业知识，更遑论研究。如果我们注意到了这个事实，那么，我们就可以这样推测，辜鸿铭对于西方汉学家们的中国思想传统的研究阐释所提出的批评——看上去显得过于严厉甚至过于苛刻的批评，实际上是与辜鸿铭自己独特的文化教育背景和精神成长经历密切相关的，也就是说，辜鸿铭这些针对性极强的批评，甚至可以说部分直接来自于他自己的经验和面对母国历史文化传统之时所遭遇到的窘迫境况。对此，罗振玉曾经在辜鸿铭《读易草堂文集》的序中，对辜鸿铭归国初期的思想转变以及文化身份的“尴尬”(既非西方，亦非东方)，有这样一段文字描述：“我国有醇儒曰辜鸿铭外部，其早岁游学欧洲列邦，博通别国方言及其政学，其声誉已籍甚。及返国，则反而求之我六经子史，爽然曰：‘道固在是，无待旁求。’于是沉酣寝馈其中，积有岁年，学以大成。然世之称君者，顾在彼而不在此，群然诵之曰：‘是固精于别国方言，邃于西学西政者也。’”

辜鸿铭显然也注意到了西方汉学从最初的“字典编撰”或者诸如此类的文化上的“搬砖运土”一类的工作，发展到去“试图建构专著、翻译中华民族文学中最完美的作品，不仅以理性思辨和充分的论据去评判它们，而且最终论定中国文学圣殿中那些最受推崇的文学家”[①]的进步或者丰富深化，但辜鸿铭的兴趣显然并不在于对那些汉学家的日常学术工作，包括他们辛勤努力的劳动成果作出专业的、具体的评论，他似乎一直在试图通过对西方汉学总体上的考察，来把握西方汉学研究的主要特征，并在此基础之

① 辜鸿铭：《辜鸿铭文集》下卷，125页，黄兴涛编著，海口，海南出版社，1996。

上，将这种考察把握的内容，服务于他的中西文化比较批评[①]。

与那些西方汉学家相比，特别是与那些对于他们的研究对象只见树木、不见森林式的汉学家相比，辜鸿铭与他们的分歧显然不只是有关中国知识数量上多少的差异，即便是在具体的经典文本认识与评价上，辜鸿铭的中国立场和中国倾向依然是显而易见的。这从一些具体的事例中可见一斑。针对有汉学家认为中国人不懂得任何系统的科学研究方法的说法，包括有人认为被儒家知识分子奉为思想与学术启蒙圭臬的《大学》，也只不过是一部“老生常谈”的“僻陋”之见，辜鸿铭提出了几乎完全针锋相对的观点。在他看来，正是在上述西方汉学家忽略或者漠视的经典文本或者地方，恰恰潜藏着西方汉学家们在研究阐明中国古代儒家经典时所真正应该遵循的“程序”，即开启了对于个体的研究，从个体进而对家庭的研究，再从家庭进入到对社会政府的研究。而就在这一“程序”中，包含着中国人“个人行为原则方面最基本的知识”。在这方面，辜鸿铭的整个中西文化比

---

① 17、18世纪欧洲的中国观（以意大利、葡萄牙、法国等的天主教来华传教士为主）具有一些共同的特征，概言之，大抵有如下三种情形：

其一，对中国基本上是肯定态度。这主要表现在对中国的政治教育制度和文官选拔制度的肯定与赞赏上面。这些肯定与赞扬不难在《中华帝国风物志》《利玛窦中国札记》或者来华传教士书札等文献中找到。而且，这些肯定与赞美，并不仅限于来华的传教士之中。那些不曾来华而通过传教士们翻译、介绍的文献等途径来了解有关中国古代文官选拔与教育制度的西方思想家如狄德罗、孟德斯鸠、伏尔泰等人，亦对中国的教育制度和文官选拔制度有过肯定的评论。一直到20世纪40年代，还有一个美国研究中国思想在西方介绍传播状况的学者Derk Bodd，在其*Chinese Ideas in the West*（Washington，D. C：American Council on Education，1942）一书中这样阐述西方知识分子曾经对于中国古代政治教育制度与文官选拔制度的发现、肯定与赞赏：“特别是中国被羡慕地看作这样一种国家，它的政府不像欧洲那样掌握在封建贵族手中，而是由一些有高度教养的官员来管理，这些人能取得他们的官位，仅仅是通过了一系列国家举行的考试，以证明了他们的价值之后。”（转引自忻剑飞：《世界的中国观——近二千年来世界对中国的认识史纲》，137页，上海，学林出版社，1991。）

其二，是从西方语言学术立场对中国语言（特别是文字）、逻辑思维和自然科学的形成历史状况进行批评的否定意见。

其三，对于中国宗教及历史文化的形成所产生的争论。

有人认为上述18世纪西方中国观的三种情形在表达方法上共有一个特征，就是对中国文化从“有注释性的介绍”向“解释性的评说”的发展。所谓“注释性的介绍”，就是“限于客观介绍”“或者将所介绍的中国文化充作天主教教义的注脚”，这两种情况，都服务于“了解的目的”或者“传教的目的”。但上述两种情况，到了18世纪，被认为发生了变化，由最初的“注释性介绍”发展到“解释性的评说”。这种评说又有如下三个特性：传播东方文化，以推进西方文化的目的性；结合西方情况和背景有选择性地译介中国文化的主动性；将东、西方文化进行比较研究的自觉性。同时，还认为正是因为上述解释性特征的突出，才使得西方18世纪中国观呈现出越来越丰富的特性，同时也越来越深刻、越来越复杂，并呈现出越来越主观的特性。（忻剑飞：《世界的中国观——近二千年来世界对中国的认识史纲》，138页，上海，学林出版社，1991。）

较和文化批评行为，几乎就是在服务于这样一个目的：阐明中国人的精神，并揭示中华文明的价值。

就在辜鸿铭几乎置自己不遗余力地所揭示的中华文明精髓的真实历史状况及其近代命运于不顾，完全沉浸在文本化的中国思想传统以及个人想象出来的似乎真实地曾经辉煌过的中华精神思想文明的历史文化语境之中的时候，同样有越来越多的西方学者，在将近代科学方法引入到20世纪的西方汉学之中，从科学的角度来系统阐明中华文化的总体精神特质，特别是以孔子思想为代表的中国古代伦理思想形成的历史社会背景及其诸多历史和现实的表现形态，从一个侧面也对辜鸿铭式的思想文化读解方式构成了反动。

这种西方汉学研究方法论上的“突破”的表现之一，是用现代社会科学的观点方法来考察中国思想中源远流长的伦理传统[①]。这种历史唯物主义的观点方法着重反映在对孔子思想形成之前中国人的道德情感的历史考察上，循此来探明孔子思想形成的种族的、环境的、时代的因素和彼此之间的关系形式及其对孔子思想的影响。有人就提出，“种族的特性必须在种族历史的观照之下得以阐释”，“人所经历的过去必定会影响它的整个生活观”[②]，而“任何种族在为其生活满足而奋斗的过程中所遭遇到的问题，将对其标准和理想的形成产生决定性的影响”。“为满足种族在特殊环境中的需要的行为方式是被理想化了的”，而“道德情操”也是用这种方式建立起来的，“这些道德情操乃民族历史以及对这一历史的民族反应的累积结果”[③]，所以，要研究人们的道德情操，也就必须研究它的文化生活的历史环境。

有趣的是，尽管在中国思想的研究方法上与辜鸿铭几乎完全不同，提出上述观点的研究者(Herbert Finley Rudd)同样对在此之前的西方汉学提

---

① 特别值得介绍的，是19世纪末期牛津大学语言学家、东方学家麦克斯·穆勒(Max Muller)和汉学家理雅各在翻译“东方圣典丛书”(*The Sacred Books of the East*)中所阐明的“比较宗教科学”。参阅 Norman J. Girardot：*The Victorian Translation of China：James Legge's Oriental Pilgrimage*. The California University Press，2002.

② Herbert Finley Rudd：*Chinese Moral Sentiments Before Confucius*. Christian Literature Society Depot，1914。该书为作者向美国芝加哥大学神学院实践神学系申请的博士学位(哲学)论文。该论文副标题为“伦理评价源起考”。

③ Herbert Finley Rudd：*Chinese Moral Sentiments Before Confucius*. Christian Literature Society Depot，1914.

出了批评，认为成百上千的西方学者有关中国和中国学的论述成果中，真正用“科学的方法”来研究孔子之前时期中国人和中国社会道德情操历史状况的还十分罕见[①]。但是，辜鸿铭式的方法，在20世纪初的西方思想中，依然得到了有力的回应——如其说回应，倒不如说是思想与方法上的暗合。这个在西方话语系统中与辜鸿铭的思想有不少方面暗合的，就是白璧德。

既然白璧德获取中国古代经典文献资源的途径主要是借助于19世纪西方汉学，而且他对中国古代思想传统的关注并非基于他对这些思想传统在

---

① Herbert Finley Rudd：*Chinese Moral Sentiments Before Confucius*. Christian Literature Society Depot，1914. 在该书提到的一些所谓用科学方法研究中国的学者中，首先提到了德国柏林的Prof. Wilhelm Grude，并认为，后者有关中国文学的研究（德文版）被认为是研究中国文学的“最科学的方法”。另外一个被提到的是当时寄居中国山东青岛的Richard Wilhelm，这也是一个德国学者。他有厚达十卷本的中国宗教和哲学研究著作，其中在当时已经出版的有三卷；除了上述德国汉学家之外，另外还有英语国家的中国学研究者，其中作者提到了英国剑桥大学的中文教授翟理斯（Prof. H. A. Giles）及他所撰写的《中国文学史》《中华文明》和《中国与中国人》。不过，对于翟理斯的专门介绍研究中国古代宗教的《古代中国的宗教》一书，作者倒是提出了一些批评，认为该书是翟理斯的所有学术著作中“最不令人满意的”一部（6页，引言）。在文献资料使用上，作者还提到了当时还在中国山西的传教士苏慧廉（W. E. Soothill，后牛津大学中文教授，也是《论语》的英译者之一）编撰的汉英小字典。在有关早期中国历史部分，引言还提到了美国哥伦比亚大学的Prof. Friedrich的《周亡前中国古代史》以及英国曼彻斯特大学的汉学家庄延龄（Prof. E. H. Parker）的《简明古代中国》。

在上述西方中国古代典籍的翻译者、研究者之外，引言特别介绍并高度评价了理雅各的工作的意义及其对于西方后来者的汉学研究的奠基式的贡献。他认为，“就我们的研究目的而言，理雅各教授的工作无疑比其他任何西方作者的工作都要重要”（8页，引言），“事实上，其他所有作者都要大量依仗他的对中国古代经典的翻译、注释以及介绍”（8页，引言）。特别值得西方汉学家关注的是，理雅各的翻译本中还提供了一个上百部他经常使用的中国原典的注释版本和参考书目，而且，理氏的译本还参考了当时仍有帮助价值的、珍贵的拉丁本、法文本、德译本和英译本，也因此，理氏也就成为了中国文学研究大师，也因此而确立了自己在翻译其他文学中前不见古人、后不见来者的杰出人格的学术标准（8页，引言）。作者还认为，虽然理氏的工作据作者时代结束已经有30年了，而他之后，也还有不少译者在继续中国古代经典的翻译工作，甚至他们的译文可能也更为流畅华丽，但与理雅各的译本相比，他们的译本一般都失去了不少“准确性”。不过，在1910年后的西方译本中，引言也肯定了苏慧廉的英译本和Richard Wilhelm的德译本。同时，对于理氏，主要是他的译本，作者也指出他的神学家色彩有时候要浓厚于他的中国学学者色彩（9页，引言）。作者认为，理雅各接受的是19世纪早期的神学信条，认为，“the Chinese people must have been colonists from the west after the Tower of Babel incident”（9页，引言，作者所论述的有关理雅各对于中国人的这一观点值得商榷），因此，理氏对于中国人的早期发展“缺乏远见”（9页，引言）。引言作者还认为，理氏的上述立场影响到了他翻译“God”这个重要的概念，同时也使得他对于中国宗教的自然源起“盲目不见”（9页，引言）。不仅如此，还影响到他对中国道德品质和社会机制的意义缺乏认识（9页，引言）。作者在介绍西方学者们介绍翻译研究上述选题的同时，也指出上述选题的研究也需要参考孔子之后2400年间中国学者们的研究成果。引言作者认为，正是借助于这些里程碑、记录以及卷帙浩繁的评论诠释，现代西方研究者们才可能带着研究古希腊、古罗马文学一样的信心去研究中国古代经典（13页，引言）。

中国长达几千年的社会实践历史的总体把握，其来源于他自己对于想象当中的东西方思想文化传统的融会贯通，并希望其结果服务于近代西方的文明现实，那么，粗略地介绍评估一下19世纪下半期与20世纪初期西方汉学的概貌应该也就不显得多余。而明显不同于那些职业汉学家的是，白璧德的“中国研究”从一开始就不是服务于纯粹客观的研究目的，而是服务于他的东西方经典思想文化的整体观，也就是他的新人文主义，因此，白璧德的“中国研究”的价值与意义，并不在于他所阐明或者试图阐明的那些主题、所选择阐述的研究对象独立的价值与意义，而在于这些中国要素是如何被白璧德所发现、所观照并被整合进他的新人文主义体系之中，且成为其中不可或缺的组成部分。

第二节　白璧德与中国文化的关系形态

对于在自己课堂上听课的一个来自于中国的留学生总是能够如此快地理解认同他的哲学观点，白璧德曾经感到过惊奇，并禁不住问道：

“为什么你轻而易举地就掌握了我所讲述的那些观点？为什么你在理解接受那些哲学观点时不像班上其他同学有那么多的问题和困难？”

而这个中国学生又是怎么回答白璧德的上述问题的呢？

“噢，这很简单，”这个中国学生回答道，“你知道，你所讲的这些在两千年前的中国就已经经历过了。”[①]这个中国留学生，就是梅光迪。

这段对话，似乎包含了白璧德与中国文化之间关系的最主要的信息——他既关涉中国古代传统思想，又与现代中国知识分子运动（或者新文化运动及其反动）有着某种人事关联。

与那些传教士—汉学家（missionary-sinologist）相比，白璧德不仅没有直接在华生活游历的经历，也不懂汉语——他既不认识汉字，也不会用汉语进行口头交流（尽管有中国留学生问他倘若再年轻二十岁，他是否会学中文，他也曾极为严肃地回答：如果再年轻三十岁的话，他一定会学中

① Frederick Manchester & Odell Shepard: *Irving Babbitt: Man and Teacher*, p.130, Greenwood Press, Publishers, New York, 1969.

文[①])。与那些外交官—汉学家(diplomat-sinologist)相比，白璧德对与中国相关的具体的国际事务并无多少兴趣，他对于中国的经济、政治、军事、社会现实的了解也很难说就与他被冠之的一流“汉学家”的头衔相称[②]。与那些职业汉学家相比，白璧德的汉学知识素养甚至可以说既不系统也不完备。绝大多数时候，他只能够通过间接途径——那些翻译成拉丁文、法文、英文的中文原典及其阐释，开展他对于中国古代思想传统的重新发现与阐释工作。但这些知识，严格意义上，更应该说是关于中国古代思想传统的知识，而不是所谓的关于中国的知识——就像他反感为艺术而艺术一样，他同样反对文学研究中的为事实而事实。他不反对文学批评中的历史研究或者调查，但他更倾向于一种有目的的历史研究和调查，这一目的，也就是他所说的思想——他对纯粹意义上的语文学式的研究始终缺乏必要的认同，哪怕后者是以科学的名义作为一种标准要求于研究。

值得注意的是，所有这一切，似乎并没有阻碍白璧德对于中国的兴趣甚至好感，这种好感，有时候几乎到了不加掩饰的程度，与他一贯的理性态度并不完全一致。有一次，他与自己的一个学生一起去波士顿的经典艺术博物馆参观丰富的馆藏中国画。随行的学生对此次参观并没有留下多少清晰的记忆，但却没有忘记白璧德对这些绘画所保持的浓厚兴趣。当看到博物馆中一把挂在墙上的装饰精美的中国剑柄时，白璧德甚至惊呼起来，

---

① Frederick Manchester & Odell Shepard: *Irving Babbitt*: *Man and Teacher*, p. 121, Greenwood Press, Publishers, New York, 1969.

② 对于19世纪末、20世纪初的中国的现状，白璧德并非完全缺乏了解，也不是完全没有信息渠道来增加他在上述事务方面的知识。他曾经与梅光迪等来自于中国的学生谈到过中国当时所面临的来自于日本的扩张主义的威胁，并认为中国当务之急不是建立并发展一支完整的海军，而是更应该发展潜艇力量以作为一种积极的海岸防御战略的重要支撑，原因很简单——中国没有时间等待。对于苏俄共产主义思想在中国的传播，白璧德也曾经不无忧虑地说过：倘若中国人成为了共产主义者，我跟他们之间也就无事可做了(Frederick Manchester & Odell Shepard: *Irving Babbitt*: *Man and Teacher*, p. 121)。但是，这些信息、知识，相对于一个“汉学家”的要求而言，显然是不够的。造成这种状况的原因，显然与白璧德的文化观直接相关。相对于通过历史与现实，他更多的是通过那些经典原典，那些文本化的精神思想来认识了解一个民族的文化特性。这从一件具体的案例中可见一斑。他曾经颇为自负地说，他比他的夫人更为了解中国人，尽管他的夫人Dora D. Babbitt在中国出生并在那里度过相当长的一段时光。他的夫人曾经申辩道：“你都没有去过那儿，你连那个国家看上去是什么样子、闻起来是什么味道都不知道!”而白璧德对此的回答是：了解一个国家就要去了解它的思想；而了解它的思想就是了解它的精髓。(Frederick Manchester & Odell Shepard: *Irving Babbitt*: *Man and Teacher*, p. 217)

说“这里有某种东西可以让某某兴高采烈起来”。而对于这些绘画当中那些具有印象主义风格的作品，白璧德也一改他惯常对印象主义所采取的批评立场，而是表现出一种“难得”的“宽容”，不断对此进行一些解释说明[①]。类似的例子似乎还能够找到，但需要说明的是，白璧德并没有将他对于中国的兴趣仅仅停留在上述一些“细枝末节”之上。

问题是，如果仅以此就确定白璧德与中国之间的关系属性或者类型，未免草率。实际上，白璧德对于“东方”——西方近代东方学意义上的东方，普遍抱有知识上的兴趣而不是仅限于地理意义上的中国[②]。一个最明显的例证就是，他为了能够直接阅读佛教经典，曾经专门师从烈雄(Sylvain Levi)学习梵文[③]。而且，他对日本似乎也有过一定关注，从其讲话及文章中显示出他也具有相当多的关于日本的知识。或许正因为如此，白璧德的周围，并不只是一些来自于中国的留学生，还有些留学生来自于印度、日本甚至韩国[④]。17 世纪以来，撇开西方汉学家，西方思想家或者学

---

① Frederick Manchester & Odell Shepard: *Irving Babbitt: Man and Teacher*, p. 132, Greenwood Press, Publishers, New York, 1969.

② 需要说明的是，西方汉学或者“东方学”中的“东方”所包含的地域的与文化的内涵并非是一成不变的。19 世纪西方中国学中的“东方观”在地域意义上，明显不同于早期以西亚或者地中海沿岸地域为中心的“东方观”。19 世纪西方汉学中的“东方”(Oriental)，特别是远东(Far-East)，除了伊朗、印度以及日本之外，基本上就是指中国：地域意义、文化意义、民族和国体意义上的中国，尽管后者直到“鸦片战争”前后在与列强签订一系列通商以及割地赔款条约中才正式出现。

③ 参阅烈雄(Sylvain Levi)对于白璧德此段经历的回忆(Frederick Manchester & Odell Shepard: *Irving Babbitt: Man and Teacher*, pp. 34～36, Greenwood Press, Publishers, New York, 1969)；同时也可以参阅 P. E. More 的回忆文章(P. E. More: *On Being Human*, New Shelburne Essays, Volume Ⅲ, pp. 25～42, Princeton University Press, 1936)。

④ 有关白璧德与亚洲学生之间的关系，或者说白璧德受到亚洲学生的欢迎与尊敬，最明显的证据至少有三条，其一是中国留学哈佛大学的学生对于他的思想所抱有的浓厚兴趣；其二是 P. E. More 在回忆白璧德的文章中曾经记录过一个来哈佛游学的印度修行者对于白璧德的高度评价；其三是 20 世纪 20 年代初期，也就是白璧德作为哈佛大学和法国索邦(Sorbonne)的交换教授在巴黎执教期间。该讲座的名称为 James Hazen Hyde Lectures。白璧德在索邦教授两门课程，其一是用英文讲述的《英国浪漫诗人》，另一门是用法语讲授的《卢梭》。据此时在法国《巴黎评论》任文学编辑的 Marcus Selden Goldman 回忆，当时在巴黎，他曾经数次目睹白璧德为一些东方学生所包围，并认为“他们中的有些人是专门来巴黎看望白璧德的”(Frederick Manchester & Odell Shepard: *Irving Babbitt: Man and Teacher*, p. 238)。据说上述包围白璧德的“学生”中，大多数为中国人，“据信，也有部分日本人、韩国人和印度人”，“他们把他当成一个伟大的圣贤”(同上，p. 238)“他们的每一个动作和讲话的语调都显示出他们对他充满了钦佩与崇敬”(同上，p. 238)。Goldman 认为：这些东方人显然没有放过任何向白璧德请教的机会，而且，他们似乎也把白璧德回答的每一个字母都存储到了他们的记忆当中。

者在自己的论述中提及中国或者远东并不是一件非常罕见的事情。相反，有时甚至还可能是一种思想"时尚"。这本身就反映出当时已经存在着的因为贸易或者类似的商业活动而伴随产生的文化信息交流。只是对于上述交流中的文化信息，不同的人获取上述或者类似信息的途径可能不同，对这些信息可能作出的反应也有差异。但是，如果把这些西方思想者或者学者(包括白璧德)具有独创性的思想，简单地看成是异域思想文化信息所引发的结果，恐怕还需要寻找并提供更有说服力的证据。但有一点显然需要引起注意，那就是，既然文化信息交流已经存在，那么，交流究竟在哪些层面、又在以怎样的方式引发着其时代反应与结果？特别是对于那些思想者和学者，那些思想上高度敏感的人，异域文化信息——哪怕最初并不是系统的、完整的，甚至还不是最能够反映体现异域文化本质特性的零碎信息——所带给他们精神思想上的刺激、震撼与欣喜，无疑依然具有非常独特的比较思想与比较文化或文学的研究意义。

但是，相较于印度、日本和韩国，白璧德与中国的关系，确实要显得突出而且特别。虽然有人认为他沉浸于佛教，但他在批评语言上却更积极地实践着儒家思想；他与印度之间的关系，基本上限于佛教思想，而且还是佛教经典中的思想，对现代印度，包括印度的其他思想或者印度社会、历史、政治等，白璧德似乎并没有显示出与他的佛教背景大致相当的知识；他与日本、韩国之间的关系，也基本上限定于"东方学"的一般知识范畴，很难体现出任何特殊之处。而在上述诸国中，只有与中国之间的关系，具有尤为独特的思想史和文化史价值。

白璧德与中国之间的关系，历史地看，主要由两个部分组成，首先是与现代中国之间的关系，其次是与古代中国之间的关系。他与现代中国之间的关系，并不像那些同时代的西方汉学家，要么相对集中于近代中国所面临的危机与挑战——那似乎是对中国显得更为迫切的时代课题，要么相对集中于古代中国思想传统资源的清理介绍，而是更多地通过具体的人事关系，通过与他所接触的那些中国留学生及对他们直接或者间接的影响表现出来。而在这种关系上，白璧德更多的是作为一位思想启蒙者、一位教师、一位思想文化的传播者而存在。而他与古代中国之间的关系，并不是建立在一个相对完整的中国历史知识背景之上的——没有资料显示白璧德对于中国两千多年的王朝更替的历史表现出与他对孔子同等的兴趣，而这实际上又是一个经典汉学家必备的学术素养——而是集中于古代思想传统，特别是以孔孟为代表的儒家人文思想传统之上，在这一点上，也就是在对儒家思想传统资源的关注上，白璧德与英国汉学家理雅各有着惊人的一致。即便如此，就在上述古代思想传统之中，白璧德所具备的中国思想知识也不是均衡或者全面的。这显然与他不能够直接阅读汉语原典，而更多时候只能够通过翻译文本或者他人的诠释来展开自己的研究思想有关。这种状况的直接后果，就是他对中国某一方面的知识显得特别突出，而在其他相关方面的知识上却又显得极为贫乏甚至无知。譬如，他对孔子及其思想的研究，集中在文本化的孔子思想的现代诠释上，而不是建立在诸子百家时代的历史与思想研究基础之上。与此同时，白璧德对于儒家思想的现代诠释，也并没有吸纳中国长达近两千年的经学的丰富思想学术遗产，而是集中在《论语》《大学》《中庸》《孟子》这几部儒家原典经典之上。

在有关白璧德阅读或者参考的西方汉学文献中，也没有资料显示他对于18世纪在法国巴黎创办的《耶稣会士通信集》这部为海外中国学和中国文化研究提供了鲜活而详细的原始资料的历史文献有过专门的研读，包括他对17世纪来华的耶稣会士、多明我会士，18世纪的法国天主教来华传教士以及19世纪英国、美国等来华的新教传教士所撰写的有关中国政治制度、风俗习惯、历史地理、哲学、工商等方面的报告介绍论述有过专门的研读。注意到上述事实是必要而且重要的，原因很简单，绝大部分专门从事汉学研究的西方研究者，尽管他不曾到过中国，也不懂汉语，但多少都接触并且使用过上述历史文献资料。而白璧德与古代中国之间的关系——更多时候它并非一种专业学术关系，而更呈现出一种思想启发与资源借镜的关系——也就是他与古代中国传统思想之间的关系；而他与中国古代思想传统之间的关系，也就是他与儒家思想之间的关系；而他与儒家思想之间的关系，也就是他与孔子及其"核心"思想之间的关系。在孔子及其儒家思想之外，白璧德也曾经将中国道家思想与西方浪漫主义，特别是18世纪中期以降的西方浪漫主义思潮进行过对比研究。这种研究或者批评，虽然也体现出白璧德比较独特的思想文化的解读视角和阐释方式，但他对道家思想的阐述，不仅难以与他对儒家思想传统的阐释的意义相提并论，更无法与他对西方浪漫主义思想传统进行批判所展示出来的学术素养、历史洞察力与思想批判力相提并论。

简言之，白璧德与中国文化的关系，不是呈现出一种历史的线形关系——与中国古代思想及其连续性之间的完整关系，更多地是以一种点式的方式而呈现出这种关系的本质，即他对孔子及其思想的阐释，连带着对道家思想所进行的一番先入为主式的批判，构成了他与古代中国思想文化之间关系的具体内容；而他与“学衡”派知识分子群之间的思想关联，又历史地构成了他与现代中国之间关系的具体内容。而关联着两千多年之前的孔子与现代中国的知识分子的，或者说将两千多年前的孔子与现代知识分子们牵连在一起的，似乎并不是中国两千多年的历史，而是白璧德的人文主义。而将梅光迪、吴宓、汤用彤、梁实秋、张鑫海等中国现代知识分子吸引到白璧德身边的，似乎也正是白璧德的人文主义思想体系当中所勾勒出来的从孔子到亚里士多德、从耶稣到佛陀之间的世界范围内的人文思想图谱。如果说孔子与现代中国知识分子之间相隔着一条两千多年的时间鸿沟的话，白璧德及其人文主义俨然成为借以跨越这一鸿沟的支撑点或者桥梁，至少最初在梅光迪和吴宓眼里如此。而这种世界范围内的人文思想图谱，不仅让那些坚守中国古代思想传统的现代知识分子们所欣喜，更让那些急于反击五四新文化运动的现代知识分子们感受到了来自于异域思想的启迪与民族文化复兴的希望。

综上所述，相对于一个专业标准或者科学意义上的汉学家，白璧德的中国知识或者中国研究所显示出来的不足甚至缺陷，并没有实际上也不能够抹去他对于中国文化的独特意义，正如他的存在之于西方汉学乃至西方思想文化的个案意义和价值一样。这种独特意义与他跟中国的关系类型大体一致，不仅体现在他对中国古代思想传统的现代诠释上——这种诠释最独特同时也最有价值的地方，在于它超越了一般学术范畴内的研究或者阐发，而是在一个更宽泛的人类思想文化历史背景上所进行的关联阐发，同时也体现在他对现代中国知识分子思想文化的影响上——这种影响及其历

史曾经长期被漠视或者忽略①。

第三节 白璧德与中国文化之间关系的认识论与方法论意义

与19世纪西方中国学、特别是同时代英美中国学在研究目的和方法上显然不同的是，白璧德对于中国古代思想传统所进行的建立在文化尊重与借鉴前提下的现代诠释，明显地、明确地服务于他的思想中心——对于西方近现代思想文化的批判。白璧德将上述西方现代思想，看成是西方17世纪中期以降浪漫主义思想运动的延续或者变种。这些延续或者变种，在他看来，大多可以纳入到“人道主义”的范畴之内，白璧德将其粗分为以卢梭为其启蒙和代表的“泛情人道主义”（sentimental humanitarianism）和以培根为其代表的“科学人道主义”（scientific humanitarianism）。而对于上述“人道主义”的超越批判，或者改变为上述“人道主义”所控制的西方近现代社会、政治、教育、思想文化等，既不能够直接借助于17世纪以降的西方主流思想资源，包括那些被他冠以各种形式主义名义而予以否定的批判理论或者哲学，也不能够简单地借助于一般意义上的宗教哲学。白璧德将其思想批判的视野，自然地投向更为久远广阔的东西方传统的人文思想资

① 相对于其他一些西方思想家在中国的状况，白璧德在中国曾经长时期被漠视或者忽略。这种状况在20世纪50～80年代尤为突出。原因很简单，在五四新文化运动的进步意义被充分肯定之后，一切与五四新文化思想不一致或者不完全一致的思想主张也就成了被批判的对象。而作为在中国传播白璧德人文主义思想主张最集中的“学衡”派知识分子群体，也在一个相当长的时期淡出了中国现代思想史、文化史和文学史。因此，白璧德的重新被提及，是与“学衡”派知识分子群的重新被发掘关联在一起的。在此之后，也就是在“学衡”派知识分子群体被重新“发现”“发掘”出来之后，白璧德及其人文主义似乎一度也成为知识界、思想界的一个关注点。遗憾的是，20世纪80年代以来中国大陆几次与人文主义不无关系的讨论话题，都没有能够与白璧德发生切实的关系。或者说，白璧德的人文主义，没有能够作为历史思想的参照或者思想资料完整地进入当代中国知识分子的视野和话语之中。而如果说白璧德在中国大陆的命运如上所述的话，他在中国台湾的命运则主要得因于梁实秋和侯建二人。梁实秋晚年在自己一部文集的序语中，就一个外国学者对于他与白璧德思想之间的关系所做的研究，再次对他与白璧德之间的渊源关系作了说明。这些说明，是白璧德在当代中国再一次被提及，而真正严肃而且专门地研究白璧德与“学衡”派知识分子群体之间关系的，是后来曾经出任台湾大学文学院院长的侯建。他留美期间的博士论文，就是有关白璧德与现代中国保守思想之间的历史关系。

源——这一传统在他那里是没有民族、国家界域的[①]。换言之，对于各种西、东方古代人文思想传统的清理、明晰以及承继弘扬，自然地成为白璧德对西方乃至世界近现代主流思想进行抵御与批判的依凭。这也是白璧德与中国文化之间关系的内在思想需求和逻辑所在，而不只是出于一个西方人对于异国情调或异国思想的偶然兴趣或者过于狭隘的专业需要。

而上述现代批判以及批判过程中所展示出来的“学问”，无论是白璧德的学生们还是他的论敌们都注意到的是，不是服务于一个没有或者缺少核心的知识体系，恰恰相反，他的学问被认为是服务于一个“更具有感人效果的智慧”[②]。在他的学生们或者思想的同情者看来，他在文学领域所作的周而复始的努力，越来越清楚地表明他“拥有一种高度平衡的、敏感的、严肃的和严厉的批评思想的中心体”[③]。也正因为如此，白璧德的思想或者现代批判，才会招致那么多的因为“误会”而产生出来的攻击。而要真正完整深刻地理解白璧德的关注与忧虑，只有真正走进甚至去拥有白璧德所拥有的那样的中心立场，你才可能与他心灵相通而不仅只是观点相近。而在此方面，他的学生甚至认为，直接聆听白璧德的教诲要优越于读他的著作。因为只有直接聆听过他的讲学，你才会对于他的“实践的批评观”“他的那些教诲”以及“他的思想是如何的坚强”有更为真切的了解[④]。

在上述知识与思想精神上的中心体的周围，是白璧德在人类精神思想之海中的自由遨游——只是这样的精神思想之海并不扩大到他所谓的人文主义传统的范畴之外。与几乎所有的人文主义者一样，白璧德在关注着作为普遍存在的人性的同时，同样关注着各个具体的民族特性。譬如，在希望美国人在保持英国人的道德上的关注兴趣的同时，白璧德又希望美国人能够摈弃掉英国人身上的岛民所特有的孤傲。在社会态度上，白璧德几乎

---

① 有人据此认为白璧德是一个思想文化上的国际主义者。即便这种说法正确，白璧德也是一个超越了廉价的国际主义或者世界大同主张的文化上的“泛世主义者”。而这并没有影响到他对于自己祖国的认同，他曾经公开声言为自己的美国国籍而感到骄傲。

② Frederick Manchester & Odell Shepard: *Irving Babbitt: Man and Teacher*, p. 140, Greenwood Press, Publishers, New York, 1969.

③ Frederick Manchester & Odell Shepard: *Irving Babbitt: Man and Teacher*, p. 140, Greenwood Press, Publishers, New York, 1969.

④ 可以参阅艾略特(T. S. Eliot)为纪念白璧德去世而专门撰写的追悼文章。文章中特别提到，要想真正认识把握白璧德的人文思想，不直接聆听他的讲课毫无疑问是一个无法弥补的缺陷(Frede-rick Manchester & Odell Shepard: *Irving Babbitt: Man and Teacher*, pp. 101-104)。

更偏向肯定中国人和法国人，他希望美国人更多地从法国人和中国人那里汲取经验。他将中国人看成是“东方的英国人”，因为他们具有“先天的良知”。在白璧德看来，这一“先天良知”似乎具有超越独立于宗教传统的良好习惯和优越性。也因此，白璧德对孔子思想在现代中国的衰微深感痛惜。他也确实与跟着他一起学习工作的中国学生就此交换过意见[①]。对于白璧德来说，中国的“复原”(rehabilitation)乃一绝对重要的任务，不仅仅是对中国而言，而是就更宽泛意义上的文化建设而言。但他同时也对所谓儒家思想的现代复兴保持着应有的警惕。

或许正是因为白璧德的话题总是服务于他的明确而坚定的目的，因此他才能够自由迅速地从一个国家转移到另一个国家，从一个时代转移到另一个时代，包括从一个“圣人”转移到另一个“圣人”。在这一点上，他的那些直接聆听过他的讲座的学生们有着更深切的体会。这些学生们不仅从他的那些文本式的论述中，更多地从他的课堂上，甚至一些私下的交谈中，逐渐意识到白璧德是一个“将整个世界看成一个个体”，“将人类历史看成是一个单一的世界范围的过程”的人。而在他看来应该被作为这一过程动力的，不应该是人性中的“外在冲动”，而应该是白璧德所提出来的“内在冲动”，或者作为其替代的“更高意志”“道德想象”以及“内省”等。

显然，白璧德并不喜欢“美国式的世界大同主义”(American cosmopolitanism)，原因很简单，这种主义当中所包含的内涵是廉价的——而白璧德的世界观包含着更高的、更坚定的水准。这使得白璧德在批评立场上获得了一种自由——尽管也有可能在一定范围内限制了他——使得他从那些过分强调甚至试图完全不顾“东西方界限”的欧洲声音中解脱出来。在他的思想中，欧洲与所谓“远东”之间的界限非常分明。这使得他谈论孔子和佛陀就像他谈论亚里士多德和圣·保罗一样没有任何强制的亲密。认识到这一点，实际上比那些认为东西方的差别必定会消失并走向融合，而且这个时刻即将来临的乐观认识更有意义。简言之，在东西方关系上，白璧德的观点既非那种认为“东就是东，西就是西，两者永远不会有融合的时候”的“悲观论”或者“分裂论”，也不是那种东西方将很快走到一起的“乐观主

① 参阅《梅光迪文集》《吴宓日记》《吴宓自编年谱》等相关部分内容。

义”。他把前者视为一种西方中心论或者西方沙文主义(occidental jingoism)[①]，而后者似乎是他更为警惕的泛情国际主义(sentimental internationalism)，特别是那种打有美国印记的国际主义。在他看来，后者比上述西方沙文主义还要危险。因为白璧德在东西方人文思想传统之间融会贯通的立场和努力，便认为他就是一个知识上的国际主义者或者文化上的世界主义者，都只是注意到了他的思想的一些表象而偏离了他的思想的核心，或者说对于他的思想的形成及其发展环境缺乏更为全面的了解。

但是，正如我们应该充分认识到白璧德对同时代欧洲思想当中所存在着的在“人性”层面、或者在“文化”的最终点上东西方能够相互对话交流的“乐观”主张的批判一样，我们也不能够因此而否定白璧德试图在东西方文化之间建立起对话桥梁的努力——这样的努力并不是与19世纪西方传教士—汉学家们所确立的传教士传统相一致，也不是与浪漫主义的“世界主义”相一致，甚至也不是与启蒙主义或者文艺复兴时代的知识世界主义相一致，也不是与19世纪末期西方一些东方学家通过对构成东方的经典思想资源的比较研究而试图打破东西方文明畛域的努力相一致[②]，白璧德思想中的“大同主义”，有着自己富有思想个性的路径和特色。

在东西方思想文化的观念认识上，白璧德与辜鸿铭的分别不仅是真实存在着的，而且还是不容忽视的。相对于那种认为东西方永远不会走到一起的观点，辜鸿铭在人类文化未来走向方面，倒是持一种比较乐观的主张。在辜鸿铭看来，东西双方在细小的方面存在许多不同，但在更大的方面、更大的目标上，双方必定走向一起[③]。白璧德并不认同这种东西方思想文化“大同”而“小异”的观点，在他看来，西方18世纪中期以后，走上了一条背离“西方”自身的道路，也就是走上了一条“非西方”或者“反西方”的

---

① 参阅段怀清《欧文·白璧德与西方主义的批判》，见《跨文化对话》总第八期，66～79页，上海，上海文化出版社，2002。

② 19世纪末期，牛津大学比较宗教学教授、东方学家麦克斯·穆勒(Max Muller)，试图通过编辑翻译“东方圣典丛书”(*The Sacred Books of the East*)，在对东方(主要是中国、印度、伊朗等)思想传统或者精神传统进行文献清理的同时，通过建立起一种新的“比较宗教科学”(the science of comparative religions)，确立起一种超越了西方基督教文化中心的、朝向未来的东西方文化交流的新途径和新图景。这种在19世纪的西方传教士传统与大学中的学术科学传统之间寻找平衡的努力，被认为是20世纪人文、社会研究在上述领域“科学化”或者“学科化”的先奏。参阅[英]埃里克·J. 夏普(Eric. J. Sharpe)《比较宗教学史》(吕大吉、何光沪译，上海，上海人民出版社，1988)。

③ 辜鸿铭:《辜鸿铭文集》下卷，302页，黄兴涛编著，海口，海南出版社，1996。

道路。这种背离的思想滥觞，就是卢梭的浪漫主义和培根的科学主义，这种情感上的个人对于社会的“外向扩张主义”，与技术上的人对于自然的“外向扩张主义”，不仅并没有如这些思想的发起人所期望的那样带来人的解放、自由和幸福，相反，正是这些思想及其历史的各种变种作用于社会时代，导致了人与社会价值观念和理想的混乱乃至堕落，导致了国际之间的无休止的争端和战争。

白璧德的上述观点，来源于他的文化史观，特别是他的西方文化史观。这种文化史观并非前无古人。启蒙思想家伏尔泰在纵观西方古今大势之后指出，在过去的两千多年中，只有四个时代“值得重视”，这四个时代是：伯里克利到亚历山大的希腊时代、奥古斯都的罗马时代、意大利的文艺复兴时代、17 世纪法国的路易十四时代。而这四个时代，也正是比白璧德稍早一点并对他的思想形成产生了明显启发影响的英国文化批评家马修·阿诺德(Matthew Arnold，1822～1888)所谓的“希腊精神”“希伯来思想”形成或者复兴的时代，同时也是白璧德的人文主义所导源的西方思想文化资源最为突出和集中的时代。

白璧德对于西方人文传统在现代所遭遇到的处境的体认以及在上述体认基础上所产生的严肃深刻的忧虑，那种愤世嫉俗的文化态度和个人强烈的孤木独厦、力挽狂澜的文化英雄意识，与 12 世纪为儒家思想传统别开新境的理学家朱熹有着惊人的相似。后者在其《大学章句序》中曾经这样阐明自己从事儒家经典原典诠释工作的缘起：

> 自是以来，俗儒记诵词章之习，其功倍于小学而无用；异端虚无寂灭之教，其高过于大学而无实。其他权谋术数，一切以就功名之说，与夫百家众技之流，所以惑世诬民、充塞仁义者，又纷然杂出其间。使其君子不幸而不得闻大道之要，其小人不幸而不得蒙至治之泽，晦盲否塞，反复沉痼，以及五季之衰，而坏乱极矣！[①]

而白璧德曾经一再慨叹古希腊、罗马圣贤哲人的人文思想不能得以昌

① 朱熹：《新编诸子集成·四书章句集注》，53 页，北京，中华书局，1983。

明延续，以至于近代西方自然主义与科学主义思想大行其道，西方精神文明处于“正道”隐晦不明、臆说与异说甚嚣尘上的混乱局面。只是对于朱熹及其新儒学，白璧德似乎并没有多少兴趣，也没有什么深入的了解。但是，可能让白璧德多少有些未曾料到的是，一个中国学者会将他的思想路径与朱熹的理学拿来相提并论，并指出他们在学术思想上的一致性，这个人就是陈寅恪。

第二章　白璧德及其人文主义

第一节　白璧德及其人文思想概述

一、生平

白璧德(Irving Babbitt，1865～1933)，美国哈佛大学法国文学和比较文学教授，文学和文化批评家，也被认为是20世纪前三十年美国最有特色的知识分子运动——新人文主义运动的代表人物，出生于俄亥俄州。1885年进入哈佛大学(当时还是哈佛学院)，而在此之前，白璧德曾经在纽约的大街上做过报童，在辛辛那提附近农场干过杂活儿，在怀俄明当过牛仔，甚至还一度在辛辛那提做过专门报道有关法院新闻的记者。他的这些早期经历，在19世纪后期高等教育并不发达而且也未普及的美国其实并不鲜见，不过也曾一度让那些批评他为美国绅士传统(genteel tradition)冥顽不化的坚守者的人颇为不解。或许因为不满于哈佛当时不少专业设置上所存在着的"卖弄学问"和"褊狭"的思想倾向[①]，白璧德读书期间并非是一个安分守己的学生，事实是，他经常缺课——而这些经历，又成为他后来对美国大学"选课制"、博士学位制度和人文教育予以全面批判的现实引发——或者说，白璧德自己的求学、思想与学术经历本身，似乎成为了他后来批

---

① 这是一个有趣的文化现象。白璧德曾经批评同时代那些人文学科的研究者及其研究中所普遍存在着的"卖弄学问"和"褊狭"现象，但他自己后来同样被其论敌批评为"卖弄学问"以及"褊狭""保守"。

评自由主义教育思想的一面镜子。他大学三年级时曾经到欧洲游学，并于1889年从哈佛古典学专业(classics)毕业。从这一点上说，白璧德的古典文化思想“情结”，不能说与他的专业教育背景一点关系也没有。毕业后他曾经短期执教于蒙大那(Montana)学院。白璧德希望自己能够深入钻研东方学(The Oriental Studies)，这无疑为他后来人文思想中颇为醒目的东方历史语言背景和思想要素提供了一个机缘，也产生了一定影响，只不过他此时所关注的东方学，就其个人而言，更多的是指古代印度思想，特别是佛教思想，而还没有呈现出后来对于中国古代儒家人文思想传统的浓厚兴趣。1891～1892年，白璧德自费赴法国巴黎大学，跟着梵文教授烈雄(Sylvain Levi)学习工作了一年。后返哈佛大学研究生院，与他一生的知识思想同伴穆尔(P. E. More)一道①，师从拉曼(Charles Lanman)教授继续学习东方语言并开始从事东方研究。1893年研究生毕业后，他先是在威廉姆斯学院教授法文、西班牙文和意大利文等语言，旋即回母校哈佛大学执教，在法语系而不是人们所想象的古典学系担任教职并在此度过余生②(1894～1933)。当时白璧德在古典学术方面已经显示出坚实基础，但他似乎并不满足于对古典经典语文学式的、学究式的机械、零碎的阐释，他期待着世纪之交的美国人文学术研究与人文批评能够开辟出一个新的天地和境界。

尽管在希腊和罗马经典方面同样知识渊博，个人兴趣也浓厚，但白璧德并没能够在古典学系获得教职，而只是在法语系的比较文学方向授课。他对西方古典经典“微言大义”的个人主观思想色彩浓厚的激活式的现代诠释，遭到了他的不少同事的怀疑、反对甚至敌视，但这并不意味着他与自己同事关系紧张③，更不能够作为依据来说明他在性格上甚至人格上存在

---

① 需要说明的是，尽管穆尔(P. E. More)与白璧德始终保持着这种精神思想上的友谊，但前者并非白璧德人文思想的一般追随者。穆尔思想发展的大致经历是：从一个曾经的浪漫主义者，经过人文主义最终抵达天主教——这与白璧德以前的学生、诗人艾略特的精神思想发展路径基本一致。对于穆尔思想的发展，特别是后来从一个人文主义者转变为一个天主教信徒，白璧德曾经在私下场合多次表示出困惑不解甚至非议。不过，白璧德似乎也并没有掩饰他自己在宗教方面对于天主教的特别关注。

② 需要说明的是，梅光迪、林语堂、吴宓、张鑫海、梁实秋等人师从白璧德的时候，白璧德还兼任哈佛大学比较文学研究所指导教授。

③ 据他的不少学生以及同事们回忆，没有证据表明白璧德因为学术思想、观点、方法上的分歧而与同事们关系紧张。相反，他曾经多次在私下场合表达对某些同事学术成就的肯定。不过，不少学生反映白璧德在公开社交场所并不像他在学生面前那样游刃有余。

着缺陷。他对当时哈佛大学校长艾略特(Charles W. Eliot)所倡导的“选课制”和“自由主义”教育思想在大学教育中所带来的“实际后果”的公开批评，不仅让他承受了在教职晋升上的压力，甚至还让他的教职几乎岌岌可危。而他对以“进步主义”“自由主义”为旗帜的美国现代主流思想正本清源式的清理批评，又让他一直身陷“自由主义”知识分子和左翼知识分子的“围剿”之中直至去世。但是，作为一个学者和教师，他的声誉却在不断上升(尽管他一直都没有成为一个众人皆知的公众人物)，并带出了一大批优秀学生。有人甚至因此认为，或许正是因为上述这一切，才最终使得他于1912年升任正教授。1922～1923年，白璧德曾作为巴黎大学的客座教授给法国听众讲授法国文学。1926年，白璧德成为法兰西学院(Institute of France)的通信院士。1930年，他当选为美国文学与艺术学院院士(American Academy of Arts and Letters)。白璧德也是美国艺术与科学学院院士(American Academy of Arts and Sciences)。1932年，白璧德被美国波多茵学院(Bowdoin College)授予人文学荣誉博士学位，这也是一所曾经培育过多名美国总统的学校。1933年7月15日，白璧德病逝于麻省剑桥的哈佛大学家中。1960年，白璧德当年的学生蒲锡(Nathan Pusey)出任哈佛大学校长，在他的大力促成下，哈佛大学比较文学系设立白璧德教授席位至今[①]。

二、著述

白璧德是一个习惯于在与论辩者不断进行辩论的过程中阐明自己的思想主张的文化批评家，或者可以说，一个批评家中的批评家——就像他称呼18世纪末19世纪初的法国批评家约瑟夫·尤伯(Joseph Joubert，1754～1824)那样。他的大部分作品最初都是以论文的形式发表然后再结集出版的。主要著作有《文学与美国大学》(1908)、《新拉奥孔》(1910)、《现代法国文学批评大师》(1912)、《卢梭与浪漫主义》(1919)、《民主与领袖》(1924)、《论创造》(1932)、《西班牙人的性格及其他》(1940)。这些著作后来大都多次再版[②]。

---

① 有关白璧德生平，可以参阅Frederick Manchester & Odell Shepard：*Irving Babbitt：Man and Teacher*；Ryn，Cleas G.，Transaction Publishers *Rousseau and Romanticism*，Preface；George A. Panichas：*Irving Babbitt：Representative Writings* 以及Russell Kirk编辑并序言的 *Irving Babbitt：Literature and American College*.

② 参阅附录一。

白璧德的第一部著作《文学与美国大学》，被认为是他首次诠释并捍卫人文的经典传统(实际上这部著作的副标题就是“为人文辩护”)，特别是对西方人文传统进行了学理上追根溯源式的清理，以此来集中回应文艺复兴以来西方“科学人道主义”和“泛情人道主义”这些现代思想的源头或者主要形式给现代大学教育中的教育教学、学术研究、道德伦理和思想文化标准所带来的“腐蚀”影响。在白璧德看来，当时美国教育中的流行趋势，就是倾向于将个人与社会的伦理生活，与对外的泛情同情和对自己的不加约束的冲动联系在一起，他将此理解为现代“德性”的核心。白璧德的上述批评，正值美国高等教育历史上的第一个发展高峰，而他的具有历史和文化洞察力的预见，诸多方面为后来美国教育和文化思想的发展所证实①。

在《新拉奥孔》中，白璧德集中考察了艺术中的现代观念的脆弱和即将呈现出混乱的危险。对于艺术中，特别是文学创作和文学批评中所存在的上述混乱，白璧德的批评几乎同样是追根溯源式的，而他的这一努力，在他的《卢梭与浪漫主义》中得到了更为全面彻底的实现。这也是白璧德比较集中考察论述艺术、古典艺术观念及其现代命运的批评著作。

在《现代法国文学批评大师》中，白璧德发展了自己的批评标准，并将其应用于对法国文学中的批评大家和19世纪的美学家们的批评之中。这部著作也被认为是白璧德的文学和批评标准在法国文学批评领域的一次集中的具体运用。当然，这与他的法国文学教授的教职身份似乎是同样分不开的，实际上，这部著作就是白璧德在其哈佛大学的《16世纪以来的法国文学批评》的教学讲义基础之上修改扩充而成的。

而在白璧德最富有普遍意义上的学术特征的著作《卢梭与浪漫主义》中，他描述并深刻批判了西方历史上浪漫主义的不同特征和诸多方面。对于以卢梭为源头的泛情浪漫主义的清理批判，不仅完成了白璧德对西方现代两大主流思想中最重要的“一流”的清算，也完成了对西方“现代性”可能的文学、文化、社会、哲学、伦理、道德后果进行的“先知式”的揭露与批判。这样的揭露和批判，大多是他在西方现代性之外、站在超越现代性的更为超然的思想位置和方法位置，借助于西方古典传统思想和东方古典传统思想的力量，通过对人类文明的伦理经验的实践总结，对东西方历史和

① 有关白璧德对于美国大学教育的批判，可以参阅Russell Kirk编辑再版的白璧德著作《文学与美国大学》“序”：“白璧德与文学研究的伦理目的。”

思想经验的重新阐释中完成的。

《民主与领袖》将白璧德的伦理和文化哲学与他的政治哲学联系在了一起，该书也被认为是白璧德作为一个古典人文学者的现代传人的最为接近柏拉图的"理想国"的"人文抱负"的一部著作。不过，作为一个典型意义上的人文主义者，将其批评对象延伸到政治与文化社会现实，本来就是正常而且必然的——一个人文学者，不可能将其考察研究范围，仅仅局限于文学艺术，同样也不会仅仅局限于理论，哪怕他的专业和职业要求如此。

而他的《论创造》(这是白璧德唯一一部在他去世之后才公开结集出版的著作)，收录了他的一些文学和文化批评方面的论文。这些论文充分反映出一个人文学者对于"人"的研究兴趣。这种兴趣可以扩大到对于一个民族、一个国家的特性的研究之上——这是文艺复兴以来几乎所有人文学者共同的偏好，只是在研究的方法、材料、对象以及得出的结论上，白璧德表现出既不同于那些语文学派、也不同于那些浪漫派的独特个性。

没有人会认为仅从上述粗略的传记和著作目录中，就可以读解出白璧德思想的全部。实际上，作为一个外国语言教授和比较文学教授，白璧德的思想及所关注思考的那些问题本身，就已经对当时学术界域的森严壁垒提出了公然挑战。不仅如此，他被认为远不只是一个文学和文化批评家，他的思想因为涉及文学、历史和哲学诸多专门学科，并且与古代和现代、西方与东方宏阔而自然地关联着而显得"博大浩瀚"；而他的彻底的反"现代主义"，为现代性的未来提供了新的视角并预设了某种思想可能。同时，他的独特的研究思想范围，被认为为发展一种全面综合的人生观，提供了必不可少的基础和前提。

三、对西方文艺复兴以来的"现代性"传统及其"第二波"的清算批判

尽管有人将白璧德视为美国知识分子文化中最具有纪念碑式意义的人物，但是，无论是他在世还是去世之后，白璧德的思想都既不是学术界的"显学"，也没有迅速地大众化，成为美国当代大众文化的一部分。确切而言，白璧德的思想、言论，包括他对美国大学教育、美国政治制度等的猛烈抨击，虽然也曾经在公开场合宣讲传播过，但以白璧德为代表的这场新人文主义运动，基本上局限在知识分子范围内，甚至还只是其中很小一部分——在一个不断鼓吹扩张、开拓新边疆和笃信人性善的时代，白璧德式

的“反动”与“保守”，即便是在知识分子内部，也几乎很容易招致反感甚至憎恶。

曾经有一位与白璧德同时代的西方思想家在比较中西文明时，认为西欧和美国的精神生活有三个源头：(1)希腊文化；(2)犹太宗教与伦理；(3)现代科学的产物——现代工业主义[①]。这种观点还将柏拉图、《旧约》和伽利略作为这三种元素的代表，并认为这三种元素“遗传至今，仍各行其是，互不相关”。

对于上述观点，白璧德基本认同，但在第三种元素的代表上，白璧德选择了另外两个人，一个是西方科学进步主义的代表人物培根，另一个是对西方近现代人文社会科学影响巨大、鼓吹人性自由主义(白璧德更习惯于使用“自然主义”一词)的卢梭。白璧德将培根视为西方文艺复兴以来科学人道主义的代表，而卢梭为泛情人道主义的代表，培根和卢梭分别代表了其中的两种主要倾向，这些倾向也正是当时使西方传统信念分崩离析的主要力量，无论是人文主义的还是宗教的。尽管卢梭也曾经因为科学导致了艺术与道德的堕落而对将科学置于情感之上的所谓科学的进步观提出过批评，但在白璧德看来，正是这两者共同构成了西方现代主流思想，而希腊文化和犹太宗教与伦理，在西方现代思想和现实生活中已经式微。白璧德并不像后来的那些现代性的鼓吹者或者批评者那样使用“现代性”这个概念，更确切地说，他很少使用“现代性”这个概念，而是更习惯用现代思想、现代的或者人道主义、自然主义等具有白璧德思想谱系特色的术语来指代“现代性”的某些特性或者内涵[②]。

白璧德甚至不厌其烦地解释为什么自然主义与人道主义在现代思想中会如此紧密地结合在一起——这两者在罗素那里似乎被看成是各行其道、彼此分离的，包括对培根与卢梭为什么能够并列并成为西方现代思想的滥觞的历史原因进行了认真探讨和反复论述，在他看来，在其背后都有所谓现代西方思想中“进步”观点的影子，但他并没有突出所谓“现代性”。

白璧德认为，在“古人”那里，人文主义和自然主义是共存的，这在文

---

① 罗素：《中国问题》，75页，上海，学林出版社，1996。

② 白璧德使用“现代性”这个词比较集中的，是他在《马修·阿诺德论》一文中。在这篇文论中，白璧德用积极的、批判的精神作为他所理解的“现代精神”的基本内容，以否定那种将“现代性”仅仅理解为“在事实概念上最近的一切”。参阅 George A. Panichas：*Irving Babbitt*：*Representative Writings*。

艺复兴时期也一样，而且常常以不易觉察出来的差别彼此替代着。但是，只是到了最近时期，更确切讲，也就是在18世纪中期以后，科学问题才被弄得如此尖锐，俨然维系着人类总体和体制性发展进步的全部希望。而进步思想也是主要根植于这样的信念，即人类与自然保持密切合作的结果是，人类自身可以从中获得益处。而在上述关于人类进步和幸福的观点中，在白璧德看来，恰恰忽略了作为生命个体的个人的进步与幸福。

在白璧德看来，培根身上综合了他的那个时代的思想矛盾，在“许多方面，培根秉承了文艺复兴时期的人文主义者的精神；而在另外一些方面，他又是一个传统的基督徒”。但就其一生的主要经历而言，“培根倾向于科学实证主义”，不过这种倾向并不是对物质进步的单纯迷恋，而是体现出一种“双重意识”(double consciousness)——一方面，这种物质进步远离道德进步，实际上有可能危害到人的更高的本性；另一方面，培根又曾十分庄重地祈祷：“让理智解放和自然之光充分照耀，不要因此导致灵魂中信仰的削弱和神圣神秘的消失”。在白璧德看来，尽管培根已经预见到了今天可能出现的那种人，但作为战胜自然和倡导的辉煌效率的代价，培根失去了对于完整的人的远见；他在精神上常常是所谓的“无法无天”者，与此同时，他又极尽荣耀地享受着因此而带来的物质权利。

白璧德进一步分析道，如果培根的科学实证主义思想，即通过科学调查和发现以获取整个人类进步的思想，仅仅限于科学领域，其对教育上的影响在他的时代以及稍后的时代还没有被很快地显示出来。这也是后来一百年存在的事实。只是当它与18世纪遍及欧洲，特别是在卢梭和狄德罗的法国知识扩张和博爱的社会思想运动联系在一起的时候，才变得实际有效。对于这一运动，思想史家们站在各自立场，对其进行了各种各样的评价。而这一运动也被白璧德视作为“现代”的第二次伟大的扩张时代，这是个人主义的第二次向前推进(这一观点与列奥·施特劳斯有关“现代性”的“第二波”的论述颇为近似)，或者，是“现代性”的向前推进和内容的丰富。白璧德很少正面批评作为这一扩张运动“第三波”或者更后波的“现代性”，而是集中在对“现代性”的第二波的批判和对古典思想文化价值的阐释上。白璧德分析道，在拉伯雷(Rabelais)的作品中我们已经目睹了不作选择的自然主义，它完全抹平了自然与人性之间的鸿沟。这种16世纪自然主义的潮流，诚如圣伯夫(Saint Beuve)指出的那样，在17世纪精约时代或者新古典主义时代一度销声匿迹，然后，又一度甚嚣尘上，将我们今天的自然主义与文艺复兴时代的自然主义勾连在了一起。但是，白璧德认为，自然主义的旗帜下，实际上聚集着形形色色的自然主义，譬如，狄德罗的自然主义当中尚怀有一种真诚，还谈不上粗鲁和玩世不恭，这些甚至在拉伯雷的作品中也属罕见。一方面，选择的原则被热情和博爱的无所羁绊的抬升所遮盖；另一方面，它又被人性标准上的数量和动力观的盛行所遮盖，但所有这一切都还并没有从根本上否定或者摈弃为古典主义和人文主义所关注借重的“选择”的原则。在白璧德看来，像狄德罗这种启蒙思想者身上所表现出来的对知识的无限渴求，在人文主义者眼里已经蜕化成为一种简单的贪求(libido sciendi)，因为它缺乏中庸节制。也正是在这一时刻，对知识和博爱的追求，才从未有过与培根式的人道主义完全联系在一起。那种知识思想上的挑剔选择以及标准被弃之不顾，人培养起了一种广泛的、百科全书式的好奇，与此同时，又将此好奇服务于人类的进步事业。白璧德坚持认为，这种类型学者的所有雄心的第一步，就是“吸收一本百科全书”，继而对知识作出某种贡献，并因此在将来的百科全书中获取一席之地。但实际上，在白璧德看来，这一理想的两部分——其宽度和广度——已被发现是难以调和的。或者说，各种观点循其自身的原则最终陷于冲突，而不得不依赖于它的对立方——人文化的调解。

白璧德对这种知识上的“贪求”并没有完全否定，但认为这种被冠之以“求知”的冲动，需要与另一种更高的冲动来平衡，他为此提出了现实的解决方案。当一个人发现穷知一切是不可能的时候，他就会转而致力于寻求运用选择的人道原则以应付纷纭复杂且不断增多的事物。凭借寻求这一原则，用人类智慧和经验来增强他个人的识见，这也是白璧德式的人文主义的思想线索，但这并非培根这一类人的思维方式。在白璧德看来，培根虽然放弃了知识的全知(fullness of knowledge)，认为这对于个人来说是不可能的，但却用一种想象的方法将其转化成为整个人类的知识选择和行为。之所以如此，是因为他并没有人文主义者对整体的追求热情。这种热情是凭借所有的才能以获得一个和谐的完满。只要有可能让他将某一种才能或者学科专业培养发展到极致，培根式的追求者就会不惜牺牲这一种精神上的匀称和谐，这也是培根式的科学人道主义与白璧德式的人文主义之间的根本差别所在。

不过，白璧德认为，科学人道主义者如此摆脱了对人类知识完整性的追求，摆脱掉了对于片面性的人文恐惧，他在自己的专门领域越掘越深，他也可能因此而感觉到一种自由。他也许甚至会争辩道，即便是一个完整的人，在他身上也只不过是些不平衡的碎片。所不同者，在于科学人道主义者身上的那些碎片却是可用的，它可以用来建造进步大厦的墙壁。

即便如此，在白璧德看来，如果不是因为被卢梭主义者或者泛情人道主义者所强化的话，相比之下，培根及其科学人道主义者对于人文标准和人文原则的损害依然不会如此有效。既然如此，那么，科学人道主义与泛情人道主义又是如何接近并结合在一起，成为近代西方思想解放运动的主要意识形态的呢？白璧德发现，虽然科学人道主义和泛情人道主义在许多观点上大相径庭，但他们在教育上的观点却令人吃惊地一致。也就是说，在培根那里能够寻找到的、旨在抛弃人文主义的所谓科学进步的思想，曾经在卢梭的自由思想那里获得过强有力的支持。

白璧德对于卢梭和卢梭主义的批判，是白璧德文化批评中最有特色也最尖锐犀利的部分。在他第一篇公开发表的论文《古典的理性研究》中，白璧德开宗明义地指出，西方曾经经过的那场“古”与“今”的论战并没有结束，而是在朝向越来越有利于现代（即“今”）的一面。其中，卢梭的影响，是“现代意识”(modern consciousness)甚嚣尘上的关键，而后来所有试图超越现代性来诠释它的努力，都是在卢梭所开创的方向上将“现代性”进一步向前推进。也因此，白璧德认为，卢梭的影响“至今已超越了一个纯粹作家的影响，以至被抬至教尊的地位”。

白璧德分析了卢梭身上同样存在着的“矛盾”——在现实行为上，卢梭几乎被不少时人视为“恶棍”（需要说明的是，如此批评卢梭的并非全是他的对手或者敌人），但同时他又是一个思想解放的鼓吹者。这种思想解放，从人性的解放一直蔓延到社会、政治、教育乃至宗教。在白璧德看来，不少时候，卢梭整个的思想体系就给人们这样一种印象，好像是为了给他自己对各种形式的约束纪律的恐惧以正名。正如培根所言：“自我愉悦的思想对所有的约束都很敏感，他们会把自己身上的腰带和吊袜带都当成束缚自身的镣铐锁链。”白璧德认为，正是为了急于摆脱各种形式的束缚，卢梭甚至不惜牺牲美德。也就是说，在这样的个人道德境况之下，美德再不会对个性具有决定性作用，并用来对人的冲动予以调节控制，恰恰相反，它的任何旨在对个人外在冲动予以必要指导的行为，都有可能引起个性更强烈的反抗。而在卢梭看来，这些冲破“外在”权威、约束的冲动是好的，而且也是善的，因此人们只须任其释放。而在白璧德看来，卢梭只是一个道德印象主义者，因为他将美德安置在感觉的游移不定之上，在这一点上他与古代那些巧舌如簧的诡辩之士并不一样，所不同的是后者是靠知识上的投机取胜。在卢梭那里，无论任何东西，当它只是一种义务和责任的时候，就变得不可能了。在白璧德看来，卢梭所希望看到的，只是没有任何行为规则来约束个人的情感解放与个人实现。

鉴于上述分析，白璧德认为，如果把自由的文化思想交给培根和卢梭的话，那么这种思想就会流产，因为培根完全漠视这种“人的法则”，而卢梭会凭自己的性情来曲改它，他们所共同遵从的是“物的法则”(law of things)而不是“人的法则”（law of human)，或者将这两种法则相混淆。而对于一个人文主义者来说，重要的不是他征服世界的权力，而是他征服自己的权力；不是“向外的积极”，而是“向内的积极”。人文主义者会坚持“能力”和“意志力”的区别，而这种区别在白璧德看来，似乎已经被人们遗忘了。一个人有可能有着天才般的能力，但在精神上却很懒散，这个人并不是一个人文主义者，而是一个自然主义者。只有那个能够检省自己特性的人，哪怕他的征服能力、他的激情，甚至他的正在滋长的统治激情，甚至这种激情只有通过与征服力量相对立的因素来调和，这样的人，白璧德认为，才是最符合“人文”的人。

白璧德对卢梭的批评，并没有偏离传统的人性“善”“恶”二元论，并集中在文学、教育和现代政治这些卢梭思想影响最大的领域。白璧德批评了自文艺复兴以来西方文学艺术中“无拘无束的能量的猛烈喷发”“激情的热烈喷发”以及“天才观”“想象”“忧郁”等思潮的弥漫，这些在卢梭时代或许还具有明显时代社会意义的“革命”，在一百多年之后的西方乃至全世界已经“泛滥”，白璧德认为这都是卢梭人性自然论所酿出的苦酒。

白璧德进一步分析道，人文主义者并不是不作辨析地反对一切同情，而是反对过分的同情和过分的选择，反对过分的自由和过分的节制；也就是，人文主义者应该做到有所节制的自由和有所选择的同情。他认为当今的人，如果他自己并不如此的话，就像过去的人，受着一定的教义和纪律的束缚，至少不得不对高于普通自我的东西表示内心的敬畏，不管他称这

种东西为“上帝”，还是像古代中国人那样，称它为较高的自我(higher self)，或简单地称之为法则。而没有了这种内在的约束原则，人们就会在两种对立的极端之间踌躇不定。卢梭就曾说过，“在万有和空无之间没有中介词”。可是，有了这种真正的约束，人们就能够协调两种对立的极端，并且填充两者之间的空间。

白璧德也承认，卢梭并不是没有意识到为内心欲望所折磨之苦恼，这一点卢梭自己也并不忌讳，甚至公开坦承自己无法抑制、难以驾驭的内心欲望(libido sentiment)，但是，或许正因为如此，卢梭才会为他的追随者们制定了“同情”这一原则来替代宗教义务；同时，卢梭把同情这一原则和强烈主张人的权利和自由结合在一起，他设想由此所产生的个人权利在兄弟式的伙伴关系中将会得到充分的抵消。但是，那种被卢梭以及卢梭式的个人主义者高度理想化了的同情的原则，真的能够战胜卢梭在解放自我的过程中同时释放出来的自私自利的基本势力吗？白璧德对此的回答是否定的。而不幸的是，白璧德认为那些人道主义者们所孜孜以求的利他主义的同情，与将被用来取代宗教节制的“经过启蒙的个人利益”的全面混合，也就是所谓的国际主义者或者一般意义上而非人文主义意义上的世界大同主义者所追求的信仰，而这种信仰并不能够作为“永久动力的秘密的生理基础的秩序”。白璧德认为，没有宗教的节制，不仅个人，作为一个整体的社会都将在对立的极端中飘摇不定，只会在无政府的个人主义和乌托邦式的集体主义之间摇摆。在这一点上，白璧德与穆尔以及艾略特对于个人宗教力量的借重并没有根本分歧，只是穆尔和艾略特表现得更坦率直接，而白璧德还有些踯躅摇摆而已。

在《卢梭与浪漫主义》一书中，白璧德对知识理论给予了相当的注意。他既批评了形而上的认识论，也批评了完全实证的认识论，因为它们都没有对人的具体经验予以充分注意。不是从权威那里获取思想，现代人主张将其置于经验之下予以考验。白璧德自己愿意接受这一挑战，并采用了他所说的“积极和批判的精神”来回应这种彻底的经验主义。“人的一切都是经验”，这里似乎有英国18世纪政治哲学家伯克(Edmund Burke)有关人的行为更多的是与他的个人利益而不是形而上的思维相关的观点。但在肯定经验的认识论意义的同时，白璧德同样坚持，今天所谓的“经验”，已经被人为地弄得过于狭隘。在他眼里，那些现代认识论的代表人物，都是“不完美的实证主义者”。他们并未充分考虑到人类经验的完整性，而是武断地选择一些经验的碎片，或者通过一些缩减的方法将这些经验歪曲了。各种类型的自然主义——唯物主义的哲学，都是在具体经验之上强加上抽象的建构。而在过去的几百年中，人类的实际生活，正如在人的直接自我经验中一样，曾经提供了充分的有关人和社会的本质的证明，包括普遍道德秩序的存在，而这些构成了完整经验的一部分，甚至最关键的部分。在上述分析中，白璧德毫不犹豫地借用了中国儒家思想和佛教思想资源。

白璧德使用了一个不得已而用之的术语——“一种更完整的实证主义”，来描述自己对于经验事实的尊重，并以此将自己与那些试图从形而上的理性思维的角度来超越“现代性”的所有努力区别开来。他似乎更愿意倾力于日常现代意识中的经验事实的积累，而这被白璧德研究者视为一种“误导的印象”。在他们看来，白璧德用来判断思想的有效性的经验，并非实证主义设置的外在对象范围。他所说的是人的鲜活的整体统一意识，可以被称之为人的“内在生活”的自我意识，并不是因为它内在于其他之中，而是它与那些被直接经验之间，存在着一种亲密的关系。

对于普遍与特殊在分裂与统一之下相伴产生的这一直接经验事实，白璧德有时借用柏拉图的“一”与“多”的概念来表示。人并不是通过经验意识的数量积累来获得对于整体统一的理解，而是通过对变化或多样性当中的生活的统一性或整体性的把握来获得。人通过将个性集中在真、善、美的价值之上而实现之。由此观之，白璧德对于存在的统一性的强调，并不是摆脱或者抛弃变化和多样性，因为这些构成了人的生活的本质。经验事实是，人从特殊性的秩序中发现了普遍性。白璧德认为，在此方面，人获得了成功，即普遍性包含于具体的经验之中。没有进入到人的经验的，也不是人的知识的主体，尽管有各种形式的形而上的要求。而对于真实问题的最好回答，来自于正确描述过的建构在方式之上的经验。而这种生活之建构，在白璧德看来，乃文明的真正任务。通过它，人被导引到超越于纯粹的短暂而特异的存在。一个真正文明化的人，他在真实方面比非文明化的野蛮人显得更有权威，因为他让经验秩序化、深化，并变得丰富，并循着从经验中积累起来的普遍意识对其进行诠释。而这种普遍意识，在白璧德看来，并不是简单地来自于个人经验以及它们在数量上的简单积累，而是来自于生活和文学中的真正的人的遗产。

四、白璧德在他的时代和我们的时代

在 1920 年之前，白璧德被认为是一位新的知识分子和文化运动的领袖。而围绕着新人文主义所展开的争论，也因为 1930 年两本文论选集的出版而达到了顶峰(一本是人文主义的批评者们的文辑，另一本是它的支持者们的文辑)。论争甚至还蔓延到社会上——非专业或者非知识分子类别的大众杂志以及报纸上。纽约市的卡耐基(Carnegie)大厅曾经举行过一次有关人文主义的公开讨论，其中重要的演讲者就是白璧德，据说这场公众讨论吸引了三千名左右的听众。1932 年，白璧德出版了他的名为《论创造》的论文集。去世之后，他从巴利文翻译过来的印度教徒的经典《法句经》(*Dhammapada*，1936)也出版了。书前附有他撰写的一篇有关印度教以及西方世界的重要论文。

上文中所提到的 20 世纪 30 年代美国知识界反对白璧德的新人文主义一事，被认为是由 C. H. 格瑞坦(C. Hartley. Grattan)编著的《人文主义批评》一书所引发的。该书的主要撰稿人有威尔逊(Edmund Wilson)、忒特(Allen Tate)、布鲁克(Kenneth Bruke)、布勒克默(R. P. Blackmur)、威因特斯(Yvor Winters)等。而支持声援新人文主义的论文专集，则是由福伊斯特(Norman Foester)编辑的《人文主义与美国》[①]一书。其中收集有穆尔、艾略特、白璧德以及其他一些批评者关于人文主义的论文。而有关跟白璧德及人文主义相关的那些论争，还可以参阅 S. C. 布瑞兰(Stephen C. Brennan)和 S. R. 雅布拉夫(Stephen R. Yarbrough)所著的《欧文·白璧德》(Boston：Twayne Press，1987)一书。而更多有关研究论述白璧德及其人文思想的论文或者著作，可以参阅本书附录四。

白璧德对于美国大学教育的批评最引人注目。他与哈佛大学校长艾略特(Charles W. Eliot)之间在“新教育”以及有关“选修制”上的分歧，可见因

① 这部值得提及的文集所有作者及其论文是：Norman Foerster：*Preface*；Louis Trenchard More：*The Pretensions of Science*；Irving Babbitt：*Humanism*：*An Essay at Definition*；Paul Elmer More：*The Humility of Common Sense*；G. E. Elliott：*The Pride of Modernity*；T. S. Eliot：*Religion Without Humanism*；Frank Jewett Mather，Jr：*The Plight of Our Arts*；Alan Reynolds Thompson：*The Dilemma of Modern Tragedy*；Robert Shafer：*An American Tragedy*；Harry Hayden Clark：*Pandora's Box in American Fiction*；Stanley P. Chase：*Dionysus in Dismay*；Gorham B. Munson：*Our Critical Spokesmen*；Bernard Bandler，Ⅱ：*Behaviour and Continuity*；Sherlock Bronson Gass：The *Well of Discipline*；Richard Lindley Brown：*Courage and Education*.

都斯(Milton Hindus)的《欧文·白璧德，文学及民主文化》一书。在白璧德去世之后，由他的友人和学生们撰写的回忆文章汇总而成的《欧文·白璧德：人与师》一书。不仅被认为是“一个有价值的怀念文辑”，而且也从各个侧面，勾画出白璧德作为一个思想者、一个时代文化思想批评者、一个为人师表的教师和一个普通现代人的风采与特性。这些回忆者中，不仅有穆尔、艾略特(T. S. Eliot)，还包括从 20 世纪 20 年代初期开始就在中国知识界大力宣传白璧德的新人文主义思想的梅光迪。不少白璧德的学生都回忆了白璧德在他们人生思想和学术研究发展过程中所产生过的巨大影响，并对他作为一个教师给学生们所留下的深刻印象记忆犹新。有人(Austin Warren)写道，白璧德在课堂上给他的印象是“前所未有的，也是终生难忘的”。而在另一个人(Stuart P. Sherman)眼里，“你从来不会有一刻感觉到他是一个在学生面前卖弄学问的老师。你会觉得他就是卡莱尔、佛陀，把这个世界丰饶的智慧倾注在你的脑子里”。尽管艾略特(T. S. Eliot)最终批评白璧德不曾将其信仰特别扎根于基督教之中，但他同样证实白璧德对他的影响是深远长久的，“一旦成为白璧德的学生，终身再难改变”。在选修白璧德的课程之时，理普曼(Walter Lippmann)还是一个社会主义者，也是一个带有卢梭式的倾向于“人民”主张的人。最初他对白璧德反浪漫和反大众主流的思想很是反感，但是，同样有人认为，白璧德对于理普曼的影响是“抹不去的”。对此，可以从几年后他的学术专著《大众哲学》(1955)中看出，尽管他在书中并没有明示，但白璧德思想的痕迹清晰可见。那些并非与白璧德同一个学术领域却也取得了学术声誉的许多学者，也被认为不同程度地受到过他的影响①。

需要指出的是，上述种种并不表明，白璧德的人文思想在他那个时代的美国思想界成为了一门“显学”，事实可能完全相反。

即便在他的时代，白璧德也经常受到不少有影响力的知识分子的批评。这些人包括威尔逊(Edmund Wilson)、门肯(H. L. Mencken)、勒威斯(Sinclair Lewis)、海明威(Ernest Hemingway)、布勒克默(R. P. Blackmur)、罗武乔依(Arthur Lovejoy)、施伯因干(J. E. Spingarn)、忒特(Allen Tate)和巴尊

① 有关白璧德在美国及欧洲被研究的情况，参阅 Ryn, Cleas G., Transaction Publishers《卢梭与浪漫主义》“序”，以及 Frederick Manchester & Odell Shepard: *Irving Babbitt: Man and Teacher*。

(Jacques Barzun)。从这些名字可以看出，那些所谓的恶意批评者，并非都是白璧德所批评的“激进分子”或者“进步论者”。而那些充满敌意和诽谤的批评，从当时和后来的研究来看，确实损害了白璧德的短期声誉，甚至一度还遮盖了白璧德所信仰的那些东西的真正价值，以至于在当时为白璧德思想表示声援都成为学术上的一件具有“风险”的事情。而白璧德甚至也不得不忠告他的那些崇拜者，在引用他的思想时不必指出这些思想的出处。这就是白璧德在二三十年代的美国知识界、思想界更为真实的现实处境。在一个崇奉自由、进步和解放的时代，白璧德对于选择、标准、人文批评的自觉性的强调，不管是在专业领域，还是在逸出专业领域的公共领域，都显得多少有些不合时宜。

但是，这并不意味着那些白璧德的批评者完全漠视白璧德所倡导的新人文主义，无论是作为一种文化批评原则，还是作为一种人文道德修养的基础。即便是那些白璧德的尖锐批评者，在他们自己的著作中甚至有时也显示出他们所受到过的白璧德思想的影响。譬如罗武乔依(Arthur Lovejoy)的《存在的巨链》的一部分(第十章)，就被认为明显受到白璧德对浪漫主义批评观点的影响。而更多白璧德的批评者，可能对于白璧德的部分思想有保留，但对他的另一些思想，则持有一定的同情。有些甚至还曾经公开肯定过白璧德的某些观点，并在自己的著作中引用过。

白璧德的影响远不仅止于美国。他在欧洲被接受的状况甚至被认为还要好于在他自己的祖国。1923年，他曾经做过巴黎大学的客座教授，给那些热情的法国听众讲授法国文学。尽管他对法国文学的批评态度有目共睹，但这似乎并没有妨碍他在法国文学的研究中心来阐明他对法国文学、特别是卢梭以来的法国文学的浪漫传统的那些批评观点。1928年，巴黎出版了一部专门研究介绍美国当代人文主义运动的著作，这本专著的作者是L. J. A. 梅西尔(Louis J. A. Mercier)，他也是白璧德在哈佛大学法语系的同事。他还著有《人文主义的挑战》以及《美国的人文主义与新时代》。白璧德人文思想在文献方面最深刻的阐释者是瑞典人、哲学教授林德(Folke Leander)。他的哲学史家背景有助于澄清白璧德思想中的一些经常被认为有些模糊不清的概念，并彰显白璧德思想的重要性。林德的第一部对于白璧德以及他在思想上的同伴穆尔的学说做出文献式阐明的，是他的《人文主义与自然主义：恩斯特·谢利尔(Ernest Selliere)、欧文·白璧德和穆尔比较研究》。尽管作者后来修改了自己对于“更高意志”的界定，这本书仍然被认为是一部有价值的专著。林德的学生、美国华盛顿天主教大学政治系教授科雷斯·瑞恩的《意志、想象与理性：欧文·白璧德与真实问题》一书，在研究方向甚至某些主题上无疑受到了他的老师对于白璧德思想研究的影响。该书着重论述了白璧德的伦理思想和美学思想，并重新考察了真实以及人文科学的认识论问题。

足以表明白璧德的影响远不仅止于西方的标志是，无论是在他终身执教的哈佛大学，还是在短期讲学的巴黎大学，甚至一直到现在，对白璧德及其思想学说表现出超乎想象的“崇拜”的学生和听众，似乎并不是他的那些美国学生或者法国听众，而是一些东方人，包括中国人、韩国人、日本人和印度人。在这些东方人心中，白璧德无疑享有很高声誉。他也被看成是一位智者、一位圣人、一位知识上非同一般广博的西方人；他不仅将东方传统思想纳入到他的知识考察范围，而且还将这些思想的历史地位提升到与西方传统哲学宗教思想同等的高度。他对东方思想所抱有的热情、同情和真心向往，感动并吸引着他的那些东方学生去重新认识并捍卫他们自己的思想文化传统——这种情况在 19 世纪传教士—汉学家传统(missionary-sinologist tradition)中已经出现过，那些同情东方的现实处境、努力向西方读者阐释介绍东方古代思想文化传统的西方传教士—汉学家，相较之下，总是更能够比较容易地获得东方知识分子们的认同与接受。而几乎所有白璧德的同情者和反对者都清楚的一个事实是，从上个世纪初期开始，就不断有中国留学生来哈佛大学并师从于他。

白璧德去世二十五年之后，哈佛大学却出人意料地以他的名义设置了一个比较文学方面的教授教席。1960 年还专门为此举行了隆重的设置典礼，并且聘任列文(Harry Levin)作为第一任该教席教授。这种举动被认为反倒加强了白璧德所反对的学术与文化潮流。但是，这个席位是在当时的哈佛大学校长蒲锡的力主之下设立的。蒲锡被认为是一个具有广泛的人文哲学方面的学术背景的古典学学者，他曾经跟白璧德学习过，并自认为从白璧德那里所受到的影响比其他任何一个教师都要大。蒲锡曾在一封信中声称，“五十多年前，当我还是一个在他的课堂上听课的学生时，白璧德就给我留下了非常深刻的印象”。在两次世界大战之间或者之后达到学术上成熟的那一代美国学者或者作家中，罗瑟尔·科克(Russell Kirk)是一个

经常论述到白璧德并对他充满了崇敬的著名学者。他主持重印了白璧德的一些著作，并给重印的白璧德著作《文学与美国大学》和《民主与领袖》撰写了长篇序言。科克毫不掩饰自己在知识上思想上与白璧德之间的关系："相对于任何一个20世纪的作者，白璧德对我的影响都是最大的。我是通过白璧德认识伯克的。白璧德与伯克一样，鼓舞了我的著作《保守思想》(*The Conservative Mind*)一书的写作。"科克的上述言论，出自帕尼齐阿斯(George A. Panichas)和瑞恩编著的《白璧德在我们的时代》一书。科克还为1979年重印的《民主与领袖》的平装本和精装本撰写了前言，这两个版本目前依然在印。而白璧德有关想象和人的中心道德困境的思想，同样深深影响到皮特·威瑞克(Peter Viereck)有关文学、文化和政治主题的写作。甚至威瑞克自己的文学信条，都可以看成是白璧德的美学立场的个人重构与扩展。与威瑞克同时代的另外一个不仅出色、而且在自己的著作中也多次涉及白璧德、对其思想抱有同情的文学研究者是米尔顿·因都斯。他曾经为1963年再版的白璧德著作《现代法国文学批评大师》重新撰写了序言。重新编辑白璧德的著作，并通过为新版著作撰写序言的方式来重新阐述白璧德的人文思想，借以表达他们自己对于思想和社会现实的观点，这是白璧德的研究者们经常使用的一种方式。

除此之外，帕尼齐阿斯编选了迄今唯一一本白璧德文论选，这就是《白璧德代表文论选》。文选附有帕尼齐阿斯撰写的一篇序言。另外还有一些学者，其中一些稍微年轻一些，也都不同程度地撰写过有关白璧德的学术著作。在这些著作中，学术专著有20世纪80年代出版的布瑞南和雅布拉夫合著的《欧文·白璧德》、托玛斯·乐文(Thomas Nevin)的《欧文·白璧德：一种知识分子研究》、因都斯的《欧文·白璧德》以及瑞恩的《意志、想象与理性》。最近这些年，那些一直被认为是"自由知识分子"并对白璧德甚少垂顾的人，也开始把白璧德的思想看成是对于西方社会道德和文化问题的一种有理解、有预见的诠释。A. M. 施勒辛格(Arthur M. Schlesinger，Jr)在他1986年出版的专著《美国历史的循环轮回》曾经专设一章论述白璧德，甚至公开将白璧德的"民主与领袖"引用为标题。在这部著作中，施勒辛格把白璧德描述成为"一个清醒锐敏的学者"，并认为他"值得更好的纪念"。而且，施勒辛格还特别赞赏白璧德的政治领袖观点："白璧德在这一点上将是永远正确的，那就是他坚信民主将因为他的领袖的素质质量而确立或者倒塌。”或许在这里，我们真的多少可以听到一些白璧德与所谓新保守主义相近的声音。

或许，我们可以从白璧德的一个中国追随者对于他的思想及其历史地位的评价中，感受到另外一些东西：

> 如今，他已经作古，他的那些文字，却依然将作为一种宣言和宏大的战略计划而服务于一场战争，直至在人的价值领域中的最后一道壕沟也被占领。而且，这也是他的思想的阐释者的职责，即强调他的使命的重大以及他的性格中的最基本的英雄主义。这个人和他的著作，都属于那种能够不止一次地激发起个人勇气的思想源头，来激发那种能够让他们说出他们所发现的自己时代的真理的勇气，而且坚信这一真理终将时兴于时。①

第二节　马修·阿诺德的文化批评与白璧德的人文批评

尽管白璧德在思想上与西方乃至东方更久远的人文传统有着密不可分的内在关联——这也是他希望通过自己的批评努力而让更多的现代人重新评估古典思想传统对于现代的意义与价值的目的所在，但他同样没有忽略对于19世纪西方批评传统的辨析和批判。对于法国、英国19世纪文学批评中的“人文”传统，白璧德显然同样给予了足够的重视——就在他对现代法国文学批评大师进行逐一点评的时候，他也试图在卢梭以来的法国思想传统中寻找新的声音，或许他在圣伯夫对其所处时代的批评声音中发现了这种新的声音的回荡②。但在19世纪西方批评家中，英国批评家马修·阿诺德(Matthew Arnold，1822～1888)对于白璧德的思想“触动”，毫无疑问尤为明显。

两人之间的“类似”(analogy)是并不需要多少努力就能够找寻出来的。

---

① Frederic Manchester/Odell Shepard：*Irving Babbitt*：*Man and Teacher*，pp. 112～127，Greenwood Press，Publishers(New York)，1969.

② 白璧德对于圣伯夫的肯定态度，几乎是公开的，不避任何嫌疑的。他甚至在自己的工作室的墙壁上还悬挂着一幅圣伯夫的画像。

“类似”的话题可以从对待文学的界定、批评的功能、学术的文学影响、古典的现代意义、教育目的的再评估等方面予以展开，但更关键的，是包含于这些话题之中、同时又超越于这些主题之上的一种更坚定、更深切的哲学思想。正如有人所评价的那样：

> 如果我们寻找阿诺德继续产生重要影响的原因所在，我们似乎并不能够单独从他的个人才能当中去找寻，尽管他的这些才能同样伟大，而是应该从他所承担并延续的传统的力量当中去找寻。对于我们这个时代，在英国和美国，阿诺德是人文主义传统的伟大的继承者和传承者。①

也就是说，是他们所倡导、所诠释、所坚守、所依凭的“人文主义”传统，将两个不同时代的思想者和批评者关联在了一起。但是，仅仅指望通过对他们所倡导的“人文主义”传统本身进行理论上的清理，而撇开他们在各自时代人文环境中的具体而生动的批评实践，这样的取舍可能正好落入到阿诺德、白璧德的批评者们的思维逻辑当中，而掩盖了人文主义传统最本质的内容：传统的传承实际上被人文主义者们当成了一种独特的现实批判途径和方式。而至于他们所发出的批评声音，则是时代在传统界面上，通过那些人文主义者的批评，而激发出来的富有思想和精神个性的时代回响。

实际上，即便是同为“自我标榜”的人文主义者，他们各自所认同或者所理解的“人文主义”，可能也相去甚远——因为几乎在所有人文主义者那里，要找到两种完全相同的对于人文主义概念的理解也是困难的。但无论是在阿诺德这里，还是在白璧德这里，人文主义显然不仅仅只是一种可有可无的“传统”，它更是一种态度，一种可以让人文主义者们获得一种生活于社会时代的“优势”(advantage)，依凭着这种态度，在一个复杂而且高度发展的社会，他们可以完善其人性，达到其适当的境界。在这种境况之下，人文主义所期待、所珍视的个人美德，被认为是“知性”(intelligence)、

---

① Lionel Trilling: *The Portable Matthew Arnold*, Introduction, p.3, The Viking Press (New York), 1949.

“礼仪”(amenity)和“宽容”(tolerance)的合一[1]。而它所寻求的在朝向时代的各种声浪之时的特殊勇气，也就是人文主义者在支持这些美德的实践过程中所表现出来的——这些人文主义原则并不是轻而易举地存在于各个不同的时代环境当中的，它的存在本身，其实就是一部人文主义传统的历史。因为它所主要赞誉的“知性”的质量，就在于“调节”(modulation)与“灵活性”(flexibility)，而不是那些误解人文主义为僵化的教条、人文主义者为食古不化的冬烘先生的人所理解的“保守主义”。也就是说，人文主义所要求的精神思想，应该是一种处于波动状态的思想，这种思想的跌宕起伏，并不是那种不受羁附的狂野力量的凶猛释放，而是有所归依的批判精神的具体实践。

这看上去似乎是一种悖论——人文主义者对于“传统”的坚守，与他们在实践层面上的时代立场之间似乎存在着矛盾。类似的悖论还存在于人文主义最努力致力于的社会特性：公正性与延续性。对此，有人解释是，当人文主义讲到公正的时候，它所坚守的是人性的绝对；而当它讲到延续的时候，它所指的是社会并不是绝对的，而是实际的甚至是不规则的或者反常的[2]。“它的知性令所有那些反常的一切被剔除掉；而它的社会延续的理想，由这样的理念得以验证，那就是将反常或者不规则剔除掉的努力，可能会带来新的甚至更恶劣的不规则或者反常，因为此乃人性使然。”这样，人文主义信仰，常常也就被错解或者被看成是虚妄的，因为它们认为社会可以通过接受思想(无论它是传统的还是标准权威的)和修正感性(强调理性与选择)而逐渐地改变它自己。而这也被认为是人文主义对于“文道”(discourse and letters)的价值的重视估价之所在，而且这种重视估价常常还被认为是过高的。

正是在批评实践上的这种时代的、个人的灵活性，这种思想的“波状的有规则的伏动”，使得对人文主义者之间的比对分析变得富有价值——这往往也是我们更好地理解人文主义者对于他的时代的批判和他对于人文信仰的坚守的有效途径。简单地列举阿诺德在其批评实践中所具体涉及的

---

① Lionel Trilling: *The Portable Matthew Arnold*, Introduction, p. 3, The Viking Press (New York), 1949.

② 参阅 Lionel Trilling: *The Portable Matthew Arnold*, Introduction, pp. 4～6, The Viking Press(New York), 1949.

“人文传统”的每一个构成要素并没有实质性的效果，因为这些要素“可能是希腊罗马，可能是古印度，可能是文艺复兴，可能是一种法兰西式的解说和德意志式的启蒙，以及这些运动在当代欧洲的延续；还可能是柏拉图、亚里士多德、但丁、蒙田、斯宾诺莎、拉辛、歌德、海涅、华兹华斯、爱默生”。这会是一个长长的名单，但也是一张或许只有人文主义者才能够读懂的历史知识图谱。

而有关白璧德与阿诺德之间的比较，并非是没有任何限制的铺开，而是集中在“批评作为一种知性原则”“精约时代与扩张时代”“文化无政府主义与文化批评”这几个不仅属于阿诺德的思想语境，而且同样有意义于白璧德的批评实践的主题之上。

一、批评作为一种知性原则

与白璧德的人文批评一样，阿诺德的文化批评首先也是一种批评实践活动，而不是在这种活动之外或者之上的孤立静止的理论教条——这也是白璧德在检视英国的人文思想传统遗产时所发现并阐明的。曾经有人这样描述评价阿诺德：

> 他是一个知识渊博、见解深刻并且敏锐积极的人文主义者，一个人文传统的伟大承传者，这一切根植于他对社会的热爱以及他的社会整体性理想。而这一切都反映在他的著作当中，跟他的那些倡导知性、礼仪和宽容的人文主义理想一道熠熠生辉。作为一个诗人，他比同时代绝大多数人更密切地对我们言说；作为一个批评家，他以一个个体对众生的方式言说——作为一个坚信文学通过复杂的方式与实际人生联系在一起的个人。①

这段文字，如果除掉对于作为诗人的阿诺德的评价，其余部分几乎可以不作任何修改地适用于白璧德。它不仅指出了阿诺德对于知性的态度——他是一个人文传统的伟大继承者，而且还明确了阿诺德作为一个批评家的言说方式和立场——诗人批评家(poet-critic)。但是，相对于不少原

---

① Lionel Trilling: *The Portable Matthew Arnold*, Introduction. The Viking Press (New York), 1949.

创作家，作为诗人—批评家的阿诺德并不十分情愿接受这种观点，即所谓批评要比创作性的作品略低一点儿，批评家的力量也要比原创作家的力量小一些的说法。但他同时也十分明显地强调了这样的观点，即一个批评家首先是要表现他自己的良知，以及他自己究竟服务于一个什么样的信念事业，而批评实践要么遵从于他自己的思想精神，要么遵从于别人的思想精神，不可能是其他[①]。也就是说，一个批评家，并不是一个简单僵化地照搬教条或者不断地重复所谓原则标准的人，仅就此言，那些将人文主义批评家视为保守主义者的批评，要么是批评者没有真正地理解被批评者，要么就是被批评者根本就不是一个阿诺德意义上的真正的人文主义批评家。

而作为学者—批评家（scholar-critic）的白璧德，对于阿诺德上述观点的解读是，18世纪中期以后，西方思想文化领域发生了“决定性的崩溃”。而作为这种崩溃的结果或者表现，就是各种形式的不信任以及与此相关的巨大的精神孤独，“一种空虚和被遗弃的感受”[②]真实地产生于人们在思想精神上失去了与传统之间的连续关系之后。也就是说，“生活对他们来说似乎不再具有任何意义中心”[③]，“过去的秩序已经失去了对于他们的知性的把握”，但是，却“依然保留着对于他们的想象的把握”。白璧德认为，在英国人中，没有谁比阿诺德在他的诗中对于这种怀旧之情表达得更完美的了。但是，很显然，无论是阿诺德，抑或白璧德，都认为这是一种空洞的、没有根源和中心的怀旧，因此也只能是一种没有核心的情绪的宣泄而已。在白璧德看来，阿诺德的独特或者意义在于，他并没有像他同时代的那些浪漫的想象者们那样，继续在他所揭示出来的这两个世界：一个死的，一个又无力诞生的世界之间孤独地游荡[④]。

对于在现代人这里所表现出来的“不幸分离的个性”，阿诺德赞扬了希腊人，原因“不仅在于他们是积极的、批判的”，而且还在于“他们成功地

① Lionel Trilling：*The Portable Matthew Arnold*，Introduction，p. 236. The Viking Press (New York)，1949.

② George A. Panichas：*Irving Babbitt：Representative Writings*，p. 104，University of Nebraska Press，1981.

③ George A. Panichas：*Irving Babbitt：Representative Writings*，p. 104，University of Nebraska Press，1981.

④ George A. Panichas：*Irving Babbitt：Representative Writings*，p. 104，University of Nebraska Press，1981.

取得了我们也希望成功地通过现代实验来实现的东西”[①]。所谓我们通过现代实验希望实现的东西，或者那些希腊人曾经成功地实现了的东西，就是“想象与理性的结合”。但这种结合在阿诺德身上，白璧德认为并没有真正实现，或者“远非完善”——“当他自己最富想象力的时候，他所传递出来的占据统治地位的信息却是挽歌式的”[②]。就像有人有时所抱怨的，把缪斯降低到了“医院护士”的位置。白璧德认为，这是作为诗人—批评家的阿诺德，在创作过程中所面临的互为背离的挑战：“他的理性不赞同他如此使用诗歌，以至于他实际上一度撤回了他的诗集的发行”；而在另一方面，“当他准备谱写那些能够满足他的理性的诗歌作品的时候，他的想象之火似乎又离弃了他”[③]。白璧德所揭示出来的阿诺德身上的这一“矛盾”，或许直接源于阿诺德的诗人—批评家身份，相比之下，白璧德似乎更倾向于学者—批评家这种组合。白璧德自己不直接从事文学创作，或许这也是他被批评认为对文学写作缺乏更直接同情的原因所在。而那些对于白璧德缺乏对文学和文学家的真正同情的批评，似乎也能够从这里找到一些注解。不过，阿诺德的“矛盾”，实际上反映出在具体的艺术创作过程中，真正要完美地实现所谓“想象与理性的结合”，在实际创作过程中存在着多大的难度。

或许正因为如此，白璧德才并没有将阿诺德身上的这种“矛盾”，简单地归因于阿诺德的这种组合式身份，而是归因于他所处的时代思想氛围与背景。在他看来，“对于像阿诺德这样的人来说，处于19世纪中期，在采取一种积极的、现实的态度的同时，又对过去投去一瞥游移的目光，让人感觉到，只要涉及过去的秩序和现代精神之间的冲突，他的心灵和他的头脑就似乎不属于同一个人似的”，而尽管如此，白璧德却认为，“这并无什么反常之处”(但是，白璧德在阿诺德身上所表现出来的这种类型的同情与“宽容”，在他对于那些浪漫主义者、人道主义者、自然主义者的批评中似乎并不多见)。不过，白璧德显然注意到了阿诺德有别于他的同时代人，

---

① George A. Panichas：*Irving Babbitt*：*Representative Writings*，p. 104，University of Nebraska Press，1981.

② George A. Panichas：*Irving Babbitt*：*Representative Writings*，pp. 104～105，University of Nebraska Press，1981.

③ George A. Panichas：*Irving Babbitt*：*Representative Writings*，p. 105，University of Nebraska Press，1981.

即19世纪人的独特所在，那就是他的“实证论的完整彻底”[①]。在白璧德看来，那些标榜自己“现代性”的人，只不过是在积极地遵循着自然法则；而他们对于人文法则或者与此一道而且包含于其中的传统形式，实际上是弃置不顾的[②]。白璧德认为，阿诺德身上所反映出来的“矛盾”，恰好在于他坚持认为“人乃两种法则的产物”，而不是持守一面并将另一面弃如敝履。也就是说，“在他的传递冲动和欲望的日常自我之外，他还有一种永久自我，这种自我可以在与他的日常自我的关系中被感受到。而所谓关系，就是它作为日常自我的一种控制力量而存在着”[③]。白璧德进一步解释道，“作为一种经验，人只有在他行使这种控制的时候才会找寻到幸福”[④]。也就是说，这种幸福并不是像那些单面的“人道主义者”那样，产生于整体的分裂之后，而是产生于整体的内在“矛盾”和对于这种“矛盾”的调解的过程之中。而“否定人身上这种精神之法与众人之法之间的矛盾冲突，就是不顾事实，这样也就缺乏完全彻底的积极的和批判的精神”[⑤]。而这种类似的逃避或者找寻借口的结果，也就是阿诺德所谓的“道德上的无政府状态”。而白璧德对于这种无政府状态的前景作了进一步的推论，认为，“如果这种道德上的无政府状态与不断增长的对于自然法则的掌控捆绑在了一起，或者与此相当的不断增长的机械的和物质功效捆绑在了一起，那将更为危险”[⑥]——西方现代运动的主流意识形态，在白璧德看来，正是上述捆绑结合的产物。

而阿诺德身上的这种“矛盾”，有时候又确实以一种不坚定的游移姿态呈现出来，每逢此时，白璧德似乎也在有意回避对其作出解释。譬如，阿诺德固然强调了批评力量的重要性——在这一点上他作为一个批评家的身

---

① George A. Panichas：*Irving Babbitt*：*Representative Writings*，p. 105，University of Nebraska Press，1981.

② George A. Panichas：*Irving Babbitt*：*Representative Writings*，p. 105，University of Nebraska Press，1981.

③ George A. Panichas：*Irving Babbitt*：*Representative Writings*，p. 105，University of Nebraska Press，1981.

④ George A. Panichas：*Irving Babbitt*：*Representative Writings*，p. 105，University of Nebraska Press，1981.

⑤ George A. Panichas：*Irving Babbitt*：*Representative Writings*，p. 105，University of Nebraska Press，1981.

⑥ George A. Panichas：*Irving Babbitt*：*Representative Writings*，p. 105，University of Nebraska Press，1981.

份似乎更有分量。而几乎同时，他也并不否定所谓批评的力量要比原创的力量略低的看法——或许这样言说的时候，作为批评家的阿诺德又在羡慕着诗人头上的桂冠。但是，就在阿诺德强调所谓原创力量要高于批评力量的同时，也就意味着他是在强调一种原创力量的训练。这样一种自由的创造才能，被认为是人的最高功能，而它在被证实人可以从中找寻到人的真正幸福的同时，他也将这种创造才能与其对象、要素、质料等有机地结合在一起，认为这种创造性才能是与要素、质料一道产生作用的。离开了要素，离开了质料，这种创造性才能将会是空乏的[①]。阿诺德认为，文学天才的著作一定是一种综合和展示的著作，而不是分析或者发现的著作；它的财富存在于由某种知识和精神气息所激起的才能当中，存在于由某种思想秩序所激起的才能当中。不仅如此，阿诺德还提出一个更为富有思想个性的观点，他认为，那些真正伟大的经典之作之所以如此罕有，因为它必须有两种力量同时发生，即“人的力量”(the power of the man)和“时代的力量”(the power of the moment)，而且，仅只有人的力量而没有时代的力量是不行的——而或许正是从这里，白璧德得到了启发，他对那些以张扬个性为旗帜的文学上的浪漫主义者的批评，也似乎得到了一个与他的时代距离最近的先声。

不仅如此，在阿诺德看来，批评力量包含在“知识的每一个分支当中”，包括“神学、哲学、历史学、艺术、科学，以此观察客体的真实状况”[②]。而即便是创造性才能，在阿诺德看来，也不是没有强弱高低之分的。他在比较了歌德的创造性才能和拜伦的创造性才能之后，认为，二人都有很强的创造性才能(productive power)，但相比之下，歌德的创造性才能得到了一种由其真实的原料所提供的“巨大的批评努力”的滋养，而拜伦则没有。所谓真实的原料，阿诺德在前后相应文字中提到，其实就是“生活”与“世界”(life and world)。他认为，“歌德懂得生活和世界”，而这“正是诗人必要的主题”，在这方面，歌德要比拜伦全面深刻得多[③]。这种对于

① Lionel Trilling：*The Portable Matthew Arnold*，p. 237，The Viking Press(New York)，1949.

② Lionel Trilling：*The Portable Matthew Arnold*，p. 239，The Viking Press(New York)，1949.

③ Lionel Trilling：*The Portable Matthew Arnold*，p. 239，The Viking Press(New York)，1949.

历史的、综合的，基于现实生活、历史生活乃至精神生活基础之上的“创造”以及在此基础之上的“巨大的批评努力”的滋养，相对于浪漫主义者的浪漫想象，确实是一种别样的、更深刻也更普遍的人文状态。而阿诺德也通过这样一种比较，将浪漫主义诗人与具有更深刻的人文、历史乃至宗教背景与精神思想诉求的人文创造活动及其成果区别了开来。

而这种区别对于白璧德的最大意义，在于阿诺德所揭示出来的一条路径，一条创造性才能获得超越时代的更普遍意义的可能性与现实性。而白璧德在此主题方面的解说，遗憾的是，又往往被认为缺乏足够的说服力。倘若将阿诺德与白璧德的批评实践互为补充或者说明，倒不失为一种对19世纪末、20世纪初的人文批评传统的更为适宜的读解方式。

正是直接导源于此，阿诺德才会这样认为，在19世纪初期，英国文学当中的创造性行为在某些方面还不成熟，并认为由这种才能所创造出来的那些作品也因此注定会像过眼云烟。而之所以如此，是因为这种不成熟或者创作，是在“资料还不适当”，还缺乏“足够的原料”的情况之下发生进行的。用阿诺德自己的话说，19世纪初的25年中的英语诗歌，具有足够的能量，也具有足够的创造力，但却了解认识不够①。对于通常被视为这一时期英国诗歌的代表和最有影响的三位诗人：拜伦、雪莱和华兹华斯，阿诺德的观点却是，拜伦的诗显得“空洞”，雪莱的诗显得“语无伦次”，而华兹华斯的诗则还需要“完整性”和“多样性”②。

阿诺德将造成19世纪初期英国诗歌上述状况的原因，归结为诗人们没有能够认真地关注思想原料的另外一个有益的来源。他曾经拿这些诗人与自己所肯定的那些经典作家进行比较，质询为什么像古希腊的品达(Pindar)和索福克勒斯(Sophocles)以及英国的莎士比亚，他们所读的书，并不会比雪莱、柯勒利治更多，而且显然他们也没有那么多的书供自己去阅读，但他们为什么却又成为了经典作家呢？阿诺德对此所作的解释是，“这些诗人们生活在那些最高级别的思想之流当中，它们滋养着诗人们的创造才能，而社会，在最充分的程度上，弥漫充满着新鲜的思想、知识和

---

① Lionel Trilling：*The Portable Matthew Arnold*，p. 239，The Viking Press(New York)，1949.

② Lionel Trilling：*The Portable Matthew Arnold*，p. 239，The Viking Press(New York)，1949.

生命力。”[①]而在阿诺德看来，这些是创造性才能训练的真正基础。诗人们正是从这里找寻到了资料，找寻到了原料，而所有的书籍和阅读也只有有助于此才是“有价值的”。阿诺德似乎是想在时代、伟大的精神思想传统与个人创造性才能之间，找寻到一种有效的运行机制，一条不会被那些狂妄的个人主义者轻易鄙弃的通往经典、融入传统的现代之路。

而白璧德将对时代所谓“权威”或者“主流话语”的拒绝，作为他所理解或者坚持的“现代精神”(modern spirit)，这也是他对于所谓“现代精神”最直接的思想回应，并认为，这种对于“现代精神”的理解，实际上几乎与人文主义传统一样，具有悠久的精神史，而不仅仅只是可以追溯到歌德、圣伯夫以及勒内(Renan)那里。而且，即便是在这些人那里，所谓“现代精神”，也并不是一般意义上所谓的“最近的事情”(the latest things)，而是与“积极的”(positive)、“批判的”(critical)精神同义或者相近的一种批评立场。就此而言，白璧德认为，阿诺德将那些伟大时代的古希腊人，看成比中世纪的那些在时间上距离今天更近的人还要“现代”的观点，不仅给予白璧德的人文批评极为重要的启示，而且也给他几乎“四面受敌”式的时代处境以勇气与信心。

而阿诺德对于19世纪英国浪漫诗歌“传统”的拒绝，或者对其文学成就的“过低”评价，实际上也蔓延到他对于法国大革命这样的大时代却没有产生出与之相配的人类精神领域中的伟大作品的质问当中。而他对此所作出的解释是，之所以如此，原因在于法国大革命虽然倡导变革，但这些变革更多是“政治性的”“实用的”，与古希腊和文艺复兴时代所发生的精神领域的变革运动有着根本上的区别。后者更关注并追寻“人类精神本身的满足”以及“它的自身行为的增加表现”[②]，法国大革命在此方面则明显不同于文艺复兴。而至于拜伦和华兹华斯，阿诺德认为，他们所获取的资源更多来源于一场感受运动，而不是精神领域的思想运动。阿诺德这里所谓的感受运动，白璧德称之为浪漫主义运动，而至于精神领域内的思想运动，白璧德则名之曰新人文主义。

---

① Lionel Trilling: *The Portable Matthew Arnold*, p. 240, The Viking Press (New York), 1949.

② Lionel Trilling: *The Portable Matthew Arnold*, p. 241, The Viking Press (New York), 1949.

而将文学、思想和政治之间的界域人为地破除掉，或者能够在它们之间确立起一种能够彼此适用的批评准则——这也是几乎所有人文主义批评所共同遵循的准则，阿诺德并没有将这样的开创之举归之于自己。他在论述到英国的政治批评传统之时就指出，正是伯克将思想与政治结合在一起，由此而产生出来一种值得为后来的批评家所参考的政治学。这种政治学显然不是一种经院式的专业化的政治学，而是一种充满着个人思想活力与人文思想传统力量的新的政治学。

阿诺德的上述观点，在19世纪英国大学中专门性、世俗化的学科制度而没有充分展开的时代状况下，显得有些不伦不类——在这一点上，他对19世纪英国思想研究呈现出来的过度经院化、文献式和专门化倾向的批评，明显缺乏白璧德式的批评所具有的时代针对性与批评力量。

而阿诺德又是如何描述他心目中所谓超越时代、党派、学科等各种褊狭局限的"共同主张"的呢？他认为：伯克的回归，似乎总是让他觉得此乃英国文学中最美好的事情之一，或者也可以说是任何文学当中最美好的事情之一[①]。阿诺德这里实际上在试图凸显两点，其一是思想的力量及其对于任何一种"专业活动"的意义；其次是产生这种思想力量的"资源传统"，应该是所有"专业活动"必须汲取的思想精神源泉；而作为这种批评行为的现实形态，应该是综合的、全面完整的，而不只是一种单面的、平面的或者专门的学科式的。

二、精约时代与扩张时代

而在论述到"好奇"(curiosity)对于英国人的民族特性的意义时，阿诺德显然暂时放弃了自己对于19世纪英国诗歌中浪漫的要素所作出的贡献的那些有些模棱两可的评价。但是，在论述到英国人和英国文化中更关注于"政治和实践"，而对于"思想"以及"好奇"的思想特性却往往予以排斥的习惯时(这也是他赞誉伯克之于英国思想传统和政治传统的原因所在)，阿诺德显然并没有对这种习惯给予多少好评。在他看来，英国人习惯上认为，

① Lionel Trilling: *The Portable Matthew Arnold*, p. 246, The Viking Press(New York), 1949.

“实践意味着一切”，而“自由思想则什么也谈不上”①。而对于“思想”(这当然也是想象的一种形式)和“好奇”(这也是想象的一种前提)，没有或者缺乏必要兴趣或者评价的民族，又如何指望它会对思想与情感的扩张以及社会和观念的更新抱有必要的兴趣呢？作如此之想的阿诺德，此时似乎完全沉浸在19世纪英国的思想解放运动的旋涡当中。不仅如此，他甚至还从语义学和词源角度，比较了英语中“好奇”这个词在不同的民族语言中的含义，并认为，在别的民族语言中，“好奇”(curiosity)使用时通常含有褒义，意味着“人性中的一种高级的、好的品质”②，相比之下，在英语中，“好奇”这个词则完全没有上述词义，而是包含着“相当糟糕和蔑视”的情感含义。在这一点上，阿诺德似乎并不拒绝浪漫主义诗人们对于“想象”与“好奇”在思想和精神创造方面的特殊作用的颂扬。

而进一步显示出阿诺德对于“好奇心”的支持的，是他将“文化”与“好奇心”联系在了一起。为了进一步阐明两者之间的关系，他首先将英语中有关“好奇心”这个词的不好的含义剔除掉，并将其还原到既无褒义亦无贬义的语义状态。他认为，在一个外国人眼里，“好奇心”就意味着对于“思想之物的自由的智识上的热心”③，而在英语中，“好奇心”总是包含着一种“轻佻的”“无益于道德”的行为的意思。而这种理解，在阿诺德看来，抑制和掩盖了“好奇心”的双层含义。他认为，“好奇心”并不是对于思想之物的一种盲目的，甚至病态的冲动，也不是一种没有结果的轻佻的个人行为努力，它本身就体现出一种思想上的“平衡”和“规范”④。也就是说，阿诺德并不认为“好奇心”是一种“病态的思想冲动”，更不是这种冲动的过程和结果。他引用了孟德斯鸠的这样一段论述来进一步阐明自己的观点：“激励推动我们去求学的首要动力，是我们对于增进我们本性的美德的渴望，以及使得一个智识生命更为明智的努力。”阿诺德认为，这也是真正的科学激情的基础，而文化就是这种激情的一种果实。换言之，文化也就是“好奇

① Lionel Trilling：*The Portable Matthew Arnold*，p. 246，The Viking Press(New York)，1949.

② Lionel Trilling：*The Portable Matthew Arnold*，p. 247，The Viking Press(New York)，1949.

③ Lionel Trilling：*The Portable Matthew Arnold*，p. 472，The Viking Press(New York)，1949.

④ Lionel Trilling：*The Portable Matthew Arnold*，pp. 472～473，The Viking Press(New York)，1949.

心”的一种果实，当然，只有当“好奇心”为阿诺德所理解的那种好奇心的时候才如此。

而且，他也似乎在附和着那些浪漫主义者，鼓吹甚至呼唤着英国文化的“扩张时代”(Era of Expansion)的到来，以突破“精约时代”(Era of Concentration)在思想文化上的局限与狭隘。阿诺德这种19世纪中期的英国式的乐观与积极，显然不同于白璧德的立场，即在20世纪初期的美国批评卢梭、培根以降，西方社会和文化发展一直处于过于膨胀的“扩张时代”之中，而张扬“精约时代”的原则和标准。不过，在阿诺德有关“精约时代”与“扩张时代”的论述当中，需要注意的是，阿诺德并没有将两者从历史的、实际的关系中抽象出来。他认为，“精约时代”不可能永远如此，而“扩张时代”也会“适时而至”。这本身就是一种思想演进发展此起彼伏的规律。所以，在英国经历了长久的和平之后，欧洲大陆上的那些思想逐渐并“无恶意”地传递到英国，尽管一个时期数量上并不多，但它们会与英国人自己的观念思想混合在一起。而批评，“就是创造正确、清新的思想之流”[①]，包括对于这些传递而来的思想必须给予的评价。不仅如此，批评还将导引着人走向“完美”，引导他的思想去凝视它自己的极致，还有事物绝对的美和绝对的适当。这也是批评内在的动机和力量源泉所在。也因此，阿诺德认为，批评与“精约时代”相一致的地方，就在于它并不是仅仅意味着去表达自己，“批评”并不是这样的，而是要去“无私地努力学习和宣传世界上那些已知的和已认为的最好的东西”[②]。正是沿着这种思维，阿诺德才并没有将批评仅限于“当代英国文学”，也没有限于哲学、宗教、社会、教育等任何一个专门领域。原因很简单，在阿诺德看来，“当代英国文学中”——19世纪上半期的英国文学中——并没有多少思想和精神的审美资料或者原料，可以纳入到他所说的那种“我们已知的和已认为的最好的之列”，“甚至比当时的法国文学和德国文学还要少”。也正是从这种批评观和英国文学的现状出发，阿诺德将批评从一种狭隘的、民族文学的局限中解放出来，提出了一种超越时代和民族文学界限的文学批评。而这种批评在知识

① Lionel Trilling: *The Portable Matthew Arnold*, p. 250, The Viking Press(New York), 1949.

② Lionel Trilling: *The Portable Matthew Arnold*, p. 265, The Viking Press(New York), 1949.

上，也给一个批评家提出了超越于“特殊的”“地域的”和“短暂的”民族文化历史优势的要求，自然地要求他去必修古希腊、罗马以及东方思想文化遗产——这些知识上和精神思想上的人类精华。

阿诺德的这种“扩张论”，或者他对所谓“精约时代”与“扩张时代”的认识，可以从他对“人性的扩张”“完满”与“文化”之间的关系的论述中反映出来。他认为，相对于宗教所谓的“上帝之域在你自己之内”的认识，文化也有相近的方式，“将人类完美安置于一种内在的条件，即安置于我们适当的人性的增长及其所占的优势之上”[1]，以区别于我们的“兽性”（animality）。而所谓人性的增长及其所处的优势，在阿诺德看来，“安置在思想和情感的那些天赋的不断增长的功效以及普遍的和谐的扩张之上，正是这些成就了人性特殊的尊严、财富和幸福”[2]。如何认识上述人类本性上的扩张，与文化的目的之间的一致性与矛盾性呢？阿诺德认为，“正是在对于其自身的无尽的增加补充上，在它的力量的无尽膨胀上，在智慧和美的无尽的增长上，人类精神发现找到了它的理想”。而为了实现上述这一理想，文化也就成了“一种必不可少的帮助”[3]，而在阿诺德看来，这也正是文化的“真正价值”所在——阿诺德的这一观点，与白璧德用人文纪律来约束调节浪漫扩张的主张之间，有着明显的类似。虽然阿诺德突出了文化替代宗教的可能性，但他并没有将文化与宗教的关系置于完全对立或者难以协调的位置。不过，就在阿诺德论述人类精神在寻找智慧和美的增长的过程中也在找寻着自己的理想的时候，对于这一理想，他并没有同时予以澄清或者说明。他说为了实现上述理想，文化具有不可或缺的帮助作用，并认为这也正是文化的“真正价值”。这就是说，文化本身并不是阿诺德所谓的理想，而是理想的实现手段。它不是静态的作为观念形态的存在，而是动态的沿着理想和自我完满的道路自我调节的过程。那么，什么才是理想呢？阿诺德说，不是“有”（a having）或者“止”（a resting），而是“成长”（a growing）和“成为”（a becoming）才是文化所构设的完美的特征，也正是在这里，

① Lionel Trilling：*The Portable Matthew Arnold*，p. 476，The Viking Press（New York），1949.

② Lionel Trilling：*The Portable Matthew Arnold*，p. 476，The Viking Press（New York），1949.

③ Lionel Trilling：*The Portable Matthew Arnold*，p. 476，The Viking Press（New York），1949.

阿诺德发现了文化与宗教的某种一致性[①]。

于是，既然每个人乃伟大全体中之一员，那么，人性当中的同情，也就不会听凭其中之一员有别于其他之人，或者听凭其中之一员获得不同于其他之人的理想之福利，也就是说，“我们人性之扩张，以适宜于文化所构成的完美理想，必须是一种普遍的扩张”[②]。从个体的人性扩张，到一种“普遍的扩张”，阿诺德“扩张论”思想中的这种“转化”或者所强调的与整体的“结合”，对于理解他的文化观至为关键。在他看来，所谓完美，如果是将那些个体孤立起来，也是不可能的。也就是说，阿诺德的个人发展观以及对于完美的追求，并不是脱离开其他人或者集体的个人行为，而是一种推己及人的共同发展观。他说：个人被要求携带着他人一道去追求完满，而且还要不停地竭尽所能地去扩张和增加人流之数量与其同行，否则，如果他不遵循上述原则要求的话，他的自我发展就会被停滞，并且衰弱，他也必须承受上述痛苦[③]。这种个人与他人共同发展(更确切地讲是沿着普遍发展道路的个人人性的增长或者扩张)的文化观，是阿诺德文化思想中一个非常突出的特色。而且，也正是在这一点上，他再次阐明了这种文化发展观与宗教之间的相通性：文化与宗教一样，给我们以义务，而且，它也认为提升上帝之域也就是增加和促进一个人的幸福[④]。

当然，在这样的文化发展观当中，所谓“完满”，即文化通过对于人性和人类经验的完全无私的研究而试图把握的，是一种组成人性美和价值的所有力量的和谐扩张，而与那种撇开其他各种力量而只有某一种力量的过度发展不相调和。阿诺德认为，在这一点上，文化又超越了宗教，因为宗教通常为我们所构想。

与阿诺德从“好奇心”出发，来论述“精约时代”和“扩张时代”不同的是，白璧德是从人性中总是试图摆脱约束的欲望一面出发，来相对抽象地阐明两者之间的关系的。白璧德所谓的“欲望”，至少包含两层含义，即情

---

① Lionel Trilling：*The Portable Matthew Arnold*，p. 476，The Viking Press(New York)，1949.

② Lionel Trilling：*The Portable Matthew Arnold*，p. 477，The Viking Press(New York)，1949.

③ Lionel Trilling：*The Portable Matthew Arnold*，p. 477，The Viking Press(New York)，1949.

④ Lionel Trilling：*The Portable Matthew Arnold*，p. 477，The Viking Press(New York)，1949.

感上的向外扩张的欲望和知识上的向外扩张的欲望。前者扩张的结果，如果不加约束的话，就是所谓泛情的博爱主义或者人道主义，而后者过度扩张的结果，就是所谓科学博爱主义或者人道主义。类似的扩张，涉及具体领域，则有各种不同的表现形态。譬如教育领域的所谓民主教育乃至开放教育，譬如文学艺术领域的浪漫主义，譬如国际关系领域的竞争和战争，譬如经济领域的商业主义和工业主义等。

或许是因为“欲望”总是处于绝对的释放扩张状态，而约束的力量，需要更高意志或者伦理意志的引导与加强，白璧德才对“扩张时代”抱有比阿诺德更清醒的认识与警惕，这当然与两人所处时代环境的不同也有关系。因为，在白璧德时代，他甚至发现，“我们中的大多数成员都是纯粹的膨胀扩张式的，这只是说我们中的大多数继续关注我们民主的数量而不是质量”[①]。而在白璧德看来，这种态度也就带来了很严重的问题，而转变这种危险的唯一办法，就是认同“贵族原则”，就是对于标准和原则的需求，在这一意义上，白璧德认为阿诺德为此而开辟出了一条有质量的、有选择的民主思想之路。

三、文化无政府主义与文化批评

在人文批评领域，恐怕再没有比“文化”这个概念被更广泛地使用，同时又更广泛地引起分歧误解的了。19世纪上半期，无论是自由主义者抑或所谓的“保守主义者”或者“人文主义者”，他们都在大量地使用“文化”这个概念。就像阿诺德引述当时一个自由主义者哈瑞逊(Ferderic Harrison)所断然指出的那样：“如今最愚蠢的，莫过于对于文化的伪善之言。”[②]文化可能是在评价那些新近出版的书籍之时的一种值得炫耀的品质，也可能是一个纯文学(belles letters)的拥有者的标志；当然，19世纪英国政治领域对于文化的理解另当别论，因为在政治领域，所谓文化可能意味着吹毛求疵、爱好自我闲适以及行为上的优柔寡断[③]。

---

① Irving Babbitt: *Literature and American College*, p. 110, National Humanities Institute, Washington D. C., 1986.

② Lionel Trilling: *The Portable Matthew Arnold*, p. 469, The Viking Press (New York), 1949.

③ Lionel Trilling: *The Portable Matthew Arnold*, p. 470, The Viking Press (New York), 1949.

还有比上述“文化观”更激进的观点。这种“文化观”对那些肯定古典文化的文化意义和现代价值的“人文主义文化观”提出了猛烈抨击，认为，所谓“文化”，就是指古希腊和拉丁这两种已经“死掉”的语言，而这种被视为文化代表的“死语言”，不过是极其贫乏的，对世界也没有多少好处，而这种语言的拥有者还颇为重视并喜欢这种语言，这在19世纪的那些自由主义者看来简直是荒诞透顶的。

这些过于简单偏激的对于文化的认识，当然不能够得到阿诺德的认同。不仅不能够认同，还与阿诺德的文化观几乎完全相对。在阿诺德这里，文化的意义毫无疑问要远远超出上述自由主义者们对于文化的不屑甚至蔑视。他不能认同自由主义者将文化视为所谓只是在评价新著时才值得需要的一种品质而已的论点。恰恰相反，阿诺德将自己称之为一个“文化信仰者”(believer in culture)，一个由“经验”(experience)、“沉思反省”(reflection)和“拒绝”(renouncement)来自我调剂的自由主义者。“我经常在言论中肯定并赞扬文化，我也曾经一直在我的著作中使用各种方法来致力于服务于文化利益。”①

至少在阿诺德和白璧德这里，文化从来没有简单地等同于古希腊、罗马语言。阿诺德曾经将文化与可能带来科学激情的好奇心关联在一起，并将其视为好奇心的一种果实。但是，阿诺德并不认为文化只是意味着渴望去弄明白自然事物之道理(知其然及知其所以然)，它还包含着对于我们周围一切的爱好：对于行为、帮助和仁慈善行的冲动，渴望修正人的错误，清理人的混乱以及减少人的痛苦，还有对于使得这个世界更好更加幸福的渴望等②。阿诺德的这种文化观，似乎是在昭示他并不是一个被人误解的文化精英论者或者文化专制论者，相反，既然好奇心人皆有之，那么，每一个人也就自然拥有通往文化之途——对于完美的热爱，终将完成于对于完美的研究。也就是说，文化并不仅仅来源于这样一种力量，即主要是对于纯粹知识的科学追求，还包括对于行善的道德和社会的渴望③。

---

① Lionel Trilling：*The Portable Matthew Arnold*，p.471，The Viking Press(New York)，1949.

② Lionel Trilling：*The Portable Matthew Arnold*，p.473，The Viking Press(New York)，1949.

③ Lionel Trilling：*The Portable Matthew Arnold*，p.473，The Viking Press(New York)，1949.

阿诺德认为，文化就是对于“完满”的研究，就是对于和谐的完满的研究，对于普遍的完满的研究，这种“完满”存在于成为某点而不是拥有某点——这也是阿诺德、白璧德的人文思想与那些伪古典主义者之间的不同——其前提是思想和精神的内在条件而不是外在环境，也就是说，文化并非自由主义者们所认为的微不足道或者毫无用处的外在于自我的一种存在，而是对于人的实现具有非常重要的功能。而且，文化的上述功能对于“我们现代世界”，更是具有特别重要的功用，因为“现代文明相较于古希腊和罗马文明，更为机械和外在”。这种文明的机械特征在现代文明当中，在阿诺德和白璧德看来，正在到处蔓延，而且已经到了非常明显的程度。而对于完美的追求，这种“思想精神的内在条件”，与机械的、物质的文明是不一致的，不仅如此，它作为一种人性的普遍扩张的完善思想，与“我们强烈的个人主义也是不一致的”[①]，“与我们对于各种对于个性的不受约束的摆动的所有限制的仇视也是不一致的”，“与我们对人人为己的信条也是不一致的”。

对此，白璧德的解释是，道德上的无政府与对于自然法则的掌控，或者机械的物质的功效并不互为因果。前者的因是“永久自我”(permanent self)对于“日常自我”(ordinary self)的控制力的减弱或者失去，导致了“日常自我”的无所约束羁绊的宣泄，也就是他所说的冲动与欲望的未经控制的宣泄。而人对于自然法则不断增长的“掌控”，以及机械的、物质的功效的发现与实现，并没有过去明晰的道德属性。不过这似乎并非白璧德批判的重点——如果因为白璧德有对于工业化与技术的批判就认为他是一个对于“现代化”的简单反对者，毫无疑问有失公允，而且表现出对于“现代性”的理解显得单薄简单。

在白璧德看来，要成为一个积极的、好战的人文主义者，以与那些“现代阵线”对垒，确实是过去一个世纪不仅在英国，而且在美国都非常罕见的个人努力与成就[②]。至于如何来补救或者修正那种“无政府”行为和状态——也就是没能够有效地提升到一个人的日常自我层面之上，阿诺德认

① Lionel Trilling：*The Portable Matthew Arnold*，p. 478，The Viking Press(New York)，1949.

② Frederic Manchester/Odell Shepard：*Irving Babbitt*：*Man and Teacher*，p. 106，Greenwood Press，Publishers(New York)，1969.

为要靠“文化”(culture)。而当白璧德论述到这种用来补救“无政府”行为和状态的方法时，他的反应却是——“很难说文化就是必要的”[①]。在白璧德看来，阿诺德用“文化”的名义对“俗气的无教养的人”(philistine)所发动的思想之战，并没有与摆脱习俗惯例的浪漫反叛结合在一起。而在对民族特性的批评上，为了避免赞美波希米亚主义，白璧德认为阿诺德甚至不愿意稍微原谅任何外在的不规则。

当然，在涉及对“完全的人性的模式”的设计上，阿诺德也提出了对于“过去的模仿”的解决方案。但是，对于一个实证论者来说，他当然不愿意接受过去只是作为教条施教于他，他承认过去作为一种经验的有效性。人的法则并不容易受到最后的抽象的形式感染，也就是说，它并不是简单地通过一种抽象语言就可以表述概括的。“它有多样性，而且难以捉摸”[②]。因此，要完整地描述这种法则，并非简单地将自己的关注投注在过去即可。

阿诺德曾经引述古希腊斯多葛派哲学家埃皮克提图斯(Epictetus)的呼吁：“一个人真正应该关注的，乃其精神与性格的形成”，并对此深为赞同。他认为，一个很好地调适了的本性，便能够给出文化同样带给我们的关于“完善”的观念，即一种和谐的完善，也就是美与智性同显的完善。它将“事物之两大高贵的特性”联系在一起。而这所谓的两大特性，也就是斯威夫特(Swift)在其《书之战》(*Battle of the Books*)中所提到的“可爱”(sweetness)与“可信”(light)。需要说明的是，阿诺德在强调本性的自我调适时，没有同时指出，其实在此过程中依然伴随着“文化”行为，或者，这种本性的调适结果，就是以上述人性完善为基本特征的人生完善观和幸福观的实现。阿诺德的文化观，无疑承继并发展了古希腊人关于人性完善的观念，最直接的原因在于它们都将“可爱”与“可信”作为人性完善的基本特征。

而作为一种理论与实践相结合的批评，除了应对正在不断蔓延的以竞争、利益为其核心的工业主义，“文化”在阿诺德这里，同时还总是在应对

---

① Frederic Manchester/Odell Shepard: *Irving Babbitt*: *Man and Teacher*, p.106, Greenwood Press, Publishers(New York), 1969.

② Frederic Manchester/Odell Shepard: *Irving Babbitt*: *Man and Teacher*, p.106, Greenwood Press, Publishers(New York), 1969.

“体制之人”“盲从之人”和“人云亦云之人”。而且也在应对着雅各宾主义(Jacobinism)，因为它直接回击了雅各宾主义的“激烈”和“沉溺于一种抽象的制度”的想象努力。不仅如此，雅各宾主义对于过去的激烈仇视，同样与阿诺德所谓的“文化”和白璧德的人文思想背道而驰。针对那些对于自己的“文化观”的批评，阿诺德一再阐明，对于“完善”的追求，也就是对于“可爱”与“可信”的追求。而致力于“可爱”与“可信”的追求，也就是致力于追求理性和上帝的意志得以胜利，并使之流行于世的人。相反，那些致力于机械的人、致力于仇视的人，也就是致力于混乱的人。而文化则“超越于机械”“它仇视仇视”；“文化具有一种强烈的渴望，那就是对于可爱与可信的渴望”①。

与阿诺德这种现象式的描述分析不同的是，白璧德在揭示人文主义所应对的“较低欲望”和对于“知识的无限贪求”的欲望之时，从西方思想史中抽出培根和卢梭，分别作为人文主义所批判的科学浪漫主义与泛情浪漫主义的滥觞。这也就使得白璧德的人文主义批评，具有比阿诺德的文化批评更强烈的思想史批评的气息与意味。不仅如此，他将卢梭、培根以降西方思想文化的主流，归于向外扩张的、自然的索求，而放弃或者忽略了向内的关注，也就偏离了人性完善为人生真正幸福归依的人文传统，这种广阔的批评意识和思想史眼光，虽然缺乏了阿诺德批评语言中的细致平稳，但却也显示出一种更为关注宏观的历史批判意识和努力。

有观点认为，阿诺德对于“文化之人”的理想定位，乃其文化观的又一特点。从社会思想上来看，阿诺德认为，那些“文化之人”是真正的平等观的使徒。而那些伟大的文化之人，则拥有传播宣传热情，拥有最好的知识以及他们所处时代的最好的思想；他们致力于解除那些粗糙的、粗俗的、困难的、专业的和排外的各种知识，使之“人文化”，并且使其对于那些有教养的和有学识的人之外的人同样有效，同时又依然保留着时代最好的知识和思想，以及可爱与可信的真正来源——人文主义对于人文学科和人文知识的所谓专业化、科学化的反对，由此也可见一斑。在阿诺德看来，中世纪的阿贝拉德(Abelard)和德国的拉辛(Lessing)和赫德尔(Herder)，是上述所谓伟大的文化之人的典型，因为他们“将知识人文化”、将其作为他

① Lionel Trilling：*The Portable Matthew Arnold*，p. 498，The Viking Press(New York)，1949.

们“扩大的生活和智性的基础”。而且，他们还“强有力地传播可爱与可信的一切”，他们“使得理性和上帝的意志得以彰显”[①]。而“美”与“知性”作为“完善”的特性，还有可爱与可信的结合，其中“高贵”与“礼仪”的贵族文化，被认为也是克服文化上的无政府主义的有效途径。

阿诺德分析了历史上以及现实中的贵族阶级、中产阶级以及劳动阶级的文化特征及其可能为阿诺德的文化观所提供的“文化思想资源”——类似的分析在白璧德的人文批评中是鲜见的。逻辑地看，阿诺德对于“文化”的张扬，也就是对“野蛮的”(barbarians)、“世俗的”(philistines)和“流行时尚的”(populace)批评，特别是当他的“文化观”并非静态地指向文化的对象或者语言资源，而是与文化过程及其可能的结果相结合并一致的时候。那些阿诺德的批评者认为，在所谓的贵族文化、中产阶级文化和劳动阶级文化三者当中，阿诺德对于中产阶级文化，特别是中产阶级的那些伟大的作品缺乏注意和重视；而对于当时正在迅速成长崛起的劳动阶级，阿诺德的过失缺陷还不像他在对中产阶级文化的批评中已经铺展开来的那样明显[②]。而阿诺德本人对此的回应则是，个别阶级的分析固然需要，但他似乎同样甚至更为关注的，是贯穿上述三个阶级的“人性的共同基础”。阿诺德认为，在各种经济、社会地位划分或者文化划分当中，任何局限于本阶级的所谓“阶级—生活”，都是他所说的“机械”的体现。无论你属于或者可能属于哪一种阶级，你所具有的最本质的特征，并不是本阶级的属性特性，而是超越阶级划分界限的“共同的人性基础”，也正是这一基础，使人超越了阶级—生活中的日常自我[③]，也就是超越了阶级—本能(class-instinct)，使其进入到普遍的人性本能(humane-instinct)。阿诺德把这种人性本能视为超越了阶级本能的最好自我(best self)，或者“正确理性”(right reason)，它直接关联着“美德”的严格标准，或者极为重要的权威以及指导我们“为所欲为”(do as one likes)时候的“责任和幸福原则”。而任何缺乏上述极为重要的权威，或者“权威中心”(authoritative center)，在阿诺德看来，在现

① Lionel Trilling：*The Portable Matthew Arnold*，p. 500，The Viking Press(New York)，1949.

② Lionel Trilling：*The Portable Matthew Arnold*，pp. 528～529，The Viking Press(New York)，1949.

③ Lionel Trilling：*The Portable Matthew Arnold*，pp. 537～538，The Viking Press(New York)，1949.

实层面都有可能导致文化上的无政府状态。而文学中的缺乏“权威中心”，与宗教上的缺乏“高标准”，在阿诺德看来，都是导致文化水平下降的表现。而在宗教中作为指导的高标准，或者一种伟大的、深刻的精神，同时也是一种低劣的精神所不具有的权威。

第三节　更高意志：人文主义与宗教

白璧德的人文主义在宗教上的观点所导致的“误解”——无论这些误解是来自于白璧德的论敌，还是来自于他的思想同伴或者学生[①]——几乎与他的人文主义这一概念所造成的“误解”一样多[②]。

“将人文主义和宗教的真理，放在一个批判的基础之上”，这是亚里士多德，同时也是白璧德和阿诺德所共同主张的。“为制定出原则而连续艰苦地思考”“处于第二位、在使用它们的时候表现出高度的灵活性”，这是白璧德在阐述阿诺德的相关观点时，对于人文批评实践过程及其思想定位的理解，也是他对于完整地理解亚里士多德的上述观点所作出的解释。白璧德并非像有些批评者所认为的那样，对于现代哲学的进展一无所知，或者缺乏必要的了解。就在论述阿诺德的有关批评为“对于那些已知的和公认的最好的东西的宣传”而非“简单地表达自己”的观点的时候，白璧德同样也指出，“尽管确定的原则存在着，人们还必须得接受伯格森(Bergson)有关生活在具体上乃‘新奇并永久地奔涌着向前’的观点”[③]。

而如何才能够真正地实现这种最高原则与“永远奔涌向前”的力量或者追求的最佳结合，或者说，在艺术的层面上。内容的高度严肃性与风格的庄重如何才能够共存(co-exist)，白璧德注意到了作为诗人—批评家的阿诺德的那些观点。后者认为，这种共存，是可以而且只能够在最优秀的诗人

① 段怀清：《T. S. 艾略特对白璧德人文主义的诠释与批判》，见《跨文化对话》总第 12 期，98～111 页，上海，上海文化出版社，2003。

② 对于这些误解，特别是造成这些误解的原因，白璧德其实早就有所注意。在《什么是人文主义》一文中，他就指出过，“既要求助于人文主义，又不对这个术语的含义予以界定，自然会带来无穷的误解”。而正是因为没有严格的界定，以至于“人文主义”这个词在“社会主义的梦想者”和“最新哲学时尚的迷醉者”看来是一样的。参阅 Irving Babbitt：*Literature and American College*，p. 72，National Humanities Institute，Washington D. C.，1986.

③ George A. Panichas：*Irving Babbitt*：*Representative Writings*，pp. 107～108，University of Nebraska Press，1981.

那里实现的，也因此，阿诺德认为，“最好的诗歌作为哲学和宗教的替代物”。或者说，“哲学和宗教中最好的，就是他们的无意识的诗性”[①]。

相对于阿诺德对于艺术特别是诗歌所寄予的期望，或者对于诗歌在19世纪中期的可能所表现出来的乐观，白璧德将这种期望，寄予在一种“更高意志”(higher will)之上。而对于这种所谓“更高意志”，白璧德并没有像他对“人文主义”这一概念那样，开宗明义地予以界定。但是，有关“更高意志”的相关论述、含义，却几乎渗透在白璧德的所有批评与阐述当中。只不过有时候他所使用的是“更高意志”(higher will)，有时候则使用的是“伦理意志”(ethic will)，还有时候使用的是“道德想象”(moral imagination)而已。

白璧德曾经在与他人讨论过程中，将其人文思想中的关键概念——“内在冲动”“内省”“更高意志”等，与“自由意志”一类的概念是否相同予以探讨。他也曾经将“自由意志”看成是人的“自然意志”或者“较低意志”的对立，而不是常常被人们所认为的一致。他认为，一般人习惯于将感觉上的欲望爱好或者人的冲动称之为“较低意志”，这种意志实际上并不是一种“自由意志”，而是一种受制于外在吸引诱惑的力量，是一种“较低意志”。而在白璧德看来，这时候的“自由意志”，正是作为这种“较低意志”冲动的对立，也因此，这种“自由意志”与他的批评语言中的“内在冲动”“内省”和“更高意志”，其实是协调一致的[②]。不过，白璧德并不认为这种类似的讨论有什么参考意义，因为至少在他看来，没有人会在批评实践中去作如此比较分辨。他甚至认为，作为感觉上冲动的对立的所谓“那意志”或者“自由意志”，与那些冲动一样，属于自然的人，尽管它也拥有知性和理性的真理，记录着人类历史和文学中的人类经验以及类似的知性或者理性，然而，它如同感觉上的冲动一样，倾向于放纵过度：对于“权力的欲望”和对于“感受的欲望”。因此，白璧德在真正的批评当中，在那些论战当中，一般都是放弃使用“自由意志”来替代“更高意志”“伦理意志”的。

换言之，一种更积极地观察到的事实是，情感上的过度，常常与自然

---

① George A. Panichas: *Irving Babbitt*: *Representative Writings*, p. 108, University of Nebraska Press, 1981.

② Frederic Manchester/Odell Shepard: *Irving Babbitt*: *Man and Teacher*, p. 197, Greenwood Press, Publishers(New York), 1969.

的人倾向于各种类型的邪欲相关，而所谓“科学”，则又导源于理性的“力比多”(libido sciendi)，也就是对于知识的无限欲望，经常导引着人去追求获得一种最终解释，去崇拜穆尔所说的“绝对的魔鬼”，或者也可以被称之为一元论的魔鬼。而上述两种意志，在白璧德看来都属于较低意志，它是一种控制欲望的(The libido dominandi)表现形态，而白璧德更愿意用“自由意志”来描述这种欲望。

“但是，倘若那些记录在历史和文学中的经验的观察，在这一点上将相同的记录和自省留给这样的事实，即自然的人能够检查这一导向过度的趋势，人因此也将显示出拥有一种能够检查自然的人所常常呈现出来的三种‘力比多’的力量或者能力。”而对于这种力量或者能力，白璧德将其称为“内在冲动”“内省”，或者“更高意志”。这就是人文的生活的钥匙，也正是白璧德所理解的人文主义的原理。换言之，拒绝认同“更高意志”，也就是去认同他所批评的那些现代自然主义的所有东西①。

而白璧德对于阿诺德上述宗教论点的评价是，“阿诺德把基督教真理用文化的形式带入到现代精神之列的努力是令人钦佩的，但是似乎又缺乏分析的敏锐犀利和洞察力”②。白璧德对于宗教的认识，与他对宗教的现代功用关联在一起。仅就此言，他所谈论的，很多时候可能并不是一个宗教信仰者作为信仰的宗教，而是一个文化批评者或者宗教研究者对于宗教的文化、学术观点③。他当然也认为宗教问题是一个特别重要的问题，不过在20世纪初的西方文化语境当中，他认为宗教的有效性倒是存在于心理而不是历史之中，也就是说，应该强调宗教之于个人经验的意义，而不是启

① Frederic Manchester/Odell Shepard：*Irving Babbitt*：*Man and Teacher*，p. 198，Greenwood Press，Publishers(New York)，1969.

② George A. Panichas：*Irving Babbitt*：*Representative Writings*，p. 108，University of Nebraska Press，1981.

③ 白璧德对于宗教的论述，多数情况之下散见于他对道德与宗教关系的分析说明之中。他肯定宗教的历史和现实的重要，他曾经说过，有证据表明，没有道德之前，宗教已经存在了，尽管宗教一般是从道德中导出。[Frederic Manchester/Odell Shepard：*Irving Babbitt*：*Man and Teacher*，p. 134，Greenwood Press，Publishers(New York)，1969. 上述资料虽然在Manchester的文章中提到，但在白璧德的《文学与美国大学》中有更充分的说明。]而且，白璧德对西方基督教之外的东方宗教(佛教、道教、伊斯兰教)的经典文献的阅读来源，是以牛津大学比较宗教教授、东方学家麦克思·穆勒(Max Muller)主编的“东方圣典丛书”译本为主，兼顾部分梵文、巴利文原文。而这个译本中的有些译者(像James Legge)虽然为传教士(理雅各在担任了牛津大学中文教授之前已经辞去了伦敦传道会传教士教职)，但多数译者还是专业化的宗教研究者。这种将宗教研究学术化、科学化的倾向，显然已经为白璧德的批评提供了启发。

示或者作为极神圣的传统的意义之上[1]。在这一点上，白璧德并不回避他从爱默生那里所受到的启发。后者认为人的法则与物的法则是分开的。就像在文艺复兴之初，人文主义与科学结成联盟，以反对中世纪神学一样，而到了20世纪，当科学威胁到宗教信仰的时候，人文主义又联盟宗教来保持捍卫它们各自的独立[2]。

一个值得引起注意的事实是，当白璧德在批评当中涉及一些理论上比较困难的主题时，他会将这一主题在他的批评中出现的原因，回归到经验现实的基础之上，并在此基础上来对该主题予以阐释。譬如，在涉及人文主义与宗教之间的关系这一"比较晦涩"的主题时，白璧德将其置于20世纪西方的主流文明出现偏激的背景之下予以考察，而不是回归宗教史或者人文主义思想史。他在《卢梭与浪漫主义》"导言"中指出，无论现在所需要的智慧主要应该是人文的还是宗教的，他都已经表达了自己对于积极的和批判的人文主义的偏爱。但他紧接着又说：在西方每况愈下的环境之下，无论是建立在传统的基础之上还是批评的基础之上的所有的真正的人文主义和宗教，都应该受到欢迎。但是，即便如此，在这里，白璧德依然没有回避人文主义与宗教之间实际所存在着的"冲突"，"很难把对贺拉斯(Horace)的模仿与对基督(Christ)的效仿合而为一"，"当人文主义和宗教针锋相对的时候，这个问题自然不会完全消失，而且，它也是思想家不得不面对的最为晦涩的问题之一"。对于宗教的独立性及其历史作用，白璧德同样没有回避，"诚实的思想家，无论他自己的偏好如何，首先都会承认，即便是没有人文主义，宗教仍能发展；但是，没有宗教，人文主义是不可能发展的"。他还从东西方人文思想者有关人文主义与宗教关系的论述中去寻找思想经验的依据。

> 伯克(Burke)在指出卢梭的基本缺点的时候，就已经告诉我们了其中的原因：人的整个伦理生活的根基在于谦恭，一旦谦恭消失了，自负或者是空虚的想象几乎就会自动地迅速地乘虚而

---

① Frederic Manchester/Odell Shepard: *Irving Babbitt*: *Man and Teacher*, p.175, Greenwood Press, Publishers(New York), 1969.

② Frederic Manchester/Odell Shepard: *Irving Babbitt*: *Man and Teacher*, p.175, Greenwood Press, Publishers(New York), 1969.

> 入。在这种情况下，礼仪、人文主义者的最高美德，就会沦于飘摇不定的危险之中。这即是法国画室里常见的礼仪，也是我们听说的中国人文主义者持有的礼仪。不过，孔子本人的礼仪不仅是真诚的，而且，凭着自己的日常智慧，孔子还为人文主义者提出了礼仪要求。他的一个门徒求教于他："我斗胆问问死亡的问题。"孔子回答道："当你不懂得生活的时候，你怎么会了解死亡呢?"(即"未知生，焉知死?")①

究竟如何解决人文主义与宗教之间在历史上和现实中真实存在着的这些关系呢？或者说，在现代思想的批评语境中，在回应所谓泛情人道主义和科学人道主义这些现代主流意识形态过程中，白璧德的人文主义，又是如何处理与宗教之间的关系的呢？而人文主义曾经与宗教之间的历史渊源，也注定了白璧德终究无法回避对于上述问题的正面回答：

> 要解决人文主义和宗教之间的关系问题，关键在于把它们看作是同一条道路上的不同阶段。在此路上，人文主义者应该具有一定的宗教的洞察力：作为一个谦恭的和冥思的人文主义者是可能的。……而且，自希腊人以来，或许并不是太多，但在西方，这种人文主义者实际上还是存在着的。中国人对此也该明确地知道，虽然是有那么多的酸腐儒生，但是，从孔子时代一直到现在，仍然还是存在着真正的儒家。
>
> 如果人文主义可以是宗教的，宗教就有其人文主义的一面。我说过，效仿亚里士多德，标准的法则则不适用于宗教生活，不过，这种说法不能去绝对地理解。佛陀不断地坚持宗教生活中的中庸之道。佛陀和他在印度的早期的追随者身上自然而成的文雅，或许是一条想从没有人文主义的地方获取人文主义的捷径。②

---

① Irving Babbitt：*Rousseau and Romanticism*，Present Outlook，Transaction Publishers，New Brunswick(U. S. A)and London(U. K).

② Irving Babbitt：*Rousseau and Romanticism*，Present Outlook，Transaction Publishers，New Brunswick(U. S. A)and London(U. K).

也正是从这里，包括白璧德对于所谓自然的(the natural)、人文的(the humanistc)和超自然的(the supernatural)生活的论述当中，一度深受白璧德的人文思想启发和影响的艾略特，发现了白璧德在有关“人文主义是否是一种自足的人生观”上的游移不定——而在这一点上，白璧德的人文主义也注定要遭受来自于两个方面的夹击，其一是那些将人文信仰世俗化、科学化的批评者；其次是那些倾向于将人文信仰更多地“依附”于宗教或者从中获取支持的人。或许是白璧德对于人文主义与宗教差异的强调——尽管他并没有特别地、坚决地否定人文主义在思想精神资源上对宗教的借用，反而阐明人文主义与宗教“只是同一条道路上的不同阶段”——让艾略特发现白璧德似乎试图用人文主义来替代宗教，并成为一种能够自足的人生观，以作为现代人应对现实与自我精神生活的依凭的未曾明言的意图或者努力。而艾略特认为——并非仅从20世纪西方人文历史语境出发——历史地看，人文主义就是“宗教中派生出来的东西”(其实，对于这一点白璧德并未坚决否认)。所以，艾略特进一步推论道，“作为历史事实，人文主义和宗教一点儿也不相同”[①]，因为，“人文主义是时隐时现的，而基督教却是延续不断的”。不过，尽管历史地看，人文主义与宗教之间的关系，如艾略特所言，乃一种主体与派生物之间的关系，但是，艾略特并没有因此而断言两者难以调和。同样是强调了宗教与人文主义之间的差别，艾略特指出，“在宗教立场和纯粹的人文主义立场之间没有任何对立：两者相辅相成”，而且，人文主义本身就是宗教的产物。与白璧德不同的是，艾略特的上述观点，并非意味着他认同白璧德的所谓人文主义是宗教在现代的发展，或者可以作为宗教在现代的一种代用品的主张。在艾略特这里，人文主义者之所以难能可贵，原因在于这种纯粹的人文主义者，他不愿树立起人文主义来作为哲学和宗教的代用品，而且，人文主义能够在建立在具体信仰基础之上的积极文化中起到“一种调解和纠正因素的作用”[②]。所以，对于白璧德企望用一种被称之为人文主义的思想体系来替代哲学或者宗教，最终选择了宗教信仰作为精神皈依的艾略特事实上持坚决的反对态度。

类似的批评还有：白璧德对形而上的问题似乎丝毫也不关心，他所关

---

① 《T. S. 艾略特文学论文选》，185页，李赋宁译，南昌，百花洲文艺出版社，1994。

② 《T. S. 艾略特文学论文选》，206页，李赋宁译，南昌，百花洲文艺出版社，1994。

注的只是如何去正确地思考、行动；他对《圣经》当中那些神圣启示并无信仰——这一论断当然还值得进一步探讨，即在事实宗教方面，特别是在个人宗教信仰方面，白璧德真实的思想与心理究竟如何。事实上，很多时候，白璧德处于一种思想与信仰的矛盾之中，而不是简单地倾向于其中任何一边——他的学说的全部精神是与神背道而驰的，这一点是可以肯定的，因为人文主义所倡导的积极的、批判的精神，并非只是针对浪漫主义的时代余绪，还可能用来解构宗教神秘主义，在后者这一点上，人文主义又不得不借助于科学理性。但是，这种人文主义又没有也不可能发展成为一种科学。有人甚至指出，没有人清楚白璧德的宗教信仰——他不是佛教徒，也不是基督教徒，也不是任何意义上的其他宗教信徒，包括他所阐述过的儒教教徒——如果儒教也能够被称之为一种宗教的话。白璧德是集中在人文主义之上，有意无意地在尽量回避着宗教讨论，就像他避免科学调查探索一样，除非这些研究有益于他在人的思想方面的兴趣与思考。概言之，白璧德显然不是一个神学家，或者宗教人文主义者，也不是一个科学家。不过，既然从来没有人将人文主义作为科学的替代物，这样就让白璧德也感到困惑的一个问题是，是否有人试图将他的学说与宗教看成一样——而在那些人文主义的最猛烈的批评者看来，人文主义及其信仰者和追随者们，实际上已经把人文主义当成了一种几乎可以替代宗教的现实信仰，尽管在此方面白璧德及其人文主义所遭遇到的批评，并不一定就少于来自于宗教信仰者一方的批评。

而实际上，在白璧德及其不少追随者看来，人文主义哲学并不是宗教的替代物，而是“对于人的行为的一种指导，以期在人文水平之上。而在此之上的，在超自然的层面，只有宗教能够适合，正如在低于人文的层面（白璧德更习惯于用自然的层面），只有自然法则成功流行一样”①。或许我们应该直接探讨一下白璧德个人的宗教观，或者他有关宗教的比较个人性的观点。他曾经在与学生们一起讨论阿诺德对于宗教的界定时这样问一个学生，“为情感所动的道德，在你听起来不像宗教吗？”②

但是，这一切都不可能阻止来自于外部乃至内部在人文主义与宗教方

---

① 《T. S. 艾略特文学论文选》，175 页，李赋宁译，南昌，百花洲文艺出版社，1994。

② Frederic Manchester/Odell Shepard：*Irving Babbitt：Man and Teacher*，pp. 134～135，Greenwood Press，Publishers(New York)，1969.

面的批评。当白璧德坚持认为人文主义附属于“更高意志”的时候，白璧德的思想同伴穆尔却最终认为人文主义“附属于无”。这样的认识当然令白璧德失望，但它也无疑昭示出白璧德的人文主义在其与宗教关系上的薄弱，或者，在人文主义者内部，对于将人文主义作为一种能够独立存在的信仰所存在着的怀疑与分歧。

白璧德将“更高意志”的本质的论述，作为他的人文主义理论成立的关键，同时也应该是走进他的有关人文主义与宗教关系的观点的关键。在他看来，当然也是他自认为一直在不断重复阐明的一个重要论断，就是，在从中世纪向近现代西方的转化过程中，特别是在18世纪，有一种要素失去了，即超自然的荣耀，而他所一直在寻找的，就是作为这种要素的等替物的东西。对于这种要素的可能的认同而且又不带有基督教的观点——之所以如此，是因为他发现现代有那么多的人不可能是基督教的信仰者——实际上成为了白璧德将人文主义的宗旨如此抬举放大的现实出发点。他所关注的，正是这一庞大的人群因为信仰缺失而产生的精神混乱。当这些人不可能在所谓任何合理的时间内转化到其他宗教信仰之上，或者，当他们不愿意把自己约束到某种比其自然自我更高的东西之上的时候，现代人也就只能够继续其自然主义的退化，而白璧德认为，这是一种可以预见的“险恶前景”[①]，而不是什么危言耸听或者夸夸其谈。他曾经在与一位同事的讨论中，再次重申了自己对于真正的基督教的拯救力量所给予的尊重，特别是天主教会。不过，不同于一个宗教人文主义者的是，白璧德在相信有某种完全在批评的界限内保卫文明的事情可做的同时，更希望那些人性的积极主义者，能够在不超越意识信息之上的范围内，完成在宗教意义上只有借助于天启的力量和神迹才能够使人得救的结果，尽管白璧德同样注意到了，离开了宗教要达到这样的拯救——人性的进步和社会的进步是多么的困难[②]。而白璧德的人文主义，也就建立在这样一种与宗教若即若离、欲说还休的关系之上。

---

① Frederic Manchester/Odell Shepard: *Irving Babbitt*: *Man and Teacher*, p. 200, Greenwood Press, Publishers(New York), 1969.

② Frederic Manchester/Odell Shepard: *Irving Babbitt*: *Man and Teacher*, pp. 200～201, Greenwood Press, Publishers(New York), 1969.

第四节　内省:人文主义对科学主义的批判

白璧德就“人文主义”这一术语所作的正本清源式的梳理本身即已表明，对于“人文主义”在理解上的分歧并非自他的时代而始，这当然也意味着对于人文主义的分歧也不会在他这里结束。当阿诺德更多地从知识心理学与行为心理学的角度，对人的求知心理和行为心理与“文化”之间是如何必然并且一致地关联着的时候，他似乎已经注意到了，在人的知识行为中，包括对于人的知识行为的理解中，显然存在着可能的分歧，也就是一种自由的、自然的、放纵的和自我满足以及征服的动机，与一种自我完善的目标动机牵引之下的向心力(这是一种有着规则与选择、有着权威中心的人性完善的方向和力量)之间自然的分歧。显然，阿诺德并没有简单地否定知识行为中的前一种力。他对当时英国正在不断蔓延的对于机器的使用和与之相生的机械思想提出了批评，认为，“对于机械的信念正是我们不断受到攻击的危险所在”①。因为，这种力在某一个具体的时代语境中，这些单独个别的物质形态的机械本身，似乎也就意味着“完善”，或者带有“完善”的某些特性。不过，这在阿诺德看来是错误的。阿诺德认为，一个人拥有说出他喜欢什么的自由，但是，仅仅满足于自由地说出自己喜欢什么是不够的，这并不是“完善”的目标，至少不是“完善”的最高、最后目标，也因此，“完善”也不会满足于个人言说出自己喜欢什么。而“文化”的渴望——也就是“好奇心”的另一种结果，在阿诺德看来，也就是对于完善的研究，只有当人们所言说的为值得言说的时候，并且其中包含着善，而且善的成分要高出恶的成分的时候，也只有在这样的状况之下，“完善”才算得到了实现和满足②。这种对于“致知”与“致良知”的严格界定和区分，是阿诺德的文化批评的基础与前提。

阿诺德曾经将文化与可能带来科学激情的“好奇心”关联在一起，并将其视为好奇心的一种果实。但是，阿诺德并不认为文化只是意味着渴望去

---

① Lionel Trilling: *The Portable Matthew Arnold*, p. 478, The Viking Press(New York), 1949.

② Lionel Trilling: *The Portable Matthew Arnold*, p. 479, The Viking Press(New York), 1949.

弄明白自然事物之道理，它还包含着对于我们周围一切的爱好：对于行为、帮助和仁慈善行的冲动，渴望修正人的错误，清理人的混乱以及减少人的痛苦，还有对于使得这个世界更好更加幸福的渴望等[①]。阿诺德的这种文化观，似乎是在昭示他并不是一个被人误解的文化精英论者或者文化专制论者，或者说，他也不是将文化看成是科学的一种边缘修饰或者可有可无的补充。相反，既然好奇心人皆有之，那么，每一个人也就自然拥有通往文化之途——对于完美的热爱，终将完成对于完美的研究。也就是说，文化并不仅仅来源于这样一种力量，即主要是对于纯粹知识的科学追求，还包括对于行善的道德和社会的渴望[②]，而这些，绝对不只是对于科学研究或者绝对的知识追求的某种可有可无的补充。

对于阿诺德的上述区分，白璧德不仅从人的知识心理和行为心理上进行了分析，同时从词源学的角度，对"人文主义"以及与"人文主义"这一概念密不可分的知识分子精神史进行了条分缕析式的梳理，试图从中找寻思想的分野及其形成的缘由。他曾经从格利乌斯(Aulus Gellius)与罗马人的"僻俗"——以泛爱同胞人类来替代一切道德的关系当中，看到了20世纪某些思想的历史源头。这种"人文主义"不仅与后来白璧德花费了主要经历去予以批判的泛情人道主义(sentimental humanitarianism)或者"博爱"思想混淆在一起，更关键的，还有一种"进步"的观念附丽其上，尽管这种现象在格利乌斯时代还只是一种萌芽。只是在培根时代之后，这种最初的萌芽才不断生发壮大，最终衍变成为在泛情人道主义之外的另一种向外扩张的、以求知和人类进步的名义掩盖着的对于个人人性完善的漠视乃至异化力量。这种力量及其衍生物——对于自然、财富的贪求和无止境的攫取，对于利益与竞争简单等同所带来的社会分化和人性异化，在科学主义大行其道的19世纪和20世纪，才逐渐显示出其对于人性和人类的越来越明显的负面效应。

白璧德直接借用了历史上已经存在着的"人文主义"与"人道主义"的划分，认为，一个对全人类怀有同情心、笃信于未来的进步而且渴望致力于

---

① Lionel Trilling: *The Portable Matthew Arnold*, p.473, The Viking Press(New York), 1949.

② Lionel Trilling: *The Portable Matthew Arnold*, p.473, The Viking Press(New York), 1949.

这一进步事业的人，应该被称为一个人道主义者，而不是一个人文主义者，他的信仰亦应冠之为人道主义[①]。所不同的是，在有些时代，可能人道主义和人文主义都需要，而有的时代，人道主义的需求还要超出于人文主义，但这样的时代，在白璧德看来，显然不是他所置身的20世纪的美国，甚至，也不是20世纪的欧洲。

白璧德对于人道主义的进一步划分同样具有意义。他依照所谓情感的和科学的特征，将“自然主义者”(naturalist)分成两大阵营，即科学人道主义者和泛情人道主义者。在他看来，历史上实证的、功利主义的运动，主要是由科学人道主义者鼓动的；而情感自然主义，则成为浪漫主义运动中“即便不是最重要，也算是重要的因素”。白璧德并没有专注于探讨所谓自然主义和人道主义的不同形式在现代思想中能够“如此紧密”地联结在一起的深层复杂原因，但他认为，正是所谓“进步”的观点，成为了联结两者的关键。他对此所作的历史描述是：

> 希腊人和罗马人科学地研究自然，在某种程度上也与自然有情感关联。在古人那里，人文主义和自然主义是共存的。在文艺复兴时期的人那里也一样，而且常常以不易觉察出来的分别彼此替代着。但是，只是到了最近时代，科学问题才被弄得如此尖锐，俨然维系着人类总体和体制性的发展进步的希望。[②]

对于自然、进步与科学之间的关系，或者人道主义、自然主义及其现代衍生物，白璧德的批评富有启发性，但又显得有些粗疏，或者缺乏更详细的历史考察。他认为，历史上曾经作为进步力量或者思想而存在的、崇尚博爱的人类学，很快便转换成了一种人道主义，而其表现，便是它与进步思想的紧密联系。“进步思想也是主要根植于这样的信念，即人类与自然保持密切合作的结果是，人类自身可以从中获得益处”——这是白璧德批判科学主义的又一前提，即科学主义的两种结果是相辅相成的。对于利

---

① Irving Babbitt：*Literature and American College*，pp. 71～87，National Humanities Institute，Washington D. C.，1986.

② Irving Babbitt：*Literature and American College*，pp. 91～92，National Humanities Institute，Washington D. C.，1986.

益的追求，导致对于能够带来更多利益的知识的追求；而对于更多知识的追求，又导致对于向心权威的更加疏离，对于人性完善的进一步偏离。

而在这种新观念中，在这种科学主义的思想中，科学的地位显然比情感高——在这一点上，科学主义者似乎也成了泛情人道主义者的对手。而科学主义成之为一种思想问题，白璧德是从其现实结果，也就是从现代科学不断获得胜利直至成为一种具有统摄力的意识形态的现实当中而得来的。在他看来，在科学主义大行其道之前，或者，在所谓与科学和自然紧密相连的"进步"观念占据统治地位之前，人们对于所谓"黄金时代"的想象是置于过去时代的。但是，随着传统信仰的衰落，"黄金时代"也就成为人类的未来；而这种对于未来的迷信，与这种新的"科学"观念密切相连，并最终在 16 世纪找寻到了一个"科学自然主义"和"人道主义"的"完美榜样"——培根。

在对人的好奇心、科学、进步观等的批判上，白璧德显然从阿诺德那里借用了一些观点——当然这种借用并不仅限于阿诺德，但也并没有超越或者发展阿诺德在此方面所作出的那些结论。如果说阿诺德更关注于人性中的两种力的分析的话，白璧德则是将这两种力在思想史上的代表人物或者主要形态结合在一起来进行描述的。

显而易见，白璧德对于科学主义的现实"恶果"的关注与抨击，超越了他对于科学主义的缘起及其历史进程的探索分析。白璧德在类似批评中一个常常难以避免的"个性印记"是，将学术上的批判与对于个人道德评判结合纠缠在一起，以致给他的思想对手或者批评者总是留下这样的印象：他不是在进行科学的、专业的批评，而是在进行有些专断的道德评判，甚至不太大度的人身攻击。或许这正是白璧德式的人文批评的主要特征——没有能够与人分离而孤立存在的思想，而倘若思想不能够成就人，这样的思想也就不能成其为"思想"。

白璧德引用了麦考雷(Macaulay)对于培根的批评观点。后者认为，培根的进步思想，与他在人格上的"卑鄙自私"是密不可分的，即培根"道德堕落"的重要性，就在于这样的事实，其"道德堕落"即存在于他关于进步的思想之中。对此所作的逻辑分析是，对于一个寻求真理而不是追求修辞效果的人来说，他因为追求自然之道而对人道不屑一顾；在追寻统摄万物

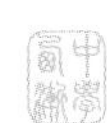

的过程中，他失去了对自己的统摄。[①] 白璧德发展了这种道德批判的必要性，他直接引用爱默生有关"人之法则"和"物之法则"分别的观点，认为，正如爱默生所指出的那样，当一个人为自然主义特性所掌握、过度地迷惑于权力和成功的时候，一个人可能就会变得"无法无天"，而在此方面，培根被白璧德视为一个"臭名昭著"的例子：

> 与培根一样，这些人偏离了人道(law for man)，变得"无法无天"(unkinged)，并不是像对权利和成功的迷惑那样去迷恋收获。对于"获得结果"的片面焦虑(one-sided anxiety)，导致了我们所看到的那些过度行为，这些过度行为现在打倒了它的始作俑者，如同对培根一样，这是明显的报应。

白璧德这里所谓的"过度行为"，包括那些在他的时代所发生在那些被认为"成功人士"的工业和金融领域里的风云人物身上的丑闻。

或许，白璧德对培根批评的最值得一提的地方，在于他注意到了培根思想中的矛盾，这在一定程度上避免了他对培根和进步的科学主义的批评流于表面现象的危险，或者自以为是、过于以自我为中心的片面攻击。就在白璧德批评培根倾向于科学实证主义，并基于此而建立了他的纯粹数量和动力标准的同时，他也提到所谓思想中的丰富而复杂的另一面或者若干面，并认为在认识培根的时候，也不应该忽略他的思想中的"旋涡"和"逆流"。他说，在许多方面，培根秉承了文艺复兴时期的人文主义者的精神(需要提示的是，白璧德这里所谓的人文主义，已经是有些过度发展的人文主义，也就是启蒙主义后期的人文主义，它对大众实际上抱有鄙视态度，而不是人道主义者所倡导的博爱、同情)；而在另外一些方面，培根又是一个传统的基督徒。白璧德试图提醒他人，不能够仅仅像麦考雷文论中那样，将培根指斥为对物质进步的简单迷恋。在白璧德看来，培根"熟谙"爱默生所称之的"双重意识"(double consciousness)。证据之一就是，培根曾经十分庄重地祈祷："让理智解放和自然之光充分照耀，不要因此导致灵魂中信仰的削弱和神圣神秘的消失。"但白璧德将培根对于灵魂中信

① Irving Babbitt：*Literature and American College*，pp. 91～108，National Humanities Institute，Washington D. C.，1986.

仰和“神圣神秘”的执著，看成是一种难以抗衡他心中对于“理智之光”和“自然之光”的追求的软弱力量，一种可以最终被弃之不顾或者最终被证明并不需要的存在，它只是暂时的，在培根那里，理性之光和自然之光则是永恒的。

尽管将培根作为20世纪大行其道并带来了严重后果的科学主义的始作俑者，但白璧德也没有忽略这一点，即“通过科学调查和发现以获取整个人类进步的思想”，对于教育上的影响在培根时代乃至后来一个相当长的历史时期，并没有被很快地显示出来。相反，在培根时代和后来的历史进程中，培根思想实际上成为了推动科学、社会乃至人类文明进步的基础。也就是说，培根的人道主义，只是当它与18世纪遍及欧洲、特别是与卢梭和狄德罗的法国式的知识扩张和人性博爱的运动联系在一起的时候，才变得实际有效起来。白璧德将此视为“现代的第二次伟大的扩张时代”，也是“个人主义的第二次向前推进”。这就意味着，完全抹平了自然与人性之间鸿沟的不作选择的自然主义，虽然在17世纪精约时代一度“销声匿迹”，但很快又“甚嚣尘上”，并最终将20世纪的自然主义，与文艺复兴时期的自然主义连接在了一起。它的表现形态就是，一方面，“选择的原则被热情和博爱的无所羁绊的抬升而遮盖”，另一方面，“又被人性标准上的数量和动力观的盛行于世而遮盖”。对于知识的渴求，很快并最终退化演变成为一种简单的贪求(libido sciendi)，原因在于它缺乏“中庸节制”，而在白璧德看来，也正是从这时起，“对知识和博爱的追求，才从未有过地与培根式的人道主义完全联系在一起”。“挑剔选择被弃之不顾，人们培养起了一种广泛的、百科全书式的好奇，与此同时，又将此好奇服务于人类的进步事业。这种类型的学者的所有雄心的第一步，就是吸收一本百科全书，继而对知识作出某种贡献，并因此在将来的百科全书中获取一席之地。但实际上，这一理想的两部分——宽度和广度——已被发现是难以调和的”①。

这种科学主义在现代“肆虐”的一个重要表现，就是现代学术研究中的所谓“科学化”“专业化”和“学科化”的严重倾向。追求知识和博爱的完全彻底，并以此来替代选择和判断，在白璧德看来，直接导致了“现代专家的狭窄”。这似乎是矛盾的，但白璧德认为，这正是科学主义在现代所造成

① Irving Babbitt：*Literature and American College*，pp. 91～108，National Humanities Institute，Washington D. C.，1986.

的事实：

> 当一个人发现穷知一切并完全了解它是不可能的时候，他就会转而致力于寻求运用选择的人道原则，以应付纷纭复杂且不断增多的事物。借着寻求这一原则，用人类智慧和经验来增强他个人的识见。但这并不是培根这一类人的思维方式。他放弃了知识的全知(fullness of knowledge)，认为这对于个人来说是不可能的，用一种想象的方法将其转化成整个人类的行为。他并没有人文主义者对整体的追求热情。这种热情是凭借所有的才能以获得一个和谐的完满。只要有可能让他将某一种才能或者学科专业培养发展到极致，他就会不惜牺牲这一种精神上的匀称和谐。如此摆脱了对人类知识完整性的追求，摆脱掉了对于片面性的人文恐惧，在他自己的专门领域越掘越深，他也感觉到了一种自由，如同荷兰象棋中那传统的老鼠。他也许会争辩，即便是一个完整的人，在他身上也只不过是些不平衡的碎片。但这碎片又是可用的，可以用来建造进步大厦的墙壁。那么，还有什么值得在乎的呢？只要他能够为最高的效益服务，他就心满意足了，并凭此效率而为人的进步作出贡献。他的全部目的，正如他所习惯于满腔热忱地告诉我们的那样，就是被训练成为服务和权利而努力的。[①]

而在白璧德看来，批判的人文主义的出现，将是作为20世纪初期西方自然主义的过度的其他主要形式的适当的中和物，并认为这也是对自然科学的一种片面贡献，而不是对自然科学的完全否定。他说，“让科学之人不成其为一个人文主义者的并非是他的科学，而是他的伪科学，连同对权力的隐秘的追求和与他人共享的声望”。因此，“把人文主义的真理置于科学的真理之上，其原因在于，不是形而上学地，而是非常实际地帮助一个人对自我予以约制的纪律，比帮助并让他掌握自然的本性的纪律与他个人的幸福，有着更为重要的关系”。因为在白璧德看来，如果科学纪律不被真正的人文纪律或者宗教的纪律所补充，其结果就是“非伦理的科学”。白

① Irving Babbitt：*Literature and American College*，pp. 91～108，National Humanities Institute，Washington D. C.，1986.

璧德既不愿意科学被过分地轻视，也不愿意它像在上一两个世纪中曾经被过分地夸大。在他看来，“从长远来看，是在科学的利益上使科学保持了适当的地位，但它要比人文主义和宗教都低”。

第五节　道德想象：人文主义对浪漫主义的批判

白璧德对于浪漫主义的批评，虽然渗透于他对西方现代思想运动的批评当中，但更集中在他对卢梭和他的追随者的批评上，而且，在对卢梭主义的考察上，他也并不是集中于思想上和行为上的浪漫主义，而主要是情感上的浪漫扩张。他曾经明确指出，如果不是因为被卢梭主义者所强化的话，相比之下，培根及其追随者是不会“如此有效地损害人文标准的”。原因很简单，科学自然主义和情感自然主义在许多观点上是“大相径庭”的。因此，对于所谓泛情的博爱主义或者人道主义，白璧德给予了更多的关注。

撇开对于卢梭个人隐私或者生活经历的道德批判，白璧德在《两种类型的人道主义》一文中所揭示出来的对于卢梭及其浪漫思想的批评原则，实际上通过《卢梭与浪漫主义》、《现代法国文学批评大师》等而得以具体体现。

在白璧德的批评语言中，卢梭如果说是浪漫主义的宣传者，还不如说是浪漫主义的原型典范——尽管从语义学的角度讲，浪漫主义在西方思想史上似乎更应该用复数而不是单数。“一个显而易见的事实是，这位多情的小说家、自恋式的自传作者，却对伦理、政治和教育中的现代意识的形成产生了巨大的影响。”[①]在19世纪欧洲，包括拜伦、华兹华斯（Wordsworth）、夏多布里盎（Chateaubriand）和席勒（Schiller）的长长的名单上，白璧德发现，卢梭应该被排在他们的最前面。而在所谓“现代意识”、“浪漫主义”、“泛情的博爱主义”、“人道主义”和“自然主义”之间[②]，沿着自己清理出来的西方思想的历史线索上溯，白璧德试图勾勒出他所批判的思想的

① Irving Babbitt: *Rousseau and Romanticism*, Preface by Harry Levy, Texas University Press, 1977.

② 这条线索，还可以排列成现代意识、浪漫主义、科学的人道主义、自然主义，这是白璧德所勾勒出来的现代意识的另外一条线索，也就是现代意识中的“科学主义”的历史走向。在此不作赘述。

 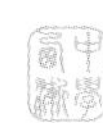

发展衍变轨迹，也就是对于西方近代主流思想的批判[①]。而在此背后作为理论支撑的，是他的人性二元论，或者他所征引并赞同的爱默生的那段名言中所包含着的所谓“人的法则”与“物的法则”的思想：

天地有二法，彼此相分离；
一法是为人，一法是为物；
后者筑城池，港湾与河流，
但其有野性，反主人为奴。

尽管白璧德并不是一个特别热衷并擅长理论思辨的批评家，但他依然非常强调对于一些“关键词”的概念界定。就像他在论述到“古典的”与“浪漫的”这两个词时所说的那样：

> 我们常常听说，“古典的”与“浪漫的”这两个词根本没法界定，而且，有些人也会补充道，即便它们能够被界定，也毫无益处、于事无补。但是，这种无法界定或者不愿界定本身，却成为由卢梭一直到伯格森的这场运动的一个特点，这场运动旨在怀疑分析智性(analytic intelligence)——华兹华斯把这种分析智性称之为“我们用来繁殖差异性的错误的第二性的能力”。然而，那些在这一点上与苏格拉底更加一致而不是与卢梭和华兹华斯更加一致的人，将坚持界定的重要性，尤其是在像当下这样一个混乱嘈杂的时代，再没有什么比普通术语的不负责任的使用更能成为这一时代的特征了。[②]

① 白璧德从西方历史上的自然主义运动中，清理出作为其形态化身的三种，而其中所谓情感上的浪漫主义一种，是白璧德予以最多心力进行清理批判的。但他也很清楚，即便是对于这样一种浪漫主义，他“也只是着力考察它的一个方面”。不过，在他看来，倘若他对卢梭的生活哲学的“偏激认识”是正确的话，那么，“目前西方的主流倾向就是偏离文明的而不是朝向文明的”，可见白璧德将卢梭的浪漫主义对于西方文明的影响放大到了怎样的程度。而在他所批评的另外一种人道主义——科学人道主义中，他虽然并没有予以过多阐释，但依然指出一个历史事实，那就是，如果不是因为得到了卢梭的浪漫主义的加强的话，培根以降的科学人道主义对于西方文明的影响也不会呈现如此状态。

② Irving Babbitt：*Rousseau and Romanticism*，Present Outlook，Texas University Press，1977.

而白璧德用来作为界定这些曾经被大量反复使用甚至乱用的词语的标准或者方法，并不是数学家们经常“自由地用来建构他们自己的概念的方法”，而是他所倡导遵循的苏格拉底的标准，即对词语“必须作出经验式的界定，而不是抽象的和形而上的界定”，换言之，“也就是这种界定不必反映出我们对于一个词应当意味着什么的意见，而应当反映出它实际上曾经意味着什么的意见”。也就是说：人们必须学会从那些表面上不同的事物中找到共同的要素，而且还要学会把那些表面上相似的东西区别开来。也正是循着上述原则，白璧德对于浪漫主义的批判，并不是针对所谓宽泛意义上的浪漫主义，而是浪漫主义的一种特殊类型，而且，这种类型的浪漫主义，需要被看作是对一种特殊类型的古典主义、而不是对一种宽泛意义上的古典主义的回应。

撇开对于“浪漫的”和“古典的”所作的词源意义上的考察——尽管这些考察涵盖几百年的词语史并涉及法国人、德国人和英国人(包括一般意义上和文学作品中)在不同时代、不同语境的使用状况，而且这些考察事实上也是极为精彩的，并充分显示出白璧德在这一方面的学术素养，白璧德对这两个词在“实际上曾经意味着什么”所作的归纳是，“浪漫的”最初是指被认为是浪漫的那些书。而在那些书中，“虚构绝对凌驾于现实之上”。这是白璧德所考察的这种特殊类型的浪漫主义在历史上曾经意味着的东西，而不是从纯粹理论角度对于“浪漫的”一种界定。而他对此所作的总结是①：

> 一般来说，正如亚里士多德所言，一种事物是精彩的而不是可能的时候，它就是浪漫的；换言之，当它违背了原因和效果的正常后果而去赞同冒险的时候，这一事物就是浪漫的。这是古典的和浪漫的这两个词的最基本的差异。

或者说：

> 某一事物，当它是与众不同的、不曾预料的、紧张激烈的、处于极端的、怪异独特的等等的时候，它就是浪漫的；相反，当

① Irving Babbitt: *Rousseau and Romanticism*, Classic and Romantic, Texas University Press, 1977.

> 某一事物不是怪异独特的，而是某一种类的典型的时候，它便是古典的。宽言之，当某一事物属于一种高的种类或者最优的种类的时候，这一事物就是古典的。

在白璧德对“浪漫的”所作的清理中，“浪漫的”总是和“想象”、“虚构”形影不分，而且历史上、文本语境中，它还总是伴随着“才气”、“天赋”、“创造”、“幻觉”、“热情”等概念；而作为“浪漫”的对应，则为“理性”、“常识”、“习俗”、“现实”、“智性分析”、“判断”、“模仿”等。这似乎昭示出这样一个“事实”，即“浪漫的”历史上常常关涉着“个人意义”，而作为其对立面的，则常常关涉着“普遍意义”。而普遍意义和个人意义之间的这场决斗，在近代以来的西方文学中表现得尤为突出。

从文学史的角度，白璧德对浪漫主义回应新古典主义的合理成分并非予以一笔抹杀。在他看来，新古典主义之所以遭到攻击，就在于新古典主义者在此种类型的诗文中所表现出来的幻想与判断的对立“实在是太机械了”。在新古典主义者那里，幻想和判断似乎“无法调和”，而只能“彼此对抗”。而为了摆脱被怀疑的可能，新古典主义者甚至总是不惜牺牲幻想，来保证“基本的有用的部分”，而这样一来，他对自己的理性似乎也就表现出一种消极、冷漠和无聊的态度。白璧德对此所作的解释是，“他的理性是对先前浪漫过度的巨大反动”——一种可能过度了的反动。新古典主义者的这种“困窘”或者“呆板”，在白璧德看来，甚至还延伸到新人文主义这里，“时至今日，我们依然因为新人文主义者不能够确定在想象与良知的关系上作出合理的概念而蒙受其苦”。原因在于，“与良知相比，新人文主义者只是轻轻地把想象握在手中，而浪漫的反叛者，与想象相比，却是被引导着把良知轻轻地握在手中”。而在白璧德看来，在法国表现得尤为清晰突出的浪漫主义，简而言之，“只是过分简单地把新古典的观点颠倒过来”；而这些简单的“颠倒”或者“反动”，都不是白璧德所坚持的积极的、批判的、实证的人文主义。因为，“浪漫主义所反叛的古典主义是不充分的”，与此同时，“它也无法明白，每一形式的古典主义，也承受着相同的不充分的苦楚”。

而在这些简单的“颠倒”、“反动”之下，无论是新古典主义者在浪漫主义者眼里，还是浪漫主义者在新古典主义者眼里，双方似乎不是刻板的蠢材，就是怪人怪物。而潜隐在类似意识背后的，都是对于对方的一种独裁话语霸权的、满足自我欲望的解释。

白璧德对于浪漫主义的批判，不仅体现在他对浪漫主义的批判本身，还反映在他对古典主义、新古典主义、它们彼此之间的比较以及与浪漫主义之间的关系的历史实践性的清理上。白璧德在对古希腊人文思想遗产的清理中发现：

> 亚里士多德不仅实用地、实验性地对待自然秩序和人，因为他自己就是这一秩序的一部分，而且他还用一种相同的方式对待为现代实用主义者所常常忽略的人的片面。同所有伟大的古希腊人一样，亚里士多德意识到人乃两种法则的产物：他既有一种带有冲动和欲望的正常的或者自然的自我，也具备一种人性的自我，这种自我在实践中被认为是一种驾驭控制冲动和欲望的力量。如果人要想成其为人的话，他就必须做到不让冲动和欲望变得放荡不羁，而且还必须反对日常自我中任何泛滥过度的言行，无论是在思想上、行为上和情感上都必须恪守中庸之道。这种对节制和调和的坚持，不仅被视作古希腊精神的精华，而且还广泛地被看作是古典精神的精华。[①]

所有的古典主义者，尽管他们在对这些术语的理解上相距甚远，但他们在坚持人的本性、模仿、或然性和礼仪方面却都是一致或者至少趋于一致的。在已经确定了无论是对于所有的人还是对于某一特殊阶层的人什么才是正常的之后，古典主义者把这种正常的“人性”作为他的典范，并且尽心地去模仿它。无论什么与他已经建立的典范相一致，他都视其为自然的或者或然的；另一方面，无论什么远离他认为属于正常的类型，或者原因和效果的正常结果，他就将其认为是“不大可能的”和不自然的，或者甚至是达到了极端反常的“怪异荒诞”的。“无论在行为上还是在性格上，任何参照典范来予以节制和调节节制都需要循礼而行。或然性与礼仪在某些方面完全相同而且彼此紧密相连。”对此再扼要归纳一下的话，就是，“一种普遍本性，一个正常经验的内核，会得到所有古典主义者的肯定。从这一

---

① Irving Babbitt: *Rousseau and Romanticism*, Classic and Romantic, Texas University Press, 1977. 另，本节后面引文未作说明者，均出自白璧德的《卢梭与浪漫主义》一书。

肯定中又演化出模仿原则，从模仿中又依次演化出有关或然性和礼仪的原则学说”。

尽管并不认为《诗学》中所有观点的表达都是清晰明确的，白璧德还是对亚里士多德的观点及其在文学实践中的体现予以了辨析。他通过对于亚里士多德的思想经验的观察告诉我们，一个人并不是从权威那里或者间接地获得他的“普遍的本性”，而是直接远离就在他眼前的那些成堆混杂着的特殊性。“亚里士多德说一个人不应该按照事物是什么去进行模仿，而应该按照事物应该是什么去进行模仿。”“这样一来，充满想象的模仿便成了一种创造性的行为。通过不断的行为，人们透彻地发现，不需要为了达到普遍性就放弃了成为个体的人。”也因此，仅就此而言，那些所谓的“模仿性的诗歌”——那些按照事物应该是什么而进行的模仿，在亚里士多德看来，要比历史更为“严肃”和更具有“哲理性”。因为，“历史只是应付已经发生了的，而诗歌则要按照或然性或必然性来应付那些可能发生的”。也就是说，“诗歌并不是逐字逐句地描写生活，而是要从纷繁复杂的环境中揭示出更深或是理想的真谛”。也因此，诗歌比历史也更加“严肃”，或者更具“哲理性”，而且，就它模仿事物这一点而言，它虽然与历史相似，但却比历史优越；而且在具体事实的“确实性”方面，诗歌又比哲学优越。具体而言，伟大的诗人或艺术家在“多”中所发现的“一”，以及赋予他的作品以更高的严肃性的“一”，并非固定不变的绝对，而是道德想象的目的与结果的和谐统一。

白璧德继续阐述道，尽管在对普遍性的洞察方面，新古典主义延续着古典主义的精髓，但在对模仿及其对象上，新古典主义已经沦为一种空洞机械的形式主义。它不是依赖于像古希腊人那样的直接观察，而是依赖于外部的权威；它不是去模仿“自然”，而是去模仿一种所谓“第二自然”。因此，模仿也就意味着对外部典范的模仿以及对于建立在这些典范之上的规则的遵循。

在白璧德看来，浪漫主义者正是从这里找到了思想的突破口。而白璧德对浪漫主义者所关注的“浪漫的天才”、“浪漫的想象”、“浪漫的德性”、“浪漫的忧郁”、“浪漫的爱情”以及“浪漫的嘲讽”等也逐一予以分析。这里尤为需要关注的，是他对“科学想象”和“浪漫想象”正本清源式的批判。而对于“科学想象”，一来白璧德认为它应该属于“科学判断”范畴，二来也不属于他所讨论的情感和文学文本范畴，因此，这里的讨论，也就集中在白璧德对于“浪漫想象”的批判之上。

白璧德发现，那些18世纪鼓吹原创天才论的理论家们，同时也在大声疾呼文学想象要摆脱模仿的羁绊，应当“自由自在地”在它自己的想象王国里纵横驰骋，或者，无论如何也应当远离判断。白璧德在法国、英国、德国文学史中来回穿梭，旨在弄清文学史上最初对于“浪漫想象”的呼吁，最终又是如何演变成为一场文学领域的几乎在全球范围内的浪漫主义运动的。

思想观念在国别之间传播和影响的方式往往是复杂的，很多时候，甚至是来回交叉相互影响的。除了那些具体的情感扩张和想象事实，白璧德同样关注为“想象”的彻底解放奠定理论基础的思想事实。在他看来，正是在18世纪，“浪漫想象”获得了理论上的“正名”。而完成这场理论上的“正名”行为的，是康德和席勒。前者的《判断力批判》和后者的《美学书笺》，为“创造性想象”这一概念的确立铺平了道路。而在白璧德看来，创造性想象(更多时候他使用“浪漫想象”来替代“创造性想象”)这一概念，乃浪漫运动之核心要义。依据这种浪漫的观点，想象不仅要摆脱外界的形式主义的约束，而且还要摆脱任何形式的约束。而这种对“想象”的极端浪漫的解放，在现实生活层面和精神生活层面，又是通过“情感的同样极端的解放来完成的”。而这两种类型的解放——想象的解放和情感的解放，部分是对新古典主义判断的一种回应。因为这种类型的判断“似乎把人身上所有的创造性和自发性的东西一概压制在外在习俗的重负之下”，而且，这种已经逐渐丧失掉个体精神生活的思想活力的形式主义理性，“似乎要把人的精神都机械化，要对所有那些直接的和直觉的东西统统地予以否定”。白璧德并不回避这一事实，即多少归因于新古典判断和它对于想象的“并不适当的不友好”，导致了它自身的危机和浪漫想象的巨大反弹。这种曾经对16世纪和17世纪知识浪漫主义者“形而上”想象的一种大胆回应的判断理性，甚至更久远地，也是对中世纪唐·吉诃德类型的浪漫主义的回应的判断理性，在新起的创造性想象的呼声前面，几乎失去了招架的应有能力。

于是，就出现了这样一种情景，“如今，人不仅被自己的想象驾驭着(就像帕斯卡所说的那样：想象将所有的一切都清除掉了)，而且，这种驾驭大多数人的想象，也可以在这个词的最宽泛的意思上被界定为‘浪漫的’。”

论述到“浪漫的想象”，白璧德还是更愿意回到卢梭，而不是过多地沉湎于历史的清理和词源学上的考察。他半是肯定半是嘲讽地承认道，“他(卢梭)确实是一个未作任何调整的天才例子，一个其想象没受到任何来自于外界或内在约束的原创天才”。白璧德将卢梭这种想象称之为“田园牧歌式”(arcadian)的想象。白璧德引用了一封卢梭致友人(Bailli de Mirabeau)的信(1767年1月31日)来说明自己的上述结论。所引用的信中曾经这样写道：

> 思想的疲乏日复一日地令我痛苦不堪。我酷爱梦想，但必须是自由的，让我的思绪不依附于任何对象地漫游……这种枯涩、冥思梦想式的生活，你是不赞赏的，我也不想为之辩解，它对于我，正日复一日地甜美起来，如食甘饴一般；在我住处四周，沿着树林和岩石漫无目的、毫不歇止地漫步、冥想，或者随心所欲，就像你所说的那样，心不在焉地闲步……最后把我自己完全不予任何约束地交付给自己的幻想，谢天谢地，这一切都在我的能力范围之内：先生，这对我来说是至高无上的快乐，我无法想象得出在这个世界，还有哪一个跟我年龄相同、处境相同的人比我在此方面更优秀的了。

这段文字似乎足以说明这样一点，那就是卢梭的重要，不仅表现在他在一个必须强制性地否定和放弃想象的至高无上权威的时代，最大限度地展开了想象，而且还在于用一种独特的方式展开了想象。而在白璧德看来，卢梭之后，“难以数计的后继者接踵而至”，也许这些后继者并非因为他所持有的观点，而是因为他们那同样性质的想象——田园牧歌式的想象，最终将一条若隐若现的想象的和情感的散点，连接成为一条“波涛汹涌的洪流”，同时也最终引发了白璧德式的新人文主义对其的思想反弹。

究竟应该如何认识这种田园牧歌式的浪漫想象的性质呢？几乎不需要复述白璧德对田园牧歌式的想象在法国和英国18、19世纪诗人们那里所得到的青睐而作的辨析，即可明了这种想象在过去的两三百年间在文学史当中所享受到的尊崇。“在纵览世界文学之时，人们不仅被田园牧歌式的诗歌所普遍存在的事实而吸引，而且，还被它那些形式的数量所打动——那些形式从人为的极端、习俗主义一直到最纯粹的诗歌。”在白璧德看来，17

世纪法国华丽的上流社会圈子中的人，或许“此时也已被真正的或者人为的礼仪所限制”，因此，为了摆脱上述种种礼仪的束缚，“他们追求创造一种令人迷醉的世界，以摆脱日常自我的严厉管束，像真正的阿卡迪亚人(Arcadians)那样。在这个依靠想象创造出来的令人迷醉的世界里，他们能够自由地讨论爱情”。(对于这种“浪漫的爱情”，白璧德也有专门论述，可以参阅他的《卢梭与浪漫主义》中“浪漫的爱情”一章，在此不作赘述。)而卢梭又给予了自己这种田园梦“以充满想象力的、更新的、明确的原始主义色彩”：

> 融身于森林之中，我在那里寻找并发现了原始时代的影像，并据此颇为自豪地勾画出了历史的面貌；我突然袭击了人们的谎言；我探索他们的本性，追寻毁损了他的外貌的时代和环境的进步，并且把非自然的人同自然人相比，揭示出在他声称的提高长进中他的秘密的真正所在，我的灵魂也因为受到这些高尚的冥思苦想而得以升华，进入到神圣之境。从这一有利之点来看，我的追随者们所追随的那条无目的的偏见之途，也是他们的谬误、不幸和罹罪之途。我用他们不可能听得到的微弱声音向他们呼喊：疯子，你这总是抱怨自然的人，要知道你所有的罪恶都是源于你自身。

白璧德对于这段文字的解读分析是：卢梭把他自己身上意识到的冲突和思想情感的分裂，归咎为社会习俗，认为这些社会习俗给他自己的情感和冲动设置了障碍和限制；而一旦排除掉这些纯粹的人为限制，他就会感到自己又将和自己以及“自然”融为一体了。带着这种自然观，在卢梭看来，任何限制都是难以忍受的。也就是说，卢梭喜欢“打破所有的障碍”，主张把文明生活的一切形式都砸得稀烂，呼唤某种从未存在过的，或者说想象出来的东西以及那些不过只是他自己的情感和主要欲望的图影的自然状态。白璧德指出，在现实生活层面，或者在个人生活层面，卢梭的计划实际上就是对无限的、尚未确定的欲望的纵容，就是把想象作为其自由的帮凶，而听任情感作无止境的、无目的的放纵。

需要再次提醒的是，尽管将那些情感浪漫主义者排列在一起，依然并不表明白璧德忽略了他们之间实际上存在的差别，譬如康德、席勒与卢梭

之间的差别。显然，白璧德是就一种普遍的宽泛意义上的情感想象或者浪漫想象而言的，更准确地说，这正是白璧德人文主义批评的特征之一，那就是历史的、积极的和现实的批判。

白璧德提出用“道德想象”或者“伦理想象”来矫正因为“浪漫想象”的过度泛滥所造成的严重后果。在他看来，人们不应该像卢梭以及那些类似的浪漫主义者那样，根据“礼仪”已经堕落了的状态来简单地判断它。不仅如此，对于典范的模仿，也不应该只是一本书对另一本书的模仿，不是用一种非想象性的方法来保持他们的主要信条——本性、模仿、或然性、礼仪，而是“一颗心灵对另一颗心灵的模仿”。不过，白璧德对于“模仿”所作的如此解读，几乎从来没有引起他的批评者应有的重视，相反，白璧德式的人文主义，依然被那些批评者视为新古典主义的现代变种或者类似物而遭到漠视。这恐怕是在批判浪漫主义的同时，也对历史语言当中的新古典主义予以了批判的白璧德所没有预料到的。

第六节 古典经典与人文标准：人文主义对现代教育的批判

曾经有人提出，美国教育大致经历了三个不同阶段——传统教育、民主教育和开放教育[①]。提出这种划分的布鲁姆认为，19世纪末期美国开始的民主教育，“是一种全新的政治实验，它带来了一种全新的教育形式”。人们对这种教育所能够认同的是，它“通过对人的自然权利的认识和接受，人们找到了统一与一致的基本点。沐浴在自然权利的阳光之下，阶级、种族、宗教、国籍，甚至文化都已消逝，或许可以说，它们减弱了，这给人们带来的是共同利益，他们成为了真正的兄弟”。“移民不得不放弃旧世界的呼唤，接受新的、易于获得的教育。但这并非意味着他们一定要抛弃过去的日常生活习惯和自己的宗教，这样做只是让他们习惯去遵守新的法规。其结果是出现了人们的自然本质相互融通的趋势，即使这并非绝对必然。”[②]而这种教育与人的“自然本质”之间相互通融的趋势，正是与白璧德所极力抨击的“更高意志”的“标准”的堕落互为因果。

---

① 艾伦·布鲁姆：《走向封闭的美国精神》，19页，北京，中国社会科学出版社，1994。
② 艾伦·布鲁姆：《走向封闭的美国精神》，19页，北京，中国社会科学出版社，1994。

相较于这种以民主人格为目标的“民主教育”，布鲁姆认为它与美国的传统教育明显不同，因为传统教育时代美国所需要的是“神话、激情，进而是严明的纪律、权威以及大家庭所产生的那些本能的、无节制的，甚至是狂热的爱国主义。这并不是一种理性、冷静和自然的忠诚，因为对国家的忠诚被置于对政府和其法令的忠诚之下”[①]。美国 19 世纪末开始的民主教育，并没有持续多久，而是很快为一种新的更“民主”的教育所替代，那就是“开放教育”——“目前的开放教育摈弃了上述的一切”。所谓一切，不仅包括传统教育，也包括民主教育，“它根本就不关心自然权利和国家的历史起源，这在现在已被认为具有重大缺陷，并且是一种退化。不过，这种教育是进步的，并且有其真正远大的目标。它不要求人们为赞同自然的权利去放弃旧的或新的信念，也不要求人们对此达成统一的认识。它对所有人、所有的生活方式和所有的意识形态都是开放的。不愿意持这种态度的人也不会碰到任何敌人”[②]。但是，布鲁姆认为，这种开放教育，或者相对主义教育，并没有带来个人对他人或者公共社会和利益的关注，包括对“其他时空内的人类精神”的探索兴趣。恰恰相反，是个人对除自己以外的冷漠态度。

显然，每一种教育制度都有其道德目标，传统教育也罢，民主教育也罢，开放教育也罢，都没有回避这一点。不过，针对开放教育的现状，布鲁姆提出了这样的疑问，“一旦人人共有的目标和公认的美德不存在了，社会契约还可能存在吗”？原因很简单，“人们只有了解和确认道德和政治规范，才可能扩展无须遵守社会与政治法令的活动空间”。而在相对主义的教育环境中，当一切都成了相对的时候，“公认的道德标准”也成了相对的，还成了人的自然本质释放的障碍或者奚落的对象。而布鲁姆却发现，正是由于相对主义的兴起，人们培养和探索优质生活的真正原动力也受到了抑制。

对于美国 20 世纪的教育，特别是开放教育予以深刻检讨和批评的布鲁姆，并没有回避自己从白璧德对 19 世纪末的美国方兴未艾的民主教育的批判中所受到的启发。白璧德对这种教育的未来所作出的富有洞察力和预见式的批评，实际上成为了布鲁姆对当代教育批评的出发点。

---

① 艾伦·布鲁姆：《走向封闭的美国精神》，19 页，北京，中国社会科学出版社，1994。

② 艾伦·布鲁姆：《走向封闭的美国精神》，20 页，北京，中国社会科学出版社，1994。

从一定意义上讲，白璧德的人文思想的核心就是教育，这种说法并不过分。尽管对白璧德的人文思想在宗教方面的主张并不赞同，但艾略特(T. S. Eliot)在《批评规范》中却高度评价白璧德在教育方面的敏锐洞见：

> 我觉得白璧德观点中让他倾注了最多心血和力量的就是教育问题；在美国，五六十年来，教育只是追随着某些现代理论的幻想(whim)，在这里，任何有个性和信仰的人，可以随时随地地将自己的观点呈现于整个国家之前；在这里，那些曾经在德国、法国和英国受过不同训练的学者，实际上成为了彼此歧异、背道而驰的品位和理想虚弱和不稳定的根源之一；每一种奇思怪想都有它自己的机会，而且，几代学术文化也深受不断实验之苦……三十年前，白璧德还是一个地位不稳的年轻讲师，就在那时，他即开始了几乎是单枪匹马(也许得到了查尔斯·诺顿的默许)地抨击哈佛大学校长查尔斯·艾略特建立起来并普及全美的教育体制；直至其生命终结，他都反对约翰· 杜威学校的“左道邪说”。这些都是他光彩的值得彪炳史册的功绩。

而以研究20世纪美国“保守思想”(conservative mind)而著名的罗瑟尔·科克，更是直接将白璧德重新诠释和捍卫古典主义及其对于现代教育的意义的努力界定为一种“信仰”：

> 简言之，我们可以把白氏的人文主义界定为一种信仰，认为人是一种由其本性所特有的法则所控制调节的特殊存在：存在着两种不同的法，即对于人的法和对于物的法。人之所以比兽类显得高贵，是因为他认同并恪守这一符合其本性的法则。人文主义者的原则性的工作，就是教导人们检省自己的意志和欲望。这些检省是由理性支撑的——不是启蒙主义的私人理性，而是那种从对我们的先辈智慧的尊重中，从我们对赋予我们的本性的超验秩序的理解努力中成长起来的更高的理性。情感主义者，将人依附于冲动和情欲的法则；实用主义的自然主义者，把人仅仅当作受过驯化的无尾猿来对待；那些热衷于平衡的人，把人与其他的差

异减低到数量上的平衡上——这些都是人的真正本性之大敌。

白璧德同样强调了人文教育在现代大学教育中的重要性，他试图揭示出，一个人的知识性格和道德性格的展开，彼此之间是密切相关的。也就是说，如果教育要想真正有效的话——对于一个人的人性完善有益的话，人文就必须承担责任。

在白璧德看来，现代哲学借助于对抽象理性的信任来解决通向真理之途的知识问题的努力是徒劳无益的。这些努力意味着在理解这一点上的失败，那就是最终人只有将自己附着在一个直接具体和有形的现实标准之上——也就是坚实地建立在经验之上，远胜于通过抽象的辩论。

很显然，白璧德认为人们是通过榜样和具体的行为或经验来学习。而作为社会所倚赖的榜样和具体的行为经验的质量，也就决定了这个社会的质量。经验存在于“千百代的智慧”所形成的“共同的历史”——“普遍意识”当中，它来自于文学、艺术和传统这些人类遗产。作为这种“传统”的传承者，白璧德对于现代教育中教师的地位予以了极高评价。在他看来：

> 教师——如果他们是在正确地履行自己的职责的话——是在为文明的链条结构重要的联结，没有这样的联结，文明也就不可能承延。他们既是文化的守成者，也是文化的传递者。正是从他们这里，后来者得以能够赞赏他们自己祖国的那些理想，以及那些作为宽泛的文明一部分的东西，譬如正义，还有平等，以及有序的自由。正是通过他们在自己生活和行为当中的吸收与具体化的艰苦努力，无数代的老师们才获得了为他们的学生们所尊敬的那些东西。如果老师们眼下失去了一些他们这个群体传统上为人敬重的荣誉的话，很大程度上是因为他们自己背叛了这一神圣的信任。[①]

而19世纪末20世纪初已经开始的一些教育实验，无疑开始冲击教师这一地位。学生已经不再需要被引导向由教师们传承的“文化”，而是需要被引导去“发现他们自己”，也就是，根据那些现代理论，孩子们通过课堂

---

① Irving Babbitt：*Literature and American College*，Introduction，National Humanities Institute，Washington D. C.，1986.

讨论、对话、游戏以及诸如此类的一切来发展他们“自己”的价值。而依照这种理论，相较于教师们传统上所担当或者被赋予的那些文化传递者的角色，现代理论要求教师这个角色不许用他们自己的价值观或者那些传统文化中的价值观来“干扰”学生们发展自己的价值观的过程。这种理论的现实状况是，学生们要尽可能少给予指导，以便让他们尽可能多地听命于自己瞬间的“感受”。在白璧德看来，这种理论被认为旨在说明，“价值观是在历史和文化的真空中被选择的”，而这被认为是开放的相对主义教育的一种表现①。

教育者传统角色的现代转换，在白璧德看来，恰恰意味着失去教育最基本的意义，而这一意义在他看来，“对人类生活和幸福至关重要，同时也需要每一代人来不断翻新”。而当时美国方兴未艾的教育趋势是“民主教育”和比民主教育更加“自由”的“开放教育”：

> 当下美国教育上的趋势，在于试图将伦理生活与情感上的同

---

① 白璧德对哈佛大学校长艾略特所倡导的“选修制”的批评，实际上也包含着对于美国教育片面参照引进德国教育制度的批评，但这种批评背后，无疑是不同的教育思想或者教育哲学之间的较量。而有关“学院”(college)与“大学”(university)体制对于美国现代教育的影响，或者19世纪末期那些正在兴起的美国大学到底有什么作用，白璧德曾经阐述过自己的观点：“如果小型学院想最好地为美国的教育服务，它们就应该坚定地捍卫人文传统，而不是为了和大型的大学竞争而在教育方面花样翻新。如果按后一种方法，它们就有可能沦为三流的、设备落后的学校，而且会再现那个试图膨胀自己、使之成为公牛的青蛙的寓言……即便全世界的人都屈心于过这种量的生活，学院也必须牢记，它的目的是让毕业生成为真正有质量的人，而不是常规意义上的有质量的人。”而从白璧德的人文教育思想中深受启发的罗瑟尔·科克(Russell Kirk)，继续沿着白璧德对于“学院”制度的“梦想”或者立场，进一步检讨了美国现代高等教育制度的由来或者形成过程，检讨了这一过程中“英国传统”和“德国传统”之间的冲突以及冲突带给美国教育的影响，“虽然美国学院的目的和制度都是沿袭古代欧洲的教育方案，而且，尽管在其初级阶段，美国大学特别受到牛津大学、剑桥大学和苏格兰的一些大学的影响，因此使得美国学院形成了一种独特的教育体系。规模不大，有时还可以说是封闭，主要是为了能够教学而不是为了获得有成就的学者，所以学院教育很快就影响到美国生活的整个基调和特色；哈佛学院或威廉和玛丽学院或耶鲁学院或者其他早期学院的直接影响，几乎没有任何国家任何时代可以与之相比。19世纪下半叶，大学开始发展起来，大学在很大程度上以德国的体制为它们的模式；但是至少直到最近几十年，学院(college)的社会影响仍比大学(university)的社会影响要大一些。如果独立的学院不再存在的话，那么，美国文化的许多根基就会被挖掘去掉。旧式学院教育的目的是伦理的，在于道德理解力的发展和人文领导力的发展；但是，它的方法是理智的，通过周密设计的人文纪律来训练心智。学院是人文研究机构：它的功能几乎如此简单明了。通过理解伟大的文学作品，年轻人就可能被寄希望来在他们社区里的教堂里、政治上、法律方面担任领导职务。”(Russell Kirk：*Irving Babbitt and the Ethical Purposes of Literary* Studies，in Irving Babbitt：*Literature and American College*，Introduction，National Humanities Institute，Washington D. C.，1986).

> 情和不受约束的冲动联系在一起。通过比较，白璧德坚持认为，对于历史和经典的适当理解，将导致对道德完全相对的理解：它建立在约束和自律之上，“一种中庸之道和普遍的法则”。他坚持认为，真正的道德，是建立在道德性格之上的意志的训练，它与那种情感的伪道德“美德”之间，存在着非常重要的差异。

这是美国《人文》(*Humanitas*)杂志主编之一的约瑟夫·巴尔达齐诺(Joseph Baldacchino)对白璧德教育思想的一段阐述。而作为白璧德教育哲学的一个支撑，在于他坚信教育的伟大目的是伦理的，是在于“人”，而不只是绝对的知识和向外的探索。在白璧德看来，文明在知识上已经完全陷入到对于低于人类的关系研究当中，这种文明最终将误入歧途，正陷入到一种无意义的美学主义之中，一种枯燥乏味、毫无生气的专业化之中以及一种狭隘的职业主义之中。而白璧德对于真正的人文主义的全新理解的努力，旨在使他的同代人重返教育的真正目的，即对于人性的伟大和限度的研究。

而研究人文学科(humanities)的目的，在白璧德看来，就在于追求柏拉图式的智慧和美德的结果：发展正确的理性和健全的性格。白璧德对于牛津大学和剑桥大学在英国历史进程中的作用无疑给予了很高的评价，他也希望，美国的大学建立起来，也能够像牛津或者剑桥一样，是为了让那些正在成长中的一代人中的优异者去研究那些伟大的文学著作，以期学生在知识上和道德上的提升，并最终完成自我和人的提升，这样将对学生和国家有益。这也是“人文学”这一术语所应该包含的内容：不同语言中，通过对经过时间检验的文学作品的严肃诠释，来培育思想和良知的那些研究。而在这类研究中，白璧德确实成为20世纪初一座难以逾越的高峰。[①]

---

① “人文主义者”、“人文主义”这些概念更多的、不同的含义，参阅 Vito R. Guistiniani 的《人、人的和人文主义的意义》[载《思想史学刊》Vol，XLVI(1985年4月～6月)]。美国人文主义论战中还有不少著作，同样涉及这些概念的含义。可以特别参阅早期的一些著作，诸如：louisJ. A. Mercier 的《美国的人文主义与新时代》(Milwaukee，1948)；Lawrence Hyde 的《智慧的刀：论科学与人文价值》(London，1928)；Jacques Maritain 的《真正的人文主义》(Westport，Connecticut，1941)；Hough，Harold Lynn 的《内在控制》(New York，1934)；G. R. Elliott 的《人文主义与想象》(Chapel hill，North Carolina，1938)；J. David Hoeveler，Jr. 的《新人文主义：现代美国批判，1900～1940》(Charlottesville，Virginia，1977)；George A. Panichas 的《欧文·白璧德的批评使命》，收录于他的《判断勇气》一书(Knoxville，Tennessee，1982)；William Van O'Connor 的《新人文主义》，收录于他的《批评时代，1900～1950》(Chicago，1952)。其他还有一些研究著作，可以参见 Panichas 编撰的《欧文·白璧德代表文论选》中的参考书目以及 Nevin 的《白璧德》。

第三章　白璧德与中国古代思想传统

第一节　白璧德与东方经验的意义

在白璧德之前，欧洲汉学或者"中国研究"(Chinese studies)已经开始，并已经达到了相当高度，这是显而易见的事实。撇开法国、德国、荷兰、瑞典、俄国、意大利、葡萄牙等国的汉学研究，仅就白璧德主要直接阅读参引的英国19世纪汉学文献而言，不仅有成立于19世纪初期旨在"探索文学、艺术、科学与亚洲之关系"的皇家亚洲学会(Royal Asiastic Society)，有一大批传教士—汉学家翻译介绍中国和中国古代经典文学的著作。更因为理雅各的《中国经典》(*Chinese Classics*)的翻译，使得英国汉学在19世纪欧洲汉学史上占据从未有过的崇高地位①。理雅各对于西方汉学的贡献，

① 19世纪英国汉学的传教士传统，并不在于研究对象的丰富性上，很大程度上在于它对于精神性的思想文化的关注以及相关成果上。不仅如此，这一时期的每一个汉学家，不仅是汉学研究者，同时也是汉学文献的翻译者和诠释者。这种翻译—诠释—评论三者合一的状况，是这一时期英国汉学的另一特征。但是，尽管传教士汉学传统更关注汉学的精神性文化遗产的解读，但这并不意味着那些传教士汉学家们就将自己的兴趣和研究范围限制在一个狭窄的空间或者方向上。1872年改刊的《中国评论》(又称《远东释疑报》，*The China Review, or Notes and Queries on Far East*)，是19世纪后半期英、美传教士汉学研究领域最为活跃的一份公共刊物。而该刊改刊时向投稿者所列出的选题范围极为庞杂，具体如下：1. 中国古代和现代建筑；2. 农业、工业和商业；3. 考古学；4. 艺术与科学；5. 文献；6. 传记；7. 中亚民族人种、历史和地理；8. 年代学；9. 朝鲜历史、语言、文学与政治；10. 工程；11. 民族人种；12. 动物志、植物花卉；13. 地理、物理和政治；14. 地质学；15. 行会与贸易联合；16. 普通历史与区域历史；17. 碑铭；18. 中国与其他国家之交往；19. 中国对于日本文学、宗教、哲学和文明之影响；20. 法学；21. 古代与现代文学；22. 生活方式与习惯、运动与休闲娱乐；23. 神话；24. 医药；25. 冶金术和矿物学；26. 钱币学；27. 政治体制、机构与管理；28. 宗教，其原则、习俗与礼仪；29. 对与东方相关著作之评论；30. 黑社会(秘密社会)；31. 贸易线路；32. 原著、小说、戏剧等翻译。

不仅在于以西方汉学史上从未有过的气魄和学术造诣，将中国古代儒家经典和道家经典翻译成为正在逐渐成为一种国际通用语言的英语，使得汉学研究及其思想文献，超越了传统汉学研究的局限，为更多关注或者留心中国古代思想传统的西方思想者提供了可以直接阅读的历史文献，从而大大地拓展了汉学或者中国研究的队伍，真正使得“中国经验”超越传教士、外交官、来华商人、军官等19世纪的汉学家传统领域范围，而在跨文化交流意义上为各种类型的西方读者了解中国，提供了必不可少的文献前提[①]。甚至，理雅各也很早就超越了19世纪西方传教士—汉学家中盛行的西方“宗教优越论”“文化优越论”和“西方优越论”的盲目乐观的宗教观、文化观和民族观，超越了一般意义上的所谓西方汉学中的“东方主义”对于“东方经验”的意义与价值的认知方式。当然，这样的超越之于20世纪的白璧德来解读认知东方经验，特别是以孔子为代表的儒家人文传统，无疑具有启发意义。但白璧德的解读，如果被置放于西方汉学传统当中，哪怕是19世纪西方汉学传统当中，未必是一种适宜的选择安排。可是，如果完全撇开西方汉学传统，特别是19世纪西方对于东方、特别是中国的解读基础，而将白璧德与西方思想史上那些曾经仅仅通过有限的关于中国的历史文献而对中国经验与意义产生浓厚兴趣的西方思想家相提并论，显然也远非妥当。白璧德思想中鲜明的伦理特征和古典倾向，包括对于世俗价值观的人文批评等，与19世纪传教士汉学传统之间，有着一种若隐若显的精神上的关联或者气质上的相近。他们都突出地关注作为信仰或者指导原则的中国思想经典的解读以及这些经典与中国传统社会、人民及其知识者之间的关系形态，包括这些经典原典的现代意义等。而在此方面，理雅各的汉学研究，对于白璧德解读儒家伦理经验，无疑具有不容忽略的启发意义。因此，在正式涉及白璧德对于中国古代思想传统的解读之前，略微介绍一下理雅各等19世纪西方传教士汉学家对于中国古代精神思想体系的发现与破译，或许有助于我们在一个延续的历史语境当中，从19世纪后半期新教来华传教士的精神—学术世界，顺利地进入到20世纪初期一个新人文主义知识分子对于东方、特别是中国古代思想传统经验的关注与借镜上来。而理

① 实际上，宽泛意义上的汉学传统，并不仅限于传教士—汉学家传统和外交官—汉学家传统，在此之外，还有作家—汉学家传统（像诗人庞德）和思想家—汉学家传统（像哲学家罗素、杜威和文化批评家白璧德）。

雅各翻译《中国经典》之缘起，包括他对于“文化中国”之认知经验，或许对理解白璧德与东方经验的关系，可以提供一些帮助。而我们从中也可以发现，19 世纪西方汉学和汉学家，与 20 世纪白璧德类型的关注中国的西方思想者和批评者之间的异同所在。

如果说理雅各热心于到海外传教得益于他的家庭(特别是他的父亲的鼓励)、19 世纪上半期英格兰教会和苏格兰教会对于到海外传教的大力宣传鼓动以及整个 19 世纪英国社会因为向海外扩张而鼓动起来的热烈的时代情绪的话，他选择到中国传教，并开始接触中文和中国经典文献，却带有一定的偶然性。

1837 年，理雅各已经被伦敦传道会接受为即将派往中国地区的传教士(鉴于当时中国尚未对西方开放，特别是没有开放传教，理雅各受派前往的只能是泛中国地区，即与中国文化相关的大中华文化地区)。在起程前往东方之前，理雅各在伦敦大学接受过一段中文语言培训。而当时的培训教师，就是从位于英属马六甲海峡殖民地、由传教士—汉学家马礼逊(Robert Morrison，1782～1834)和传教士—汉学家米怜(William Milne，1785～1822)创办的英华书院(Anglo-Chinese College)的因病回国的传教士—汉学家修德(Samuel Kidd)。而当时与理雅各一起接受伦敦大学首任中文教授培训的一共三名学生[①]。这段每星期两三次、每次一个小时的中文和中国文化培训，对于理雅各的影响毫无疑问是深远的——从这时开始，理雅各正式接触到儒家经典文献和中国传统思想，而这一时期的“接触”，几乎与白璧德后来的接触方式是一样的：在远离中国的地方或者中国文化的影响圈之外，通过阅读那些翻译过来的文本来认识那些中国古代的思想者、感受他们的精神世界。

对于中国和中国文化的认识，在 19 世纪英国来华传教士中，无疑经历了一个复杂而且漫长的认知过程。对于那些热心来到“黑暗和愚昧”的中国地区传教的英国(包括 19 世纪中期以后的美国)传教士们来说，他们在中国的发现，特别是对于“文化中国”的发现，无疑是让他们惊讶甚至震撼的——因为他们在来华之前，对于中国的知识几乎都是空白。或许我们可以从英国 19 世纪(1807)最早来华的传教士马礼逊对于自己来华前后关于中国认知的变化中可以窥见一斑。尽管最初还只是在中国东南沿海地区偶尔

---

① 另外两名同时学习中文的是米怜的长子和后来曾经为中国的西医事业作出过开创之贡献的医生—传教士合信(Hobson)。

靠岸活动，后来也只是以东印度公司商务翻译的名义在澳门、广州获得居留权，但马礼逊还是发现，他来华之后所了解的中国和中国文化，与他最初在英国之时所想象出来的中国“相去甚远”。在写给教会的报告中，他直言不讳地说道：这种事业是艰难困苦的。……中国人中有许多是文化高优、学问丰富的；不但是不亚于我们，反而是优于我们的。除欲学习语文计划外，这些及其他种种困难，实在是极大的。

马礼逊的“发现”，被后来一些来华传教士们的发现所证实，其中，最有代表性的，应该就是理雅各。理雅各曾经在他晚年一篇关于“儒学与基督教之关系”的文章开篇，对自己早年蒙召远赴中国传教的经历写过这样一段文字：

> 回望四十余年生涯，我对当初能够被导引成为一个到中国去的传教士充满了感激。我的经历可以证明我这样说是正当的，那就是，一个渴望成为传教士的人，渴望从事一件良善事业的人，一个谦恭而不失智慧地矢志于此、并为此奉献他的所有力量的人，将从反思回味他的事业当中不断地获得满足和安慰，而且，就在他尘世人生行将结束的时候，他将感恩主把他从自己的国家、从他自己的亲人和父亲的家中召唤出来，投身到传教领域当中。①

理雅各在这里并没有同时说明他的这一传教经历或者“文化中国”的发现经历，其实这是一个相互成就的跨文化交流的典范：他用基督教福音和西方科技文化知识，成就了与他相关的广大中国教民以及晚清最早一批口岸知识分子(Treaty Opening Cities Intellects)之间的现实关系。另一方面，儒家思想传统和道家思想传统，又成就了作为一个卓有成就的传教士—汉学家的理雅各。就在他用耶稣福音“启蒙”中国人的同时，他也在用他从儒家经典当中汲取的人文智慧来“启蒙”英国人对于中国的认知。

而理雅各对于“文化中国”的发现，尤其具有历史意义：

> 他感到方方面面都需要他。因为他发现自己如今置身在一个广袤的帝国，“一个古老文明的宽阔的位置上”，它的历史可以上

① Helen Edith Legge, *James Legge: Missionary and Scholar*, p. 211, London: The Religious Tract Society, 1905.

> 溯三千年，一直到尧帝时代(2356 B.C.)，甚至还可以追溯至更久远的、已经不是很清晰的时期。他已经下定决心，要求自己掌握这一陌生国家的人民的陌生语言，而且，他看得更远的是，他们拥有一种值得珍视的文学，而且极不寻常的是，他们是一个有教养的、甚至是一个热心于阅读的民族。
>
> “真的，”他说，“他们的文明与我们的极为不同，但是他们早已经摆脱了野蛮愚昧。一旦我们想到四千年来人们已经开始在并且一直在这里生存并且收获，成长繁衍，我们禁不住就会推测到，这个民族可能具有某些更高的品性——亚述人、波斯人、希腊人，罗马人以及其他一些更现代的帝国，兴起、教化又衰落，但是，唯有中华帝国依然耸立，还有它的四万万国民。为什么会这样呢？很清楚，在它的国民当中，一定存在着某种最伟大的德性和力量而成就的道德和社会原则。”他注意到“没有任何其他国家对于学术精华的热爱开发得像中国那样，而且，世界上也没有任何一个国家对于学术如此高地看待和崇敬”。
>
> 他还注意到，这些国民的礼貌风俗和习惯，是由他们从古代传下来的经典中所表达的思想来规范形成的。那么，一个想要弄懂中华民族的人，也就必须明白他们的古典文学。在理雅各博士的思想中，经常性地产生出这样的信念，那就是“他并不是完全有资格适宜于他现在的传教士这个位置所要求的责任，除非他已经完全掌握了中国人的古典典籍，而且，对他来说，需要调查中国古代圣贤的所有思想领域”。于是，他开始了他持续终生的工作，学习孔子、孟子，还有其他中国古代经典当中的典籍，直到最终他开始编辑包括八卷本的《中国经典》。①

这是理雅各的女儿对于父亲的《中国经典》翻译事业缘由所给予的合理解释。类似的解释还可以参阅同一时期几乎与理雅各同样齐名，并在上海的中国知识分子中享有不菲声誉的传教士—汉学家艾约瑟(Joseph Edkins，1823～1905)②对于理雅各一生事业的评价：

---

① Helen Edith Legge，*James Legge*：*Missionary and Scholar*，p. 65，London：The Religious Tract Society，1905.

② Helen Edith Legge，*James Legge*：*Missionary and Scholar*，p. 212，London：The Religious Tract Society，1905.

> 他的目标在于打开并阐明中国人的思想领域，揭示人民的道德、社会和政治生活的基础。这种工作百年当中只可能被人们极为罕见地做一次。在做这件事的过程当中，他感觉到自己是在为传教士们以及其他一些学习中国语言和文学的学生们真正地服务。他还认为，这也是为那些西方读者和思想者服务。从国土面积幅员之辽阔，人口之众多以及民族特性等来考虑，中国都可以说是世界上最重要的国家。获悉了儒家“圣经”所包含的内容，也就使我们处于一种有利的地位来判断其人民。从这里，欧洲的政治家们可以看到其人民道德标准之本质。他们所阅读的历史，他们风格之楷模，他们的保守主义之基础，都可由此而得到评估。

甚至理雅各自己也曾经认为，“传教士应该利用他们力量范围内的一切手段，去熟悉那些宗教。他们应该使得自己熟悉了解他们的文学，这样就能够与他们的博学之士或者‘先生’登堂入室而谈了”。在他看来，那种认为传教士用不着花时间去学习当地宗教，而只需要，像常说的“去传播福音”就行了的观点，只会使得传教士和传教事业变得可鄙而且无效。或许，我们可以从他描述自己在华最后几年工作的家书中，对于他翻译《中国经典》的心路历程有一个更直接的认识。他说：

> 对于儒家经典，我已经具有足以胜任将其翻译成英文的中文学术水平，这是五到二十年辛勤钻研的结果。这样的努力是必需的，这样世界上的其他民族就可以认识这个伟大的帝国了，而且特别是我们传教士给这里的民众传教，也需要充分的智慧，这样才能够获得长久的结果。我认为，如果所有儒家经典都能够翻译出版并且还附有注解的话，这将有助于未来的传教士们的工作。①

这些解释似乎是在试图说明，理雅各翻译注释中国经典，实际上是为了更好地认识了解中国和中国人，以便更好更有效地进行传教。这样的解释当然是合理的，同样也无可厚非。不过需要说明的是，如果对理雅各的

---

① Helen Edith Legge, James Legge: *Missionary and Scholar*, p. 170, London: The Religious Tract Society, 1905.

《中国经典》的翻译缘起的解释仅限于此，则极有可能陷入到“东方主义”(orientalism)的文化陷阱当中。也就是，理雅各不过是19世纪西方文化殖民主义阵营当中的一分子而已。

揭开这一秘结的关键有两点，其一是理雅各在接触到儒家和道家经典思想之后，他的基督教信仰是否发生了一些变化。如果有，是哪些变化？这些变化意味着什么？其二，理雅各对于儒家经典和道家经典的评价，究竟是无动于衷的客观述说，还是感受于心的思想精神经验。而答案应该都是肯定的。有关前者，可以从他对于牛津大学比较宗教学教授、东方学家麦克斯·穆勒的“东方圣典丛书”(*The Sacred Books of the East*)的热心相助并为丛书提供翻译了《礼记》、老子的《道德经》和《庄子及其著作》中看出。这种“比较宗教科学观”(science of comparative religions)，相对于理雅各原初的宗教信仰，无疑有一些新的思想要素生成了[①]；而对于后者，理雅各前后历时二十五年的《中国经典》翻译和持续终身的汉学研究似乎即可为证——世界上有不是发自肺腑的情感及毅力与恒心而能够持续半个世纪的事业吗？而他晚年在牛津就康熙、雍正两朝颁行天下的《圣谕广训》和《圣谕广训衍》明显带有肯定包容倾向的演讲以及他为《中国经典》再版所重新修改撰写的序言，都显示出理雅各的“中国观”与他最初接触中国之时，特别是与尚未充分接触到中国古代思想经典之时相比已经发生了非常明显的变化。不仅如此，理雅各的侄子曾经协助他翻译《诗经》，并对中国古代思想文化抱有几乎与理雅各一样浓厚的兴趣。他对自己叔父全心翻译《中国经典》所作出的解释是：

> 在他热心服务于人性的工作中，他试图钻入到中国古代经典所包含的亚洲人的内心思想之中。他打开了通往中国人思想的大门。这是一个开拓者的工作；因为他是那些率先认同中国文学地位和价值的人之一，并且觉得有必要把它介绍到基督教世界当中去。而且，上帝在这项义务中也显示出真实、生动的圣洁与力量。因为理雅各博士相信，并且坚信，在他经过日夜苦读之后，

① 参阅 N. J. Girardot, *The Victorian Translation of China: James Legge's Oriental Pilgrimage*, California University Press, 2003。

从它的经典当中反映出，这个民族的老祖先是“知道上帝的”。[①]

如果说这一解释的后半部分略显牵强，它的前半部分，即理雅各“认同中国文学的地位和价值”，并且“觉得有必要把它介绍到基督教世界当中去”，则无疑是符合理雅各从19世纪40年代即已形成的思想。

理雅各及19世纪西方传教士们对于中国和中国经验的发现的最大意义，就在于它不仅可以用来作为西方的“他者”来“说明”西方的道路，还在于它的经验可以被用来作为批评西方的经验依据。而正是在这一点上，白璧德发现了“东方”和“中国”的意义与价值。

在对卢梭和浪漫主义进行批判的时候，白璧德所借用的历史语言经验，除了古希腊、罗马以及随后时代在西方不绝如缕的人文传统语言之外，作为一个具有白璧德式的“大同思想”和“世界文化”眼光的批评家，白璧德注意到被19世纪西方传教士—汉学家发现并予以阐释的“东方”和中国。他说：

> 如果我是因为那些具体经验中所得出的结果而对卢梭主义持反对态度的话，我还要将我必须提供的东西作为替代，并将其置于同样需要积极肯定的基础之上。如今，存在着不同程度的经验：首先是纯粹的个人经验，它是无限零碎的；然后是个人最直接的经验，他对于时代和国家的经验，他对于最近的过去以及随之稍微扩大展延开来的经验。将过去作为教条、伦理的实证主义者们对此是持拒绝态度的，而作为经验，他们对其不仅认同，而且还持欢迎态度。伦理的实证主义者绝对离不开它，就像自然的实证主义者离开他的实验室就不行一样。他坚持将较为遥远的过去也纳入到自己的视野范围之内。也许在我们看来，由科学的进步观所培植起来的那些狂妄自负的最大的毒害，就在于自以为我们已经超越了这一过去的经验了，不需要它了。正如歌德所说的那样，人们应当努力反对将瞬间从宇宙历史的长河中剥离出去的做法。如今，有特别的原因表明，对这一背景的呼唤不仅仅只是

① Helen Edith Legge, James Legge: *Missionary and Scholar*, p. 209, London: The Religious Tract Society, 1905.

属于欧洲人的。西方与远东之间在物质上的联系在不断加强，这一点是肯定无疑的。到了这个时候，我们应该清醒地认识到个别人与没有被深入地理解的群体人之间拥有物质联系的风险或危险性。正是考虑到这一点，远东的经验(主要是指古代中国和古印度——译者)用一种有趣的方式完成并确认了西方欧洲的经验。如果我们希望找到真正普遍的智慧，并以此来反对我们目前的自然主义的可恶的片面性的话，我们就不能够忽略这一点。如今，从实用的目的看，远东的经验集中在两个人的教谕和影响中，这两个人就是孔子和佛祖释迦牟尼。要了解认识佛祖和孔子教谕中的真精神，就等于去了解认识三千多年中约占人类一半的人群中所产生出来的最好的和最有代表性的伦理经验。①

这段文字似乎仅在于表明，东方经验——佛陀与孔子的人文思想②被白璧德用来批判卢梭和浪漫主义的工具意义。如果这样认为，无疑仅仅注意到了白璧德借用东方经验来证明自己对于卢梭及浪漫主义批评的人类历史和思想经验的合理性，而忽略了白璧德对于佛陀和孔子的“发现”的现代意义和价值，更何况这一发现是在西方人文批评语境中得以落实和实践的。不仅如此，白璧德显然注意到了19世纪传教士—汉学家们在东方宗教与西方宗教之间所进行的逐渐突出的“科学比较”，尽管白璧德并不是一个现代科学学术和专门化研究的支持者，但对于“比较宗教学”的科学成果，他显然并没有拒绝，相反，还积极地予以引用：

对佛祖和孔子的研究，就像对西方那些伟大的导师们的研究一样，在多种人类经验的表象之下，集中到了几个主要的范畴。我个人热衷于将人的生活经验分别为三个层面——自然的、人的

① Irving Babbitt: *Rousseau and Romanticism*, Preface, Texas University Press, 1977.

② 仅从他公开发表的出版物来看，白璧德借用并且论述涉及佛陀和佛教在先，而关于孔子儒家思想的论述在后。确切地讲，在他的第一部公开出版的著作《文学与美国大学》(1908年)中，白璧德对于佛陀和佛教的论述已经出现，而且对于佛陀思想的理解和阐明已经趋于“稳定”；而比较明显地涉及“中国经验”的，是在《卢梭与浪漫主义》(1919年)中。在这部全面剖析西方浪漫主义思想传统的著作中，白璧德借鉴了“东方经验”，特别是佛教和孔子思想中的伦理成分。在这部著作中，孔子与佛陀思想经常是同时出现的。不仅如此，作为这部著作的补充，该书还专辟一节，对中国的“浪漫主义”和“自然主义”——道家思想进行了概要评论。

> 和宗教的。经过其结果的检验，佛教中最优秀的成分认同了基督教。经过同样的检验，儒学与亚里士多德的思想主张也是一致的，而且，总体上与那些崇尚礼仪和中庸之道的古希腊人的思想也是一致的。一个显然正确的观点是，孔子曾经被称之为东方的亚里士多德。远东不仅有佛教伟大的宗教运动和儒家伟大的人文运动，而且在早期道教，这一场旨在对人文主义的和宗教的思想作出自然主义的平衡的运动中，曾经显示出过与我这里正在研究的这场运动的惊人的相似之处。①

与19世纪西方传教士—汉学家们不同的是，白璧德显然更明确地把孔子思想看成是一种“人文思想”，而不是传教士—汉学家们所谓的“宗教”——儒教②。当传教士—汉学家们在将儒教与基督教进行比较的时候，白璧德看到的，是孔子思想与古希腊、特别是亚里士多德思想之间惊人的一致性。这一发现显然并非白璧德的“首创”。早在17世纪，法国学者瓦耶尔(La Mother Le Vaer，1582～1672)的《异教徒的美德》一书中，就有专门一章“孔子——中国的苏格拉底”③。据说这也是第一位非传教士的西方学者将孔子与苏格拉底相提并论。而白璧德看来，东方与西方基督教相对应的是佛教。如是，东西方文化历史当中，都不约而同地呈现出源远流长的两种传统：宗教传统与人文传统；前者在西方是基督教，在东方是佛教；后者在西方是古希腊以苏格拉底—柏拉图—亚里士多德为代表的人文哲学，在东方是中国以孔子为代表的儒家思想。这种发现之于白璧德的意义，不仅在于文化系统结构性的类似的发现，更在于从上述比较过程中所重新感受发现的思想经验，正是后者，大大地丰富了白璧德的人文主义的语言资源。

这种东西方思想传统相互证明的思维方式，不仅是新颖的，而且也极

---

① Irving Babbitt：*Rousseau and Romanticism*，Preface，Texas University Press，1977.

② 对于白璧德很自觉地将孔子思想看成是一种人文思想传统，而不是像他的同胞本杰明·佛兰克林那样将《论语》中的语句与基督教教义相互替代使用，除了正文中所述原因外，可能还与他对孔子思想与“儒家”、“儒学”以及“儒教”传统并没有完整的知识有关，也可能与他仅注意到孔子思想中的“知识理性”和“知识沉思”一面，而没有注意到“儒教”中的“迷信”一面有关，甚至也可能与他对于儒家思想在中国几千年历史当中的实际处境缺乏足够的认知有关。

③ 忻剑飞：《世界的中国观——近二千年来世界对中国的认识史纲》，137页，上海，学林出版社，1991。

大地抬升了中国经验的意义和价值。这在19世纪和20世纪初期的西方思想语境中，无疑是值得注意的一种现象。而白璧德并没有让思想在东西方比较处停止下来，他更关注着比较之所以成为必要的原因以及比较之后思想的最终归宿。他发现，“东西方不仅有那些被彼此的成果相互证明了的伟大的宗教的和人文的思想原理”，而且，这些宗教和人文思想原理，还为“人类经验中最常见的统一的因素提供了证据”。不仅如此，这些思想原理还通过“一种非常积极的精神”时常被表达出来。这表明，白璧德在东西方之间所作的比较，实际上是一种文化思想上的“打通”或者“融合”；而这种交流的结果，实际上是在催生一种朝向现代乃至未来的历久弥新的“世界”思想，而不是相反——至少白璧德及其追随者们作如是观。

需要指出的是，即便是白璧德的学生中，对于他所开列出来的东西方人文主义者的名单，包括他把孔子甚至释迦牟尼列为人文主义者，不是没有不同的声音。艾略特认为，白璧德这样做，固然在某些方面似乎强化了历史上人文主义的力量，但是也“显然忽略了像孔子、释迦牟尼等的思想之所以得以传承的宗教历史原因”。不仅如此，当白璧德将苏格拉底、埃斯拉穆斯也列入历史上的人文主义者之列的时候，艾略特则对此作出了技术上的提醒：这显然是没有注意到他们二者对于当时生活地区的宗教所持有的态度。而这些态度在艾略特看来，与一个人文主义者对于宗教的态度，包括与白璧德或者白璧德式的人文主义者所持有的宗教态度是“很不同的”①。这种不同仅从形式上看，在于二者都“满足于批判”，“而不去触动当时的宗教结构”②。艾略特显然注意到了白璧德对于宗教和宗教人物所作的分析考察，包括他对中国道家思想、儒家思想乃至日本禅宗思想的批评。但是，这些分析考察乃至批评，在艾略特看来，并不足以显示白璧德自己的人文思想与宗教关怀，与产生他的思想的宗教历史环境之间存在着本质上的差异或者分歧。艾略特认为，白璧德在考察分析人文主义及其与宗教之间的差异分别的时候，“好像脱离了他自己的背景”。而艾略特此处所谓的历史语境，就是“19世纪非常开明的新教神学”。艾略特认为，白璧

① 参阅《T.S. 艾略特文学论文选》，187页，李赋宁译，南昌，百花洲文艺出版社，1994。
② 参阅《T.S. 艾略特文学论文选》，187页，李赋宁译，南昌，百花洲文艺出版社，1994。

德的人文思想，实际上与上述新教神学"极为相似"①，甚至实际上，"它是垂死挣扎中的新教神学的产物——或副产品"②。

白璧德对于东方和中国的知识都是不平衡或者有着明显缺陷的，这一点似乎他自己并不讳言，但这些似乎并没有影响到他对于自己所"发现"的"东方"和"中国"的自信。尽管他对孔子和释迦牟尼的批评是粗略的，甚至带有他所反对的印象式批评的痕迹，而不是基于扎实缜密的文献考证与推断，白璧德依然将他所发现的那些东西方人文主义者，围绕在他所关注的中心问题周围。他说：

> 确实，尽管孔子是一个道德上的现实主义者，但很难被称之为一个实证主义者；他更加致力于将人们与过去紧密地联系起来。在这方面或者其他某些方面，他让我们想起了欧洲的那些伟大的保守者们，像约翰逊博士(Doctor. Johnson)。在另一方面，释迦牟尼则是一个个人主义者。他希望人们既不要将自己的信仰置于任何权威之上，也不要置于任何传统之上。没有任何人有比他将宗教置于积极的和批判的基础上作出过更严肃的努力的了。对我来说，只有对这位伟大的印度实证主义者表示我的感念之心才是适当的：譬如我对"一"与"多"这一问题的立场，就更接近释迦牟尼而不是柏拉图。然而，即便将"人的法则"置于积极的和批

---

① 这里或许有必要对白璧德对于宗教的复杂态度再作一些阐明。尽管白璧德自己也承认他的一些观点甚至"偏见"与他早年环境不无关系，特别是与耶稣会士不无关系。但这并不表明他试图在人文主义与宗教之间进行调和。不过这同样并不表明人文主义可以用来替代宗教而作为一种独立的信仰，他甚至经常重复"认为人文主义能够替代宗教是一个错误"(*Irving Babbitt*：*Man and Teacher*，p. 205)。正如白璧德自己在*Democracy and Leadership*(p. 316)中所说的那样：他还没有自负到去否定那些确认更高意志的其他方法的有效性那里去，或者将传统形式作为陈腐的东西而予以否定。

即便如此，还是有人认为他与那些调和基督教观点的可能性的人并没有绝对区别。他只是对新教教会成为人道主义的趋势表示难以忍受(*Irving Babbitt*：*Man and Teacher*，p. 206)。还有人认为，白璧德也同样关注那些天主教作家们所关注的东西。譬如有人回忆白璧德至少说过两次，如果他是保罗，他就会把 L'abbe Henri Bremond 的著作减少阅读，很显然，原因在于他认为他在这些著作中发现一种将浪漫主义的次一人文的状态与天主教和谐起来的努力(Irving Babbitt：*Man and Teacher*，p. 206)。但是，下面这段对于人文主义的表述，也曾经得到过白璧德的认同："人文主义反对任何形式的将上帝、人以及物质世界融合在一起的学说；特别是，它反对实用主义和那种在变化的激流中发现自己的标准的实验主义。它起源于古希腊思想，而且，远非反对基督教，它从基督教那里发现了它的确认和完整。"(*Irving Babbitt*：*Man and Teacher*，p. 207)。

② 参阅《T. S. 艾略特文学论文选》，188 页，李赋宁译，南昌，百花洲文艺出版社，1994。

> 评的基础之上这一基本观点是正确的，仍然还存在着是建立在积极的批判的人文主义之上，还是建立在积极的批判的宗教之上的问题。对此微妙棘手的问题，我在最后一章中有更全面的探讨，但这里至少可以给出一个原因，来说明我为什么会作出倾向于人文主义的处理。在我过去的研究中，我曾经被人的这种难以数计的自欺现象所吸引，每当人们试图迅速地从自然主义的层面转移到宗教层面的时候，就会有这种自欺欺人现象的出现。我们很难避免地会得出这样的结论，即这个世界会变得更加美好，如果有更多的人确信自己在宣布自己为超人(supernatural)之前是人的(humanistic)的话；而且，这一点对于当下这一代沉溺于自然主义之中的人来说，具有特殊的意义和力量。无论如何，成为一个好的人文主义者，就意味着中庸、敏感而且得体。对于一个人来说，用他的超自然的思想哲学欺骗他自己和其他人，要比用另一思想哲学容易得多，这一思想哲学就是认为他自己是中庸的、敏感的和得体的。[①]

撇开被艾略特所指出的白璧德对于历史上的人文主义者和人文传统的归纳排列是否存在着疏漏甚至错误，仅就东西方历史思想语言的比较而言，在20世纪初期的西方语境中，白璧德式的东西穿梭，"纵横捭阖"，依然显示出极为开阔的思想视野和雄心勃勃的批评策略。相对于19世纪传教士—汉学家们在中国与西方、儒教与基督教之间所进行的比较，白璧德式的"比较"，更显示出思想的洞察力和毫不掩饰的思想批评激情：过去并非仅仅只是作为今天的典范榜样而存在，即便是在列举出来的人文主义者名单中，也不意味着排在最前面的人文主义者之前再没有任何典范榜样存在着。在白璧德看来，既然东西方的畛域被打破了，一个更为广阔的思想视野也就呈现出来了，这是一个完全可以用来对西方现代思想主流进行回应批判的"世界性"的人文思想资源：

> 我已经提到了亚里士多德。如果说他对中庸德性的强调让我

① Irving Babbitt: *Rousseau and Romanticism*, Preface, Texas University Press, 1977.

们想到了孔子的话，他对积极的方法和缜密的分析特性的强调则让人们想到了释迦牟尼。当亚里士多德提升到宗教层面来论述“视觉生活”的时候，他与释迦牟尼就非常一致。而当释迦牟尼从宗教生活转向世俗中人的义务的时候，他就完全成为了一个亚里士多德式的人。亚里士多德也曾积极地论述过自然律。他确实是一个完全的实证主义者，而不是像那些19世纪的人，只是忠实于自然律。然而，亚里士多德对于我们特别有启示的地方，在于他是一个积极的批判的人文主义者——我们要说的那个亚里士多德，是一个精于“伦理学”、“政治学”和“诗学”的人文主义者。正是因为我曾经将那些持科学的功利的自然主义的观点的人称之为培根式的人，将持泛情的自然主义的人称之为卢梭式的人，所以，我将自己正致力于发展的观点，称之为亚里士多德式的观点。亚里士多德曾经一劳永逸地为那些伦理的实证主义者确定过指导他们的基本原则。①

鉴于白璧德与孔子和儒家思想传统之间的关系将在后面专门论述，鉴于佛教在中国历史上的实际传播状况以及它在印度的“衰微”，鉴于“儒、道、释”三家与中国知识分子的精神生活乃至中国人的精神生活之间的关系，鉴于白璧德关注更多的是佛陀思想中“自我发现”、“自我澄明”、“自我检省”和“自我约束”的“道路”与思想②，而不是对其作为一种宗教观来进行检讨，那么，将白璧德对于佛陀和佛教方面的论述纳入到“白璧德与中国文化”范围之内展开充分讨论恐怕并不算不切题。

白璧德对佛陀思想最完整的论述，集中在《佛陀与西方主义》一文中（当然也散见于其他文论中）。而他对佛陀思想的阐释，又总是离不开他对西方主义的批判。而作为这一批判主题在概念上的分别，关键的是他用“更高意志”、“伦理意志”或者“内省”，来区别于“唯意志论”者所使用的“意志”。

---

① Irving Babbitt：*Rousseau and Romanticism*，Preface，Texas University Press，1977.

② 白璧德对于东方经验中尚处于人文传统范畴而未进入宗教层面的有关“自我约束”的思想极为关注。他曾经对孔子的年十五而志于学，三十而立，四十而不惑，五十而知天命，六十而耳顺，七十而从心所欲不逾矩的“知识—伦理”人生表示极大的兴趣，并对此予以高度评价。

白璧德将西方思想中对待“意志”的首要性的态度，切分成有代表性的三个时期；而每一个时期，在思想立场上既是对前个时期的反动，又反映出西方主流思想不断朝向“自然本性”和向外扩张的趋势。这三个时期或者三种有代表性的态度分别是：基督教作为人对于自然自我和智识自我替代的、对于神的意志的无限谦恭的唯意志论；复活的理性主义；作为前者反动的反智识、反理性主义。

白璧德认为，在理性所成就的那些西方思想学说中，“自豪”或者“自负”，是凌驾于谦恭之上的。在这一点上，斯多葛派哲学尤为突出。而在这一线索之后，还有笛卡儿、斯宾诺莎、康德等重要的哲学家在生活和行为上与斯多葛派的一致。不仅如此，在斯多葛派主义与东方思想、特别是佛教思想之间，应该呈现的理性比较已经被误导。在白璧德看来，佛陀对于自我控制和自助精神的严肃性的强调，让人联想到斯多葛派的思想。但是，在如何实现上述目标上面，佛陀不是依靠与“宇宙秩序”保持着一致的“理性”，而是依靠超越它的“意志”。而白璧德将此视为可以与基督徒对于谦恭态度的“精神等价物”。白璧德认为，斯多葛派是一元论者，而佛教和基督教一样，都坚持毫不妥协的二元论。

对于一元论与二元论所作的区分，直接关涉到白璧德对于人性的思想以及对于“更高意志”存在的可能性及伦理意义的观点。而他就两者所作的区分，同样并不是在纯理论层面展开的，更主要的是围绕着实践中所聚集的“恶”的主题来展开的。白璧德阐释道，在对待“恶”的问题上，斯多葛派是理论上的乐观主义者，而佛陀尽管并没有对“恶”予以理论上的专门阐述，却特别坚持“恶”的事实。佛陀这种强调“事实”的实证态度，还表现在他对待“心灵”的态度上。而白璧德认为，佛陀在此方面的立场，与柏拉图及其类似的主张也是不同的。也就是说，佛陀对于那些声称心灵或者其他类似实体的反对不是形而上的，而是实践的。简言之，在对待“心灵”以及“一”与“多”的统一问题上，佛陀的立场态度并非西方意义上的唯心主义所能够涵盖的。至少在白璧德看来，佛陀所追求的人的“统一性”，将通过“对外向的欲望说不的意志质量的检验来实现”，而且，这种对于意志质量的论断，是积极的，而且是根据经验的。

显然，在上述比较中，白璧德所涉及的佛陀，是一个作为人文思想者的佛陀，而不是作为宗教创始人的佛陀；他并没有过多涉及佛陀思想的宗教特性，而是把他看成是一个真正意义上的完整思想者。这里似乎又存在着某种悖论——还有脱离了宗教内涵的所谓完整思想吗？在这里，白璧德又对康德哲学中的先验思想和休谟思想中的经验进行了比较批评。他说，如果要将那些经验要素集中统一起来的话，某种类型的先验论是需要的，而遗憾的是，这些经验在休谟的经验方法中，不过是彼此并不相关的“拥挤”“变更”而已。白璧德显然认同了佛陀对待先验与经验的态度，并认为佛陀的“经验”与休谟的“经验”基础相反。不仅如此，佛陀对于“意志”的断言，也不是一种“理论”，而是一种“特异于人的事实”，是“意识的直接信息”。意志首先在注意行为或集中行为中得以展现，知识追随着意志，所谓“致良知”，“良知”并非“知”的自然结果，而是在“致良知”的意志的导引之下的必然产物。在此，白璧德还稍作展开，对佛教与基督教中有关“信仰”的概念进行了比较。他认为，信仰的原初含义，就是对于行为的信仰。但是，为了将佛陀思想中有关意志的思想，与西方意义上的一种“体系性”的思想分别开来，白璧德在他的“意志”中——实际上就是“更高意志”或者“较高意志”以及“伦理意志”等——引入了一个非常东方化的概念：道路（path，遗憾的是白璧德这时候并没有清楚地意识到，中国古代道家思想早就将作为“意志”的“道”，与作为“天理”的“道”和作为“行为途径”的“道”统一到了一起。而19世纪末期，相当多的研究道家思想的英国汉学家，都注意到了道家思想中的有关“道”的思想的论述①）。他认为，佛陀的“学说”并不是一种思想体系，因为一旦它成为一种体系，其生命力也就开始衰退了，而是作为一条“道路”，佛陀自己就是行走在这条道路上，并且告诉别人他发现了什么才是“人”和“人”的生活。

第二节　白璧德与儒家思想传统

白璧德在西方人文传统和东方人文传统之间的对话交流方面所做的开创性的工作，显然并非仅止于对东西方人文历史语言资源的清理，而在于他试图勾勒出一条清晰的人文思想传统之河，让那些被遮掩埋没、被忽略

① 参阅汉学家湛约翰、艾约瑟和庄延龄就另一位汉学家翟理斯对于理雅各道家经典翻译所提出的批评的回应一文“The Tau Teh King Remains”（刊 The China Review, or Notes and Queries on Far East, Vol. 14, No. 6, 1886, Jun）。

冷落、被误解错待的人类思想精华焕发光芒，并能够成为矫正现代西方思想急流的最值得依傍的力量乃至精神中心。不过，人文主义与历史、古典或者经典之间的关联，并不表明它只是而且只能够存在于所谓“传统”之中，或者只能够以僵化的教条形式来回应变化复杂的现实。在这一点上，至少在白璧德看来，几乎所有的人文主义的反对者都对人文主义存在着不同程度的误解。对此，艾略特比白璧德走得更远，而他在宗教方面的倾向也比白璧德更分明：“过去可能存在和已经存在的，都指向一个始终存在的终点。”[①]艾略特在《燃烧的诺顿》一诗中，把这一观点表达得更加清楚，同时也更加神秘：

现在的时间和过去的时间，
也许都存在于未来的时间，
而未来的时间又包容于过去的时间。
假若全部时间永远存在，
全部时间就再也都无法挽回。
过去可能存在的是一种抽象，
只是在一个猜测的世界中，
保持着一种永恒的可能性。
过去可能存在和已经存在的，
都指向一个始终存在的终点。

白璧德把这里所谓的“终点”，理解成为他的人文思想而不是艾略特的宗教。坚守在这一思想之上的白璧德，在人文主义的反对者们看来是滑稽可笑的，而在艾略特式的批评者看来，白璧德式的人文主义者们又因为无所皈依而显得脆弱和飘摇不定。

但是，白璧德自己显然并不这样认为。

白璧德与中国古代传统思想最直接最醒目的关系，首先表现在他对以孔子为代表的儒家思想的高度重视与评价上。他在自己的思想中，给予孔子思想以极重要的地位，原因似乎一目了然——孔子与白璧德所重视阐述

① 参阅《T. S. 艾略特文学论文选》，243页，李赋宁译，南昌，百花洲文艺出版社，1994。

的另外一个古代思想家亚里士多德相似。孔子思想不仅成为白璧德人文主义的历史语言资源，而且也是他的思想学说的历史语言证据。但是，仅仅只注意到这一点，显然没有深入到白璧德人文思想的深层：正是在他最为关注甚至一度也有过困扰的人文主义与宗教之间的关系问题上，孔子的思想或者孔子的思想方式，给了白璧德极为重要的启发和支持[①]。在白璧德看来，孔子代表着这样一种古代精神思想传统：这种精神传统与宗教接壤——或许孔子的弟子和追随者们更加如此对待这种精神传统，而不意味着孔子自己也作如是观——但又完全脱离超自然的状况。正是这种完全独立于宗教的特性，白璧德认为构成了他的人文主义思想的最重要的价值。

但是，这并不意味着白璧德与孔子思想之间的关系，是一种简单的传承关系。或者说，白璧德对于孔子思想和儒家传统最好的阐述，并不在文献和文字表面，更多时候，是一种思想的“借镜”。孔子及儒家思想，已经渗透在白璧德对于现代东西方关系中的“西方主义”的批判以及卢梭以降的浪漫主义的批判当中了。换言之，对于白璧德与孔子思想和儒家思想关系的更好解读，应该是在白璧德对于西方主义和浪漫主义的批判当中去找寻，而不应该拘泥于他对孔子或者儒家思想的某一个说法或者观点的征引上面。

当近代以来的中国发生所谓东西方文化之争的时候，其实西方也在发生着类似的争论。白璧德将争论的焦点归结为这样一个问题，即“东方文化中究竟什么才是特别东方性的因素以及应该如何对待这一因素”。之所以如此归结，原因有二。其一是西方思想文化自身出现了危机；其二是东西方文明以及在现实层面出现了冲突。在对待后一个原因方面，白璧德与那些清醒而明智的传教士—汉学家有着类似的见识。他认为，“阻碍东西

① 尽管有人认为，从他的第一部著作开始，白璧德的思想就没有再改变过，也有人说就没有再“进步过”，但白璧德还是面临过一个问题的挑战，那就是人文主义是否就是宗教的替代物，或者，如同他的学生艾略特所坚持的那样，人文主义应该附属于宗教；或者如同他思想上的盟友穆尔所经历的那样：从一个曾经的浪漫主义者，经过人文主义最终抵达天主教。对此，白璧德确实有过困惑甚至动摇。不止一个学生在回忆中提到过白璧德对于天主教的正面评价。也有学生借用爱默生用“内省”(inner check)以替代“上帝”的方式，来揭示在白璧德的“内省”“更高意志”或者“伦理意志”与宗教之间是否存在着类似的关联性。但白璧德最终还是在他的著作中肯定了人文主义独立于宗教的必要性和可能性，尽管他所列出的可能性不仅遭到了他的论敌们的反对，甚至也遭到了他的盟友和学生们的怀疑。参阅段怀清：《艾略特对白璧德人文主义的诠释与批判》，见《跨文化对话》总第12期，上海，上海文化出版社，2003。

方彼此更好地了解的主要障碍，在于有种类型的西方人，他们几乎无意识地习惯于假定出东方事事处处都要学习西方，而东方则很少甚至没有可供西方学习的东西”[①]。白璧德将近代西方这种文化上的假定优越感归类为三种表现形式：假定的种族优越感，也就是对于白人“卓越特性”的近于神秘的信仰；上述假定优越感所产生的现实基础，譬如西方在物理科学方面的成就以及这种成就所体现出来的“进步”文明。在此方面，东方的劣势似乎表现得尤为突出，而这种假定，在白璧德看来，实际上也成为不少渗入到东西方论争之中的西方人的“共识”；假定的宗教上的优越感。概言之，也就是在种族、科技文明和宗教三方面，构成了近代东西方优劣差异的关键。

对此，白璧德都提出了针锋相对的批评。特别是针对后两者，在1930年初刊发的《我信仰什么》一文中，白璧德提纲挈领地总结了自己的思想主张，并认为当时美国“进步”思想界、同时也是主流思想界所倡导的，在他看来恰恰是需要很好地予以检讨的。它们集中在两点上，其一就是把科学和功利性操作当成解决人的状况的不完善的基本方法，他将这种信仰一直追溯到英国哲学家、科学家培根；其二是泛情的想象，他把它与卢梭联系在一起。在白璧德看来，这些思潮否认个人道德自我控制是个人道德生活中最重要的需要，并试图用外向的、不断扩张的欲望来替代并重建社会环境。他曾经这样质问对近代西方文明和文化产生了巨大影响的这两种力量，尽管在过去的几百年中，人类在驾驭较低自我方面曾经有过巨大困难，“人们却不去怀疑人道主义者，无论是培根式的还是卢梭式的，为什么他们在处理人的罪恶问题上同样束手无策”[②]。

白璧德对于现代西方的批判，源于他对现代西方的忧虑；而他引为批判思想精神依凭的，是东西方人文思想传统，特别是这些传统中所包含着的生动鲜活的现实思想经验。或许我们可以从与白璧德同时代的中国现代理学大师马一浮对于传统教育、传统学术和传统知识分子在现代处境的忧虑与批判中，间接地“感受”并发现白璧德与孔子儒家思想之间的精神朝向或者思想脉络之间的“类似”。

---

① 段怀清：《欧文·白璧德对西方主义的批判》，见《跨文化对话》总第8期，66页，上海，上海文化出版社，2002。

② 下列引文，除特别标明外，均出自白璧德的《佛陀与西方主义》一文。

如果说马一浮对于现代“大学”的定位，在20世纪的中国与世界显得已经有些不合时宜的话[①]（这也可能是他虽一度应竺可桢之请，在西迁中的浙江大学讲授国学，但最终离开浙江大学，前去主持与现代大学教育体制与教育思想都并不一致的“复性书院”的原因之一），他以张载的“为天地立心，为生民立命，为往圣续绝学，为万世开太平”为宗旨，鲜明阐述自己儒家六艺之学为中外一切学术源头和发脉的思想立场，以及“义理名相论”的哲学体系，其态度立场则是斩钉截铁的。他说：“今之学子，尊今蔑古，蔽于革而不知因，此其失也。”而在他看来，“天下之道常变而已矣，唯知常而后能应变，语变乃所以显常。”“书院所讲求者在经术义理，此乃是常。”[②]而无论从任何一个角度看，被马一浮拿来奉为自己为学宗旨的“为天地立心，为生民立命，为往圣续绝学，为万世开太平”，几乎可以直接拿来作为白璧德人文主义的理想或者座右铭。不仅如此，马一浮“知常应变”的思想主张以及对于“常”的阐述，更是与白璧德对于西方现代思潮的批判路数完全一致——这是一种更高层面的思想关系，既不是一般“影响学”意义上的单向传承，也不是“平行论”意义上的彼此契合。这是白璧德认为可以打通融会的中西人文传统在现代的自然“汇合”。

无论是白璧德，还是马一浮，处于现代语境中，他们都并不回避“变”，但他们似乎更强调“知常”，“知常”而后方能“通变”。马一浮说：

---

① 马一浮曾经应当时浙江大学校长竺可桢之请，为浙江大学撰写校歌歌词。歌词首章对“大学”的文化功能进行了阐明，而这些阐明又自然让人联想起白璧德对于美国“学院”与“大学”体制的比较批评。马一浮本人对此“大学”的文化功能所予以的解释是：“今所拟首章，明教化之本，体用一原，显微无间，道器兼该，礼乐并得，以救时人歧而二之之失。”（《拟浙江大学校歌》，见《默然不说声如雷——马一浮儒学论著辑要》，114页，北京，中国广播电视出版社，1995。）而后来浙江大学中文系主任郭斌和对校歌歌词起首四句的文化寓意进行了充分阐明，全文如下：“言大学之所以为大，以海象征大学，百川汇海，方成其大。大学为学问之海，与专科学校不同，应兼收并蓄，包罗万象。英文称大学曰university，源于拉丁字universitas，训混一，训完全，引申为宇宙。大学研究之对象为宇宙，凡宇宙间所有之事事物物，大学皆当注意及之，大学本身可称为一个宇宙也。大学学科繁多，然大加别之，不外形上形下两种。形上指体，即讲抽象原则之学；形下指用，即讲实际应用之学。大学生活，礼与乐应当并重。礼是秩序，尊卑长幼，前后上下，各有分际，不宜逾越。乐是和谐，师生相处，有若家人，笙磬同音，诉合无间。乐记，乐者，天地之和也，礼者，天地之序也，和者百物皆化，序故群物有别。程子曰：礼只是一个序，乐只是一个和。礼属于智，在别其异，乐属于情，在求其同。形上与形下，礼与乐，皆一事之两面，相反相成，不可偏废。此为我国文化精神之所在，亦即我国国立大学精神之所在。”（郭斌和《本校校歌释义》，载国立浙江大学校刊。）

② 滕复编：《复性书院开讲日示诸生》，见《默然不说声如雷——马一浮儒学论著辑要》，119页，北京，中国广播电视出版社，1995。

“观变而不知常，则以己徇物，往而不反，不能宰物而化于物，非人之恒性也。若夫因物者不外物而物自宾，体物者不遗物而物自成，知物各有则而好恶无作焉，则物我无间。物之变虽无穷，而吾心之感恒一，故曰天下之动贞一者，言其常也。”[①]循着上述对于“今”“古”之别、“常”“变”之理的认知，马一浮还对当今知识分子与古代的“士”作了一番对比：“夫今之所谓知识分子，古之所谓士也。”而古之所谓士，又是如何习道术、明人伦，特别是如何明定二者之间的界域的呢？马一浮引用了《大戴礼·哀公问五义篇》中的一段对话：

> 哀公问：如何斯可为士矣？孔子对曰：所谓士者，虽不能尽道术，必有所由焉，虽不能尽善尽美，必有所处焉。是故知不务多而务审其所知，行不务多而务审其所由，言不务多而务审其所谓。知既知之，行既由之，言既顺之，若性命肌肤之不可易也。[②]

马一浮这里实际上已经深刻地认识到，中国传统书院中所讲求的“经术义理”之“常”，在现代教育体制当中已经处于体系性的崩溃或者尴尬当中。马一浮的这种忧虑，与白璧德对于西方18世纪以来“礼崩乐坏”的文化忧患，又几乎是惊人的一致。所不同的是，马一浮在倡导“复性”以“成人”的同时所期待恢复的，是儒家人文理想和价值体系的现代传承；而白璧德在倡导人性完善的同时所期待昌明的，是包含了孔子的人文理想的“新人文主义”(new humanism)。

而就在浙江大学开设国学讲座之前，年事已高的马一浮，依然不厌其烦地向学生们阐明讲演中国“固有之学术”之于当下学生的现实意义：

> 使诸生于吾国固有之学术，得一明了之认识，然后可以发扬天赋之知，能不受环境之陷溺，对自己完成人格，对国家社会乃可以担当大事。

---

① 滕复编：《默然不说声如雷——马一浮儒学论著辑要》，120页，北京，中国广播电视出版社，1995。

② 滕复编：《赠浙江大学毕业诸生序》，见《默然不说声如雷——马一浮儒学论著辑要》，125页，北京，中国广播电视出版社，1995。

而他所竭力阐释的"国学"的功能——发扬天赋之知，避免自己受环境陷溺，完成独立健康之人格，担当国家社会建设之大任，其目标毫无疑问也是伦理的，就在于成"人"。"大学之道，在明明德，在亲民，在止于至善。"这是儒家教育思想的宗旨所在。而马一浮对即将开讲的"国学"，与那些所谓的现代"知识"之间所作的一番比较，再次让我们联想到白璧德在捍卫东西方人文遗产时所作出的努力[①]。

我们当然可以从白璧德的"常久自我"(permanent self)、"日常自我"(ordinary self)、"内在生活"(inner life)、"内省"(inner check)、"更高意志"(higher will)、"伦理意志"(ethical will)等核心概念中，轻易地发现与中国古代儒家思想传统似曾相识的东西，或者就是一些时隐时现的儒家思想要素的复现。

白璧德的"常久自我"和"日常自我"之分别，与张载对于"天地之性"与"气质之性"的辨析殊途而同归，持类似观点的还有清初著名儒家学者和思想家李颙[②]。而后者对于"天地之性"或者"先天之性"的阐述，几乎与白璧德的思想路径完全一致。李颙认为，人禀受"天地之气"，有了身体，同时也就得到了"天地之理"，有了善性。这种纯粹的"善性"，是每个人先天所固有的。但因人多为"气质所蔽，性情所牵，习俗所囿，时事所移"，"后天的知诱物化"，使人"旋失厥初"。这种"旋失"，并不意味着"先天之性"或者"天地之性"已经失去了，而是说先天固有的"善性"如同"明镜蔽于尘垢，而光体未尚不在"。正是基于对人性的上述认识理解，特别是对"天地之性"在人的社会化过程中必然遭遇"气质"、"性情"、"习俗"、"时事"等的"蔽"、"牵"、"囿"、"移"，李颙才又在此基础上提出了"学"之目的在于"明道"，而"明道"首在"复性"，在于"悔过自新"，在于"复故"、"反本"。

李颙说："性吾自性也，德吾自得也，我固有之也。"所以所谓"新"，也绝不是"本体之外，欲有所增加"的"新"，而只能是"复其故之谓也"。这与张载"学者先须变化气质"，通过"学礼"、"克己"、"集义"、"积善"，以"生浩然道德之气"的思路一致。张载"反本"之途径，在于由"见闻之知"向

---

① 马一浮对于作为"知识"的"国学"的解释是，"不是零碎断片的知识，是有体系的，不可当成杂货"，"不是陈旧呆板的物事，是活泼泼的，不可目为古董"，"不是勉强安排出来的道理，是自然流出的，不可同于机械"，"不是凭借外缘的产物，是自心本具的，不可视为外物"。

② 李颙(1627～1705)，生于明天启七年，卒于清康熙四十四年，清初著名学者和思想家，著有《二曲集》。

“德性所知”的“尽心”过程。而李颙的“复性”过程，不在于外求，而在于“内省”，“从自己心上体认”的“内省”方法。也就是他的学生王心敬在《四书反身录·识言》中所阐明的那样，求学、读书，或者读“四书”，在于“反身实践”，“四书，非徒令人口耳也，盖欲读者提诸身，见诸行，充之为天德，达之为王道，有体有用，有补于世也……”而他所批判的一种“读者”与“四书”之间的关系是“虽勤，阐发虽精，而入耳出口，假途以干进，无体无用，与世无补”。而这种“与体无用”、“与世无补”式的读者，是否与白璧德所批评的那些对待古典经典“语文学式”的“学究”，存在着许多差异呢？

而如果我们结合白璧德对于第一次世界大战中西方文化所暴露出来的内在矛盾的批评，我们似乎还能够找寻到更多有关这种伦理文化的时代激发。1915 年前后，白璧德已经开始关注欧洲大陆燃起的战火，并开始在《民族》(*Nation*)上发表有关战争的文化思想检讨方面的评论文章。值得注意的是，在整个战争期间，白璧德还在《民族》上发表了关于卢梭、阿诺德以及佛陀的文章。没有理由认为这些文章之间在理论上和核心思想上是不存在彼此关联的——如果我们再仔细地考察一下白璧德对这些东西方人文主义的榜样和人道主义的榜样曾经作过的一些分析的话。认为，“1915 年，白璧德对现代国际主义的崩溃所做的详细分析，直指西方的道德危机，这一道德危机在战争期间达到了最激烈的顶点”；“白璧德对真正的和假冒的国际主义作了仔细的区分——其中一种是出自人性控制的产物，另一种则是人道主义冲动的产物——这驱使白璧德去思考那些长久累积起来的精神问题”①。与那些从物质原因来解释战争不同，白璧德“试图在军备竞赛、政治伎俩、经济和帝国竞争之外，揭开伦理—宗教问题的谜团”②。这种从伦理—宗教角度来解释国内和国际间的权力、利益之争的方式，几乎可以直接与孔子思想所产生的时代环境相呼应。而白璧德从伦理—宗教角度对战争原因所进行的阐述中，其起点就是个人欲望的膨胀、人性的蒙蔽或者扭曲扩张。他认为，现代人在人性上的膨胀观(生命的成长就意味着自我的膨胀理论)，同样适用于国际关系。在他看来，“无限制的权力欲，取代了国际关系上的伦理控制”。而这个时代所标榜的民主、进步和人道主义

---

① 白璧德：《人文主义：全面反思》，60 页，北京，生活·读书·新知三联书店，2002。

② 白璧德：《人文主义：全面反思》，60 页，北京，生活·读书·新知三联书店，2002。

原则，已经被战争的发起者所背离或者抛弃。而白璧德的看法却与此不同。他认为，战争就是这种个人扩张生存意识与民族扩张生存意识相互交叉作用的结果。这种国际关系上的混乱和暴力，根源于“个人内心里泛滥着的道德混乱”[①]。这种将现代国际关系的冲突、混乱乃至战争，追究到人性层面，而不是停滞于国家之间在物质上、利益上的冲突，这是白璧德在检讨现代战争根源时与他的时代的主流话语有所不同的地方。也因此，他既不是一个战争的乐观主义者——认为“生存的冲动超越生存的控制”，也不是一般意义上的悲观主义者——认为战争以及国际之间的利益冲突，背离了现代的基本原则——民主、进步和人道主义。恰恰相反，白璧德认为，战争正是早就在西方近代文化的源头就已经被决定了，它导源于人性的盲目乐观甚至恶性膨胀。这种盲目乐观和恶性膨胀，表现在认为“人性善”和“进步的发展观”——人性、社会以及科学文明的发展观。不仅是膨胀，还有内在的矛盾——一种失去了理性有效控制的单面膨胀。

这种分析的理论基础，是白璧德对于人性的“二元论”思想。这种思想既是他的思想核心，又渗透到他所有的批评实践之中。在哲学上，白璧德一方面坚持人性的“二元论”，在这一点上他与笛卡儿、帕斯卡一脉相承。但是，在如何处理人性的内在冲突矛盾上，白璧德并不是像近现代思想者那样，将人性的非理性的一面交给上帝，而是将其坚定地限定于理性范围，在这一点上，他的思想路径又不同于西方启蒙理性。或许，我们可以从白璧德对东方经验的关注上，找寻到一些他从东方人文传统当中所发现的富有启发意义的思想要素。

在孔子那里，正如在佛陀那里一样，白璧德看到了“内在生活的真理”，而这正是东方思想的精髓[②]。遗憾的是，在西方主义者和实证主义者那里，这种对于现代人具有极为有益的思想启发价值的“内在生活的真理”，却被误解成一般意义上的过时的“教条”、“传统”，并成为他们所张扬的积极的、实验的方法的对立。

有人批评白璧德对佛教中的清规戒律不予理睬，至少没有予以应有的足够注意，但对能够带来精神果实的内在纪律、实际行为等予以了充分重

---

① 白璧德：《人文主义：全面反思》，61页，北京，生活·读书·新知三联书店，2002。

② Irving Babbitt: *Representative Writings*, p. 226, edited, with introduction by George A. Panichas, University of Nebraska Press, Lincoln · London.

视。在西方世界中，古希腊和基督教知识分子曾经试图对道德——精神生活的症结予以正确思考，而在白璧德看来，真正对此予以准确回答的，却不是那些西方人，而是东方的佛陀和孔子。原因很简单，他们都对影响个人精神生活的主要障碍予以了高度重视。“挡在路途当中的，佛陀说，是各种细微却致命的罪孽——道德上的懒惰、率性妄为、不戒已欲；人的懒惰不能将其简单视之为他的无知的一种特性：人是无知和懒惰的”。而曾子亦言“吾日三省吾身”，并言“战战兢兢，如临深渊，如履薄冰”。而对此的疗救之法，就在于内在的“紧张斗争”，在于“三省吾身”，按照人所具有的精神洞察力行事，所谓“子以四教：文、行、忠、信”[1]。只有改变、完善自我，人才能够得到真正的意义——道德和宗教的果实。在白璧德看来，无论是儒家还是佛教，对解决基督教的“非理而信”的“教条主义”和宗教道德问题中的过分知识化倾向，都提供了正确的可资借鉴的途径。对困扰人的心灵的困惑的终极回答，不是一种哲学教义——无论它具有怎样的洞察力——而是活生生的人，是在行为中具体获知善的意义，并在经验中懂得它的活生生的人。依照中庸之道，道德——宗教生活的目的，是在行为中得以实现，即践履笃行。而这种对道德上一种更稳定、更完整的个性追求，正是解决现代人精神生活当中“中心空虚”、“精神外援孤绝”的可实行的道路。

强调教化的必要性，可能性，教化的内容、方式以及现实结果，这正是白璧德式的人文主义和孔子儒家思想在人性完善和“复性”道路上的共同选择。在对复性书院中“复性”二字的解释中，马一浮曾这样说明：“学术之所以分歧，皆由溺于所习而失之，复其性则同然。复则无妄，无妄则诚。自诚明谓之性，自明诚谓之教。教之为道，在复其性而已矣。今所以为教者，皆囿于习而不知有性，故今书院讲学以复性为旨趣，以讲明六艺为教。治六经之学，必以六艺义理为主。六艺赅摄一切学术，故书院不分诸科，但分通治、别治二门。通群经大义为通治，专治一经为别治。”这几乎就是白璧德人文思想的另一种语言表述。

在白璧德看来，人的生活中最真实、最标准的，是意志的特殊质量。同时，他又坚持认为，他所坚持的“更高意志”，并非像有的人理解的那

① 《论语·述而》。

样，属于宗教范畴，而就是指人的意志。它不是哲学思想的一部分，而是属于经验范畴。它是“直接的和直觉的”，不是一种形而上的抽象。但是，更高意志并不是一种纯粹个人的、单独的意志：它的道德权威不能够被强迫和指挥。也就是说，白璧德一方面强调这种意志的经验性和个人性，另一方面，他又指出，这种意志并非“纯粹个人的、单独的意志”，即在这种个人意志中，体现着普遍的标准和道德伦理的力量，也就是他所说的“共同的历史”和“普遍经验”。这种辩证法并不是哲学思维的思想结果，而是个人生活本身的最高最后意义。也就是在此意义上，这种意志既是个体的、又是超越个体的。

白璧德清楚，人常常为对立的道德意志所撕裂——这是他的人性二元论思想所决定的，也是一种直接的个人精神经验。而更高意志将个人从他自己较低的、自私的自我中拉扯出来。所有的人或多或少都可以共享这一更高意志。这种统一的力量尽管是一种直接的、个人的经验，它的一般权威却并不属于单独的个人、时间和地点。“永恒的本质是超验的——换言之，它处于自然之上，不仅是卢梭意义上的自然，而且也是科学之人所给自然作出的定义那样”[①]。而“人文主义者训练意志以自我约束，但结果他的观念不是扩张的欲望的放弃，而是将它们驯服于中庸之道”[②]。这是白璧德伦理思想中直接与儒家思想而非佛教思想“接轨”的最明显的体现。而这样的“体现”并不只在于一处两处。

不过，在涉及东方经验的完整性的时候，也就是在关注儒家思想的人文运动和佛教的宗教运动的同时，白璧德似乎也惊喜地发现，在东方的经验中，几乎也完整地存在着与他所批评的西方经验中的浪漫主义完全对等的中国的自然主义——道家。或者是受到他的那些批评者的“启发”，白璧德在检讨儒家人文思想与道家思想之辨时，一方面肯定了“孟子和儒家的人文主义者以差异和伦理标准来反击自然主义者，致力于文明”，同时他也肯定了“道家”批评儒家标准的“过于刻板”，并认为这种批评“也包含着一定合理性”。之所以如此，原因在于，“儒家在捍卫和维护模仿原则的时

① Irving Babbitt: *Representative Writings*, p. 237, edited, with introduction by George A. Panichas, University of Nebraska Press, Lincoln • London.

② Irving Babbitt: *Representative Writings*, p. 239, edited, with introduction by George A. Panichas, University of Nebraska Press, Lincoln • London.

候，全然不顾事物中尚有变化、相对性和幻想这些因素，而这些因素正是道家所看重和欢迎的，以至于他们不惜为此而扼杀了睡着与醒来、生与死之间的分别”[1]。在白璧德看来，要想解决为道家所诟病的那些儒家思想缺陷，“儒家学者还需要对想象的作用作出合理的界定——它是解开人性之锁最为普遍的办法”[2]，而白璧德所发现的思想事实是，儒家学者们并没有这样做。也就是说，儒家思想的后来的崇奉者，或多或少地陷入到新古典主义式的或者教条主义的泥潭当中难以脱身。

正是从这里，我们多少可以“窥见”一些白璧德有关儒家思想论述方面的更隐秘的东西。在西方经验中，白璧德找寻到了古希腊罗马的人文传统、基督教宗教和卢梭以降的浪漫主义(当然还包括他所批评的以培根为其典范的科学主义)，而在东方的经验中，他几乎找寻到了与之完全对等的孔子儒家的人文传统、佛陀的佛教和道家的原初主义(primitivism)或者自然主义。它们分别对应着白璧德所提出来的所谓三种生活：“自然的生活”、“人文的生活”和“超自然的生活”。在他看来，“自然的生活”太低，“超自然的生活”太高，只有“人文的生活”，才是一种真正的人的生活。而这样的“结论”，来自于东西方的思想经验，而非成为了教条的僵化的理论。白璧德这样的找寻和思考无疑是具有思想史价值的。问题是，有的时候，为了服务于他已经发现的“真理”，白璧德甚至不惜放弃对于认识对象的必要的“语文学式”的考辨，而过于专注于思想的发阐——在此方面，也就是在“大胆假设”之后的“小心求证”方面，白璧德对于儒家人文思想缺陷的批评，是缺乏充足的文献依据的，或者说，对于儒家思想的历史演进，是缺乏必要的认识了解的——白璧德所主要解读的，是原典意义上的儒家经典，对于所谓处于阶段性发展的中国“儒学”史，或者中国儒家知识分子的长达一千多年的解经史，他显然没有相应知识，甚至比他的先行者理雅各对于中国儒学发展史的认知修养都有明显差距。对此，就连白璧德最忠

---

① Irving Babbitt：*Rousseau and Romanticism*，Chinese Primitivism，Transaction Publishers，New Brunswick(U. S. A)and London(U. K).

② Irving Babbitt：*Rousseau and Romanticism*，Chinese Primitivism，Transaction Publishers，New Brunswick(U. S. A)and London(U. K).

实的中国追随者梅光迪都注意到了[①]。

那么，为什么白璧德又会作出如此“论断”呢？答案似乎就在白璧德人文思想的批评者们那里。白璧德用来作为道家“诟病”儒家思想的“缘由”，其实也是西方的浪漫主义者诟病白璧德的人文主义的“利器”。或者说，这也正是东西方人文思想传统的“薄弱”所在。或许，也正是为了回复这样的批评，白璧德才会强调“道德想象”，以替代浪漫主义者们的“田园牧歌式的想象”或者“忧郁的想象”。

在白璧德的批评语言中，古代中国——尽管不是真实的，或者带有明显想象和理想成分的——实际上成为了一个“人民被导引向一个普通的精神中心”的极好例证，而白璧德对此却给予了极高评价。用他的话说，“这是一个文明世界；用中国人的术语表示，即为‘普天之下’(all-under-heaven，或者 pootien-shia)，而在此之外的世界，则被视为蛮夷”。白璧德在脱离中国历史语境的现代西方语境中，赋予“华夷之辨”以超越民族或者种族优劣分歧的纯粹文化寓意的努力，在中国近现代知识阶级的“中国意识”遭遇到前所未有的挑战的时刻，能够吸引一批中国留美学生的关注，也就自然不足为奇了。不过需要说明的是，如果以为白璧德对于中国古代社会和“君子”的充分肯定，就意味着他对近代中国知识阶级所倡导的儒家的真正复兴持同样的肯定或同情态度，那就显然没有真正理解白璧德的人文批评的精髓。实际上，白璧德通过在他身边的中国留学生，对中国国内知识界的“崇儒”运动多少有些了解，但他对此一直保持着一个人文批评者应有的警惕。他同时也认为，儒家思想中也需要灌输进一些现代西方因素，以达到其“明智调整”之目的。

事实上，在将中国古代社会视为“礼仪教化”、“文明之邦”的同时，白

---

① 梅光迪在一篇回忆白璧德的文章中，一方面认为在 1915 年前后，也就是当梅光迪为了追随白璧德而从西北大学转学到哈佛大学的时候，白璧德“已经对孔子和早期道家思想有了足够了解，尽管他还没有对此写一个字”，而且，梅光迪也认为白璧德是“西方作家中第一个对儒家学说的人文精华作出评价，并发现早期道家与那些现代西方自然主义之间的契合的西方批评家”，但在另一方面，梅光迪也没有回避白璧德对中国传统文化的了解并不完整，“他对中国传统文化当中固有的缺陷并不清楚”。不过，能够作为白璧德式的人文主义是一种积极的、批评的人文思想，而非一种没有思想精神力量的“保守主义”的标志的，就是他对于近代中国所倡导的“儒家的真正复兴”，也保持着“一种警惕”，认为“这种复兴只是试图延续中国民族生活的历史连续性”，而对此，白璧德认为，需要向其中灌输一些现代西方因素，以达到“明智调整”之目的。参阅梅光迪：《白璧德：人之师表》，段怀清译，见《跨文化对话》，总第 12 期，83 页，上海，上海人民出版社，2003。

璧德也注意到了作为孔子儒家思想的道德人格具体体现的“君子”（chien tzu，或者 superior man），与他所理想的人文主义者（humanist，或者 humanistas）之间的“类似”。而“普天之下”和“君子”两个音译术语，是白璧德的批评语言中少见的没有直接在西方人文语言中找来相应概念替换而直接加以引用的儒家词汇。当然，他从儒家君子身上，也看到了亚里士多德的“高度严肃的人”（highly serious man）的影子[①]。

在孔子、孟子为代表的儒家思想和早期道家之外，白璧德对于中国的知识就显得零碎而且不一定切中肯綮，譬如他提到过李白，也提到过“非佛”的韩愈，但他的“中国知识”，并没有构成一个合理的系统。这实际上也是白璧德这种类型的“汉学家”所共有的特征。

第三节　白璧德与早期道家思想

几乎与白璧德对于孔子儒家思想的阐释方式一样——在与亚里士多德人文思想的比较中肯定儒家思想的人文价值——白璧德对于早期道家思想的揭示批评，也是在与西方浪漫主义传统的比较中展开进行的。而在此方面，在对道家思想的深入理解和阐释方面，白璧德的批评显然缺乏更深入、更深刻和更丰富全面的思想准备以及知识文献准备。但是，这似乎并没有降低白璧德对于早期道家思想展开评论的兴趣，同样也没有因此而降低他的这些似乎并不专业的批评所具有的思想价值，特别是，无论是他对孔子的人文思想与亚里士多德的人文思想之间的比较，还是早期道家思想与西方浪漫主义传统的比较，都不是简单孤立地服务于一种揭示出“影响”存在或者“影响”不存在的比较研究目的，而是服务于一种更高的人文的、批评的目的。而正是在这一目的上，充分显示出白璧德的东西方历史思想资源比较的人文意义和价值。

白璧德认为，“在中国，过去与这场以卢梭为其核心人物的浪漫主义

① 事实上，无论是在孔子与亚里士多德之间所发现的“类似”（parallelism），还是对于“君子”这种理想人格的关注，在白璧德之前，至少已经有理雅各作过诸多探究。对于前者，可以参阅理雅各《礼记》“译序”，而对于后者，则几乎渗透在对整个儒家思想的所有理解之中。

运动最为接近的，或许就是早期的道教运动了"[①]（白璧德这里显然是把先秦时期的道家思想与后来历史上的道教混在一起了，或许在他看来，这中间并没有多少差别，尽管在后面的论述中他也曾提到过老庄道家思想与中国历史上的政治和现实生活层面的道教之间的分别）。不过，白璧德所议论的道家思想，集中在早期道家，也就是"大约指公元前 550 年至公元前 220 年这一时期"。而有关这一时期的道家思想家的历史文献资源，白璧德主要参考了法国传教士—汉学家戴遂良（Leon Wieger，1856～1933）的《道德经》读本（1913 年）。而这时候，英文全译本《道德经》、《庄子及其著作》以及《太上感应篇》，已经由理雅各译出，列入到了《东方圣典丛书》，并于 1891 年出版了。而且，《道德经》的英译本，也不仅只有理雅各的译本，对于道家思想和道家文献的研究阐述，仅在英国，就已经形成了若干个学派。遗憾的是，白璧德对于《道德经》和道家思想的批评，似乎对英国乃至整个欧洲的道家研究历史和现状缺乏基本的了解。

在读解《道德经》、《庄子》、《列子》等历史语言文献的过程中，白璧德发现了法译本中道家原典思想与卢梭主义或者西方的浪漫主义、人道主义、自然主义之间的一致性。他说，"……老子的《道德经》……其基本倾向显然是原初主义的"。他还借用了英国 19 世纪初期浪漫主义诗人、诗评家华兹华斯的"明智的消极被动"，来概括《道德经》的精神思想内涵，认为这句话"很好地概括了《道德经》的基本精神"[②]。他还进一步阐释道，道家思想中"所用来作为目标的归一，显然是泛神论的变种。这种归一，可以通过废除差别、断定'矛盾的同一性'来达到。而且，它鼓励回归本原、回归自然状态和简朴生活"。这正是白璧德在《卢梭与浪漫主义》中所揭示出来的"田园牧歌式"的想象之一种。

白璧德当然注意到了庄子与老子思想之间的连续性，他认为，庄子进一步发展了老子关于"自然"的思想。"在《庄子》一书中，这个学说展示并

---

① Irving Babbitt：*Rousseau and Romanticism*，Chinese Primitivism，Transaction Publishers，New Brunswick（U. S. A）and London（U. K）。另，本节下文注解，非经特别标明，均出自《卢梭与浪漫主义》中的"中国的原初主义"一节。

② 白璧德在《卢梭与浪漫主义》一书的"当下展望"一章中，将卢梭或者卢梭主义者们称为"明智的被动"的倡导者。他对此所作的解释是：即便当卢梭主义的理想主义者并非是一个公开的、自我承认"明智的被动"的倡导者的时候，卢梭主义者也非常明白不需作任何这种努力——它会干扰他身上比渴望拯救社会的热情更为根深蒂固的自我表现的热情。像卢梭一样，这种人倾向于把任何来自内在的或外在的约束看作与自由不可调和的东西。

发挥了它的全部自然主义和原初主义的思想”。白璧德认为，无论是东方还是西方，“罕见有人能够像庄子那样更为有趣地提出如常人所说的吉卜赛人对待生活的态度那样的问题。他肆意嘲笑孔子，而且假借自发性之名来攻击孔子有关模仿的人文主义教育思想。他极力赞美无意识，哪怕它是从自我陶醉之中获得的，而且，还赞美完美自我的德性本身”。在白璧德看来，庄子在思维模式上，几乎与卢梭一样，“他使用了卢梭在《论艺术和科学》和《论不平等的起源》中所运用的同样思维模式，来探究人类从自然陷入到人为技巧的问题”。并认为，“所有这一切，无不展现出一幅人类脱离了原始幸福的、极度卢梭式的画面”，“那些与自然和纯粹的习俗相反的东西，在庄子和道家看来，不仅包括科学艺术以及区分出好的感觉和坏的感觉的企图，而且还有政府的治国之术、美德和道德标准”。白璧德还提到了《庄子·齐物论》中“南郭子綦隐机而坐”，与子游谈“地籁”、“人籁”和“天籁”一节，认为这里所谓的“天籁”，“非常接近原初音乐”(L'a rbre vu du cote des racines)。白璧德强调这种“原初音乐”的本原性，认为那是它的“神秘性和魔力”所在。但是，他显然并没有看到老庄思想中对于这种“天籁”并非一般意义的简朴“原初”思想，实际上是内容与形式的完美结合，是一种至高无上的存在和境界，而不是相对于一般意义上的、作为与“人工”相对的形式意义上的“原初”，这跟孔子所强调的严肃的内容与庄重的风格的完美统一不同，是另一种审美风格和追求。

白璧德借卢梭及西方浪漫主义之“镜”，来观照早期道家思想，其方法上的局促，限制了白璧德带有与他走进孔子和儒家思想类似的同情心，去理解和认识道家思想。尽管他发现了道家思想中与卢梭浪漫主义相近甚至一致的一些要素，但是，他却没有很好地发现并理解，早期道家思想中更存在着大量与卢梭和浪漫主义并不一致的思想要素。类似的缺乏或者误解，还可以从他对庄子思想中对于“天人”、“神人”和“至人”所作的阐明中看出。“天下篇”中说，“不离于宗，谓之天人。不离于精，谓之神人。不离于真，谓之至人。以天为宗，以德为本，以道为门，兆于变化，谓之圣人。以仁为恩，以义为理，以理为行，以乐为和，熏然慈仁，谓之君子”。而白璧德显然只注意到了老庄思想中偏向于“自然”的一面，忽略了老庄思想中形而上的探索。

循着上述思路，白璧德认为，“正如在其他自然主义运动中一样，道教徒所遵循的自然观与天命观紧密相关，无论这种命运是坚忍冷漠的还是纵情享乐的”。而这种天命观正是白璧德所积极反对的，白璧德对与这种天命观几乎相伴而生的道德“相对主义”也提出了批评。

白璧德当然不会没有注意到道家思想与中国传统艺术之间的关系，就像他熟悉卢梭的浪漫主义与西方近现代艺术之间的关系一样。更确切而言，白璧德正是从卢梭的浪漫主义与西方近现代艺术之关系模式中，推演出道家思想与中国艺术之间应该也存在着类似的关系模式。道家的自然观、人生观、审美观在中国古代艺术中的渗透与表现，特别是在中国古代诗歌和绘画中的表现，虽然不是白璧德考察关注的重点，但作为早期道家思想的衍生物，白璧德还是注意到了这种艺术的浪漫气质。“道教徒具有丰富的想象力，不过是沿着浪漫的方向。我们必须注意到‘道’对唐朝的李白、生活豪放不羁的艺术家和其他嗜酒如命的诗人们的影响。而且，还要注意到道教与同时兴起的山水画派之间的关系。”只是，这些印象式的涉及，除了多少反映出白璧德对于中国古代诗歌和绘画方面的一些知识外，实际上并不能够形成系统而且有力的思想批判。不仅如此，他在老庄思想与西方浪漫主义思想之间所作的比较附会，固然反映出白璧德敏锐的思想洞察力和开阔的学术思想视野①，但这种比较不是在充分考察道家思想，而是仅仅借助于有限的文本文献的阅读基础上来实现的，因此，他在道家哲学的批判方面所取得的成就，被认为远不及他在对儒家人文传统的阐发方面所取得的成就。

需要指出的是，作为一个卓越的批评家，白璧德当然不会完全没有注意到或者发现道家思想与西方浪漫主义和自然主义之间的一些差异。他说，“人们并没有在他或其他道教徒身上发现卢梭主义者那样的情感的极端扩张”。而这种欲望和情感的外向式扩张，在白璧德看来，正是现代运动之滥觞。同时，他还强调过，即便是中国古代的道家思想就是西方的原初主义思想，“其情感的质量特性，也常常与西方相应的运动中的情感的质量特性不同”。至于是因为民族特性的缘故，还是历史文化累积的缘故，

---

① 有资料显示，白璧德在早期道家思想与西方浪漫主义思想之间所作的比较，在美国几乎成为相关学术界的“共识”，甚至在20世纪80年代，还得到了法国比较文学专家艾田伯(Etiemble)的认同。后者在其编辑的《道家哲学》中体现出了对于半个世纪之前的白璧德的观点的借鉴和认同。参阅 A. Owen Aldridge：*Irving Babbitt In and About China*，Modern Age，p. 335，1993.

或者其他，白璧德并没有给予相应解释。

在《中国的原初主义》这篇比较集中涉及中国道家思想的文论中，白璧德的兴趣似乎依然集中在这样一个事实上，那就是指出早期道家思想与西方浪漫主义或者自然主义之间的一致性，而不是对早期道家思想作学术上的考察辨析。尽管他在这篇文论中也提到了先秦时期其他一些思想家的名字，譬如提倡利己主义的杨朱和利他主义的墨翟，甚至还提到了司马迁，但这并不表明他已经具备了关于这些人所必需的学术知识背景①。

不能说白璧德在关注中国古代思想传统或者中国古代社会的思想状况的时候，一直停留于对孔子的儒家思想、早期道家思想以及佛教在中国的状况仅作孤立的线性考察，而不涉及民族的整体思想文化状况。事实是，尽管他要完成这样的工作所需的学术积累更为薄弱，但作为一个富有敏锐洞察力的思想批评家，白璧德还是发现，“在后期，道家和儒家之间的论争便没有开始时候那么轮廓鲜明、界限清晰了”。对于中国古代社会、中华民族的民族特性以及民族历史的形成过程，包括知识分子精神思想史的形成过程及构成，白璧德缺乏必要的历史意识和历史知识，再加上他对儒家思想和道家思想的阐述，其目的并不在于儒家思想和道家思想的批判本身，而在于通过对中国古代思想经验的清理阐释，以应对于他在西方历史语言资源中所清理出来的古希腊人文思想和卢梭以降的西方浪漫主义运动。因此，如果仅从学术角度，包括从20世纪西方汉学的角度来看，白璧德对于儒家思想和道家思想的阐述，并不是建立在充分的文献资料及其学术史的背景之上的；但是，如果从思想史和东西方文化思想比较与认识史的角度看，白璧德所开创的“道路”，则无疑是极富启发意义的。

---

① 白璧德作为一流批评家的敏锐洞察力弥补了对于中国古代社会在学术知识上的欠缺或者不完善，但他还是不时会显露出一些知识上的“破绽”。譬如，他在提到秦始皇“焚书坑儒”的动机时，会作出这样的分析：尽管皇帝的行为看上去像一个从字面上理解了道家有关无知的思想的人，不过，从我们那位最重要的历史学家司马迁（Ssu-ma Ch'ien）那里，还弄不清楚他的行为是完全源于道家的影响还是主要受到道家的影响。

第四章　白璧德与现代中国知识分子

第一节　白璧德与现代中国知识分子概述

一

1922～1923年春季学期，作为哈佛大学和法国索邦(Sorbonne，原巴黎大学)大学的交换教授，白璧德在法国巴黎执教①。他所承担的讲座名称为海德系列讲座(James Hazen Hyde Lectures)。他在索邦讲授两门课程，一门是用英文讲授的“英国浪漫诗人”，另一门是用法语讲授的“卢梭”。据曾经在巴黎听过他讲座的学生及其他人回忆，他的讲座出席者众多，甚至

① 白璧德曾经于1891～1892年自费赴法国，在索邦和The Ecole des Hautes-Etudes听课。他在后者跟着烈雄(Sylvain Levi)学习梵文、巴利文和印度哲学。这也是他的“东方学”兴趣的开始。而当时烈雄也不过28岁，只比白璧德年长两岁。此时白璧德自己已经开始自学佛教经典文本，并开始专注在哲学、宗教和文学之间的贯通思考与探索。返美后，白璧德重返哈佛，学习研究生课程。此时对他后来的学术道路产生了明显影响的有两位教授，一位是当时讲授《但丁》的诺顿(Charles Eliot Norton)，另外一位是东方学家拉曼(Charles Lanman)。前者在文学课堂上并不像当时不少教师那样回避伦理和精神主题，而在后者的课堂上——实际上也就是两个人的课堂，白璧德结识了他几乎终生的精神同伴穆尔(P. E. More)。1921年9月，白璧德在美国中国同学会作“中国与西方的人文教育”(Humanistic Education In China and The West)的演讲(演讲英文内容刊在《留美学生月刊》1921年第十七卷第二期，后又翻译成中文，刊《学衡》1922年3月第三期)。白璧德在演讲中强调，他当初学习梵文(Sanskrit)和巴利文(Pali)，其目的就是直接阅读并弄懂佛教教义。据他大学时代的同学回忆，实际上白璧德在大学时代就已经显示出对于佛陀和佛教的关注，当然，他对孔子及其儒家思想的阐述则时间稍晚。

还有不少法国学者和作家，可见在当时的巴黎是受到了热烈欢迎的[①]。与白璧德的思想在此时的法国受到学界、思想界和写作界的关注成为鲜明对比的是，他在他自己的祖国正受到克罗齐(Croce)以及门肯(Menken)的追随者们的冷嘲热讽。把白璧德的思想介绍给法国读者的，主要是他在哈佛大学的同事、法语教授梅西尔(Mercier)，另外还有20世纪20年代初曾经在法国《巴黎评论》任文学编辑的戈德曼(Marcus Selden Goldman)。据后者的回忆文章称，当时在巴黎(即白璧德在巴黎大学讲学期间)，他曾经多次目睹白璧德为一些东方学生所包围，并肯定"他们中的有些人是专门来巴黎看望白璧德的"[②]。不论上述文字是否属实，它至少说明，即便在当时，白璧德的影响确实亦并非局限于美国，也并非局限于欧洲[③]。

事实上，19世纪和20世纪初，在殖民地国家知识分子中，任何来自于宗主国的一点点对于殖民地国家历史与文化的同情、肯定与尊重，都会在他们敏感而且脆弱的心灵中引发巨大的回荡。19世纪不少西方传教士—汉学家或者东方学家在东方知识分子中所受到的"过分"尊重，都足以为证。反过来，白璧德与他的周围那些东方学生之间的关系，似乎又证明了宗主国—殖民地关系在知识上和思想上的回应关系模式。不过，这并不应该成为我们进一步去追问这样一个问题的障碍，即那些在巴黎曾经包围着、追随着白璧德的，究竟是哪些中国学生呢？据目击者说"他们中的有些人是专门来巴黎看望白璧德的"。他们是谁？又是从哪里来巴黎的？是从法国其他城市，还是从欧洲其他国家甚至美国？

从白璧德思想在欧洲传播的情况看，没有理由推论这些"中国人"是从法国之外的欧洲其他国家而来的，甚至也不大可能是从美国一路追随白璧德而来的——原因很简单，白璧德在留美学生中的最主要的追随者梅光

---

① 白璧德的人文思想在法国传播，得益于他在哈佛大学的同事梅西尔(Louis J. A. Mercier)。这位1911年来到哈佛大学、与白璧德在比较文学系共事的法语教授，先是应《哈佛研究生》编辑之邀，为刚刚出版的《卢梭与浪漫主义》撰写了一篇书评，这也是与白璧德关系的正式开始。1921年，也就是白璧德在巴黎讲学之前，梅西尔用法文撰写的该书述评以及翻译的《卢梭与浪漫主义》最后一章先后刊登于法国巴黎的Revue Hebdomadaire。据梅西尔介绍，述评和翻译文章在法国受到了重视和好评。受此鼓舞，梅西尔又用法文撰写了《美国的人文主义运动》(*Mouvement Humaniste aux Etats-Unis*)一书，该书出版于1928年。

② Frederic Manchester/Odell Shepard：*Irving Babbitt*：*Man and Teacher*，p.238，Greenwood Press，Publishers(New York)，1969.

③ 据介绍，白璧德的思想学说传播到英国，时间大概是在1929年。后又在德国、瑞典等欧洲国家得到回应研究。

迪、吴宓此时都已经回国，而且正在南京的东南大学筹备与“五四新文化”运动相抗衡的文化批评刊物《学衡》，而白璧德在哈佛大学的另一中国学生梁实秋，此时尚未踏上赴美留学的旅程。那么，或许是曾经在哈佛与白璧德结识，倾心于白璧德的文化批评观点，特别是为他对于中国古代传统思想的阐发所感动，在游学欧洲中便专程来看望白璧德的中国学生？但是，在汉学家儒莲(Stanislas Julien)时代，法国就不乏对东方和中国颇有研究并且有影响者存在，他们中的一些人也不乏对中国怀有好感。那些中国留学生为什么会单单因为白璧德对于中国的“好感”而将他“团团包围”呢？但因为疏于资料，一时也难以断定①。

这篇目击者的文章“影响”甚广，它所提供的描述，成为后来不少关于白璧德的人文思想在世界范围内传播、特别是在东方传播的一个重要史料证据②。而一个最早发现白璧德人文思想的现代意义和“中国意义”的中国留美学生所描述的自己当初如何走近白璧德的经历，似乎也印证了白璧德与现代中国知识分子之间“密切”而“深刻”的关系。

> 我第一次接触到白璧德，是在1914年或者是1915年，还是在与R. S. 克莱恩(Crane)交谈中偶然谈到的。后来在西北大学就读的时候，克莱恩指着《现代法国批评大师》这本书对我说：“这本书会让你思考。”于是，就像所有同龄人一样，沉浸于托尔斯泰的人道主义之中的我，同样渴盼着在西方文学中能找到某种与古老的儒教传统相通的更为沉稳而又有朝气的东西。带着极为虔诚的热情，我反复阅读了白璧德当时所出的三部著作。这些书给我展示出来的是一个崭新的世界，或者说是把旧的世界赋予了新的意义和新的语汇。我第一次意识到要以同样的精神去弥合在过去二十年中中国新旧文化基础上所出现的日趋明显的无情的杂

① 国内由李石曾、吴稚晖、蔡元培等人倡导成立的里昂中法大学，1921年7月在国内招收第一批留法学生，一共138人被派遣法国里昂大学留学。1922年，又有23名中国学生被选派来里昂中法大学留学。其中，专修文科、法科、美术等的计有55人。或许，那些前来巴黎听白璧德演讲的中国学生，就有这些学生。参阅《欧华学报》(*Journal of The Association of Chinese Scholars in Europe*)1983年5月第一期。

② 参阅A. Owen Aldridge，*Irving Babbitt In and About China*，Modern Age，1993，Summer；以及Claes G. Ryn，*Rousseau and Romanticism*，Introduction，Transaction Publishers，New Brunswick(U. S. A)and London(U. K)。

乱无章的断层，我也第一次意识到要以同样的精神和所积累的财富，在这样一个前所未有的关键时刻去加固这个断层。[①]

这段文字的重要性在于，它不仅揭开了白璧德与中国现代知识分子之间渊源关系的第一页，更重要的是它几乎同时也指出了这种关系的特质，尽管在走近白璧德的方式上，这段文字描述，与其他现代中国知识分子们走近他们所心仪、所仰慕的西方思想大师并没有什么不同。

或许，我们还可以从白璧德的同胞或者其他西方人那里，去看一看白璧德之所以会如此吸引中国学生的原因所在。白璧德的精神思想同伴、批评家穆尔曾经说过，白璧德可能是"我们时代唯一被认为是这些东方人他们自己传统中的智者的美国人"[②]。穆尔的这一说法，似乎为另外一种所谓"没有人比白璧德更了解法国和更爱法国"[③]的说法所加强。所不同的是，作为白璧德所着力批判的西方18世纪以来的思想主流的浪漫主义，主要集中于法国，而白璧德所阐发借鉴的东方经验的人文传统，则主要发端于中国——当然，白璧德也将中国早期道家思想与西方的自然主义和浪漫主义思想进行了比较批评。但是，穆尔对于白璧德与东方之间关系的评述，显然过于强调了白璧德对于东方和中国的知识——在这一方面，白璧德的"知识"与批判理性恰恰表现出一些并不牢固、并不完善的迹象——而忽略了白璧德对于西方思想的近现代化过程历史的清理批判中所极力呈现出来的另一条思想传统的价值，以及白璧德的思想努力的现代意义和中国意义。事实是，正是白璧德在东西方、特别是对于东方经验的阐发，同时又将此服务于一个更为宏大的阐释目的并使得"西方经验"丰富完善方面，他对于东方、特别是中国留美学生们的现代思想意义才更好地显示出来。

据说，白璧德与他的这些东方学生"谈论哲学和宗教比谈论文学更

---

① 梅光迪：《欧文·白璧德：人之师表》，段怀清译，见《跨文化对话》总第12期，上海，上海文化出版社，2003。这段文字似乎并不能够真实地反映梅光迪最初之所以从美国西北大学转学哈佛大学的"迫切心情"。原因很简单，这篇文章写于白璧德1933年去世之后，而且，"学衡"派对于"新文化运动"的批判，也没有像最初的发起者们所期望的那样，取得挽狂澜于即倒的效果。

② Frederic Manchester/Odell Shepard: *Irving Babbitt: Man and Teacher*, p. 238, Greenwood Press, Publishers(New York), 1969.

③ Frederic Manchester/Odell Shepard: *Irving Babbitt: Man and Teacher*, p. 241, Greenwood Press, Publishers(New York), 1969.

多”，“他们谈论的焦点集中在远东”[①]。而吸引那些东方学生走近白璧德的，显然并不是他的批评语言中经常出现的东方主题——哪怕多数时候他对这些主题都是持非常难得的肯定与赞赏立场。更关键的，是他超越于同时代那种“廉价”的“世界大同主义”，超越那些要么过分强调要么完全不顾“东西方界限”的欧洲声音并从中解脱出来，提出一种包含着更高的、更坚定的标准的“世界观”——如果因为白璧德经常在其批评语言中提到东方经验，就以为白璧德认为东西方之间并不存在着实际的和应有的“界限”，这实际上并没有真正理解白璧德或者误解了白璧德的人文思想[②]。或许也正是因为这种界限的分明，或者这种解脱了的自由，使得白璧德在谈论孔子和佛陀的时候，就像他谈论亚里士多德和圣·保罗一样，并没有任何强制的亲密和不自由。这当然也符合他的人文主义所倡导的积极的、实证的、批判的精神。

作为一个现代哈佛美国人，却对古代印度、古代中国的精神和思想传统产生了浓厚兴趣，而且，这种兴趣并不仅仅来自于学术上、专业上，更多的却是来自于个人精神生活的需要(白璧德的信仰远非仅来自于他的专业和学术研究)，这似乎是在暗示，白璧德对于东方的选择，仅仅只是源于一种个人偏好，而不是具有更普遍的意义。但是，白璧德对哈佛式的学者主义(harvardian scholasticism)所进行的冷嘲热讽众人皆知。而这对于到美国和西方来不仅学习“先进的科学技术”，同时也学习“先进的思想文化”的中国留学生来说，不能不说会产生出一种震撼和吸引。

在他的著作之外，无论是在课堂上还是课堂下，白璧德传递给他的那些中国学生的，显然并不只有上述那些信息。白璧德希望美国人在保持英国人道德上的关注兴趣的同时，又能够摒弃掉英国人身上的岛民特有的孤傲。而在社会态度上，白璧德几乎更为肯定中国人和法国人，他似乎希望美国人更多地从法国人和中国人那里汲取经验。他将中国人授予“东方的

① Frederic Manchester/Odell Shepard: *Irving Babbitt*: *Man and Teacher*, p. 238, Greenwood Press, Publishers(New York), 1969.

② 对于这一点，《学衡》时期的梅光迪、吴宓以及他们周围的那些传播白璧德的人文批评的知识分子们都没有引起应有的注意。他们似乎更多地沉浸在所谓全世界人文主义者团结起来，结成联盟，以抗衡所谓现代浪漫运动的理想之中。

英国人”的称号，而这是因为他们“先天的良知”[1]。与此相比，白璧德似乎更愿意扩大中国人在“良好习惯”的宗教传统方面的优越性。为此，他对孔子思想在现代中国的衰微深感痛惜[2]。有理由相信，白璧德与跟着他一起学习工作的中国学生交换过意见[3]，并且探讨过有关儒家思想的现代复兴或者中国的“复原”(rehabilitation)一类的话题，当然他也认为儒家思想中需要灌输一些西方现代要素，就像19世纪的理雅各在肯定儒家思想的历史价值与现代意义的同时，也需要汲取基督教文明中的一些要素一样。不过，可能让当时白璧德身边的中国留学生们多少有些诧异的是，白璧德并没有像他们所期待的那样，去猛烈地抨击中国正在兴起的新文化运动，尽管他对这些新文化运动的西方思想基础和背景给予过犀利的批判。白璧德对当时中国尤为关注并表示出忧虑的，似乎并不是中国自由主义的知识分子们所宣扬的那些西方观念思想，而是中国的激进知识分子们所宣扬的无政府主义和布尔什维主义。

还是来看一看曾经深受白璧德思想之感染影响，并最早将其思想传播到中国的梅光迪对于白璧德的“重要性”——特别是之于五四时期中国的重要性的阐述：

> 白璧德的重要性，在于他那能够清理疏通和阐释文艺复兴以来西方文明最重要的线索的基本观点。他把他的主要精力放在了对于普通观点的分析之上，跳过了纯粹的美学特性以及文学中历史的和文本的问题。尽管白璧德对风格有着很强的感悟力，实际上他也很关注事物的客观存在，他还是把纯粹的美学特性以及文学中历史的和文本的问题，看作相对来说与批评家生活不大相关的东西。因此，自从他大力呼吁宣扬命运解放以来，白璧德的每次演讲本质上就是观点的对立冲突以及对西方人的命运观的宣战。他的演讲结构松散，但倘若整理一下结构，从世界文学中引

---

① Frederic Manchester/Odell Shepard: *Irving Babbitt: Man and Teacher*, p. 153, Greenwood Press, Publishers(New York), 1969.

② 对于孔子思想在现代中国的现实状况，包括国内知识界正在发起的“新文化运动”，白璧德显然是从他身边的中国留学生那里获得的相关信息。没有证据表明，白璧德对现代中国的各个方面保持着必要的信息上的联系。参阅《吴宓日记》、《吴宓自编年谱》以及《梅光迪文集》等。

③ 梅光迪1924年离开南京后又返回哈佛大学，在这里担任中文讲师、副教授。

用一些中肯的引语——用明智的评论来做引语，无论是有利的还是不利的，这些讲演就会构筑出一个中心的主题。分辨出白璧德所担任的课程中的某个内容与其他内容的不同并不总是很容易的。因为他所有的课程都是相互关联并服务于一个目的的，并提出相同的基本原理，不同点只是它们在重点和细节之处上存在着差异。你可以去选修他的任何一门主要课程，去领会他的思想的主要倾向，并且以此来获知他在其他课程中所揭示出来的思想。对他思想的掌握，也可以受到他在课程讲解过程中经常重复的某些令人耳熟能详的引语的启发。这些借引的阐述有助于你，就像那些路标，与他一起进行知识朝圣之旅。这并不意味着他的思想阐释当中缺乏新鲜的材料，并使得他的阐释总是充满令人乏味的重复。相反，他的同时代的学术巨人中，几乎没有谁能够像他那样在材料的丰富性和多样性方面与他相媲美。[①]

二

即便在白璧德与中国现代知识分子之间存在着明确的师承关系和清晰的影响关系，但要真正完全准确地揭示界定这种关系，也并非一件轻而易举之事。

“跨文化比较”虽然被广泛地应用着，但这并不表明其中就没有什么需要检省或者关注的问题。曾经就有人指出，跨文化比较是“一桩扑朔迷离之事”，因为它对确认异同虽极有价值，但作为衡量变化的尺度（变化速度）却颇有问题[②]。这是在所谓跨文化比较之时经常遇到却又往往被忽略的问题：两种文化之间并不存在所谓共同的“基线”。也就是说，以一种文化“内在参考点”来作为衡量这种处于变化之中的文化的变化尺度，可能是更有效的方法。

白璧德与现代中国知识分子之间所存在着的师承关系似乎昭示出，他们之间的思想关系，只是属于“影响与被影响”的范畴。而如果我们认真地

---

① 梅光迪：《欧文·白璧德：人之师表》，段怀清译，见《跨文化对话》总第12期，上海，上海文化出版社，2003。

② ［美］柯文：《在传统与现代性之间——王韬与晚清改革》，6页，雷颐、罗检秋译，南京，江苏人民出版社，1995。

研究过白璧德对于中国古代思想传统的阐述，以及受到白璧德"影响"的现代中国知识分子们在接触到白璧德前后"思想观念"的状况，还有那些只是间接地接触到白璧德的并不完整的思想观点的现代中国知识分子，甚至连间接接触的路线都不清晰或者完全没有，却与白璧德的思想有着惊人一致性的现代知识分子，我们就会理解即将展开的这件比较工作的挑战性有多大。不仅如此，对于19世纪以来的中国知识分子来说，不管从个人经历来看他们与"西方"的最初接触是多么"偶然"，又是多么富有个性色彩，一个不争的事实是，他们所有人都处在从根本上说受到西方影响的历史之中。这是19世纪以来的中国知识分子所只能面对的与他们的前辈们所不同的历史事实。

影响绝对不会简单到仅仅因为白璧德是一个西方思想者这一事实。白璧德曾经在他的课堂上这样对他的美国的和东方的学生们讲道：今天我们美国批评当中所需要的，就是对如此巨大的程式化的趋势进行历史性的追溯①。也就是说，今日美国淹没在现代潮流之中，必须重新发现过去思想中的最高贵的思想，整个漫长过去当中的、东方的和西方的最高贵的思想，如今，美国也成了它的继承者，这种思想传统的继承者②。在他看来，这些所谓东西方的人文传统，"不可能自动地对我们发号施令"，"除非我们对现代自然主义展开了尖锐的思想批判"。而美国文明，在白璧德看来，很大程度上就是这种自然主义的现代产物。也就是说，一个现代美国批评家，如果他希望自己的文化立场坚定，也就必须坚定地对此进行批判摧毁③。他的一个学生在一篇回忆文章中，对于白璧德这样一句话记忆深刻——当他们曾经在一次谈话中都认为美国当下需要新的思想的时候，白璧德曾经大声地呼喊道(甚至晃动着他的拳头)：那么你为什么不站出来战斗(get out and fight)？以至于多年后，这几个字的余音似乎还回荡在回忆者耳边④。当我们在关注白璧德与中国现代知识分子之间的关系的时候，

---

① Frederic Manchester/Odell Shepard：*Irving Babbitt*：*Man and Teacher*，p.155，Greenwood Press，Publishers(New York)，1969.

② Frederic Manchester/Odell Shepard：*Irving Babbitt*：*Man and Teacher*，p.155，Greenwood Press，Publishers(New York)，1969.

③ Frederic Manchester/Odell Shepard：*Irving Babbitt*：*Man and Teacher*，p.155，Greenwood Press，Publishers(New York)，1969.

④ Frederic Manchester/Odell Shepard：*Irving Babbitt*：*Man and Teacher*，p.156，Greenwood Press，Publishers(New York)，1969.

我们往往会将关注的焦点，集中在他们思想的异同以及具体直接而且有据可查的事实之上，而可能会忽略个人、人格、时代环境以及相关其他非思想类因素。事实是，对于梅光迪、吴宓等中国学生，白璧德有时候对于中国当时处境的关切，特别是对于中国日益遭受到日本的侵略与中国知识阶级的反应的关注，甚至比他在某些思想上与中国古代思想的某种关联更能让他们感动。

怎样认识理解白璧德对于中国的这种关切呢，特别是当这种关切也成为他与中国现代知识分子关系的一部分的时候？

作为思想者和批评者，白璧德用他的那些立场鲜明、言辞犀利的文章著作，已经确立起了他在西方现代批评史上的地位①；而作为一个教师，白璧德留给他的学生们的印象——无论是美国的学生，还是来自于中国或者东亚其他国家的学生，都同样深刻。问题是，我们从一开始，就不能够将白璧德与现代中国知识分子之间的关系，仅仅集中在梅光迪、吴宓、梁实秋等人身上，尽管他们可能是白璧德在中国这一话题中关系最为密切的一部分人②。事实上，因为梅光迪、吴宓等人的大力推介，白璧德在哈佛留美中国学生，特别是专习文学、哲学的中国学生中地位极高。当时只是在哈佛游学的陈寅恪、汤用彤，都曾经由吴宓引见给白璧德，并曾经就佛理等学术问题，与白璧德进行过专门交流。而白璧德对西方文化思想传统的条分缕析，包括对浪漫主义思想的批判，对汤用彤理解叔本华与印度佛教之间的关系，提供了一个极为有益的切入点。在白璧德与梅光迪、吴宓、梁实秋的关系之外，还有林语堂、张鑫海、楼光来等人与白璧德有着同样直接的师承关系。只是林语堂留学时期，即已表明自己对于新文学和新文化主张的同情与支持。而且，对于白璧德对于西方浪漫主义思想传统所持有的态度，林语堂也不以为然。所以，还在留学时期，实际上林语堂即被吴宓们视为“白门弟子”之外的人。限于资料，对于楼光来与白璧德之

① 参阅雷纳·韦勒克：《近代文学批评史》，卷五，“新人文主义”部分，杨自伍译，上海，上海译文出版社，1997。

② 参阅 A. Owen Aldridge, *Irving Babbitt In and About China*, Modern Age, 1993, Summer。该文将白璧德在中国的历史，大致分为两个时期，一是白璧德与梅光迪、吴宓、张鑫海、林语堂、梁实秋等人师生关系及直接影响关系时期；二是 20 世纪 80 年代白璧德与现代中国知识分子之间的关系被研究的时期。关于后者，作者主要引用了台湾学者侯建在美国博士论文中的一些资料观点。

间在思想上的师承关系，难以作出实质性而且有价值的解说。而张鑫海无疑是一个值得关注、同时又一直被忽略的“白门弟子”。之所以说他值得关注，是因为当时他从清华来美时，是吴宓向他推荐选修文学专业，并向他推荐了白璧德。要知道，当时清华来美学生中，选修文学这种似乎并不关切实际人生、而且也难以给研修者将来带来实际利益的学生极为有限。而张鑫海不仅选择了白璧德作为自己的指导导师，而且，他在西洋文学方面的成绩，也给留美时期的吴宓印象深刻，以至于吴宓将其在文学方面可能取得的成就，放在与陈寅恪的梵文、汤用彤的佛学、洪深的戏剧等同等的地位看待，而后三人各自都在上述领域取得了令人瞩目的学术成就。不仅如此，张鑫海还曾经于1965年在美国的《密歇根评论季刊》(第四期)撰写了一篇被认为是“迟到”的研究当年老师思想的文章：《白璧德与东方思想》。这显然是一篇重要但一直没有引起注意的文献。而他之所以在与白璧德之间的关系问题上一直被忽略，主要原因可能在于，张鑫海获得哈佛文学博士后，虽一度担任过清华学校、北京大学、东南大学等教授，但自1928年起，他就离开了教育界，改任国民政府外交部参事、欧美司司长以及驻葡萄牙、波兰、捷克公使，其间也没有撰述过相关文章，对于白璧德思想在中国的传播，并没有切实的学术上和传播上的贡献。

不仅如此，在上述与白璧德有着直接师承或者接触关系的现代知识分子之外，还有大量虽然没有直接与白璧德有过师生关系，但通过梅光迪、吴宓等人的介绍、通过《学衡》刊物，白璧德的主要思想观点，依然为相当数量的现代中国知识分子所了解。当然，这些知识分子可能只是熟悉乃至认同白璧德的某些观点，不了解可能也不认同他的更多的思想主张。甚至像陈寅恪、汤用彤这样的知识分子，他们从一开始接触白璧德，也就几乎是在与白璧德同一个思想层面上，就东西方文化的比较进行着严肃的学术思考，虽然当时他们还只是哈佛的学生。鉴于此，白璧德与现代中国知识分子之间的关系，确实是一个相当复杂的关系形态。下文将分别从“三个层面、三条途径、三种结果”以及“《学衡》与‘学衡派’知识分子联盟”这两个主题，就白璧德与现代中国知识分子之间在思想上的关系，分别予以介绍评述。

三

鉴于与白璧德有着直接师承关系的留美学生中，绝大部分来自于清华学校，那么，那些从清华这所当时中国学校中“最为洋派”的学校中赴美留学的中国学生，去美之前又是如何看待中国古代思想传统的现实效用与未来命运的呢？或者说，他们来美之前的学校教育中关涉所谓“中学”部分的状况又是怎样的呢？

据当时者回忆，20 世纪 10 年代和 20 年代初，清华学校按照西方现代教育体制模式，开设了哲学教育、本国文学、世界文学、美术音乐、史学政治、数学天文、物理化学、动植生物、水文地质、体育手工等十类学科[①]。据认为，留美预备学校的客观现实和英文授课方式，一方面导致了中文教师在当时的清华学校并不受重视，“大部分学生轻视中文课程”，“蔑视本国的文化，崇拜外人”[②]，另一方面却又直接刺激了部分学生的民族自尊心，引发了部分学生在文化心理上的反动，而梅光迪、汤用彤、吴宓以及稍后的闻一多、梁实秋等即为突出代表。

有充分的理由相信陈寅恪在出洋留学前，与同龄人相比，已经打下了必要而且坚实的国学基础。在 1919 年抵达哈佛大学前，陈寅恪已先后在日本的弘文学院、德国的柏林大学、瑞士的苏黎世大学、法国的巴黎高等政治学校修习过语言、文学、政治经济学等，其间还有过在国内短暂的入仕经历。大概与此有关，吴宓才会在初识陈寅恪之时，即心悦诚服地赞叹：“陈君学问渊博，识力精到，远非吾侪所能及。”[③]1919 年 7 月 14 日晚，在吴宓的引见之下，时在哈佛的陈寅恪晤见了白璧德，同行的还有汤用彤。据吴宓日记记载：“白师述其往日为学之阅历，又与陈君究论佛理”[④]，历时两小时左右[⑤]。但这则记录似乎也成了陈寅恪与白璧德之间关系唯一直接具体的证据。

可是，如果我们将陈、白之间的关系，不是简单地依循直接具体的师

---

① 《清华大学史料选稿・卷一・清华学堂章程》，北京，中华书局，1981。

② 梁实秋：《清华八年》，见《梁实秋文坛沉浮录》，李正西、任合生编，合肥，黄山书社，1992。

③ 吴学昭：《吴宓与陈寅恪》，第一章“在哈佛”，北京，清华大学出版社，1992。直接参阅《吴宓日记》，卷二，37 页，北京，生活・读书・新知三联书店，1998。

④ 吴学昭：《吴宓与陈寅恪》，第一章“在哈佛”，北京，清华大学出版社，1992。直接参阅《吴宓日记》，卷二，37 页，北京，生活・读书・新知三联书店，1998。

⑤ 这次由吴宓导引促成的白璧德与陈寅恪、汤用彤之间的会见以及就佛理展开的讨论，对于汤用彤、陈寅恪所直接产生的回荡反应，限于材料难以考证。但就在此次会见后 10 日的吴宓日记中，出现了吴宓关于阅读佛经规训的记录。

承事实，而是将其放在由梅光迪、吴宓等所试图构设出来的一个“白璧德与中国”这样一个时代话语语境当中，放在近代中国与西方的历史语境当中，放在西方经验之于中国的意义的语境当中，放在中国传统学术的近代化的语境当中，放在中国传统学术的现代反思与检讨的语境当中，放在与被放大了的“五四”——近代中国对于西方的认知、阐释和接受的历史语境当中，我们就会发现，陈寅恪与白璧德之间的关系，不仅一下子变得容易理解，而且，这种关系的现代思想意义、学术价值等，反而也变得清晰明显起来。

白璧德曾经对法国人和中国人的国民性当中的“先天的良知”和“良好习惯”表示过肯定和赞誉——几乎所有人文主义者都对“国民性”或者民族特性这样的概念以及由此所呈现出来的思维方式感兴趣。而就在陈寅恪他们与白璧德会面一个多月后，在一次与吴宓关于法国大革命与中国状况的比较谈话中，陈寅恪也提到了这样一个类似观点，“西洋各国中，以法人与吾国人，性习为最相近”，“其政治风俗陈迹，亦多与我同者”①。将比较的眼光，投注在东西方更为久远深层的历史思想文化的比较上，并在此基础之上积淀出或者升腾出一些新的思想因子，是陈寅恪这一时期东西方文化思考中一个显著的特点。他曾经就中国古代哲学思想与西方传统思想直接进行过比较，认为，“中国之哲学美术，远不如希腊。不特科学为逊泰西也”。“至若周秦诸子，实无足称。老、庄思想尚高，然比之西国之哲学士，则浅陋之至”。“但中国古人，素擅长政治及实践伦理学，与罗马人最相似。其言道德，唯重实用，不究虚理，其长处短处均在此。长处即修齐治平之旨；短处即实事之利害得失，观察过明，而乏精深远大之思。”②撇开上述观点在学术上的正确与否不论，单就这种比较不限于狭隘的民族感情，不囿于门户之见，纵横捭阖，气势恢宏而言，虽然仍不免有流于肤浅表面之嫌疑，但其思想的勇气与锐气锋芒则毕现，也充分显示出五四时期知识分子思想的一大特色。而这种在关注中西文化差异性的同时，同样关注它们之间的相似性和共同性，或者说将中西方文化思想的比较，放在一个更为理性、学术或者科学的境域，而不仅仅关涉社会民生与民族存亡的时代语境，这也已经足以显示出陈寅恪这一时期学术思想的某些倾向

① 吴宓：《吴宓日记》，卷二，58页，北京，生活·读书·新知三联书店，1998。

② 吴宓：《吴宓日记》，卷二，58页，北京，生活·读书·新知三联书店，1998。

特点。

陈寅恪曾经与白璧德论究“佛理”，而他后来师从哈佛东方学家拉曼学习巴利文，这是否有白璧德最初的提示启发在其中，也已经殊难考证。但陈寅恪在与白璧德会谈后的当年 11 月，曾经与吴宓“谈印度哲理文化，与中土及希腊之关系”[①]。此主题，固然由于有殊途同归之可能，但有一点很清楚，这一主题是白璧德大学时代就显示出兴趣并一直予以关注、同时也取得了很大成绩的思想主题。不仅如此，当时中国学生中，如此清晰地将印度哲理文化，与中国及希腊古代思想文化进行一并比较研究者，不能不说与白璧德的启发或者引发有关。而最能反映出陈寅恪此间思想之系统进展成就的，是他同年 12 月中旬与吴宓之间就中西思想学术的一次长谈。就吴宓日记记录来看，已足以显示陈寅恪思想虽然有借鉴白璧德的思想学术思路线索的略微痕迹，但更多的是一个现代中国学人独立思想的研究成果。充分认识陈、吴论学的意义，不仅对于研究陈寅恪留学时期的学术思想有着不可替代的价值，而且对于研究白璧德与现代中国知识分子之间的关系，更是有着异乎寻常的文献价值。

陈寅恪首先谈到了中国古代哲学、美术，相较于希腊古代人文思想的长短处。这一比较，对于从根本上纠正或者澄清近代以来儒家知识分子固守中学优于西学，仅仅在科学或者实用方面逊于泰西的成见，无疑具有极大价值，同时对于从根本处找寻到中国现代知识分子思想学术的起点与落脚处，无疑也是一个突破。而陈寅恪围绕此观点对于现代中国学术过于注重实用一面可能对于民族文化的未来所产生的难以估量的负面影响，更是作出了具有洞察力的“预见”。他认为，“中国古人，素擅长政治及实践伦理学，与罗马人最相似。其言道德，唯重实用，不究虚理，其长处短处均在此。长处即修齐治平之旨；短处即实事之利害得失，观察过明，而乏精深远大之思”。他并没有将这种比较仅限于思想观念层面，还落实到知识分子现实的观念选择与功利行为上，并认为，“昔则士子群习八股，以得功名富贵；而学德之士，终属极少数。今则凡留学生，皆学工程、实业，其希慕富贵、不肯用力学问之意则一。而不知实业以科学为根本。不揣其本，而知其末，充其极，只成下等之工匠。境遇学理，略有变迁，则其技

① 吴宓：《吴宓日记》，卷二，58 页，北京，生活·读书·新知三联书店，1998。

不能复用。……至若天理人事之学，精深博奥者，亘万古恒久而不变。……而救国经世，尤以精神之学问(谓形而上之学)为根基。乃吾国留学生不知研究，且鄙弃之，不自伤其愚陋，皆由偏重实用积习未改之故"。在陈寅恪看来，这种还在蔓延的"积习"，在给中国人带来"实业发达"、"生计优裕"、"财源浚辟"、"中国人当可为世界之富商"的同时——中国人的经商营业之长技，可得其用，而倘若也希望中国人"以学问、美术等之造诣胜人"，"则决难必也"[①]。

而陈寅恪对于中国学术思想史所作的清理评论，一方面显示出他不仅在中国传统学术思想方面的学养，同时也充分显示出他当时对西方学术思想的认知水平和思想深度。在充分认识并估价中国传统人文思想、典章制度、家庭伦理道德的中国特性与思想特性为"上古文明之精华"的同时，陈寅恪更是看到了早期儒家思想，包括实践层面的儒家道德伦理的"不足"乃至"浅陋"。值得注意的是，对于佛教在中国的命运的历史考察，陈寅恪当时作出了这样的描述归结：

> 佛教于性理之学(metaphysics)，独有深造，足救中国之缺失，而为常人所欢迎。唯其中之规律，多不合于中国之风俗习惯(如祀祖、娶妻等)。故昌黎等攻辟之。然辟之而另无以济其乏，则终难遏之。于是佛教大盛。宋儒若程若朱，皆深通佛教者。既喜其义理之高明详尽，足以救中国之缺失，而又忧其用夷变夏也。乃求其两全之法，避其名而居其实，取其珠而还其椟。采佛理之精粹，以之注解四书五经，名为阐明古学，实则吸收异教，声言尊孔辟佛，实则佛之义理，已浸渍濡染，与儒教之宗传，合而为一。此先儒爱国济世之苦心，至可尊敬而曲谅之者也。[②]

这段论述佛教义理之学与中国古代道德伦理之学之间历史关系及研究比较的文字，固然有中国思想学术自身的影子于其中，但吴宓在这段文字之后马上记录的白璧德、穆尔对于基督教与希腊、罗马之人文思想之间此起彼伏之渊源关系的观点，足以证实陈寅恪与白璧德思想之间在当时的惊

---

① 吴宓：《吴宓日记》，卷二，58页，北京，生活·读书·新知三联书店，1998。

② 吴宓：《吴宓日记》，卷二，58页，北京，生活·读书·新知三联书店，1998。

人一致性。不仅如此，由于白璧德并不具备与之宏大的思想结构意图相称的中国学术思想史的知识背景和学术素养，所以，他虽然从西方形而上学、佛教义理之学当中，发现了中国古代传统人文思想的“弊”与“碍”，但他并没有同时发现中国古代思想者在改造或者发展儒家思想方面所已经作出的努力与贡献。

陈寅恪的思考，显然并没有就此停止。在论述了宋儒对于佛理精华的吸取的同时，进一步阐明解释了宗教——佛教在中国的现实境遇。“唯一中国人性趋实用之故，佛理在中国，不得发达，而大乘盛行，小乘不传。”由此，陈寅恪引而未发的一个结论就是，基督教在中国，其未来大抵可以从佛教在中国的历史中窥见一斑[①]。而陈寅恪此次论学同样精彩并值得关注的地方，是他将白璧德的思想放在西方学术思想史中的定位。而他对中西学术思想史的比较，更显示其不仅于中学有扎实之功底，于西学也已经窥见门径并已经达到登堂入室的境界。他说：

> 凡学问上之大争端，无世无之。邪正之分，表里粗精短长之辨，初无或殊。中国程朱、陆王之争，非仅门户之见，实关系重要。程朱者，正即西国历来耶教之正宗，主以理制欲，主克己修省，与人为善。若 St. Paul，St. Augustine，Pascal，Dr. Johnson 以至今之巴师及 More(Paul E.)先生皆是也。陆王者，正即西国 Sophists，Stoics，Berkeley 以及今 Bergson 皆是也。一则教人磨砺修勤，而裨益久远；一则顺水推舟，纵性偷懒，而群俗常喜之。其争持情形，固无异也。又如宋儒精于义理之学，而清人则于考据之学，特有深造，发明详尽。训诂之精，为前古所不及，遂至有汉宋门户之争。西国今日亦适有之，今美国之论文学者，分为两派。一为 Philologists，即为汉学训诂之徒也。一为 Dilettantes，即视文章为易事。有类宋儒语录，其文直不成章。于是言文者，不归杨，则归墨。而真知灼见，独立不倚，苦心说道，

① 事实上，陈寅恪此时引而未发的一个观点，在他后来的《王观堂先生挽词并序》中得到了阐发。参阅《陈寅恪诗集》，10～11页，北京，清华大学出版社，1993。其实，对于基督教在中国的可能的命运，晚清一大批知识分子，早已表述过类似观点。晚清中国最早提出这一观点的知识分子是梁廷枏(见其《基督教难入中国说》)，稍后还有曾国藩、王韬、徐福成等。

砥柱横流，如巴师与 More 先生者，则凤毛麟角。此其迹象，均与中国相类似也。①

陈寅恪的这次论学——论究中西、古今学术思想并洞见纷呈、灼见迭出，实际上不仅是白璧德与现代中国知识分子关系的一个层面、一种途径、一种结果的最好见证，也是中国现代知识分子对于世界现代学术思想的一次气势恢宏的清理归纳，同时也是“学衡派”知识分子联盟对于白璧德学术思想的学术思想史地位的第一次也是最精准的界定与评价。它对于重新估价中国现代学术思想、重新估价中国现代学术思想的世界意义、重新探讨现代中西思想学术刺激接受的解读模式，无疑都具有相当的文献价值和启发意义。

从上文观点材料看，陈寅恪对于白璧德思想的历史渊源及其现代诉求，是至为清楚的，对于其中一些主张，无论是学术观点方面的，还是价值观方面的，还是能够认同接受的。陈寅恪在批评中国国民性中重实用功利的同时，忧心于中国学术在形而上学包括哲学、美术终将难以取胜于西方的“预见”，却与白璧德对于西方现代思想文明的走向或者所呈现出来的主流现实具有同见。鉴于白氏思想所生发的社会历史文化环境在当时的中国并不具备，至少并不完全具备，陈寅恪在强调引入外来文化思想的同时，不仅同时强调借鉴与引发的方式，还十分强调中国文化的本位论的文化再造途径，提出了“避名居实，取珠还椟”的主张，这也许是陈寅恪后来虽然关注吴宓及《学衡》的事业，却并不直接过多发表评论的原因之一。

与陈寅恪相比，汤用彤在到哈佛前，虽没有多次出洋的经历，但也是“幼承庭训，早览乙部”②，在国学方面已植有根底。清华学校时期的汤用彤就曾劝诫过吴宓不能只满足于随感式的思想，还应该作深入的学术研究③。1914 年连刊于《清华周刊》上的《理学谵言》，基本上反映出了汤用彤这一时期的思想认识和他对于理学之于现代中国的意义的看法。文中提出，“理学者，中国之良药也，中国之针砭也，中国四千年之真文化真精

① 吴宓：《吴宓日记》，卷二，103～104 页，北京，生活·读书·新知三联书店，1998。

② 孙尚扬：《汤用彤先生年谱简编》，见《汤用彤选集》，天津，天津人民出版社，1995。

③ 吴学昭：《吴宓与汤用彤》，见《国故新知——汤用彤先生诞辰百年纪念文集》，北京，北京大学出版社，1993。

神也”。“理学为天人之理，万事万物之理，为形而上之学，为关于心的。科学则仅为天然界之律例，生所之所由，驭身而不能驭心，驭驱形骸而不能驭驱精神”。文中对传统形而上学与科学的比较认识，对于人性和格物致知的看法，虽仍显肤浅，但已能言之成理，而且与白璧德的思想观点也趋于吻合。据此，有关“此前，公有诸多观念与白氏契合”[①]的说法也并非空穴来风，毫无根据。而且，汤用彤与吴宓在清华学校就曾经联络其他同人，创办“天人学会”，其“欲融合新旧，撷精立极，造成一种学说，以影响社会，改良群治”[②]，其理想抱负，与白璧德的人文思想也确实多有接近和相同处。

有观点认为，汤用彤在治学态度、方法、领域及文化观诸方面都“颇受白氏影响”[③]，这种说法可能更多关注了白璧德对于汤用彤思想的发引一面，而没有对汤用彤留美之前对于理学的现代意义的阐发的个人思想意义予以同等观照。特别是当陈寅恪对于白璧德的思想与理学之间的类比，以及后者在佛理方面的阐释借鉴都与白璧德的思想观点及治学路线显示出相当程度的一致性的时候，汤用彤出国之前的思想观点的意义也就更为突显。

并不是没有关于汤用彤直接受启发于白璧德思想的明显证据，譬如，汤曾经与陈寅恪一道，在白璧德府上与白论究佛理。对于佛理研究之于中国现代学术思想以及古代学术思想研究的意义，相信汤、陈与白璧德一同探讨过。不仅如此，汤最终用功于佛理、专心于佛学并成一代学术大师，不能说白璧德式的对于东方经验、特别是佛陀和佛教思想的关注没有任何关联作用。而汤用彤在哈佛学习巴利文的教授，也同为白璧德当初学习巴利文以图深究佛理的指导教师。但这些都只是一些能够为上述关注提供一些关联性证据的线索材料而已。

真正反映出汤用彤与白璧德思想之间的“影响”关系存在的，是汤用彤阐述叔本华思想中的东方因素的一篇早年论文。在这篇直到近年才整理刊

① 吴学昭：《吴宓与汤用彤》，见《国故新知——汤用彤先生诞辰百年纪念文集》，北京，北京大学出版社，1993。

② 吴学昭：《吴宓与汤用彤》，见《国故新知——汤用彤先生诞辰百年纪念文集》，北京，北京大学出版社，1993。

③ 吴学昭：《吴宓与汤用彤》，见《国故新知——汤用彤先生诞辰百年纪念文集》，北京，北京大学出版社，1993。

出的弥足珍贵的汤用彤早期思想文献中，可以清楚地看到他灵活地应用白璧德对于西方近代主流思想的浪漫特性的观点和线索，对叔本华对于佛理的认知路径、方式与所形成的观点等进行了清理阐明。

在这篇文章中，汤用彤开宗明义地对于叔本华的印度研究的思想史定位进行了澄清，指出：

> 严格地说，叔本华既不信奉吠陀学说，也非佛教徒。他的哲学确实披着东方学究式的外衣。但是，叔本华哲学无非就是德国浪漫主义时代的合乎逻辑的产物。他的自然主义方法也无非就是18世纪经验主义的遗产。他的神秘憧憬和美妙向往至多表达了欧洲中世纪的情感。至于东方智慧的精髓，叔本华终未登堂入室。①

只要略微了解白璧德对于西方浪漫主义批判的语言风格，只要略微了解白璧德对于东方经验，包括佛陀教义和孔子的儒家人文思想的借鉴阐发的思想路径，那么，这段文字当中的白璧德的痕迹就显露无遗了。

这种借助于西方17世纪以来的浪漫主义语境来对叔本华东方思想的特性予以揭示的努力，还在继续蔓延。汤用彤进一步分析道：

> 叔本华虽然漠视各民族之间的差别，却不能置身于德国19世纪暴风骤雨般的环境之外。他为自己的原创性自豪，却并没有给我们任何实质上新的东西。他憎恶当时的“哲学空谈”，但是，叔本华的“意志”又几乎就是费希特“自我”(Ego)的翻版。从康德的时代起，一场名为“Lovell”的不受法律约束的运动席卷了德国：“泰但”的自我默祷、少年维特的烦恼、对“蓝色之花”的不厌追求。叔本华处身于这场可怕而巨大的旋涡之中，很出乎他自己的期望，这不仅仅是一个旋涡。无法安宁的感觉导致了他的悲观主义，这是他那个时代的愚昧。在这种愚昧之下，蜷伏着一群“有原创性的天才”：从维特到雷纳，从柴尔德·哈罗德到罗拉。我们在这种愚昧中还发现了像海涅那样等严肃的幽默作家，缪塞那

① 汤用彤：《叔本华思想中的东方因素》，钱文忠译，见《跨文化对话》总第10期，上海，上海文化出版社，2002。

样的反叛的抒情诗人，拜伦那样的邪恶的文艺之神。叔本华则是诗人中的理论家。

将阿卡狄亚式田园牧歌的魅力投射到东方，反映出浪漫主义运动自由任性、无拘无束的特点。浪漫主义者揣测，他们在《摩诃婆罗多》和《罗摩衍那》里发现了“笨拙的中世纪精神”。关于中国，海涅说道，它是“引人注目的长城围绕着”的国度，“鸟和欧洲学者的思想飞越长城，美景令他们大饱眼福，他们回来讲述了有关那个奇怪的国度和人民的最为悦耳的故事”。梵文研究在沃伦·赫司廷斯(Warren Hastings)的庇护下起步，但是，东方之光却通过施莱格尔(Friedrich Schlegel)这位浪漫主义中介者折射。更不幸的是，康德和洛克以来，形而上学的讨论很是流行。西方学者陶醉于现象和本体的概念，开始用形而上学来谈论东方宗教，而对于伟大的印度来说，西方意义上的形而上学是外来的。因此，叔本华引用了威廉·琼斯爵士(Sir William Jones)的话：“吠檀多学派的基本信条并不是否定，相反却是坚称没有什么独立于精神概念之外的本质。”至于佛教，弗里德利希·施莱格尔则称之为“一种无效的抽象和纯粹的虚无”。

尽管浪漫主义者的热情令人钦慕，但是，他们对东方所知不多。甚至连叔本华也曾经说过：“直到1818年我的著作问世之前，在欧洲几乎找不到有关佛教的记载，即使有也都是残缺不全和错误百出的。”他确信：“我肯定没有受到这种状况的影响。”乔答摩(Gotama)的教义通过后来的大乘部派的记载为人所知，奥义书的基本要义则是通过对商羯罗的解释加以研究而为后人知晓。商羯罗的年代要晚至六世纪，他将早期的理论转化成为自己的体系。

就汤用彤与白璧德的关系而言，接下去的分析议论虽然同样精彩，但上面的引文已显足够。

与梅光迪、吴宓等人集中阐明白璧德的思想对于现代中国思想学术的价值意义不同的是，陈寅恪与汤用彤很少直接论述阐发白璧德的人文思想，而是在他们的学术思想中更多地体现出与白璧德所关注过的学术主题、价值观、文化观、批评观乃至近现代观比较接近的倾向与意见。《学

衡》创刊后，吴宓每期都邮寄至尚在哈佛的汤用彤。而汤在《学衡》上发表的最直接涉及当时国内文化研究状况的文字，也只有一篇《评近人之文化研究》[①]，而且其中也没有像梅光迪、吴宓、胡先骕那样，刻意宣扬白璧德的思想学说，至少没有像当时"学衡"诸君那样，言必称白璧德。不过，汤用彤在这篇不长的文章中对外来思想的输入方式、路径阶段的界说，还是值得关注的。他认为，外来思想的输入，通常经过三个阶段：第一，因为看见表面的相合而调和；第二，因为看见不同而冲突；第三，因发现真实的相合而调和。明智者往往在最初就能知道双方同异与合不合之点，而"作一综合"[②]。很显然，陈寅恪、汤用彤都不是那种一看见表面的相合与表面的不同便"调和"便"冲突"的人。他们属于真正的现代的智者。他们构成了白璧德与现代中国知识分子关系的第一层面。

在由陈寅恪、汤用彤所形成的与白璧德之间的关系的第一层面之外，是由梅光迪、吴宓、张鑫海、楼光来等人形成的第二层面，而梁实秋在现代白话文学的语境中对于白璧德文学思想的阐发应用，可以归为白璧德与现代中国知识分子关系的第三层面。而在他们之外，还有一个林语堂。

吴宓日记中并不缺乏与林语堂往来应酬的记载，但殊少涉及比较完整确实的林语堂的个人思想。事实上，尽管林语堂此时更接近五四新文化和新文学一派的主张（这其中与他跟胡适之间的私谊并非没有任何关系。林留学期间，因为生活资金断绝，曾得到过胡适的资助。）。但他对于民族特性和民族文化的关注，似乎并不比吴宓少。尽管在返国后相当时期内林语堂的主要工作领域多限于白话文学，但他在三四十年代用英文所撰写的一些阐释介绍中国古代思想的著作文章，却能够多少显示出一星半点的当初游学"白门"的痕迹。对此，林语堂自己曾经作过一些简单说明。

首先是与白璧德及其思想之间的关系。林语堂的解释是，当初他在哈佛比较文学所学习之时，比较文学所的教授们在文学观念和文学批评主张上彼此并非完全一致。"在比较文学研究所就读，教授有伯利（Bliss Perry）、白璧德（Irving Babbitt）、帆雅葛门（Von Jagerman）"[③]。而"白璧德教

① 《学衡》第12期。

② 汤用彤：《文化思想之冲突与调和》，原刊《学术季刊》一卷二期文哲号，1943年11月，转引自《汤用彤选集》，314～319页，天津，天津人民出版社，1995。

③ 梅中泉主编：《林语堂名著全集》，卷二十九，38页，长春，东北师范大学出版社，1996。

授在文学批评方面引起轩然大波。他主张保持文学批评的标准，和施伯因干(J. E. Springarn)派的主张正好相反”[①]。

> 白璧德是哈佛大学里唯一持有硕士学位的。因为他学识渊博，他常从法国的文学批评家圣伯夫的 Port Royal 和 18 世纪法国作家的著作读给学生，还从现代法国批评家的 Brunetierre 著作中引证文句。他用“卢梭与浪漫主义”这一门课，探讨一切标准之消失，把这种消失归诸于卢梭的影响。“我不肯接受白璧德教授的标准说，有一次，我毅然决然为 Spingarn 辩护，最后，对于一切批评都是‘表现’的原由方面，我完全与意大利哲学家克罗齐的看法相吻合。”[②]

这一时期，对于林语堂的新文学观和文学批评观影响最为明显的，确实并非白璧德，而是 20 世纪初期西方一些新的美学理论在文艺上的反映。对此，可以参阅他的《新的文评》一文中所介绍的施伯因干的“新的文评”、“七种艺术与七种谬见”，克罗齐(Benedetto Croce)的《美学：表现的科学》、王尔德(Oscar Wilde)的《批评家即艺术家》、都顿(E. Dowden)的《法国文评》以及布鲁克斯(Van Wyck Brooks)的《批评家与少年美国》等[③]。

一个值得注意的现象是，留学时期的林语堂对于当时西方新的文学批评理论的关注，并不是建立在古典与浪漫、传统与现代、东方与西方等对白璧德、吴宓诸人具有无法绕过的吸引力的思想命题之上，而是在一个与所谓传统、古典、儒家思想等几乎背道而驰的更为轻松散漫的个人思想语境当中的自我和个性的表达与表现。简言之，五四时期的林语堂更关注的，显然是近代西方文论中张扬近代意识、个人意识与现代审美诉求的思想因素。

与辜鸿铭对于中国古代传统思想文化的现代处境所抱有的深切忧虑在观点上接近而在情绪上可能相去甚远，三四十年代的林语堂对于 20 世纪儒

① 梅中泉主编：《林语堂名著全集》，卷二十九，40 页，长春，东北师范大学出版社，1996。

② 梅中泉主编：《林语堂名著全集》，卷十，281 页，长春，东北师范大学出版社，1996。

③ 梅中泉主编：《林语堂名著全集》，卷二十七，213 页，长春，东北师范大学出版社，1996。

家学说的现实处境及未来可能性也不抱乐观态度。他说：如今人们能够对儒家学说的现实处境持乐观态度吗？我怀疑。之所以如此，林语堂认为，在于人们对于纯粹的曾经为白璧德所充分肯定的中国人所具有的优越的"良知"是否持乐观态度。而事实是，正是在对于"良知"的认识上，现代的人们并不持乐观态度。当然，更深一层的原因可能在于，"在如今这样的时代，人们是否还会信仰儒家学说"①。

林语堂对于20世纪中国的知识思想当然了然于心。近代以来，在一个逐渐对外开放的时代环境中，条约口岸知识分子（Treaty Opening Cities Intellects）与留学知识分子实际上不仅改变了中国传统知识分子的知识结构，改变了中国传统人文知识分子的类别特性，而且也改变了晚清以来中国的知识力量、道德力量和信仰力量的构成。如果按照传统观点，对于一个接受过西方教育的中国知识分子来说，如果他们依然愿意而且能够接受儒家学说中的集中性（centrality）与普遍性（universality）观点，他们依然可以与中国古代传统思想进行正常而且顺畅的交流——而且这种交流并非仅限于思想观念上，还包括在情感上的认同与归依，这样的知识分子，当然可以说是一种具有跨文化经验的新型儒家知识分子。这种知识分子，或许就代表着儒家思想或者传统儒家知识分子的现代转型。但是，在现代中国所处的时代语境中，这种转型显然并不容易，原因在于，儒家思想传统中的核心价值观，在现代社会的价值观念的冲击之下，面临着巨大的压力和挑战。而这样的挑战，并非仅仅来自于思想观念自身，而是来自于近代以来观念形态的文化所依赖的经济基础所遭遇到的前所未有的冲击。而在这样的前提下，思想观念上的所谓"自守"以及因此而被冠之的"保守"，无不打上了一种深深的时代烙印。

但在已经离开五四新文化语境的三四十年代，在一个与现代社会进行思想对话的个人语境中，林语堂发现，儒家学说对于集中性和人文主义的基本诉求，依然具有一种"奇异的力量"（strange strength）。而这也是他理解这样一个历史事实的基础，即儒家学说在过去两千五百多年时间里作为主流文化观念而存在的历史中，不仅战胜了道家、法家、墨家、名家等诸子百家学说而独尊（其中除了短时间道家和佛教取代儒家学说成为统治者

① Lin Yutang: *The Wisdom of Confucius*, p.3, Random House, The Modern Library, 1938.

的宗教），而且上述任何一家学说都没有能够真正地替代过儒家学说而成为中国统治阶级和整个社会的行为规范与价值评价标准。但是，在19世纪末，儒家学说遭遇到了真正的挑战，这所谓真正的挑战，并不是来自于另外一种宗教——基督教，而是由“工业时代所带来的西方思想、西方生活以及一种即将到来的新的生活秩序所组成的整个系统”①。在林语堂看来，“作为一种复兴封建秩序的政治体系，儒家学说可能会被现代政治科学和经济学推出历史舞台”②。也就是说，作为一种政治理论，或者一种与经济行为直接相关的价值评判体系，儒家学说不可避免地将被现代工业社会一整套理论规范标准所取代，这是一场无法避免的文化悲剧③。

但是，作为一种“人文主义文化”，作为一种关注“生活行为和社会行为的基本观念”，林语堂认为，儒家学说依然会在现代社会和现代人的生活与思想行为中占据其应该拥有的阵地。在他看来，没有一种信仰的统一和思想体系，没有任何一种所谓的格言汇集，能够像儒家学说那样曾经并且依然能够主导中国——当然林语堂在这里更多地看到的，是中国社会在面临现代西方工业文明体系性的冲击之时所赖以维系民族情感精神的历史文化延续，当然最根本的原因，应该还在于中国社会的经济基础所发生的变化并非一夜之间完成的，而是一个缓慢渐进的过程，这也自然为儒家思想传统的现代处境提供了多少还能够苟延的经济基础和社会基础。但是，林语堂这种在人文主义文化诉求方面对于儒家人文传统的肯定，却与白璧德当初的立场保持着某种默契。

而究竟应该如何看待包含着儒家思想核心的那些经典，那些具有独特语言风格和修辞风格的格言警句？林语堂借鉴了信仰宗教的思维逻辑，认为只有儒家学说作为一种被公认的正确的信仰体系继续存在着，继续能够

---

① Lin Yutang: *The Wisdom of Confucius*, p.4, Random House, The Modern Library, 1938.

② Lin Yutang: *The Wisdom of Confucius*, p.4, Random House, The Modern Library, 1938.

③ 其实，康熙、雍正两朝所颁行的《圣谕广训》中，对于包括西洋天主教在内的所谓“异端”对于社会的影响以及“正学”可能因此而遭遇到的蒙蔽，还是多少带有一些忧虑的。近代以来，这种忧虑不断被强化，但显然不仅在于西方基督教文化的步步进逼，更在于近代西方工业文明对于以农业文明为主体的中国社会的侵蚀以及由此而引发的中国社会思想意识的变化。参阅 James Legge, *Imperial Confucianism, or The Sixteen Maxims of K'ang-hsi Period*, The China Review, or Notes and Queries on Far East, 1877, Vol.6, No.3, 1878, Vol.6, No.4, 1878, Vol.6, No.5, 1878, Vol.6, No.6。

对中国人乃至更广范围内的人类精神生活与现实行为产生指导和借鉴意义，那么，那些格言警句才可能依然具有精神思想力量。反之，就像儒家思想的那些现代批评者所抨击的那样，那些格言警句不过是些陈腐乏味的老生常谈。

林语堂对于儒家学说的理解，始终结合着它的产生背景，也就是所谓古代中国诸侯间的无政府状态和古代封建秩序的崩溃。这也是他希望那些儒家思想的西方阅读者在思考孔子思想产生的历史环境时所应该予以注意的。在他看来，只有这样，孔子或者儒家学说企图通过“礼”与“乐”来重建古代封建秩序的努力也才会不难理解。林语堂将儒家人文思想传统的人文价值历史化和相对化的解读方式，却是与白璧德试图将人文主义建立成为一种几乎能够替代宗教的现代而且恒久的价值观与人生观的努力方向几乎背道而驰的。

不过，与其他使用传统的概念术语来界定儒家学说不同的是，林语堂在40年代直接借用了“人文主义”(humanism)这个英文单词，这当然直接归因于他对白璧德所清理出来的西方历史语境当中的人文主义这一概念的熟悉。在林语堂看来，对于儒家学说的最好的哲学理解，就是它认为“人的尺度乃人”。“离开了这一点，整个儒家学说系统就会分崩离析”①。而且马上也会变得没有任何实践意义。这种肯定的强调，虽然符合儒家思想的一种解读，但它同时也是白璧德解读儒家人文思想的路径。而整个“礼”和“乐”的哲学，就在于“正人心”。而所谓“天之域就在人自身”，对于任何一个试图垦拓个人生活的人来说，只要他开始追求他的本性当中最好的并且矢志不渝地坚持就可以了。而40年代的林语堂认为，这就是儒家伦理学在实践层面的精华。

第二节　《学衡》与“学衡”派知识分子联盟

一

标明白璧德与现代中国知识分子之间关系存在着由点到面式的波及辐射关联的，是《学衡》以及“学衡”派知识分子联盟。而《学衡》又从人事上关

① Lin Yutang: *The Wisdom of Confucius*, p.17, Random House, The Modern Library, 1938.

联着20世纪20年代一所几乎与北京大学齐名的南方国立大学——东南大学，所以，在正式进入到全面检讨“学衡”派知识分子联盟之前，探讨一下《学衡》及其与东南大学之间的关系是必要的。

中国古代社会中学仕一体的政治—文化体制，直接规范并制约着古代人文知识分子的思维空间和他们的现实出路。学校(书院或者塾馆)在传统和现实两方面，实际上都成为了维系和承传主流文化思想和体制性文化的基础。儒家文化曾经以唤醒个体生命的道德自觉和社会意识、培植知识分子的人文理想为其主要宗旨，并将顺乎天道、恪守人道、明辨是非、践履笃行这一整套政治思想行为、文化观念传授给学生，以此来对他们进行日常心志、道德伦理训练，并成为他们修齐治平的精神归宿和信仰依靠。这种泛道德中心主义的文化体系，借助于它与现实政治之间的特殊关系，以及沿袭下来的社会传统和习俗力量的支持而得以长久地保持下来。但是，这种以自我道德完善为中心的封闭自守式的个人道德提升，虽然曾经(而且仍然在)产生过令人瞩目的道德文化成果，却也自在地抑制了个人与社会的科技思想生成的现实可能，并从根本上阻碍了近现代意义上的社会形态的有效发展。久而久之，因循守旧，尤其是思想语言上的墨守成规成为一种思维惯性，儒家学说以及儒家学术所倚重的那种元初的个人生命道德激情，在体制性思想文化的围困下一点点地耗散掉。对于儒家学说的理解，似乎也正像白璧德所描述的，从古典主义到伪古典主义，再到彻底失去了思想精神源头与动力的歇斯底里式的教条主义或者抱残守缺，只剩下一些自欺欺人、干瘪枯涩的教条说教，甚至沦为禁锢个性自由发展的最顽固的堡垒。所以有人说“科举一日不废，古文的尊严一日不倒”①。

中国社会自进入近代以来，传统书院教育，包括它所具备的那种如马一浮所言的近似于教会、教堂的性质和职能，都遭遇到了前所未有的危机②。这种危机具体表现在：

其一，传统书院教育再也无法提供应对和解除中国社会所面临的空前危机所需的完整而有生命力的语言。在民族内忧外患的现实境遇中，传统教育所能够提供的一整套传统知识分子安身立命的“学问”，首当其冲地遭

① 胡适：《五十年来中国之文学》，见《胡适学术文集·新文学运动》，148页，北京，中华书局，1993。

② 辜鸿铭：《中国人的精神》，70页，黄兴涛、宋小庆译，海口，海南出版社，1996。

受到西方声光化电这些近现代科学思想和技术成就的强有力的冲击和挑战。民族生存问题(在人文知识分子那里则是民族文化的生存问题)成为最迫切、最无法回避的现实问题。在这种现实的不断冲击下，传统儒家教育思想体系在近代学校教育中渐趋分崩离析，再也无力恢复其结构性的政治文化和宗教文化功能[①]。

其二，近现代大众教育的普及及其日益物质化和世俗化的倾向，不仅动摇了传统教育中营造形而上道德的努力，也直接动摇了传统士大夫道德中心主义的精神自恋情结的现实外缘，传统知识分子修齐治平理想及其实践途径的完整性也逐渐被催逼得支离破碎。

其三，近现代学校教育的核心思想和内容，乃西方近现代科学思想和技术进步及成果，它与中国传统思想中的人文思想虽有互补之处，但更多的是矛盾和冲突。如何在带有生存利害关系的近现代中国的社会历史语境当中，来调适近现代教育在中国的发展，实际上与中国传统人文思想教育的一步步退让几乎是等同的。

20 世纪 20 年代前后，以《学衡》的出现为标志，出现并形成了现代中国人文知识分子对处于对抗中的中西文化的各自优劣的又一场论战。它实际上是处于不断退让中的中国传统人文思想，借用来自于西方思想文明内部的自我批判的时代语言——白璧德的新人文主义，对以西方近现代思想为其价值核心的五四新文化运动的新一轮反击。而且，因为白璧德思想所具备的一些特质，也因为白璧德与现代中国知识分子之间关系的特质，同时还因为“学衡”派知识分子联盟的特质，使得这一轮思想反击从一开始就具备了一些同样反击新文化运动的其他思潮所不曾具备的特点。

20 年代前后，与《学衡》既有确实的人事关联，彼此思想主张也基本一致的文化学术刊物，还有《史地学报》(南京高师史地学会主办，1921～1926)、《湘君季刊》(长沙民德学校，1922 年)、《国学丛刊》(南京，1923～1926)以及《大公报·文学副刊》等。

《学衡》与东南大学之间的关系，实际上也就是与五四时期的“东南学风”之间的关系。而“东南学风”与“学衡”派知识分子群之间则又有一种内在的精神联系。因此，对于“学衡”派知识分子群的考察，也就离不开对东

① 蔡元培：《在北京任教育总长与记者谈话》，见《蔡元培选集》，上卷，402 页，杭州，浙江教育出版社，1992。

南大学和“东南学风”的考察。

二

东南大学的前身是南京高等师范学校，更早可追溯到晚清的三江师范学堂[①]。当时张之洞督江兴学，在南京北极阁之南(即后来的南京高师校址)开办三江师范学堂，不久又将其更名为两江师范。创办伊始，这所学校即以“规划宏远，设备丰富”而“固东南数省学校之翘楚”[②]，有人甚至夸誉该校不亚于日本帝国大学。当时的两江总署对这所学校确实也寄予了很大希望，将其视作“三省中小学堂命脉所关”而刻意经营，其间还不断追加建设款项，对其颇为倚重。1914 年，有人提议呈请教育部在此改建设立高等师范学校。1915 年 1 月，江南名绅江谦被委为校长，聘定留美教育博士郭秉文为教育主任。同年 9 月开校，定名为南京高等师范学校。当时国立高等师范学校六所，南京高师居其一。据称，该校教职员“多经留学欧美，学有专长。校内一切，用最新式组织，条理井然”[③]。由此可见，南京高师在当时也是西方近现代教育思想和体制催逼下的产物，是一所借助西方近现代教育思想和物质条件，旨在改变因袭的私塾教育和学堂教育模式的现代新式学校。

自 1915 年直至 1919 年，该校共开设文史地、数理化二部并农、工、商、教育、英文体育等科，注重作为基础的文理教育与实用的工商教育的齐头并进，成为该校建校伊始的一大特色。据载，当时学校分设各科的旨趣，均参照“一时国内趋势之所需要，以为之准备救济者”[④]。《南京高师添加农工商各专修科报告书》中，对于分设各科的指导思想有更明确的说明，“救社会前途经济之困穷，吾国生计问题之恐慌，恒起于中等社会。故欲急谋一国生活基础之巩固，必就中等社会之生活能力谋之，则中等实业教育为中坚，而储造师资为亟也”。把根据社会发展的需要来发展实业教育、尤其是中等实业教育，视作救社会的正途，而不是将思想文化启蒙视为更

---

① 三江：指江苏、安徽、江西。

② 载《新教育》，1919，第一卷第一号，105 页。

③ 《中国近代教育史资料汇编·实业教育师范教育》，1014 页，上海，上海教育出版社，1991。

④ 《中国近代教育史资料汇编·实业教育师范教育》，1014 页，上海，上海教育出版社，1991。

迫切的任务，这实际上已经为后来的所谓“东南学风”奠定了基础，或者说这也成了“学衡”派知识分子联盟，在这样的一种具体环境中注定失败的原因之一。

1915年，郭秉文接替江谦任南京高师校长。郭秉文主持学校行政后，倡导所谓“平衡”的办学原则，即通才与专才、人文与科学、师资与设备、国内与国际，“皆使平流并进，罔倚重轻；而倡导‘科学’‘动力’两种精神”，并以此扩展成为所谓“南雍教育之特色”[①]。其进一步说明就是培养的人才应该“学术明确精熟；道德中正平和；才能悠久深厚”。以至于当时即有人称“北大以文史哲著称，东大以科学明世”[②]。到了1921年夏，东南大学挂牌开校时，郭秉文进一步将所谓“南雍教育之特色”阐发成为“我一定要永远保持南京学生的优良传统——埋头用心读书，不问政治……”[③]

从注重实学到倡导“科学”“动力”两种精神，再到强调要保持南京学生“埋头用心读书，不问政治”的所谓“优良传统”，所谓“东南学风”在其形成过程中，除了历史与现实的某些因素外，还有其内在的思想逻辑。事实上，郭秉文所倡导的“科学”精神，落实到日常教育中，往往就变成了科技教育，而不是对科学思想——对科学产生的历史必然性及其方式进程的探究兴趣，而这正是陈寅恪在与吴宓论学时，就中国近现代学术思想及现状，结合中国人的民族思想特性以及历史传统而作的批评的主要内容。除此之外，所谓“平衡”的办学原则，与北大当时所倡导的“兼容并包，思想自由”相比较，前者则极易构成对真正的科学精神和自由思想的抑制。因为它需要用一个平衡的原则来“平衡”两种对立或者矛盾的单向发展，也就是说，整体的平衡在所谓“平衡”原则中比单向的自由发展更重要。但是，怀疑精神和批判意识是近代中国走出封闭、僵滞、落后状态的关键，它也是现代思想文明的显著特征。东南大学所倡导的“平衡”原则，表面上看兼顾了国内与国际、传统与现代，而在事实上，在中国近现代历史语境下，这种协调统一平衡的办学原则，往往呈现出一种对传统反思不够的保守状况，并成为现代精神的大敌。因为它会更注重学术传统的清理承延，而不

① 《中国近代教育史资料汇编·实业教育师范教育》，1014页，上海，上海教育出版社，1991。

② 梁敬淳：《然疑录·记北大(附东大)》，见《中国近代教育史资料汇编·实业教育师范教育》，1017页，上海，上海教育出版社，1991。

③ 黄伯易：《忆东南大学讲学时期的梁启超》，见《文史资料选辑》，第九十四辑，86页。

是去拓展新的学术领域和思想空间；会更加注重实践层面上的经世致用式的人才的培养，而不是去鼓励站在学术与社会、学术与个人的关系网络中，反思传统学术的现代意义，尤其是传统学术中个人的萎缩与中国社会发展停滞之间的内在关系。

毫无疑问，任何一种校风的形成绝非一时一人所能为，但是，一个关键人物的加入，却有可能改变原来的力量构成，并可能影响到它的现实朝向。而随之而来的一群人的呼应，则可能使原来的个人声音，扩张成为一种不可轻觑的风气。在郭秉文之外，当时任东南大学副校长并兼史地部主任的刘伯明、曾任史地部主任的史学家柳诒徵、生物系主任胡先骕、西洋文学系主任梅光迪等人对于"东南学风"的养成，亦有不可忽略之贡献。其中，柳诒徵对于东南大学文史研究的影响与传统之形成，更是加强了后来《学衡》对待中国传统文化的态度。柳诒徵曾经在《史地学报》创刊号的引言中直言不讳地抨击当时令他所齿寒的"学界现状"："国有珍闻，家有瑰宝，叩之学者，举之不知，而唯震眩于殊方绝国矩人硕学之渊博，既治溉于殊方绝国者，亦不外教科讲义之常识，甚至缀拾剽窃稗贩糟粕，并教科讲义之常识而不全。而吾国遂以无学闻于世"，并言"吾尝以此晓诸生，诸生亦耻之，于是有史地学报之刊。是刊也，非以鸣其学，所以鸣其学之不逮人，而策吾之耻也"。这种忧于国内文史研究萎缩衰败几至一时无学的文化学者，并非柳诒徵一人。陈寅恪在《北大学院己巳级史学系毕业生赠言》一诗中亦曾表达过相同的忧患，"群趋东邻受国史，神州士夫羞欲死。田巴鲁仲两无成，要待诸生洗斯耻"[①]。这种近现代中西文化交流语境中学术上的民族文化情结和自尊意识，自然不可避免地影响到研究者对待民族传统文化和西方文化的态度。如果把西方近现代科技文明的入侵，与近现代宗教文化的入侵并举考虑，中国现代知识分子的这种忧虑，就绝非杞人忧天了。

与郭秉文的平衡主张、柳诒徵的民族文化论相呼应的，是刘伯明对学术规范和学者的学术人格的张扬。刘伯明借对理想的学术人格的呼吁，表示了自己对于当时学术界某些现象的不满。他认为，一个真正的学者，就像爱默生所说的那种类型的学者，"应有自信之精神；应注重自得；应具

---

① 陈美延、陈流求编：《陈寅恪诗集》，18页，北京，清华大学出版社，1993。

知识的贞操；应具求真之精神；应持审慎之态度”[①]。刘伯明这里所倡导的学者的几种“美德”，都是针对近现代中国知识界、思想界在引入、介绍西方思想文化方面所表现出来的种种功利的、个人的现实诉求而言的。在理想化了的传统学术尊严与现代学术“潮流”之间，刘伯明把选择的砝码放在了前者那一边，并且进一步抨击了他眼中的“现代学术原则”，“前之自尊其人格者，深自韬晦，耻于奔竞。而今则不以奔竞为耻，其愈工于此者往往愈为社会所推重，于是政客式之教育者出现于世间，其所推重者曰办事之效率曰可见之事功”[②]。仅就当时整个思想文化生态环境而言，不能说刘伯明上述批评毫无道理，或者无的放矢。但是，他显然是把自己理想中的传统学术与当下学术界的某些堕落现象，替换成为所谓“传统学术”与“现代学术”的根本对立，并将前者完全等同于传统学术，而将后者则替换成了现代学术。虽然刘伯明也批判了现代学术的功利性，但他所批判的是学术的个人功利性，而不是真正意义上的现代学术的社会功利性。这正是背倚着传统道德中心主义的知识分子批评现代思想文化时一个容易被纠缠在一起的问题，即他们往往将学术的个人功利目的与个人学术的社会功利性混淆在了一起。与蔡元培“兼容并包，思想自由”的开明宽容的办学思想相比，从郭秉文、柳诒徵和刘伯明在《学衡》上所发表的那些指陈时弊的文字看，不少都带有守持一端而拒斥另一端的偏激倾向，都有批评正在生成发展中的中国现代学术(包括学术领域和学术方法)的片面倾向，尽管他们也倡言反对学术上的任何意义上的盲从和保守。

在上述三人之外，梅光迪是胡适或者五四新文化的最早、最直接的反对者，虽然他曾经在对待中国古代历史文化的态度上与胡适有不少相通之处。在与胡适之间的文言白话之争暂时平息后，梅光迪显然并没有就此偃旗息鼓，而是开始在留美同学中“招兵买马，联络同志”，以图与胡适、陈独秀等新文化倡导者大干一场[③]。世道衰微时不忘经世救国，本来就是中国知识分子的一种传统，而文道、学道的衰微，更易于激发起传统型人文知识分子的卫道热情。但是，同样是经世救国，同样是弘扬思想文化，同样是启蒙尚学，“学衡”派知识分子群与《新青年》、《新潮》知识分子群呈现

① 刘伯明：《学者之精神》，载《学衡》第一期。

② 刘伯明：《学者之精神》，载《学衡》第一期。

③ 吴宓：《吴宓自编年谱》，228页，北京，生活·读书·新知三联书店，1995。

出明显的不同。相对而言，前者在昌明国粹、融化新知的思想学术原则之后，在现实层面上却又呈现出偏于自守的一面，而后者相较于此，则略显开放；前者在用力的方向上偏于传统的诠释阐发，后者则更多地力倡新学的引进创新；前者在精神价值的诉求上偏于人文精神的传统内蕴，而后者则主张科学与人文思想的现代结合。在中学与西学、学术与启蒙、承传与创新、人文理想与科学精神的时代冲突中，“东南学风”在它的倡导者们的弘扬下，在外在环境的刺激下，最终呈现出与北大学风所不同的时代特质。

很明显，相较于处于外缘的地域政治文化因素，上述“居位者”的思想观点还通过师承关系而直接影响着他们的学生。在《学衡》初期的主要撰稿人中，邵祖平就深受胡先骕的影响，而缪凤林、景昌极、张其昀、徐震堮等更是柳诒徵的受业弟子，承其培植多年，在治学领域、治学方法诸方面存在着明显的延续性。

三

1921年在南京高师的发展史上无疑是非常重要的。其一，该年7月，东南大学正式在原南京高师校内挂牌开校，成为当时与北京大学并列的两所国立综合性大学；其二，吴宓自美返国，应有志与新文化运动倡导者们“大干一场”的梅光迪的邀请，前来南京高师，出任西洋文学系教授。《学衡》也由原来的设想进入到实际筹备，并于1922年1月创刊；其三，1922年夏，东南大学校长郭秉文在他的“北京之行”后，返校即倡言“自由讲学”，很有一番要打破东南大学“沉闷的空气”的想法。而且还仿美国大学制，筹备开办暑期学校（Summer School），延请国内外名流学者来校自由讲学。其中就有当时在中国讲学的美国哲学家杜威，还有梁启超、胡适、张君劢、张东荪等，一时有“美尽东南”之称。这些人中既有实用主义者实验哲学的倡导者，也有白话文学和科学人生观的鼓吹者，还有近现代科学思想的反对者。这种尽揽天下豪杰而任其各展其能的做法，倒有点儿北大“兼容并包，思想自由”的味道，而所谓“东南学风”，此时似乎也多少受到了一次近距离的冲击。

但关键是对于冲击的反应。郭秉文这一旨在打破东南大学与北方相较而言学术空气“沉闷保守”的举措，显然并没有达到自己的预期目的，却进

一步催发激化了“学衡”派知识分子与新文化运动倡导者们之间的分歧。

《学衡》自1922年1月创刊，直至1933年办至第79期停刊，前后共十一年，但在东南大学时期仅有两年左右，即从1922年1月到1924年6月。由于人事上的变动，“学衡”派几位核心人物先后离开了东南大学，《学衡》的东南大学时期也就随之结束。此间，《学衡》共出三十二期。就这三十二期中的“通论”、“述学”和“文苑”这三个主要栏目的作者背景以及彼此之间的关系看，东南大学时期的《学衡》更像一个地方同人刊物。其撰稿人主要是东南大学文史哲各系科的教授，并辅以部分国文系的学生。这些教授和学生为刘伯明、梅光迪、吴宓、胡先骕、柳诒徵、缪凤林、景昌极、张其昀、徐震谔、邵祖平、郭斌和、吴芳吉、刘永济、刘朴以及稍后归国的汤用彤、楼光来、李思纯等。尽管“学衡”派知识分子之间并非没有任何学术思想上的差异，而且，他们在对中国传统思想文化的批评上也并非完全一致。但是，在对待文言白话以及近现代西方思想观念的“中移”上，他们却有着近乎一致的态度。

这一时期的“学衡”派知识分子就其教育背景而言，大致可分为三种类型：

其一是清华学校毕业，留学美国而后又共事执教于东南大学。此三者中居其一或二者有刘伯明、梅光迪、吴宓、胡先骕、汤用彤、楼光来等；

其二是清华教育背景，却因故未能赴美留学或中途而返者，他们是吴芳吉、刘永济、刘朴等；

其三是执教或者就学于东南大学者，他们是柳诒徵、缪凤林、景昌极、张其昀、徐震谔等。

上述这些人，既有完全出自于中国传统教育体制者(实际上也已发生了很大的变化)，但更多的则是在近现代之交，既受庭训，又直接接受了西方学校教育、尤其是美国学校教育而成长起来的现代知识分子。他们的专业基本上涵盖了当时中外文史哲所有领域。

粗略地分析一下这些人之间的私交和个人文化性格，则可以为我们提供一个进一步了解这一群体的知识分子的契机。就《学衡》“述学”一方而言，柳诒徵以及他的那班国文系学生是不可忽略的；但是，就“学衡”派知识分子群的形成以及在文化批评上的倾向而言，梅光迪则起了关键作用。梅光迪既与东南大学的副校长刘伯明是美国西北大学的校友，又与吴宓同

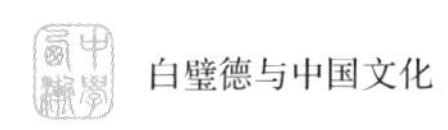

师于白璧德。但是，相较于吴宓，梅光迪身上似乎缺乏一种更为强烈而持久的道德热情和具体做事的耐心，所以，尽管他思想的敏锐和社交能力可能优于吴宓，但东南大学时期的《学衡》的中心人物，事实上却是吴宓而不是梅光迪。在《学衡》后来的“苟延残喘”以及超越东南大学时期的《学衡》的后期“学衡”派知识分子联盟的形成上，吴宓身上那种强烈得近于迂腐偏执的道德热情、矢志不渝的古典情怀、愤世嫉俗式的卫道意识，无疑起了极大作用。通过他负责组稿和编辑《学衡》，而一直影响着《学衡》那种遗世而立的文化品格，并使得《学衡》自始至终呈现出与同时代其他一些文化刊物不同的、一种逆时而动、孤木难支的文化悲剧色彩。这种悲剧色彩反过来又进一步凸显了传统文化以及为传统文化所熏染的那些人文知识分子在近现代的尴尬处境和悲剧命运。

但是，东南大学时期的“学衡”派知识分子群中（这里所谓的“学衡”派知识分子并非是指所有曾经在《学衡》上发表过文论的人），除柳诒徵、汤用彤外，其余当时在学术上的名声都不大。与其说他们是因为思想的深刻切实、学术的精湛博大而不应被后来者所忽视，倒不如说他们是以一个群体的存在以及他们所维护的那种文化思想的源远流长的传统力量而引人注目。事实上，《学衡》初期对五四新文化的批判，一直不能摆脱和超越传统道德话语的局限，其中不乏流于诟啐式的人身攻击文字以及空洞无物、薄学乏术式的私人主张。而且，“学衡”派知识分子联盟内部从一开始就存在着不少分歧——这也充分显示出这一联盟脆弱的基础，其中梅光迪与吴宓之间的分歧尤为明显。梅吴二人虽然共师于白璧德，而且对五四新文化运动有着近于一致的反对，但是，梅光迪这一时期的个人兴趣，显然仍然在于继续他与胡适之间未结束的论战以较出输赢，而吴宓却希望《学衡》以一种完整的文化姿态对五四新文化展开批判。这里所谓“完整的文化姿态”，是指对《学衡》所背倚的中西历史语言文化资源的清理介绍，以及对新文化所背倚的西方近现代语言文化资源的清理批判，包括对新文化运动和新文化倡导者的直接批判。正是吴宓的这种个人追求和现实努力，使得东南大学时期的《学衡》在现实批评（通论）、学术清理（述学）以及文学创作（文苑）几个方面，都有令人瞩目的展开，并呈现出一种相对成熟的思想文化类型的批评刊物的诸多特质。

即便如此，依然不能小看了“学衡”派知识分子联盟内部之间的这些分

歧。从事理上说，柳诒徵及其学生对于西方近现代科学思想和浪漫的文化精神，毫无疑问是持反对态度的，但他们对西方古典思想文化也并不是随之就有了相应的兴趣，因为他们的学术范围和学术训练，集中在中国古代文史方面；而吴宓和梅光迪虽然有意将白璧德的人文思想译介到中国来，并以此作为对西方近现代主流思想文化的抵御和批判的可资借鉴的思想资源，但是，他们对新文化运动以及五四新文学先入为主的个人成见，影响了他们对新文学和新文化的了解同情，特别是他们囿于文言之成见而过于情绪化地反对批评白话文学，实际上也并不利于他们自身观点主张的宣扬，特别是在白话已经确立了其国语地位之后。也因此，他们对于五四新文学的批评，实际上并没有梁实秋那样切中肯綮。同样是依凭着白璧德的人文思想，梁实秋因为与五四新文学之间的关系，使得他的批评，尤其是《中国现代文学的浪漫之趋势》、《王尔德的唯美主义》、《现代文学论》等，既包含有一种对新文学的“同情”，而其批评，也要显得有的放矢得多。

但是，“学衡”派知识分子对于中国传统文化（虽然他们彼此对于“传统文化”的理解认识也并不一致）的维护热情，在一个时期却有效地将他们聚集在了一起。具体地说，当初吴宓确实是怀着振衰弘道的道德热情来到东南大学的。早在清华学校时，吴宓就经常吟诵“吾责斯文在，横流道可哀”一类的诗句①。然而，仅仅一年之后，吴宓原来的满腔热情却化成了满腹难言之隐，“委曲求全意，操劳尽瘁身”②，个中原委，与“学衡”派知识分子内部的分歧不无关系。

尽管如此，导致“学衡”派知识分子四散于天下的还有更复杂的原因。虽然《学衡》创刊伊始，“学衡”派知识分子群内隙已呈，但加速“学衡”派群体分裂的，还有另外两个重要原因。

其一，白话文已被指定为国语，并在中小学校普及。也就是说，文言白话之争已经以白话文走入中小学课堂以及“以语统文”而宣告了它的胜利③。这也意味着，《学衡》主张的一半，实际上已经在现实层面被宣告失

① 吴宓：《二十初度》（一），见《吴宓诗集·清华集下》，上海，中华书局，1935。

② 吴宓：《吴宓诗集·金陵集》，215页，上海，中华书局，1935。

③ 黎锦熙在“为反对设‘读经科’及中学废止国语事上教育总长呈文”中提出“国语意在以语统文。故非摒弃古文，尽采白话也”。《近代中国史料丛刊》续辑第655种，载《大学院公报》，84页，台北，台湾文海出版社。

败。文言白话之间的论争，之后也只能局限于学术和文学领域了[①]，而且，论争也不得不限定于理论层面而失去了它的现实效应。而新文学及新文化在广大青年学生中所受到的欢迎，也使得《学衡》只能将其读者群定位在或者局限在与其所持观点主张相近的年长者或者学校里的文史教员中——所有这些当然不是白璧德所处的批评环境所能替代或者比拟的。同时，《学衡》对新文学强烈的批判态度又让其树敌太多，以致“众怨人怒”。柳诒徵曾经轻松地说《学衡》“其文初出，颇为聋俗所诟病。久之，其理益章，其说益信而坚，浮薄怪谬者屏息不敢置喙”[②]。这种说法前半部分属实，而后半部分则多少有些夸大甚至自欺欺人。倒是吴宓在东南大学时的学生浦江清所说的“吴先生编《学衡》，主持文学正论，而影响殊少”[③]，似乎更切近《学衡》当时的实际。《学衡》在影响范围和影响力方面的不足，一方面限制了“学衡”派思想主张的传播，另一方面又直接影响到《学衡》的销路，导致其订户每况愈下，经济上严重入不敷出。

其二，1923年底，《学衡》的重要支持者和撰稿人刘伯明病逝，《学衡》也就失去了来自于学校方面的有力支持。随之而来的人事上的遭际、驱赶原校长郭秉文的学潮、学校教学大楼夜遭火焚等，这一切纠缠在一起，《学衡》已是内外交困，难以维持。而柳诒徵及其学生将注意力转向《史地学报》和《国学丛刊》这些“学术性”更强的专业刊物，也削弱了《学衡》的作者队伍。短暂的“学衡”派知识分子联盟，似乎也有了随之四散的征兆。

1924年，随着胡先骕、梅光迪先后出国赴美，《学衡》以东南大学为中心的知识分子群已趋解体。吴宓曾在一首诗中把自己这一时期心中的失望感伤苦闷乃至迷惘的情绪袒露无遗。“各有奇愁说不得，几曾佳节月能明。两年蹊隐青苔长，一夕离筵断梦惊。大海浮航无住着，营巢作茧定何成……”[④]诗中离散虽为实指，但诗外之意，已是不言自明。无奈之下，吴宓也只有远走辽东。始三年江南地，临行意迟迟。一种难以排遣的失意情绪

---

① 当时各大学校在颁行校内使用的学制中，对本校的教育目标预期以及所适用的理论都有说明。譬如，1919年11月《新教育》第十一卷十一号上刊登的“北京大学最近之学制”一文即称北大“纯取进化之精神”，已经是将“进化”论作为一种思想初步体制化了。(《近代中国史料丛刊》续辑第655种，载《大学院公报》1928年1～2月，台北，台湾文海出版社。)

② 柳诒徵：《送吴雨僧之奉天序》，见《吴宓诗集·辽东集》，232页，上海，中华书局，1935。

③ 浦江清：《浦江清文录·送雨僧师西游欧洲》，153页，北京，人民文学出版社，1958。

④ 吴宓：《吴宓诗集·金陵集》，135页，上海，中华书局，1935。

充溢于胸间。“依依回首台城柳，辛苦三年遗恨长。”“清福三年天许妒，奇功一篑道难存。离别岂是寻常意，家国公私怨与恩。”[①]将个人生命系附在一种源远流长的文化传统之上，并且不断地从中获得精神资源的支持和滋养，或者将实现这种文化理想作为终身的追求，哪怕它是多么的不合时宜，并将这种个人选择道德化和崇高化，推及于日常的人与事，这是吴宓特别突出于“学衡”派其他一些知识分子的地方。

四

在现代文化史和思想史上，《学衡》首先是以它鲜明的反五四新文化倾向而引起知识界注目的。而它的那些批评，又是从对所谓“学风”和“士风”的批评开始的。简单地说，是从对新的正在建构之中的现代学术规范和学术纪律的批判开始的。这一时期，《学衡》上直接批评近世学风的文论集中而且尖锐，显然是有备而来。在最初几期刊物中，集中刊发了《评提倡新文化者》（梅光迪，《学衡》第一期）、《评今人提倡学术之方法》（梅光迪，《学衡》第二期）、《论今日吾国学术界之需要》（梅光迪，《学衡》第四期）、《学者之精神》（刘伯明，《学衡》第一期）、《再论学者之精神》（刘伯明，《学衡》第二期）、《论今日教育之危机》（胡先骕，《学衡》第四期）、《论新文化运动》（吴宓，《学衡》第四期）等。如此集中地批评新文化和近世新学之“学风”，也是东南大学时期的《学衡》的一大特色。而这里面，又怎能说没有一点白璧德抨击杜威的教育思想和教育实践的痕迹呢？

在“学衡”派知识分子看来，“学风关乎士风，士风关乎国运”[②]，其意义不可轻觑。而他们认为，近世以来，所谓“新学”或者西学，之所以在国内“泛滥”、“嚣张”，能够蛊惑人心，尤其是获得青年学生的赞扬拥护，实在是与新文化倡导者们的学术人格有关系。历史地看，《学衡》从一开始就自觉地处在与新文化相对立的位置上，尽管作者大多也同样具备现代教育背景，但他们对于新文化的知识分子自我启蒙与社会启蒙主张、对他们所引进介绍的西方近现代科学技术思想和自由民主精神，尤其是对作为这些主张理论支撑的社会进化论以及怀疑与批判精神等，都持明确的反对态度。它在“国学”方面主张的“以切实之工夫，为精确之研究，然后整理而

---

① 吴宓：《吴宓诗集·金陵集》，142页，上海，中华书局，1935。

② 邢琮：《罪言录》，载《学衡》第二十四期。

条析之”，与它在“西学”方面所主张的“博极群书、深窥底奥，然后明白辨析、审慎取择”，都是对学术方法的浮泛要求，是以一种所谓的“广博”、“全面”，来反击新文化在引进西学时的“断代”和诠释历史时的“片面”，虽有切中肯綮之处，但其实际可操作程度也大可值得怀疑。不仅如此，“学衡”派知识分子群在学术思想批评上所倡导的一些主张，并没有落实到他们自己的学术研究成果之上。当时的“学衡”派知识分子中，除了柳诒徵的中国文史研究已经卓有成就外，其他人多只有在《学衡》上发表的那些批评文章，而不是像那些新文化的倡导者们那样，已经有了切实的研究成果。

新文化倡导者们是从中国社会与个人生产力的低下、传统体制性文化对社会与人的压抑和禁锢的角度，来倡导人的历史性解放和发展的，而他们所极力倡导的怀疑精神与批判精神，也是以人与个人的思想自由和独立为皈依的。与此相反，“学衡”派知识分子认为，恰恰是近现代以来知识分子内部对传统文化的不断怀疑与批判，破坏了传统文化的完整性和权威性，使之进一步失去了对社会人生的实际指导功能；而这种破坏的直接后果，就是一种新型知识分子的诞生，而这种类型的知识分子，又是“学衡”派知识分子们所不愿看到或者“不齿于为伍的”。胡先骕曾经指出，“中国教育之改革，其动机于西方文化压迫”。这种认识本属正常，但是，假如再往前走一步，认为反抗文化压迫的方法，就是从传统中寻找出或者诠释出优越于西方文化的东西，这实际上是近现代以来所有以反对西学和新学为特征的文化保守主义者最容易诉求的一条道路。胡先骕对“旧文化”和“国民性”的保存的论述，在此时期“学衡”派知识分子中具有代表性。他认为：

> 西方文化之在吾国以吾欧美留学生之力始克成立，而教育之危机亦以吾国欧美留学生之力而日增。吾国文化今日之濒破产，惟吾欧美留学生为能致之。而旧文化与国民性之保存，使吾国不致精神破产之责，亦惟吾欧美留学生为能任之也。

至于究竟如何来缓解和挽救中国文化的破产，胡先骕又提出了对西方文化中另外一条“传统”的追寻确认，来缓解近现代西方对传统中国所构成的压力；与此同时，它又背倚着中西文化中被他们清理出来的“共同性”的东西，来回击近现代中国对传统中国的“肆意”批判撕裂。这种认识和努

力，恰好在文化原则和主张上反映出了《学衡》的那种打通或者统一古今中外的文化思想。

而在对近现代中国古代文化传统的解体原因的解读上，陈寅恪的观点，比较于东南大学时期的《学衡》其他知识分子，则显得更为理性，也更为摆脱这种知识分子中心的文化唯心论。陈寅恪的近世东西文化观，其核心要义，集中体现在他对于王国维自沉原因的阐述中。他说：

> 或问观堂先生所以死之故。应之曰：近人有东西文化之说，其区域之划分当否，固不必论，即所谓异同优劣，亦姑不具言；然而不可得一假定之意焉。……吾中国文化之定义，具于白虎通三纲六纪之说，其意义为抽象理想最高之境，犹希腊柏拉图所谓Idea者。……夫纲纪本抽象之物，不能不有所依托，以为具体表现之用，其所以依托为表现者，实为有形之社会制度，而经济制度尤其最要者。故所依托者不变异，则依托者亦得因以保存。吾国古来亦尝有悖三纲违六纪无父无君之说，如释迦牟尼外来之教者矣，然佛教流传播衍盛昌于中土，而中土历世遗留纲纪之说，曾不因之以动摇者，其说所依托之社会经济制度未曾根本变迁，故犹能藉之以为寄命之地也。近数十年来，自道光之季，迄乎今日，社会经济之制度，以外族之侵迫，致急剧之变迁；纲纪之说，无所凭依，不待外来学说之抨击，而已消沉沦丧于不知觉之间；虽有人焉，强聒而力持，亦终归于不可救疗之局。

陈寅恪此段文字，与他当年在哈佛与吴宓论学之时的观点如出一辙，所不同者，陈寅恪式的明知不可为的“为”，与吴宓式的明知不可为而为的“为”，无论在“知”的内容境界，还是在“为”的途径方式上，都存在着不应忽略的差别。至于胡先骕式的将中国近世文明之破产，归因于留学生的破坏，显然只是流于表面现象，而没有深入到文化和近代中国社会历史进化之本质当中。

五

“学衡”派知识分子联盟在现代思想史、批评史之所以能够留下一席之地，显然并非是它在文学改良方面的解决方案，而是它在中国思想学术和社会文化的现代转换过程中所发出的积极的、批判的声音。但是，尽管胡适在《学衡》刊出不久就非常自信而乐观地宣布，“学衡的议论，大概是反对文学革命的尾声了”，“文学革命已过了讨论的时期，反对党已破产了。从此以后，完全是新文学的创造时期”①，但《学衡》与“学衡”派知识分子联盟在现代文学改革方案方面的意见，却绝对不会因为胡适的上述宣言即烟消云散。一个不争的事实是，“学衡”派知识分子联盟的绝大部分成员，后来都成为了现当代中国文史领域另一种类型的领军人物——专门研究传统文史学术的专家。因此，回顾检讨一下“学衡”派知识分子在文言白话方面的意见，对于重新认识现代文学的发生和成长，并不显多余。

东南大学时期的《学衡》，固然在对五四新文化和新文学的近现代西方背景和基础的批判上，借鉴甚至直接借用了白璧德的批评语言，但此时“学衡”派知识分子们拿来与新文学阵营对阵的批评语言，却是各有其本原背景，而并非一概来自于白璧德。而且，白璧德对于近现代西方文学的批评，如果不与中国近现代的文学处境和文学知识分子的精神情感处境相结合，实际上还只会适得其反。白璧德人文思想在中国的传播，应该是在梅光迪来南京高师之后，而在此之前，胡先骕已经开始对五四新文学，尤其是胡适的文学改良主张提出了批评，甚至也有人将胡先骕的《文学改良论》作为《学衡》反五四新文化运动的先声②。如此说来，所谓“学衡”派在理论上的皈依，已经并非仅止于白璧德的人文思想，还应该有另外一个或者几个思想语言资源背景。

《学衡》东南大学时期与新文学运动的论战，集中在文言白话、小说与诗歌几个方面。而在这几个方面，白璧德的人文思想没有也不可能具体地给出现成的答案。不同于作为诗人—批评家的阿诺德，作为学者—批评家的白璧德，更多地是从哲学、乃至更宽泛的文化批评角度对文学进行思想批判的，他在文学批判方面所借鉴的语言资源，对于作为五四新文学批判的“武器”，并不一定十分适当。特别是在所谓“文言”“白话”之争上更是如

① 胡适：《五十年来中国之文学》，见《胡适学术文集·新文学运动》，148页，北京，中华书局，1993。

② 参阅《中国新文学大系·文学论争集》以及孙玉蓉、王爱英《五四新文学运动与“学衡”派文学论争大事记》，见《文史资料选辑》总第110期，北京，中国文史出版社，1995。

此。但是，如果说文言所承载的是古代思想文化传统的"精华"，而白话则更突出地表达了现代知识分子的思想和情感的话，文言白话之争的背后，则仍然是古典传统与现代精神之间的冲突的延续。正是在对古典传统和现代精神的态度上，"学衡"派知识分子联盟与白璧德的人文思想再次发生了共鸣。

中国近现代知识分子对于语言改造的认识是经历了一个发展历程的。从近代以来出于开民智的需要而在报章杂志上宣传西方近现代思想观念，到对语言本身进行改造，即胡适所说的"铸新辞"，表面上看只是语言工具的改造，实际上已经是在一步步逼近传统人文知识分子安身立命的根本，虽然这种改造最先主要是从文学作品中的语言改造开始的。

最能够代表五四新文学倡导者对于语言改造认识过程以及思想发展程度的是胡适。而胡适对于文言的弊端和白话的长处的认识，在新文学倡导者中亦具有同样的代表性。尽管胡适曾经暗示，他的有关文学改良的主要思想在国内即已萌生，而且已经达到相当程度[①]，但他关于文学改良的核心思想，尤其是关于用现代白话替代文言进行文学创作的思想，实际上在美国留学时仍然在不断修正和深化。而他与梅光迪之间就文言白话所展开的一些争论，对于他的文学改良主张的最后定型，无疑是起到了催生促成的作用。

遗憾的是，这一时期，胡、梅有关文言白话之争主要是通过交谈或信函而进行的，虽然后来胡适有一些文字记载，但并不能够完整地看出这时期的梅光迪对于文言白话的意见。

胡适对于文学改良和文学革命的思想是，一般都认为源于他的进化观。但就其思想发生的过程看，最初是从文学是可以革命以及中国历史上是曾经有过文学革命这种文学史认识开始的。他说"文学革命，在吾国史上非创见也"，并以此作为对那些怀疑他的文学革命思想的人的回击，"何独于吾所持文学革命论而疑之"[②]？但是，这时胡适的文学革命思想，还没有与他的进化观和实验哲学思想结合在一起，因而还只是一种零散的意见。但是，可以肯定的是，他的这些意见正在不断地具体和深入。《吾国

① 见胡适关于《竞业旬报》的回忆。

② 胡适：《吾国历史上的文学革命》，见《胡适学术文集·新文学运动》，2页，北京，中华书局，1993。

文学三大病》这段短论中，胡适已经指出了为他后来所反复征引的关于中国传统文学弊病的三条看法，即“无病呻吟”“模仿古人”和“言之无物”。胡适对这三条弊端所开出的良方，是文学要有“高远的思想”和“真挚的感情”。不过，胡适在论述到如何才能避免上述弊端时，他所借用的理论，仍然是中国古代文论思想中的“文”“质”之辩。他说“文胜之弊，至于此极，文学之衰，此其总因也”。所谓“文”“质”之辩，或者内容与形式之辩，其实背后还是人的问题。不过，此时的“文”“质”之辩，也表明胡适此时还没有系统地认识到并提出新文学在语言材料上的要求。而且，他对于文言的批评也还是有保留的，只是认为“今日之文言乃是一种半死的文字”[①]。从胡适记载的文字中可以看出，这一时期梅光迪与胡适之间的分歧在于：胡适认为文学“当以能普及最大多数之国人”，即他后来所说的文学中应当有“人”，文学要与现实之人事相关涉。为了能够与传统文学中“载道”观念相区别，胡适特别提出了所谓文学影响世道人心有广义与狭义之分，世界上那些有永久价值的优秀文学作品，都是与广义的影响世道人心相关的，而那些“语必称孔孟，人必学孝忠”的，只是些“高头讲章”，且与文学无涉的观点。而梅光迪认为，文学乃知识者的专利，借文学来影响世道人心是功利主义的思想。同时，梅光迪也认为文字没有死活之分，而文学也没有死文学与活文学之别。尤其是对于胡适拿中国文学史上的一些白话小说，与那些被崇奉为传统经典的文学作品相提并论的举动，梅光迪怒斥为“丧心病狂”[②]。

胡适关于文学改良主张的完整论述，是他的《文学改良刍议》。在此之前，胡适不仅已经与任叔永、杨杏佛、赵元任和梅光迪等人辩论过其中的主要内容，还与陈独秀在信函中讨论过所谓的文学革命“八条件”或者“八事”。在这篇文论中，胡适对改良今日之文学现状提出了一揽子主张。这些主张产生的文学史背景，胡适在其长文《五十年来中国之文学》中都有详细的交代。而胡适那些有关白话的论述，也随着白话的普及以及白话文创作的成就而广为人知了。

---

① 胡适：《白话文言之优劣比较》，见《胡适学术文集·新文学运动》，6页，北京，中华书局，1993。

② 胡适：《新大陆之笔墨官司》，见《胡适学术文集·新文学运动》，10页，北京，中华书局，1993。

通览《学衡》这一时期对新文学倡导者们的反对，主要表现在两方面，一是公开与之辩论，坚持文言并非死的语言，用文言做成的文学作品，是能够实现达“意”和表“情”之目的的，而任何后来者的创作，也都离不开对前人的学习模仿；白话文是僻俗的、不成熟的、缺乏美感和语言规范的语言，不可能以此来替代文言，倘果真发生了文言为白话所替代的事实，则只会导致中国文化的衰退和堕落；二是《学衡》自身坚持使用文言文，直至1933年最终停刊。

“学衡”派知识分子群中，最先对五四新文学的文学改良主张作出书面正式回应的是胡先骕。在《中国文学改良论》(上)中，胡先骕认为胡适混淆了文字与文学的特质。他认为，“文字仅取达意，文学则必于达意而外，有结构、有照应、有点缀，而字句之间，有修饰、有锻炼”，反对将文学改良简单化以及将其等同于文字改良。与此同时，胡先骕还批评了胡适对于文学史的评价，他本人就推崇唐宋八大家和桐城派的古文，认为古文既能达意又有文采。不像胡适所说的那样不能达意(死的语言)。因此，胡先骕还提出了“欲创造新文学，必浸淫于古籍”的观点，并反对言文合一，也不赞同用文言替代白话。

胡先骕对于胡适的批评，尽管集中于语言文字，但确实也涉及文体等诸多命题。作为一个对传统文学有浸染也有实践的文学知识分子，胡先骕清楚胡适及其他新文学知识分子们所提出的改良或者革命主张，断非仅止于语言文字，而且也必然会涉及语言文字背后更深刻更根本的东西，即语言精神或者语言哲学一类的东西，正是它决定着一种语言的风格、气质或者面貌。胡先骕也阐明了对传统文学的偏好及对于尚处于启蒙实验阶段的新文学的警惕——将胡先骕这一时期对于胡适观点的批评，简单地视为对新文学的根深蒂固的反感显然是过于草率的，原因很简单，胡先骕对五四新文学的批评语境，已经不是晚近中国。

胡先骕的上述观点，其实与近代以来那些文化“保守主义者”对古代文学的认识并无大的分别。吴宓在《论新文化运动》一文中比胡先骕走得更远，对传统文学的肯定也更坚决。他认为，一切的文学皆来自于模仿，所谓创造，也是基于对前人的模仿；他对胡适抬高白话小说的文学价值和文学史意义的行为表示了愤慨，认为“沉溺于淫污之小说”，必将造成“国粹丧失”“国将不国”[①]。吴宓这里所谓的“淫污之小说”，似乎成了所有“小说”的代名词，倘果真如此，实际上吴宓不仅自己早年在清华学校时曾经有志于小说，在哈佛时同样有过以一人一家之命运，来摹写近代以来中国之命运的小说创作的构想。而且不仅吴宓，据他自己日记记载，就连陈寅恪等人，亦有类似想法。可见将小说一概视为“淫污”，料想也非吴宓原意。由此也可知，批评语言有时言过其实，或者并非批评者真意。需要指出的是，无论是胡先骕还是吴宓，他们对新文学的回应到这时为止，还缺乏充分的理论依据和深切的学术积累。因而，他们的批评也就往往易于流于无的放矢，并被认为是“只能谩骂一场，说不出什么理由来”[②]。

同时期对新文学的白话文学主张提出批评的，还有徐景铨的《桐城古文学说与白话文学说之比较》[③]、曹慕管的《论文学无新旧之异》、吴芳吉的《再论吾人眼中之新旧文学观》《三论吾人眼中之新旧文学观》等。这些文论要么强调“学”、“模仿”的重要，批评新文学片面张扬的个人“创造”观；要么认为胡适的文学改良八事，“古已有之”，非胡适今日之独创，文学也没有新旧之别、死活之说，而只有“是”与“非是”之分。直至1933年，白话文在学校教育和文学创作两方面都已取得长足进展的状况下，《学衡》仍刊发了一篇《评文学革命与文学专制》的长文。在这篇文论中，作者经过文言白话的一番比较研究后，认为：“白话文在文学的艺术与功用两方面，俱无

① 在对待白话小说的态度上，吴宓一直存在着思想上的矛盾。从个人读书兴趣看，吴宓对古代传奇小说一直保持着相当数量的阅读。而且，尚在陕西和清华学校时，他就曾尝试过写小说，但都以半途而废告终。直至1933年，他在为《吴宓诗集》重新作序时，仍然提到自己曾经有过作一小说的梦想，甚至连这部小说的名字都取好了，就是《新旧因缘》，为一长篇章回体小说。吴宓是一个道统意识过于强烈的人，因此，无论是作诗还是写小说，他都很难摆脱潜意识中的“道”和道德意识对他的羁绊。虽然他也认为小说记录的是“客观之阅历”，是“个人在社会中之位置”，但仍然坚持“小说为提炼之人生”，而“诗乃提炼之人生又经提炼者”。他喜欢《红楼梦》，甚至于偏爱，但这只能说明他喜欢《红楼梦》中的人物，而不能说明他对小说这一艺术形式本身亦有着特别兴趣。《学衡》和吴宓自己所有文论均用文言写成，实际上多少就表明了他们对于白话小说的态度。他们对于个性和特殊性在文学中的表现有着近于恐惧的回避与厌恶，对于色相有着知识上的蔑视和批驳。因此，当他们在自己的诗中企图表达自我的当下处境以及日常性的所见所闻所思所感的时候，也就是所谓的“真我”的时候，他们又往往会迷失在历史文化的苍茫之中，而只能朝向那悠长的历史时空发出包含着个人精神苦闷的声音。也因此，虽然《大公报·文学副刊》也曾经评论过一些小说作品，像茅盾的《子夜》、杨振声的《玉君》等，并且还是一些正面的评价，但由于吴宓及《学衡》在小说方面的总体态度，他们有关小说的某些不乏真知灼见的论述也就随之被埋没了。

② 胡适：《五十年来中国之文学》，见《胡适学术文集·新文学运动》，158页，北京，中华书局，1993。

③ 参阅南京高师《文哲学报》第一期。

健全的理论与基础，而文言文方面，却有坚实的壁垒与深厚的根源。”或许是因为作者也无法完全否定白话文的现实地位和作用，所以来了一个调和论，指出：“虽然，吾人亦并不欲完全否认白话文。”这种认识已经与20年代初的《学衡》对待白话文的完全批判否定的态度有所分别。值得注意的是，这篇文论对白话文的正面评价，竟然与新文化倡导者最初的文学改良缘起目的有着不少一致，“吾人以为白话文学的艺术方面之注射活泼自然的生气，及在文学的功用方面之开辟平易解放的坦途，其功有不能抹杀者”，还说，“就艺术方面言，如小说戏剧之以白话描写人物谓动作，觉极自然生动，别饶风趣”[①]。此种论述已经能够面对白话文言各自的现实处境，又能够比较和气地评价各自的价值功用。但是，充分反映出这篇文论作者依然难以摆脱“保守”窠臼的，是他在文章的结尾处仍坚持“今日文学界之败坏”的总体评价，并提出“中国文学之欲求维持光大，尚须作一次东方文明古国之艺术复兴运动也”。这种“复兴”的呼吁，已非那种要求将古今之大防打通的识见，而是基于对文学发展的语言资源上的“平衡”要求。

概言之，中国古代文论中关于文学的功用大抵有两条，即言志与载道。相比之下，前者更接近作家的人性，而后者则强调了文学的社会功能。新文学倡导者对于近代以降中国文学的成就是非常不满意的。胡适在其《五十年来中国之文学》中将这一时期文学的发展清理出三条线索，分别描述了近五十年来古文学、“活”文学(即白话小说)和文学革命各自发展的人概状况，并认为：

其一，最近五十年是中国古文学的结束时期，古文学自桐城派古文运动及曾国藩之后，历经“严复林纾的翻译文章”、“谭嗣同梁启超一派的议论的文章”、“章炳麟的述学的文章”和“章士钊一派的政论的文章”几个时期。在这几个时期中，古文虽然尚未完全脱离其宗，但基本上还在应时而变，努力在文体语言上做到达意和表情。但是，所有的古文学都有其共同的缺点，那就是“不能与一般的人生相交涉”。胡适认为，大凡文学有两个主要分子：一是“要有我”，二是“要有人”。在胡适看来，文学史上那些被认为好的作品，虽然不能做到“有人”，却还多少能够做到“有我”。而那些不好的作品一定是既无“我”又无“人”的。

---

① 易峻：《论文学革命与文学专制》，载《学衡》第七十九期。

其二，最近五十年的白话小说在胡适眼里是活的文学的代表。因为在这些小说中有活的语言和活的思想，也就是说“有我”。但是，活的语言还不能够入诗和文，而这两者是中国传统知识分子的思想和精神命脉之所在。只有将活的语言引入到“诗”和“文”之中，中国文学的本质才会发生根本的变化。

其三，文学革命运动。在胡适看来，文学革命运动是知识分子有计划的自觉的思想革命，其目的不仅在于复活文学，关键还在于借“文学复兴”，为中国知识分子重新确立在现代社会安身立命的“道”和“志”。

什么是中国知识分子在新的时代安身立命的“志”和“道”呢？笼统地讲，就是五四时期所宣扬鼓吹的“科学”、“民主”、“自由”、“平等”等思想观念。胡适在他的《我们对于西洋近代文明的态度》一文中[①]，毫不掩饰地抨击了那些将近代西方文明视作“唯物”的、“机械”的观点，认为：“今日最没有根据而又最有毒害的妖言，是讥贬西洋文明为唯物的(materialistic)而尊崇东方文明为精神的(spiritual)。这本是很老的见解，在今日却有新兴的气象。”

胡适对于西方近代文明的看法，源于他对西方文明的总体认识，与他的历史的进化观和实验哲学的思想是一致的。在他看来，“西洋近代文明的精神方面的第一特色是科学”，而“科学的根本精神在于求真理”，因为“只有真理可以使你自由，使你强有力，使你聪明圣智。只有真理可以使你打破你的环境里的一切束缚，使你戡天，使你缩地，使你天不怕地不怕，堂堂地做一个人”[②]。

胡适将中国知识分子奉之为道的那些过去的历史观念，与近现代西方的主流思想观念作了对比，并极其自然地把他所说的西方文化中的“求知”，与中国古代思想中的“弃知”观置于对立的位置上，认为这是“东西文化的一个根本不同之点”，因为“一边是自暴自弃的不思不虑，一边是继续不断地寻求真理”[③]。显而易见，胡适是把“求知”视为西方文化的主要特征，而“求知”的一个重要特征，就是向未知挑战并以此获得和积累新的知识。但是，相比之下，“弃知”是否就是东方文化的主要特征呢？这种概括

① 胡适：《我们对于西洋近代文明的态度》，载《现代评论》，第4卷，1926(83)。
② 胡适：《我们对于西洋近代文明的态度》，载《现代评论》，第4卷，1926(83)。
③ 胡适：《我们对于西洋近代文明的态度》，载《现代评论》，第4卷，1926(83)。

和对比的方式是否足够公正我们暂且不论，如果我们把西方自文艺复兴时代以来对于学术知识的追求和对人的认识的提高，与西方科学主义思想对于西方近现代文明的贡献联系在一起，我们确实能够发现西方近现代文明中那种强大的、外扩式的、无限的求知欲望和精神。但需要指出的是，构成西方文艺复兴以来这种求知欲望和求知精神的文明背景和社会发展进程是不能被忽视的，否则，中国古代思想中的“弃知”观相比之下就成了一种令人莫名其妙的东西，如果这种哲学思想不与中国社会、历史的具体语境衔接起来的话。相对于西方文明的整体而言，胡适从来就没有掩饰过自己对于西方近现代文明的倾心，并认为西方近代文明并不是没有整体思考和终极目标的时代文化泡沫，而是也有它自己的“新宗教”。这一“新宗教”的特色就在于，“第一特色是它的理智化”，“第二特色是它的人化”，“第三特色就是它的社会化的道德”[①]。也就是说，这一“新宗教”的根本之处，在胡适看来，就是反对崇古尊圣和偶像崇拜(包括对现成知识的不加辨析的认同接受)，强调未知世界的客观存在以及对于未知世界的无限探求；反对遏制自然人性(包括对现实世界之外的更广袤的宇宙空间的探索和对人自身的认识)，呼唤扩张人的自然需求，并以此作为人的个人新道德形成的基础；反对封闭式的自我道德完善和道德迷恋，主张群体性的道德改造和新道德的培植。这些思想观点，实际上与西方文艺复兴时期，包括这一时期以降的西方情感人道主义和科学人道主义思想主张是一脉相承的，与胡适对于文学中应该“有人”和“有我”的认识也是一致的。

需要指出的是，胡适这里所言的西方“近世文明”，是指18、19世纪的西方文明，这些文明成就的思想基础，就是他前面所说的“理智化”、“人化”和“社会化的道德”(胡适非常重视精神文明的实现及其社会现实转化。他认为，东方也曾有过与上述内容类似的思想，但“不过是纸上的文章，不曾实地变成社会生活的重要部分，不曾变成范围人生的势力，不曾在东方文化上产生多大的影响”)。这实际上也就是西方社会新的“道”——一种已经社会化和常识化了的人道主义思想[②]，也是中国近现代一直在寻找的

---

① 胡适：《我们对于西洋近代文明的态度》，载《现代评论》，第4卷，1926(83)。

② 也有人在读了胡适这篇文论后批评道：文化的根源在人类的生活问题，世界上人类对于生活的态度都是一样的，没有一种人类没有求生存求进步的欲望，亦即没有一种人类的文化不是向前发展的。(常燕生：《东西文化问题质胡适之先生——读〈我们对于西洋近代文明的态度〉》，见《五四前后东西文化问题论战文选》，上海社会科学院出版社，1998。)

用来安身立命和经时救世的“道”。

胡适为中国新文学和知识分子开出的新道，在“学衡”派知识分子群这里遭到了抨击。吴芳吉驳斥了胡适的古文学“言之无物”的认识，认为：“夫文以载道一语，笼统其词，诚不能无语病，固非吾人所甚赞成。然即言之有物，讵非笼统之至者耶？物可能为情感思想，安见道之不可能为情感思想也耶？”并重申了被后世文人奉之为道的那些思想观念，即“孔孟之所为道”的历史合理性。吴芳吉还批评了胡适所谓的“道”影响个人自由思想和情感的看法，认为以所谓的思想情感来替代道，只不过是“字面新鲜，易于动听而已”，并没有什么新的实质性的内容[①]。

在“学衡”派回击新文化倡导者们的那些有关新“道”的文论中，吴宓的观点比较特别。他认为，旧有之文化毫无疑问需要保存，但究竟哪些是旧有文化中的需要保存的精华呢？吴宓的回答是“孔教、佛教、希腊罗马之文章哲学及耶教之真义”，此四者“首当着重研究，方为正道”[②]。吴宓上述对于古代东西方文化精华的归纳，显然是受到了白璧德的人文思想的影响，多少有别于“学衡”派中其他一些人对于旧文化的笼统看法。但是，正如T.S. 艾略特所指出的那样，“白璧德教授知道得太多了……我的意思是说他知道的宗教哲学实在太多了，他对这些宗教和哲学的精神实质吃得太透了（可能在英国或美国没有任何人比他能够更好地理解早期的佛教），以至于他不能献身于任何一个宗教或哲学”[③]。当吴宓将“孔教、佛教、希腊罗马之文章哲学及耶教之真义”兼收并蓄的时候，所剩下的，究竟是能够作为个人信仰而真实存在着的体系性的文化，还是只为文化外衣包裹着的零碎知识呢？对此，吴宓并没有给出进一步的解释说明。

在“学衡”派与新文学论战的内容中，有关诗与小说的辩论占据了很大部分。这些论战除了涉及诗与小说各自的功能以及在文学史上的地位等之外，主要是就胡适对中国文学史的批评展开的。鉴于“学衡”派知识分子群中能够写旧体诗词的人不在少数，而且还有像吴芳吉这样曾经获得过像郭沫若这样的新潮诗人肯定过的诗人，所以，“学衡”派知识分子群在诗歌方

① 吴芳吉：《再论吾人眼中之新旧文学观》，载《学衡》第二十一期。

② 吴宓：《论新文化运动》，载《学衡》第四期。

③ T.S. 艾略特：《欧文·白璧德的人文主义》，见《T.S. 艾略特文学论文选》，182页，南昌，百花洲文艺出版社，1994。

面的意见应该得到足够的重视。

1921年，《南京高等师范日刊》辟出了一个“诗学研究号”，基本上亮出了为后来《学衡》所张扬的对新诗的批判主张。但是，无论是南京高师方面的批评，还是随即来自于新文学阵营《时事新报·文学旬刊》的反击，其辩论大多流于浮泛空疏，要么就是一方贬斥新诗是“其令人作呕恐较末流之旧诗为更胜也”[①]；要么就是另一方主观地宣布“旧诗的生命，现在消失了”，已经成为“骸骨”了，认为强调韵律格调，就等同于女子的束腰缠足，无美可言[②]。

“学衡”派知识分子群中，对新诗作过系统批判、其意见也具有一定代表性的，当数胡先骕、吴宓和吴芳吉三人。

胡先骕对于当时诗创作的批评主要表现在两个方面，一个是对旧体诗作家的诗歌作品的评论，其批评对象主要是清代以降一些诗人的作品；另一个则是对胡适的《尝试集》和《五十年来中国之文学》的评论。对前者的批评表明了胡先骕对当时“旧诗”写作的具体意见，这里暂且撇开前者不论，单就胡先骕对《尝试集》的批评作一番评介。在《评〈尝试集〉》中，胡先骕首先指出，胡适的《尝试集》“无论以古今中外何种之眼光观之，其形式精神，皆无可取”。究其缘由，在于胡适对于中国诗完全外行。

> 于作中国诗之造就，本未升堂，不知名家精粹之所在，但见斗方名士餖饤啜离之可厌；不能运用声调格律以泽其思想，但感声调格律之拘束；复蒐拾一般欧美所谓新诗人之唾余，剽窃白香山、陆剑南、辛稼轩、刘改之外貌……

另外，胡先骕坚持认为，“诗之有声调格律音韵，古今中外，莫不皆然。诗之所以异于文者，亦以声调格律音韵故”，“诗之有格律，实诗之本能”，因为整齐纪律，也是人类的天性，而“四言五言七言者”乃是“中国语中最适宜之句法也”，以此驳斥胡适的“句法太整齐了，就不合语言的自然”的观点。胡先骕还介绍了一些西方诗评家关于“整齐句法之必要”的论述，并断然否定了用“无纪律的新体诗”来替代有格律声调音韵的旧体诗的

---

① 缪凤林：载《旁观者言》，载《时事新报·文学旬刊》，1921。

② 斯提：《骸骨之迷恋》，载《时事新报·文学旬刊》，1921。

主张。对于胡适所主张的“不用典”和“不避俗字俗话”，胡先骕倒没有一概予以否定。但是他认为，“诗之功用，在能表现美感与情韵”，因此，不应该有文言白话之别，“以白话为诗，不知选择之重要，但知抄袭古人之可厌，而遂因噎废食，不知白话固可入诗，然文言尤为重要也”，而应该强调文言在诗中的作用[①]。胡先骕还将考察的范围扩大到西方文学，认为所谓“模仿”，在西方也有古典主义式的模仿，也有浪漫主义式的模仿。在古典主义式的模仿中，又有“模仿天然之事物人情”和“模仿昔人之著作”之高低之分别。但这两种模仿都与自然律和宗教有一种内在的精神联系。而浪漫主义式的模仿则是反乎自然，“对于文学主张废弃一切规律，即对于人生，亦全任感情冲动，而废除理性之制裁”[②]。这种对卢梭以降的浪漫主义的批评，已明显带有白璧德思想影响的痕迹。

胡先骕的诗论虽然未脱晚清以来某些诗论的痕迹，但也能将西方19世纪以来的有关浪漫主义的诗歌理论一并纳入考察，并且能够注意到浪漫主义倘不过分极端，也是诗中要素的事实。因此，虽然其诗论说理牵强，左右掣肘，但也明显不同于那些一味墨守成规因循守旧的门户之见。尤其是他所提出的新文化时期中国的哲学、政治、科学、经济、社会、历史、艺术等学术均不发达，一旦将来中国上述学术逐渐发达，“新文化既已输入”“旧文化复加发扬”，中国文化的实质日充，或许中国诗会有一番新天地的预见，也不是没有值得重视的道理。

吴宓对诗的立论依据，据他自己讲是受了清初关中学者李颙、颜习斋等人朴实刚健学风的影响[③]，但其直接师承则为陕西咸阳的近世大儒刘古愚，此种学风吴宓认为“雄深笃健，能以诚感人”。但在诗的语言材料和情感上，吴宓却认为不能够一味泥古，应该吸纳新的、能够兼顾时代与个人思想和精神境况的语言材料。

吴宓论诗，其首要是他将诗的位置抬高到替代宗教的高度，他曾经引述诗人一批评家马修·阿诺德的一段论述，来表达自己对诗在现代地位的认识：

---

① 胡先骕：《评〈尝试集〉》，载《学衡》第一期。

② 胡先骕：《评〈尝试集〉》(续)，载《学衡》第二期。

③ 吴宓：《空轩诗话》，见《吴宓诗集》，110页，上海，中华书局，1935。

> 诗之前途极伟大。因宗教既衰，诗将起而承其乏。宗教隶于制度，囿于传说，当今世变俗易，宗教势难更存。……人之性情不变，故诗可永存。且将替代宗教，为人类所托命。[①]

因此，在吴宓看来，凡真正之诗人，“皆有悲天悯人之心，利世济物之志，忧国恤民之意”[②]。而要成为一个真正的诗人，则需要养心、明道，以此融合深彻之理智和真挚之情感。养心要靠“学”，非独创所能替代；而明“道”的“道”，在近现代中国则需要融合西洋文化中的一些要素，这些要素是指“希腊哲学”和“基督教”，它们是西方文化的源泉，是西方文学的“道统”。作诗则既要融会一切文学艺术原理规律于心，也要了解自己之特别才性，使“所作者材料(即思想感情之内质)形式(即格律辞藻)并佳”[③]。

在对待新诗之创作上，吴宓的态度明显要开明于“学衡”派其他成员。吴宓并不一概反对语体诗创作，他认为，“在今新诗可作，旧诗亦可作”。按照材料形式二者并重、合二为一方为好诗的标准，吴宓将当时诗创作分为四类，即：

甲　旧材料——旧形式

乙　旧材料——新形式

丙　新材料——旧形式

丁　新材料——新形式

在上述四种类型中，吴宓将徐志摩列为“新材料、新形式”的代表予以肯定。但是，尽管吴宓也认为作诗应力求“表现真我”，“不矫不饰”，但更希望能“日日改善”，以使“诗中之思想感情日趋于高尚精深”[④]。

关于诗韵，吴宓是持肯定态度的，但这是就旧体诗而言。对于新诗，他认为可并存二说。这二说是：(1)主要以作者个人为单位，而遵从现代人及各地方土语之读音，以求真切而得自由。(2)主要维持已有之公共标准，遵依韵本之所区分所规定，以严格律而遵艺术。因为前者主自然而斥人为，后者主规律而力求统贯。二者之间的关系也就是柏拉图的“一”与

---

① 吴宓：《吴宓诗集》，125页，上海，中华书局，1935。

② 吴宓：《余生随笔》，原载《清华周刊》，见《吴宓诗集》，102页，上海，中华书局，1935。

③ 吴宓：《论诗之创作》，见《吴宓诗集》，上海，中华书局，1935。

④ 吴宓：《论诗之创作》，见《吴宓诗集》，上海，中华书局，1935。

“多”之间的关系。

在吴宓的诗论中，其“英文诗话”部分也值得一提。在这篇作于留学期间的诗话中，吴宓提出中西诗在本质上是相通的，“诗之本质诗之妙用，美恶工拙如何分辨，做诗必讲韵律等事，则中西各国之诗皆同”①。但是，吴宓对美国诗人爱伦·坡的《乌鸦》一诗所作的批评，尤其是对这首诗创作过程的描述，并不完全符合他所追求的“真”（自然）与“工”（美）结合的标准，在他看来，《乌鸦》这首诗“全局情节皆故意造作，但求文之工致耳”。

吴宓论诗，可贵处在于能够中西兼顾，相互比较、相互引发参照，尤其是对西方诗论的介绍，对于当时中国文学界对西方文学的更加全面的了解，无疑是有益的。但是，吴宓论诗也有明显缺陷，就是论诗不从自己的“读诗”经验中来，许多时候是从别人的评论中来。因此，他对英诗的批评，尤其是具体到个别诗人的批评上，矛盾之处甚多。譬如，就文化思想方面而言，吴宓对浪漫派的诗歌主张持批评态度，但他对浪漫派的诗歌作品，却又保持着个人喜爱。他对那些自己所喜爱诗人的作品有着丰富的知识和体会，但对自己所不愿去了解的那些诗人作品，他的知识有时则又贫乏得惊人。这也是吴宓身上众多矛盾之处的一个表现。

相较之下，吴芳吉的诗论与“学衡”派知识分子群虽有共通之处，但也不乏个人独到的见解。他的诗论与吴宓接近的地方，在于并不坚守新旧诗之大防。关于旧体诗革新的必要，吴芳吉认为自己与新文学倡导者之间并无歧异。但是，他所走的旧体诗的改良之路，却不同与前者。他认为，“吾侪感于旧诗衰老之不惬人意则同，所以各自创其新诗者不同也”；那些新派之诗，只是“在何以同化于西洋文学，使其声音笑貌，宛然西洋人之所为”，而他自己的诗，或者他所谓的“新诗”，在于“何以同化于西洋文学，略其声音笑貌，但取精神感情，以凑成吾之所为”②。同时，他还强调诗的时代感和现实性，认为一时代应该有一时代之诗歌，“余以民国之诗，应有民国之风味，以易于汉魏唐宋者”，随着时代的变迁，诗在韵律格调意境方面都应有所变化以适应和表现已经变化了的外部世界和同样在发生着变化的内部世界。“处今之世，应有高尚优美之行，适于开明活泼之际

① 吴宓：《英文诗话》，原载《留美学生季报》第七卷第三号，见《吴宓诗集》，130页，上海，中华书局，1935。

② 吴芳吉：《白屋吴生诗稿自序》，见《吴芳吉集》，102页，成都，巴蜀书社，1994。

者，此意境之不能不变者也。”[①]诗人不应该只是将自己局限于一个狭窄的个人精神世界，而应该对民族和普通民众在现代的确实处境予以关怀和表现。

实际上，吴芳吉诗论的最大特色，就是他对诗与现实之间关系的强调，认为正是那些不能反映时代、脱离现实的旧诗的大量存在和繁殖，才导致了旧体诗的衰落。在他看来，只有那些真正的诗，即那些“有兴有材”、“有字有句”、“有体有格”的诗，才能够代表一个时代的诗的真正成就[②]。他还对所谓“兴”、“材”、“字”、“句”、“体”和“格”这些概念作了说明，认为“思慕英雄，感慨当世，真诗兴也。手泽尤新，斯人已故，真诗材也。色彩纯一，真诗字也。语调苍凉，真诗句也”[③]。

但是，吴芳吉诗论的保守性也依然是明显的，尽管在诗的语言材料上他比胡先骕和吴宓都要开放。在论述到诗的“体”与“格”时，吴芳吉提出“无俗意，无俗韵，无俗字，无俗句者，格也”，而“格”是评品一首诗格调高低的关键。尽管吴芳吉在这里并没有说明何为“俗”，而且他在自己的诗中也不避俚语口语，但仍然对新诗在表现内容及语言材料上的那种带有实验性和个人性的举措持有保留。

胡先骕、吴宓、吴芳吉三人都是“学衡”派知识分子群中的知名诗人，吴芳吉更是以诗名称著于当时新旧两派知识分子之中。他们的诗论，也与自己的诗创作之间有着不可分割的联系。相比之下，胡先骕、吴宓更强调诗与道、诗与学之间的关系，吴芳吉则力倡诗言志、诗存真。因此，吴芳吉的诗中有大量表现民生疾苦内容之作，这些都与他自己的生活经历相关，所以，他也有“民国的行吟诗人”之称。但是，这些诗的知识分子色彩依然很浓，虽有真挚的情感，却仍然不能摆脱知识分子站在“局外”吟咏的旧诗窠臼。

六

中国现代知识分子存在着类型上的分别，应该是一个不争的事实。这种分别在近代之末和“现代”之初愈加明显。前者多以个人的政治文化观来

① 吴芳吉：《白屋吴生诗稿自序》，见《吴芳吉集》，112页，成都，巴蜀书社，1994。
② 吴芳吉：《四论吾人眼中之新旧文学观》，见《吴芳吉集》，35页，成都，巴蜀书社，1994。
③ 吴芳吉：《黄克强先生哀辞》，见《吴芳吉集》，95页，成都，巴蜀书社，1994。

划分，而后者则以知识分子的留学背景、知识背景和思想文化观为其分野标志。虽然这种分别并非是人为地规定出来的，而是与这些知识分子各自当时所靠近的语言思想资源和文化经验直接相关联，但是，对于这种分别的描述和命名的争论，则是一直存在着，并且至今未绝[①]。对于一个民族文化基本上处于封闭状态中发展的时代来说，任何走出这一文化圈的跨文化经验，都有可能成为让经验者重新调整自己原有的文化知识结构的契机或者借口。更有甚者，甚至还可能会对自己原有的人生观、价值观作出批判乃至完全的改弦更张。

类型的分别就是从这里开始的。他们因为着自己的跨文化经历而拥有着几乎完全不同背景的异域文化经验和与之相应的思想文化资源。整个时代的思想氛围影响到、也制约着这些语言资源之间的相互渗透和交流，但这并不是说这些语言资源本身完全是对立冲突着的，而是说掌握着这些语言资源的人彼此之间一直是、至少在某一个时期或者阶段上是各自为阵、相互攻讦的。这还是仅就其中的一种状况而言。倘若再将社会的、派别的、历史的诸多因素一并考虑在内，我们也就不难理解为什么近现代以来中国知识分子之间，尤其是那些先觉者与从未尝试过思想禁果的知识分子之间会有那么多和那么大的差异。

曾经有一种观点十分普及，那就是以五四新文化的生发成长为中心正统，在此过程中新文学和新文化曾经遭遇过三次来自于“文化保守派”的攻击，即以林纾为代表的第一次攻击，以《学衡》为中心的第二次攻击以及以

① 对于中国近现代史上知识分子类型的分类与命名，如果说20世纪50年代初国内的文学史教科书中已经有“进步”和“保守”之分的话，六七十年代西方中国学研究中将五四时期知识分子划分为“保守主义”“自由主义”和“激进主义”，则代表了国外中国近现代思想文化史研究的一种主要观点。这种观点对于“保守”的界定是，“凡是未经反省地保持固有的行为感受与思考方式，这种惯性倾向即可称为保守的”（见 Benjamin Schwartz “论保守主义”，转引自《近代中国思想人物论：保守主义》，哈佛大学出版社，1976）；也有人将这种思想文化上对于“传统”的认识与态度称之为文化上的“守成主义”（见艾恺《全球范围内的反现代化思潮》）；更有人将这种类型的知识分子进一步细分，将其中的一类称为“新儒家”或者“现代新儒家”（参阅牟宗三《道德理想主义的重建：牟宗三新儒学论著辑要》、杜维明《儒家传统的现代转化：杜维明新儒学论著辑要》等，北京，中国广播电视出版社，1993）。80年代以降，大陆已经比较普遍地开始使用上述这些概念了，其中对于五四时期所谓“激进主义”与“保守主义”的再评价，也一度成为学界广泛关注的话题。

章士钊和《甲寅》为代表的第三次攻击[①]。这三次攻击虽然都发生在新文学和新文化运动之初，却并不像想象中的那样对新文学和新文化构成了多大的障碍。甚至于当后面的两次攻击发生之时，新文化的倡导者们已经不像最初那样如临大敌的了。他们要么只是将对手们“估了一估”，觉得不够斤两，便放下了[②]；要么便是以“老章又反叛了”的几句戏语就算打发了[③]。是因为这些攻击确实不够分量，还是因为那些新文化的倡导者们觉得新文学和新文化真的就像他们所宣布的那样，“已经过了辩论的时期而进入到一个建设的时期”[④]了？倘若只是前者，那倒不觉得奇怪；而如果是后者，倒未必真像胡适所宣布的那么令人乐观。

事实上，“旧派们”并没有承认自己的失败[⑤]，至少在 20 世纪 30 年代以前如此。不仅如此。所谓旧派知识分子类型中依据各自的专业和与原初思想资源的联系方式，又衍生出了各种类型的流派。其中被后来者称之为“新儒学”或者“新儒家”的一类，是其中学术思想成就最大者。而在中国传统文史之学方面，“保守派”的学术成就，明显并不逊色于新派学者。更何况还有像陈寅恪、汤用彤这样超越了所谓“新”“旧”之分的现代知识分子类型的存在。而“学衡”派知识分子群，就其社团联盟意义而言，出现于 20 世纪 10 年代末、极盛于 20 年代、衰落于 30 年代初。其兴起的标志是国立东南大学的成立和《学衡》的创刊，辅以《史地学报》和《国学丛刊》的诞生；而极盛的标志则为所谓的“东南学风”的生成和《学衡》与五四新文化之间的论战的展开；其衰落的标志则为其遭遇的几次打击，首先是当时的东南大学副校长、也是《学衡》重要支持人和撰稿者的刘伯明的病逝和 1924 年前后梅光迪、胡先骕赴美，吴宓远走辽东，东南大学时期的“学衡”派知识分子联盟解体；其次是白璧德的病逝、《学衡》的停刊和《大公报 · 文学副刊》的

---

① 这种观点始见于胡适的《五十年来中国之文学》，20 世纪 50 年代的中国现代文学史教科书中已是广泛征用并被进一步系统化和历史地逻辑化，到了六七十年代，这种观点不断与现实政治需要发生关联，直至如今，那些以新文学的发生成长为中心的文学史教科书中依然残留着这种观点的痕迹。

② 鲁迅：《估〈学衡〉》，载《晨报副刊》，1922。

③ 胡适：《老章又反叛了》，见《中国新文学大系 · 文学论争集》(影印本)，上海，上海文艺出版社，1982。

④ 胡适：《五十年来中国之文学》，见《胡适学术文集 · 新文学运动》，159 页，北京，中华书局，1993。

⑤ 此处及后面几处因为叙述的方便，暂且沿用此种称呼，但并不因此而表明作者对于这种称呼本身的意见。

停刊。

几乎所有将"学衡"派视为文化上保守的认识观点，都与"学衡"派知识分子群对五四新文化运动的批判联系在了一起。这种观点的逻辑前提是，五四新文化运动是进步的，而且这种进步是客观存在的。但这是否就必然地意味着五四新文化是当时中国思想文化唯一的一种改良方式或者进步的途径呢？当新文化运动逐渐走向五四新文化运动，而且后者逐渐成为前者唯一方向和正宗代表的时候，任何形式的对五四新文化的批评，都"自然地"变成了保守的、反进步的代名词。这是一种强大而且长期有效的语言霸权和思维怪圈。而更为可怕的是，这种思维方式在五四时期就存在着。虽然当时即已有人提出过"学衡"不是新文学的敌人，而是新文学的旁支的明智之见[①]，并提醒新文学阵营不要太去歧视它，但这种来自新文学阵营内部的声音毕竟太微弱了。

"学衡"派知识分子联盟不是一个在学理上毫无新义或者毫无革新意识、一味保守的知识分子群体。他们的思想学术背景，尤其是他们中有些人的跨东西文化背景，实际上已经将他们与那些传统意义上的民族文化自守论者区别开来，即便是他们想回到过去的为那些士大夫们所拥有的人文世界中去，也已经是不可能的了，就像有人在评述儒家人文主义的消失时所说的那样：在日益职业化的社会中，那种儒生治国的理想是一去不复返了[②]。"学衡"派知识分子就像那些新文化的倡导者一样，同样已经没有了精神上的回归之路，尽管他们各自所选择的路径并非一致，尽管他们充满理想地去阐发古代儒家思想传统。他们不可能再造出一个完整的、像传统士大夫一样进退有据的人文世界，并将此作为他们安憩自我的精神家园——那个世界连同那个时代永远地逝去了。而关上通往那个世界大门的，并非社会现实，而是他们自己。这是需要极大的思想勇气、精神毅力并承受了痛苦的煎熬和未知的风险的，他们用这种方式将自己与晚清以降各种遮遮掩掩的文化开放要求连接在了一起。从此，他们只有不断地寻找新的思想文化资源，或者用新的方式来融会组合这些语言思想资源，才能够暂时地求得内心的安宁。

---

① 周作人：《恶趣味的毒害》，载《晨报副刊》，1922。

② 杜维明：《儒家人文主义的第三期发展》，见《杜维明新儒学论著辑要》，北京，中国广播电视出版社，1992。

或许，我们可以从晚清以降朝廷对学校教育中“中学”“西学”所占比例的一步步调整中，了解到中国传统人文教育在近现代西方学校教育的步步进逼下节节退让的悲剧性处境；或者从中国传统圣人之学是怎样一沦而为“中学”，再沦而为“经史旧学”，直至最终被压缩成为“文科”或者“文史科”中的一门的过程中，去体味那最后一代士大夫复杂而苍凉的内心感慨。从中我们也可以找到理解“学衡”派知识分子群的文化主张的一个重要途径，或者白璧德式的人文主义者与现代中国知识分子之间共通的系念所在。

在整个中国社会朝向近现代艰难迈进的过程中，中国传统圣人之学也遭遇到了或许从未有过的最强有力的挑战。颁行于1904年的清政府学部《新定学务纲要》，对当时西学影响下的人才培养目标作了明确规定，即“德行道义”并重的“通才”。为了保证幼童从小对圣人之学的心感身受不至于因为“新教育”的实施而有所偏差，《纲要》还对幼童入小学堂提出了更加具体的要求，“须随时指导，晓之以尊亲主义，纳之于规矩之中，一切邪说波辞严拒力斥”，并要求全国各地学堂“俱照新章以规划”，“以忠孝为敷教之本，以礼法为训俗之方，以练习艺能为致用致生之具”。而仅仅在一年之后，向朝廷上疏“开办预科并招师范生折”时的张之洞，已经没有了一年前朝廷颁行《纲要》时的那种强硬之气了。他在奏折中写道：“中国教育智能必取资于欧美，而道德必专宗孔孟。”[①]这种主张虽然依然强调了孔孟思想在学校教育中的地位，但欧美的智能教育，却也堂而皇之地跨进了中国几千年来为圣人之学所控制的学堂。中国传统学问结构性的优越感已经开始发生动摇，它所赖以维系的整个社会基础也已经发生了动摇。仅仅十几年后，视普通大学为“百家学说争鸣之地，奇才异能荟萃之所”的观点已经不算是稀罕了。在那里，“言学说，可社会以共产；谈主义，可专制以尊君；品行为，或青衿于佻挞；论名士，或风流以自赏”[②]。以孔孟思想为核心要义的传统文化定于一尊的局面，已经在它最赖以传递基础的学堂里发生了巨大的变化，一些与之迥异的、甚至根本对立的思想观念，也开始从辅助补充地位逐渐上升到与圣人之学平分秋色的地位。这种中国意识，包括传统文化意识和文化民族意识在学校教育中的危机，虽然因为清政府

① 《大学堂总督张奏办开设预科并招师范生折》，见《近代中国教育史料选编》，上海，上海教育出版社，1991。

② 载《教育丛刊》，第二卷第五集，附录1～10页。

的垮台而一度有所减弱，但在对传统文化的现代境遇及其现代意义的考察追问上，却呈现出新的深度和强度。而与此同时，最初的封建卫道意识也已经分化出它的多种时代变体。其中，凭借对西学精萃及其原典精神的考察，来观照中国传统文化的现代命运，以图会通融合古今中西文化精粹、重新探寻确立现代人文知识分子的精神归依及其安身立命之所在的努力，逐渐上升成为一种强劲的时代思想文化特征，这也就是"学衡"派知识分子群的"新文化融合论"的前声；而如此同时，在传统思想文化之外另起炉灶，从西方寻求可以真正医治中国传统文化之痼疾、以求为民族文化思想开辟出一片新天地的努力也在不断展开，并最终催生了五四新文化运动。而考察这一时期知识分子各自思想立场的分野嬗变过程，不仅有助于澄清传统士大夫在朝向现代知识分子的观念转化过程中复杂的心路历程及其在现实行止上的差异性，而且还有助于厘清《学衡》与五四新文化运动是如何从共同的思想源头和共同的时代思想文化命题中分化出来，并最终各自展现出了不同的文化成就的历史过程。

不妨再来看一看作为长期处于主流权力话语地位的儒家思想文化，特别是作为皇家官学的"儒学"，在面对如此困境时所能够作出的最后挣扎。而这一挣扎依然只能是以强调青年学生对圣贤义理之学的恪守和再度展开"中学"、"西学"之辩的方式勉强得以完成的。1898 年，光绪皇帝颁定国是的上谕中，昭示天下读书之人"以圣贤义理之学置其根本，又须采西学之切于时务者，实力讲求，以救空疏迂谬之弊"。这里无论是对"圣贤义理之学"的捍卫，还是对西学"切于时务者"的讲求，显而易见都是出于现实政治利益的要求——救亡图存。而张之洞对"中学"、"西学"关系的界定，却不仅只是出于现实政治利益的考虑，而是还希望在西学势力日益强大、传统民族文化的领地已经日益缩小的处境之下，为"中学"的"救亡图存"寻找到一个学理上的说明。但是，素怀"抱冰握火之志，持危扶颠之心"而"一身之存亡系天下之安危"①的张之洞，面对如此局面，也只能用曾在宋明理学家那里有生命力的"体""用"概念，阐发并规定"中学"和"西学"之间的关系来避免缺乏足够的思想底气。"夫中学，体也；西学，用也。二者相处，缺一不可。体用不备，安能成才？且不讲义理，绝无根底，则浮慕西学，

① 胡钧：《张文襄公年谱・系》，见《近代中国史料丛刊》，第 47 卷，台北，台湾文海出版社，1965。

 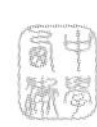

必无心得，只增习气。”[①]在张之洞看来，西学所强，仍然在于它的“用”，他还是不承认，至少不是像新文化倡导者或者“新文化融合论”者那样去承认“西学”的“义理”的存在及其长处之所在。在张之洞那里，“中学”、“西学”都不是体用皆备、完美无缺的文化系统，而是需要并且可能互为补充的文化体系。“中学”乃“西学”现代的体，“西学”乃“中学”现代的用。只有体用咸备，方可自存。但是，即便如此，儒学完整的体系性的自信心，在像张之洞这样的人身上，也已经不可避免地发生了动摇。也正是由己及人，张之洞将当时各学堂未能及时而大量地造就出“匡扶社稷”的人才，归咎于学校教育思想上的混乱。为矫时弊，张之洞认为首宜标举两义，“一曰中西并重，观其会通，无得偏废；二曰以西学为学堂之一门，不以西文为之全体，以西文为西学之发凡，不以西文为西学之究竟”[②]。至此，张之洞所能够做到的，也就只有这些了[③]。

时势的发展自然是大大地出乎张之洞的意料。1912 年，出任民国教育总长的蔡元培，就“经史旧学”在民国学校教育中的地位答记者问时回答道：“旧学自应保全。唯经学不另立一科，如《诗经》归入文科，《尚书》《左传》应归入文史科。”[④]从张之洞的“西学为学堂之一门”，到蔡元培的“经学不另立一科”，我们可以明显地感到，变化已经显而易见地发生了。这是无法回避也无法阻挡的现实。传统儒学在西学完整的体系之前，遭遇到了近于灭顶的灾难。对于那些依然“沉迷”于企图依靠传统的重新诠释来激活儒学的知识分子来说，所谓“中体西用”论在近现代的命运已经说明，这种理论或者类似说法，依然带有自欺欺人的色彩，在严酷的社会现实和知识分子内部的思想现实前面，它已经日趋失去其“神话”般的“自圣”色彩。

既然体制性的努力已经无法挽救儒学在现代的命运，知识分子在思想上、学理上的自我澄清，就变得重要起来了。每一个知识分子都必须面对如此现实并作出自己的选择：生存或者毁灭。原因很简单：每一种选择就意味着一种几乎完全不同的文化学术道路和现实境遇。传统的思维惯性和

---

① 《覆奏京师大学堂章程》，见《近代中国教育史料选编》，上海，上海教育出版社，1991。

② 《覆奏京师大学堂章程》，见《近代中国教育史料选编》，上海，上海教育出版社，1991。

③ 有关张之洞救危图存的完整思想主张，可以参阅他的《劝学篇》，上海，上海书店出版社，2002。

④ 蔡元培：《在北京任教育总长与记者谈话》，见《蔡元培选集》，上卷，402 页，杭州，浙江教育出版社，1992。

行为常识都面临着从未有过的历史考验。

倘若认为儒学的发展在近现代以降只有一个发展路向，即不断“自蔽”的过程，儒学的生命力也已经日趋丧失，只有寻找到另外的思想体系，并以此来重新阐发儒学的真义，或者打通西学乃至更多的“学”之间人为的畛域，为儒学真义的阐发找到必不可少的参照，才可能为儒学的现代化提供一条可能的途径，那么，这样的局面又当如何呢？而这，正是“学衡”派知识分子群试图尝试的一种途径。

这种尝试的一个重要前提就是，他们已经不再是完全否认西学的“义理”，而是努力去寻找能够使西方“富国强民”的思想源泉，并在此基础之上，确认一种形而上的追问路向和其可能的结果；他们已经不再固守“中体西用”之大防，而是开始重建知识分子在现代的安身立命的“道”——一种可能贯通融合中西古今人文传统资源、能够因应现代社会现实挑战的精神信仰体系，这就是“学衡”派知识分子群的“新文化融合论”。

尽管“学衡”派知识分子群里没有像熊十力那样的儒家背景的哲学家，他们对于西方思想文化资源和儒学传统的归纳说明，也可能带有不可避免的理论上的诸多缺陷，他们似乎也没有能够说明该如何“融合”被他们清理出来的那些中西方人文资源，很多时候，他们几乎只是简单地指出了这些资源真实存在着的历史事实。但是，不能否认的是，他们确实是从情感上和理智上同时承认了他们清理出来的“西学义理”的意义和价值。对于他们中的大部分人来说，这是一次巨大而冒险的跨出或超越，尽管他们还会从传统知识分子那一整套生活化了的传统义理中不时地获得一些自慰式的暂时解脱，在所谓旧风遗韵中与他们精神思想上的前辈们进行着魂魄上的交流沟通。

他们所寻找到的“西学义理”，不是新文化倡导者们所找到的实用主义、实验哲学、进化论、生命哲学、唯科学主义、社会主义、无政府主义等，而是被他们称之为东西方文化源头的古希腊罗马哲学、基督教、东方印度教中的早期佛学、原初的孔孟之学等。他们以此来批评那种或者“仅读一家之书，受一人之教，观察一国一地之风俗，而即盲从坚附，奉为天经地义”的文化潮流[①]；或者对于文化学术未作“彻底研究”，也没有对各派

① 吴宓：《我之人生观》，载《学衡》第十六期。

的"发达历史"比较其得失，"悉其原委"，"以极上下古今融会贯通之功"[①]；或者批评时近之学或"浅"，或"隘"[②]，缺乏真正的历史厚重等等。

确切地讲，"学衡"派知识分子并没有完全消化被他们指明的那些思想文化资源，至少没有从学术上将其条分缕析地加以梳理说明，甚至连被他们反复使用的消化这些资源的方法"融会贯通"，也没有作出实践意义上的令人信服的说明，而这实际上也成为了"学衡"派知识分子群的"新文化融合论"的特征之一。

"学衡"派知识分子群的"新文化融合论"，是与它的人文批评联系在一起的。如果我们来考察一下被视之为人文主义者的那些人的批评风格，就会发现一些彼此接近的事实。这些事实不仅在于他们所背倚的语言文化资源有着惊人的一致性(这与近现代批评的总体风格是不一致的)，而且他们的批评方式——那种整体性地、具有强烈历史意识和文化思想史意识的批评，也将他们从时代的主流中分化出来。在一个学科主义和专门主义(specialism and professionalism)大行其道的时代，人文批评似乎也注定只能够成为一种不大合乎时宜的声音。

不是没有人指出过这种"人文批评"在现实立场上的矛盾。就连深受白璧德影响的艾略特也曾经批评道：人文主义者"一方面承认在过去人文主义和宗教曾经结合在一起，另一方面却又相信在将来人文主义将有能力忽视传统宗教"[③]；"在人文主义者的系统阐述中，这个奇怪的手法占一个很人的比重"[④]。这虽然只是强调了人文批评在它与宗教关系上的摇摆不定，实际上，人文主义思想在面对它所关注的"庞杂"的东西方人文思想传统资源时所表现出来的在"知"与"信"方面的矛盾，显然并不仅止于艾略特所指出的那些。

"学衡"派知识分子的批评，具有明显的白璧德式的人文批评的特征(或者这也是人文批评的共性)：其一，他们批评近现代中国文学中的浪漫倾向和文化中的科学主义的理论依据，就是白璧德的人文主义——一种会通世界文化史上最主要的、源头式的思想文化资源的人文努力；其二，他

① 梅光迪：《论今日吾国学术界之需要》，载《学衡》第四期。

② 汤用彤：《评近人之文化研究》，载《学衡》第十二期。

③ 艾略特：《T. S. 艾略特文学论文集》，195 页，南昌，百花洲文艺出版社，1994。

④ 艾略特：《T. S. 艾略特文学论文集》，195 页，南昌，百花洲文艺出版社，1994。

们甚至没有像白璧德那样，对西方近现代主流思想的源头作过认真分析；或者像梁实秋那样，对浪漫主义或者其中的变种作过认真分析。确切地讲，较之与白璧德的人文批评，“学衡”派的批评更带有一种知识上的缺陷和思想上的保守；其三，他们对于传统儒家学说的信仰，已经随着这种学说的日常生活化而变成为一种准宗教式的文化心理上的潜意识，这种潜意识又因为儒家思想的现代处境，而转化成为一种精神上的自觉依恋，尽管这种说法本身就是反人文的。而在现实与历史话语的双重夹击之下的人文话语的回荡空间，似乎也就只能够限制在宗教与人文之间了。就像有人曾经斩钉截铁地声言过的那样，人“不为圣人，便为禽兽”，除此之外，别无出路；其四，他们几乎对当时知识界所一度流行过的所有话语都作出过批评，但没有一种批评成为对该话语批评中的最具思想精神创造力的代表性的时代声音。

“学衡”派的批评，集中在对西方近现代主流思想中的科学主义和浪漫主义的批判上，而引发《学衡》这种批判的，是五四新文化运动对西方近现代文化思想的“迷信”和大力张扬。为他们提供批评语言支撑的，至少有两个，一个是白璧德以及由此上推的西方人文思想资源；另一个则是中国传统的人文理性——一种源于传统文化熏陶和思想训练的思维习惯。而作为他们批评的信念支撑的，则是儒家传统思想中对于人的伦理意志的信念——这种信念是把人的伦理意志凌驾于个人力量及现实选择之上，将其视为一种“非个人的现实”，“这个现实是一切人，不论个人脾性如何不同，大家所共有的，对于这个现实一切人都必须抱着愿意屈从的态度”[①]。这种认识实际上源于儒家学说在过去历史上的实际地位和对知识分子精神世界的影响惯性，另一方面也是儒学处于极度劣势状态时，为此种文化所化之人的一种近于潜意识的精神反动。当然，我们不能因此而低估了这种个人性的现实反映本身所体现出来的历史合理性。

我们完全有理由相信“学衡”的批评是存在着缺陷的。可是，当我们这样批评《学衡》的时候，我们又恰恰忽视了这样一个事实——几乎所有的人文批评试图在人文立场、宗教态度和专门主义之间所作的艰难平衡。不过，即便如此，我们确实也不能够以此来肆意抬高《学衡》在现代学术史、

① 艾略特：《T. S. 艾略特文学论文集》，195 页，南昌，百花洲文艺出版社，1994。

思想史和文化史上的地位。事实上，那些真正很好地维护了人文传统的知识分子以及他们的批评，大多是对他们所批评的对象有了透彻的认识之后而发出的。就像《学衡》批评五四新文化倡导者对他们所批评的对象了解不够一样，严格地讲，“学衡”派知识分子对于西方近现代主流思想，尤其是那些已经转化成为民众的思想行为常识的那部分思想文化，也缺乏起码的同情和深刻的学理意义上的认识。

而且，《学衡》几乎拘泥于常识范围内的批评，不仅不利于自己声音的扩散，也不能够很好地劝说对方。艾略特认为，人文主义批评是靠“审美力”、靠“由文化培养出来的感受力”来起作用；并提出“人文主义是批判性的，而不是建设性的”[①]。但是，对于当时中国的绝大部分知识分子来说，建设性的历史使命感要远远强于他们才刚刚膨胀起来的批判意识。甚至就连胡适这样的新文化的领袖人物，也会按捺不住地宣布新文学已经过了辩论的时代。《学衡》在批评新文化的同时，也在忙不迭地为现代中国开出药方，为现代知识分子，包括他们自己构设出一个新的精神家园。

第三节　白璧德与梅光迪

一

在1945年2月14日的日记中，时年已经五十五岁的梅光迪又为自己拟订了一个不能不说宏大的研究和写作计划。此计划内容就像他所信服并宣扬的白璧德的人文主张那样，涵盖中西，通贯古今。先来看看他为自己所拟订的有关中国文化的研究写作计划：

> 予近年来蓄志关于中国文化撰述，有以下数种，曰“洛下风裁”，述东汉末年党锢事实；曰“正始遗音”，述魏晋清谈状况；曰“韩文公评述”，曰“欧阳公评述”，曰“袁随园评述”，曰“曾文公评述”，曰“中国两大传统评述”。其中“韩文公评述”，可阐明吾国自唐代以来之文学源流；“欧阳公评述”则可窥见北宋文化及其士大夫生活之一斑；而“袁随园评述”，可描写乾嘉极盛时代之

① 艾略特：《T. S. 艾略特文学论文集》，195页，南昌，百花洲文艺出版社，1994。

> 景象；“曾文公评述”则可将中国固有文化最后之光荣表露作一颂词，作一总结。

不仅如此，雄心不已的梅光迪还计划将上述各书“用中英文并写，一以昭示中国，一以传诸西方”[①]。如果仅从梅光迪的英文水平来考虑，他的这一计划虽嫌夸张，却并不离谱。只是他的这一理想，并没有在他有生之年得以实现，倒是由他曾经同在白璧德门下读书、但后来又离开了白璧德的思想、最终又有一定程度的回归的林语堂来部分地完成了。

与上述有关中国文化的撰写计划相比，梅光迪这次为自己拟订的有关西洋文化的撰写计划同样庞杂得惊人，涉及西方自文艺复兴以来主要的思想潮流和主要作家：

> 吾拟作以下各种之介绍，曰“近代西洋思想述要”，将自文艺复兴以来之思想于人生上发生效力者，如理智主义(rationalism)、情感主义(sentimentalism)……以及19世纪至今之社会主义、共产主义、进化论、帝国主义等，作一简要说明。纯文学方面则曰“近代西洋文学趋势”，叙述文学上之各派……又欲取近代作者声势最显赫者二三十人个别评述。其名单暂定如下：Voltaire、Rousseau、Johnson、Goethe、Schiller、Scott、Byron、Richardson、Wordsworth、Madame Stael、Chateaubriand、Huge、Heine、Carlyle、Emerson、Arnold、Tolstoy、Ibsen、Nietzsche、France、Whitman等。

这样一份涵盖中西、贯通古今的研究和写作计划，不要说对一个年已半百的人，即便是对一个拥有充裕时间和旺盛精力与思想力的年轻人来说，也显得过于宏大庞杂。但是，我们只要看一看世纪之初的《留美学生季刊》上由胡适编辑的、从梅光迪的日记和他与胡适往来信函中摘录下来的那些评论中国古代文化思想和人物的文字，只要看一看《学衡》创刊初期他所发表的那些批评五四新文学和新文化运动的文字，甚至只要看一看他

① 浙江大学文学院编：《梅光迪文录·日记选》，1946。

对于白璧德的回忆文章，我们就会觉得，并没有多少经得住推敲的理由去怀疑梅光迪这份研究写作计划实现的可能性。

遗憾的是，当梅光迪因此而祈祷上苍能够赐予他“二十五至三十年”的时间以完成上述计划的“十之三四”的时候，他绝对不会预料到，上天竟然只给了他不到一年的时间！也许是他已经预见到了大限将至，并因此而愧感于己于往者于来者，才匆匆忙忙地为自己制定了这样一个多少带有一些自我安慰色彩的研究写作计划？不管怎样，至少梅光迪自己不应该感到吃惊的是，在他去世之后，由他的友人同事编辑出来的一本《梅光迪文录》，竟然总共只收录了十几篇文章、十万字左右。梅光迪素来“深恶标榜，文不苟作”①，但是，对于一个直接参与经历了五四新文化运动，并一度置身于论战中心的现代人文知识分子来说，对于一个作为一种个人思想表达方式的批评处于极度膨胀发达时代的文化批评者来说，即便是不与同时代那些著作等身的人相比，长达三十年之久的写作生涯与十几篇文章、十来万字的事实之间，也是很难达成平衡的。但这是事实，是梅光迪一生研究与写作的事实。尽管《梅光迪文录》中的收录还有一些缺失，像梅光迪用英文写的几篇比较重要的评论文字，就没有能够收录进去，但梅光迪一生所撰写的文字，大抵也就是这些。

可是，只要稍微知道一点留学异域之时的梅光迪在致好友胡适的信中所时时流露出来的那种少年豪气和远大抱负，只要稍微领略一下20年代初梅光迪对“新文化者”所展开的那些激烈犀利的批判，我们就不能不为如此单薄的一本《梅光迪文录》、为梅光迪一生的学术成就而感到不解和惋惜。惋惜之余，禁不住还会生发出一些感慨。排除天不假年的因素，梅光迪自己又该为他未遂的理想和计划担负多少责任呢？

除此而外，对于一个并不仅仅把自己视为文学批评家的人文主义倡导者来说，如果说吴宓尚有资格把主持《学衡》、参入组创清华国学研究院和主编《大公报·文学副刊》视为自己一生值得欣慰的几件事功的话，梅光迪则终其一生，除了后来主持西迁中的浙江大学外语系和文学院外，并无多少值得标榜的事功成就。这恐怕也绝非一个以批评为己任的人文主义者之初衷。

---

① 梅光迪身上的这种“习气”，1921年前后的吴宓即已觉察到了。“梅君雅自矜重，不妄讲谈，不轻作文，故成绩虽少，外人鲜知，而亲炙之生徒，则固结深信而不疑焉。”吴宓：《吴宓日记》，卷二，227页，北京，生活·读书·新知三联书店，1998。

然而，不能否认的是，在当时留美中国学生中，梅光迪是最早发现白璧德及其学说的现代价值的人，是至为痛彻至为深切地感觉到中国传统文化精神在近现代一步步走向解体和流散的人，是最有计划地要为传统文化的现代诠释和转换作一生努力的人，也是在批判新文化运动方面一直表现得最无畏最坚决的人。这可以从他30年代所写的一篇怀念白璧德的文章中得见一斑：

> 我第一次意识到要以同样的精神去弥合在过去二十年中中国新旧文化基础上所出现的日趋明显的无情的杂乱无章的断层，我也第一次意识到要以同样的精神和所积累的财富，在这样一个前所未有的关键时刻去加固这个断层。
>
> 白璧德的重要性在于他那能够清理疏通和阐释文艺复兴以来西方文明最重要的线索的基本观点。在于日常为师，或作为有着繁重编辑工作的编辑，他把他的主要精力放在了对于普通观点的分析之上，跳过了纯粹的美学特性以及文学中历史的和文本的问题。尽管白璧德对风格有着很强的感悟力，实际上他也很关注事物的客观存在，他还是把纯粹的美学特性以及文学中历史的和文本的问题，看作相对来说与批评家生活不大相关的东西。因此，自从他大力呼吁宣扬命运解放以来，白璧德的每次演讲本质上就是观点的对立冲突以及对西方人的命运观的宣战。他的演讲结构松散，但倘若整理一下结构，从世界文学中引用一些中肯的引语——用明智的评论来做引语，无论是有利的还是不利的，这些讲演就会构筑出一个中心的主题。分辨出白璧德所担任的课程中的某个内容与其他内容的不同并不总是很容易的。因为他所有的课程都是相互关联并服务于一个目的的，并提出相同的基本原理，不同点只是它们在重点和细节之处上存在着差异。你可以去选修他的任何一门主要课程，去领会他的思想的主要倾向，并且以此来获知他在其他课程中所揭示出来的思想。对他思想的掌握，也可以受到他在课程讲解过程中经常重复的某些令人耳熟能详的引语的启发。这些借引的阐述有助于你，就像那些路标，与他一起进行知识朝圣之旅。这并不意味着他的思想阐释当中缺乏

新鲜的材料，并使得他的阐释总是充满令人乏味的重复。相反，他的同时代的学术巨人中，几乎没有谁能够像他那样在材料的丰富性和多样性方面与他相媲美。[①]

可是，在这之后，当我们需要一个富有积极的、批判精神的批评家，继续用他的文字发出对时代、对社会、对学术、对思想的批评声音的时候，我们却吃惊地发现梅光迪竟然缄默了。一个曾经对新文化倡导者们作过那么猛烈批评的批评家，竟然会在他的“论敌”们欢庆自己胜利的时候缄默了；一个曾经对当时学术界思想界的种种“弊端”作过深切揭露并大声呼唤真正的学术领袖早日产生的批评家，竟然会在他最应该坚守自己岗位的时候离开了；一个曾经奉白璧德的人文思想为精神旨归、以白璧德为精神楷模的人文批评家，竟然会在一个“歧见”纷呈、自己应该大有作为的时候离开了中国！这显然不符合白璧德式的“站出来，战斗”的批评风格。而这一切，又都说明了什么呢？如果说天不假年，很显然五四时期的多数成名者的代表作品，也大多是在40年代中期以前完成的；如果说战争纷扰，战争的影响显然并不只是对梅光迪一人存在，而且，他还曾经有过将近十二年在哈佛大学任教的较为稳定的工作经历[②]；如果说“文不苟作”，但就是在梅光迪“已作”的那些文章中，也并没有听到或者见到诸如“惊天动地”一类的声音文字。这里不妨将梅光迪在美期间及稍后《学衡》时期的主要文章罗列如下：

1. 留美期间(1915～1919)

《我们这一代的任务》(*The Task of Our Generation*)、《我们对于国家事务应有的态度》(*Our Need of Interest in National Affairs*)、《新的中国学者》(*The New Chinese Scholar*)、《中华民族的生命力》(*The Chinese National Vitality*)；

---

① 梅光迪：《欧文·白璧德：人之师表》，段怀清译，见《跨文化对话》总第12期，上海，上海文化出版社，2003。

② 1924年至1936年，梅光迪在哈佛大学任教，教授中文，任讲师，并帮助筹建哈佛中文图书馆。其间1927年夏，归国。于上海与李今英女士结婚，后生女仪慈、仪昭、仪芝，子本修。1932年一度出任国立南京中央大学艺术与科学系系主任、教授。后又返美，任中文副教授。1927年至1930年，东南大学原学生郭斌和来美留学于哈佛大学，就学于欧文·白璧德教授，时梅光迪任教于哈佛，两人时相往来，“复商讨归国后共有所建树”。

2.《学衡》时期(1922～1924)

《评提倡新文化者》、《评今人提倡学术之方法》、《论今日吾国学术界之需要》、《现今西洋人文主义》、《阿诺德之文化论》。

除此之外，就是一些零星文章，虽然不乏思想之锐见，却也难以看出其背后究竟有什么大的写作计划和思想研究体系。生逢其时，却又鲜有作为，这就是梅光迪在国内二十多年(1919～1945，其实中间还有十二年在美国)的教学、读书、研究、思考、写作经历所能够给我们留下来的印象。

问题在哪里呢？既然梅光迪最初走进五四知识分子群体的第一次亮相，是与胡适关联在一起的，我们不妨先从他与胡适的思想交往中去考察一番，或许从中可以找到一丝半缕的线索。

二

安徽宣城和绩溪，两地相距不过百余里，却产生了两位对现代中国文学具有影响力的人物，即宣城梅光迪和绩溪胡适①。胡、梅交往，起始于何时不详②。《胡适留学日记》中第一次出现与梅光迪有关的内容，始于1911年8月18日。当日日记中记载“见北京清华学堂榜，知觐庄与钟英皆来美矣，为之狂喜不已”③。其中觐庄即梅光迪。由此可推测，两人相识应在胡适出国前后，大致在两个时期，一是胡适1910年5月与二哥绍之一道自上海赴北京温习功课、准备参加7月清华庚子赔款留学美国官费考试期间。此时梅光迪正在清华留美预备学校读书(1909～1911)。二是1904年～1909年期间，此间胡适从家乡绩溪上庄来到上海，先后就学于梅溪学堂、澄衷学堂、中国公学，毕业后在中国新公学、华童公学教授英文、国文。而梅光迪在去北京清华之前，也曾在上海复旦公学读书，且胡适当时与在复旦公学读书的多名安徽籍学生有来往。两人是否初识于上述这两个时

① 梅光迪1890年2月14日(农历正月初二)，生于安徽宣城弋江西梅乡西梅村。1952年，弋江西梅乡划归南陵县，因此《南陵县志》上一直坚持认为梅光迪为南陵人，《南陵志稿》上曾发表梅光迪胞弟梅光道撰写的《梅光迪先生传略》以及敏之的《关于梅光迪博士》等文稿。(见段怀清编：《梅光迪文集·梅光迪先生年谱简编》，北京，商务印书馆，2004。)

② 胡、梅交往，梅光迪一方记载不多，但在胡适日记中，特别是有关留学美国期间两人就“白话文学”进行争辩的记载尤详。但二人究竟何时开始交往，《藏晖室日记》中刊布的“己酉第五册”、“庚戌第一册”和“庚戌第二册”中均无记载。(见《胡适日记全编》，合肥，安徽教育出版社，2001。)

③ 胡适：《胡适日记全编》，第一册，128页，合肥，安徽教育出版社，2001。

期，胡、梅日记或相关材料中均未见具体记载。

梅光迪来美后，先在威斯康星大学(1911～1913)，后转入芝加哥的西北大学，直至1915年转入哈佛大学；而胡适在1915年转学哥伦比亚大学之前，一直在康奈尔大学。自梅光迪来美后，胡、梅两人信函往来频繁。其原因大概如下：一是二人同乡，二是对文史都有浓厚兴趣，特别是梅光迪来美后专事文史之学，这对有着浓厚文史兴趣和相当学术思想修养、当时却修习农科的胡适来说，不啻为一件值得高兴之事。在1915年7月22日的日记中，胡适曾比较过中国学生与欧洲学生对各自祖国文明历史政治的认识了解，他发现，“吾所遇之俄国学生，无不知托尔斯泰之全集，无不知屠格涅夫及杜思拖夫斯基者。吾国之学子，有几人能道李、杜之诗，左、迁之史，韩、柳、欧、苏之文乎？可耻也”[①]。或许正是这种知音难求的缘故，所以，在梅光迪来美后不到一星期即寄胡适一书，胡适在梅光迪来美后不过半月，亦寄梅光迪一书，长约二千言，“至藏书楼读书，作校史第一章未成。作书寄觐庄，约二千言”。可能是获知于胡适正在撰写校史，梅光迪还给胡适寄来了自己从国内带来的《颜习斋年谱》，尽管胡适后来觉得此书对自己的写作并没有多大帮助。但这至少说明，胡、梅两人当时关系密切，彼此熟悉对方读书研究的方向与内容，而且还在不断交换心得，并无任何芥蒂禁忌。

就在收到《颜习斋年谱》的第二天，胡适又收到梅光迪寄来的一封长函，具体内容不详，但从胡适当日即作“一书报之”的反应看，梅函引发了胡适论说兴趣。根据胡适日记记载，此函集中于如何评价宋儒之学。“得觐庄一书，亦二千字，以一书报之，论宋儒之功，亦近二千言。”胡、梅之间的学术讨论自此正式开始，但此时讨论才刚刚展开，而且集中在对中国

---

① 胡适：《胡适日记全编》，第二册，207页，合肥，安徽教育出版社，2001。实际上，胡适的这种“感慨”，并没有随即扩张成为一种自觉的“文化忧患意识”，或者说与陈寅恪在《王国维先生挽辞并序》中所阐发的那种深刻的文化危机感类似的一种时代思想的批判力量。相反，或许因为要倡导五四新文学和新文化的缘故，胡适甚至一度冷落过中国古代文学，至少在思想价值和审美价值上对古代文学有过偏激的言论。胡适的“感慨”，同样也说明另外两点，一是晚近教育改革，在不断引进西方科技教育和实学教育的同时，中国传统思想和文史之学在近代遭到了冷落；其次，在美国相对稳定同时也正在蓬勃发展的现代教育境况之中，胡适真正感觉到了“中国无学”的危机。这种危机感与陈寅恪在1928年“北大学院己巳级史学系毕业生赠言”中所发出的“群趋东邻受国史，神州士夫羞欲死。田巴鲁仲两无成，要待诸君洗斯耻”的声音是一致的。(参阅《陈寅恪诗集》，18页，载清华文丛之二，北京，清华大学出版社，1993。)

古代思想学说的重新阐释评价之上，而没有涉及如何应对当下中国知识阶级的思想文化困境，更没有开始有关直接让胡适“暴得大名”的“文言”、“白话”之争，同样也没有涉及如何认识西方古代思想文明与现代物质文明以及如何引进介绍西方近代思想文化和物质科技文明。

如果说胡适在接到梅光迪的长函当日即复函不仅出于“礼貌”，而且还因为久处孤独，无人言说心中思想的话，那么，梅光迪在几乎接到胡适复函的同时即回信，则显然是对胡适信中观点言论的不能认同了。不仅不能认同，从回信之迅捷，可以猜想梅光迪当时心中难以抑制之情绪。《胡适留学日记》中记载：“得觐庄书，攻击我十月四日之书甚力。”从讨论到分歧争论，这还只是开始。而且，这种讨论当中的意见分歧，亦属正常，并没有丝毫影响到胡、梅二人的交往。

由于胡适 1911 年 11 月至 1912 年 9 月日记缺失，而且梅光迪 1913 年从威斯康星大学转学位于芝加哥的西北大学，所以胡适留学日记中此段时间没有关于与梅光迪信函往来的记载。但从 1914 年元月开始，两人之间的信函往来又频繁起来。而且，两人对于中国古代思想学术的观点，也并非完全对立或者毫无共同之处。在 1914 年 1 月 29 日关于“乐观主义”一条记载中，胡适就这样写道：觐庄有句云“要使枯树生花，死灰生火，始为豪耳。况未必为枯树死灰乎！余极喜之”[①]。

从这一时期胡适日记记载来看，不仅胡适对梅光迪的不少观点予以肯定好评，梅光迪对胡适的不少观点同样甚为赞同，在他致胡适信函中亦常常可见“字字如吾心中所欲出者”、“极合吾意”、“与弟意正合”一类文字。这些双方能够彼此认同的意见，从梅光迪致胡适函可以看出，大多集中在对汉宋思想学说的认识上。“不推倒汉宋学说，则孔孟真面目终不出也”——这种复兴“原儒”的思想，实际上只是胡适“文艺复兴”思想的一部分，甚至在留学时代也只是很小一部分[②]，但在梅光迪，却已经开始与他将在白璧德那里所接触到的对于孔子儒家思想的人文思想和伦理思想价值

① 胡适一直倾向于将五四新文化运动与欧洲的文艺复兴相提并论。而对于文艺复兴的理解，不仅是复古，更是创新。相较于前者，胡适对于文艺复兴的理解，显然不只是复兴古希腊、罗马的文化，更是创造出富有生命力的直接反映时代要求和特色的思想文化。而梅光迪的“枯树生花”的说法，与胡适“创新”为“启蒙”关键的思想认识正好吻合。

② 回国后，面对学术界思想界在问题与主义之间的争论分歧，胡适提出了整理“国故”和“少谈些主义，多研究些问题”的主张，并身体力行。

的重新阐发接近。

胡、梅二人思想主张之分歧，虽然曾经出现过，但只是到了“语”、“文”一体还是“语”、“文”分离讨论的时候，才全面爆发并不断升级。不仅如此，梅光迪还认为，“孔孟真面目”也因为近代以来“学制”的改弦更张而失之于“误会”，“仆思吾国风俗，其原始皆好，唯二千年来，学校之制亡，民无教育，遂至误会太甚，流弊遂深。吾辈改良之法，尚需求其原意。盖原意皆深合哲理，无所不实用于今也”。这种追求孔孟思想“原意”的主张，不仅与胡适稍后主张不合，实际上与白璧德“复原”中国的观点也并不完全一致。梅光迪此时思想中对于近代中国社会、历史、思想、学术的批判，也还没有上升到一种学理的、研究的层面，实际上更多的属于读书过程中一种自然的议论，与白璧德彻底、全面的反现代的人文批评，还有很远的距离。

实际上，1915 年之前，胡、梅二人虽然在中国古代思想学术的现代阐释上存在分歧，甚至在不少方面分歧还很严重，但这些分歧基本上还是局限于思想学术之争，并没有直接影响到两人之间的友谊。对于胡适的思想才华与学术见识，梅光迪是很早就发现并予以了充分肯定的。“中人在此者不下三十余，求其狂妄如足下万一者，竟不可得，正所谓梦我思之者也”，“足下论阴阳极透彻，论大同小康亦详尽，谓孔子不论来生，以为诚实不欺，尤令吾叹赏”。这一时期，胡适留学日记中涉及梅光迪处还有：

> 1914 年 6 月 8 日：梅觐庄月前致书，亦言女子陶冶之势力。余答觐庄书，尚戏之，规以莫堕情障。觐庄以为庄语，颇以为忤。今觐庄将东来，当以此记示之，不知觐庄其谓之何？
>
> 同年 7 月 18 日：发起一会曰读书会，会员每周最少须读英文文学书一部，每周之末日相聚讨论一次。会员不多，其名如下：任鸿隽、梅光迪、张耘、郭荫棠、胡适。
>
> 同年 8 月 14 日：今夜同人有“社会改良会”之议，君倡之，和之者任叔永、梅觐庄、陈晋侯、杨杏佛、胡明复、胡适之也。
>
> 1915 年 8 月 3 日：梅觐庄携有上海石印之《白香山诗集》，乃仿歙县汪西亭康熙壬午年本，极精。共十二册，两函。有汪撰年谱，及宋陈直撰年谱。汪名立名，吾徽清初学者。

三

上述日记至少显示出，1915 年之前，胡、梅两人学术讨论信函频繁，相互启发、彼此呼应，尽管存在着一些认识上的分歧，但也能在求同存异的学术讨论原则之下，对对方的观点思想持有同情之心，尚未因为在观点主张上的分歧差异而导致彼此失和，并对对方的文化人格进行攻讦甚至谩骂。

据胡适 1916 年 1 月 5 日日记记载：将去漪色佳时，杏佛以其摄影器为造此图。所谓此图，即梅、任、杨、胡合影。这帧合影，胡适显然很是在意，照片中的朋友们也都很是在意。先是任叔永题梅、任、杨、胡合影诗，诗为“适之淹博杏佛逸，中有老梅挺奇姿。我似长庚随日月，告人光曙欲来时”。接着胡适也和道“种花喜种梅，初不以其傲，欲其蕴积久，晚发绝众妙”。此诗为赞“梅”，其中应该也包含着对梅光迪的赏识与期待。

从梅光迪 1915 年 8 月与胡适等友人相聚漪色佳、9 月去哈佛大学之后，特别是 1916 年 1 月始，由于胡适这一时期集中思考的问题已经转向文学改良、特别是语文改良问题，并开始在朋友们中间尝试性地提出“白话文学”主张，胡、梅之间的思想分歧内容、范围以及程度，开始远远超出此前，并逐渐到了几乎水火不容的境地。

1915 年 9 月 17 日夜，胡适作《送梅觐庄往哈佛大学诗》。针对当时留学生中“同学少年识时务，学以致用为根本”的状况，胡适却对梅光迪的人文选择表示出深刻的理解和同情。“凡此群策岂不伟？有人所志不在此。自言‘但愿作文士。举世何妨学培根，我独远慕萧士比’。梅君少年好文史，近更蜚拾及欧美。……”不仅如此，诗中还对梅光迪的学术态度给予肯定乃至高度评价，“又能虚心不自是，一稿十易犹未已”。或许为了进一步给梅光迪，同时也是给自己的“文学改良”主张鼓气，也或许是在用另一种方式迂回曲折地说服梅光迪不要放弃对于历史的重新诠释，胡适在诗中反复劝说“梅君梅君毋自鄙”，并希望梅光迪能有机会去游历马萨诸塞的康科德镇，从 19 世纪新英格兰的文艺复兴的倡导者那里汲取灵感启发，“居东何时游康可，为我一吊爱麦生，更吊霍桑与索虏：此三子者皆峥嵘”①。

① 1914 年 9 月 7 日，胡适曾来此拜谒，并对作为美国新英格兰的文艺复兴的领军人物爱默生极为推崇。

应该说，至此，胡适依然期待着梅光迪能够在文学革命主张上与自己站在一道，“神州文学久枯馁，百年未有健者起。新潮之来不可止，文学革命其时矣”，并能够在新文学的倡导方面携手共进。

但是，在1916年初，当胡适比较正式地提出自己的文学改良主张的时候，两人之间的分歧则随之彰显并趋紧张。而这时，也是梅光迪转学于哈佛、师从白璧德之始。梅、胡之间这种紧张的发展及其程度，在胡适这一时期日记中有极为详细的记载[①]。1916年2月3日日记记载：与觐庄书，论前所论“‘诗界革命何自始，要须作诗如作文’之意。略谓今日文学大病，在于徒有形式而无精神……”1916年7月13日记载：“再过漪色佳时，觐庄亦在，遂谈及‘造新文学事’。觐庄大攻我‘活文学’之说。细析其议论，乃全无真知灼见，似仍是前此少年使气之梅觐庄耳。”而在此之前，就白话文学主张而言，胡适已经完成《吾国历史上的文学革命》、《吾国文学三大病》、《白话文言之优劣比较》等文字，为他的《文学改良刍议》一文做好了思想上的准备。而这一时期，既是胡、梅争论最激烈之时，也是互相批评最激烈之时。此时胡适眼中的梅光迪，不仅不能理解自己的文学革命主张，而且还令其极为不能理解的是，梅光迪在不理解之余，还大攻胡适此说，而且，这些批评已经不只是一般意义上的就事论事，还从文化批评上将胡适的思想主张与时代思想潮流归类，并一概加以摒弃：

> 觐庄治文学有一大病，则喜读文学批评家之言，而未能多读所批评之文学家原著是也。此如道听途说，拾人牙慧，终无大成矣。此次与觐庄谈，即以直告之，甚望其能改也。
>
> 吾以为文学在今日不当为少数文人之私产，而当以能普及最大多数之国人为一大能事。吾又以为文学不当与人事全无关系。凡世界有永久价值之文学，皆尝有大影响于世道人心者也。
>
> 觐庄大攻此说，以为Utilitarian（功利主义），又以为偷得Tolstoi（托尔斯泰）之绪余；以为此等19世纪之旧说，久为今人

① 有关梅光迪对于胡适“文学改良”主张的贡献，或者在胡适“文学改良”思想形成过程中所扮演的角色，乐黛云先生认为，梅光迪对于胡适“文学改良”主张的提出、形成起了重要的催生、成型以及具体化的作用。这是对梅光迪与新文学或者白话文学之贡献的尤为值得注意的见解。（见段怀清编：《梅光迪文集·序》，北京，商务印书馆，2005。）

所弃置。

吾闻之大笑不已。夫吾之论中国文学，全从中国一方面着想，初不管欧西批评家发何议论。吾言而是也，其为 Utilitarian，其为 Tolstoian，又何损其为是。吾言而非也，但当攻其所以非之处，不必问其为 Utilita-rian，抑为 Tolstoian。

胡适这则日记的最大意义，显然并不在于真实地记录了胡、梅两人此时围绕白话文学产生的分歧，而是清楚地反映出梅光迪思想此时实际上已经发生明显而且深刻的变化。如果说两人围绕中国传统思想所引发的一些议论乃至争论还只是零星的意见的话，此时的梅光迪，显然已经开始利用自己从白璧德的批评语言中所习得的“利器”，来攻击胡适的“改良”主张了。其中最明显的标志，就是梅光迪将胡适的所作所为，与白璧德所批评的西方近代浪漫主义变种之一的功利主义一道进行贬斥。这种比较，已经不仅止于原来两人讨论之时所借用的中国历史语言资源，还扩展到了西方历史语言资源，包括白璧德对于西方近现代主流思想的批判。

只是即便在两人剑拔弩张、互不相让地辩论之时，胡适依然没有失去自己非常难得的幽默。在《新大陆之笔墨官司》(又题《答梅觐庄——白话诗》)这首亦庄亦谐的白话诗中，胡适将梅光迪关于文言、白话的意见不惜一一列明，并再次旗帜鲜明地提出“文章须革命，你我都有责”、“有话便要说，不说过不得”、“诸君莫笑白话诗，胜似南社一百集”，主张“语”“文”一体，而且还要现代的“语”和“自己”的“语”，要一种健康有力的精神和情感。

有关此诗背景，胡适在此日记中补注，认为“起于叔永《泛湖》一诗。并引梅觐庄寄胡适书(7 月 17 日)。此书甚长，多为梅觐庄反对白话文学之意见，颇有值得注意者”。在 7 月 30 日补记中还写明，收到梅光迪 7 月 24 日的来信，信中将胡适白话文学主张中的不少具体内容，与欧洲之时兴的“狂澜横流”并列，其中所列文学中即有“未来主义、意象主义、自由诗”。这也是新文学的批评声音中最早将胡适的白话文学主张与美国的“意象派”诗歌主张相提并论的观点，更是梅光迪接受白璧德对于浪漫主义运动批判主张的证明。

胡适此时当然不清楚，为什么原本与自己思想上多有契合的梅光迪，

一下子变得如此尖锐激烈，而且不仅坚决反对自己提出的文学改良主张，甚至将这些主张与西方近代思想合并归拢，给予一揽子的“正本清源”式的批判。胡适此时还不清楚，梅光迪正是在阅读了白璧德的《现代法国批评大师》、《新拉奥孔》等著作对西方近代艺术当中形似蓬勃实则“混乱”的状况的论述之后，从“理论”上认清了胡适文学改良思想的西方思想背景和历史背景，并坚信自己找到了用来反击胡适的文学改良思想和西方近代浪漫的人道主义思想的理论武器，那就是白璧德的“新人文主义”[①]。有趣的是，《胡适留学日记》1917 年没有具体日期的记载中，有“印象派诗人的六条原理”专条，在这篇摘自《纽约时报》“书评”的文字之后，胡适这样写道：此派所主张，与我所主张多相似之处。胡适并没有说明，自己的白话文学主张，是否曾经从“意象”派诗人的主张中受到过启发。或许在胡适看来，这并不重要。因为在胡适眼里，只有真理，“夫吾之论中国文学，全从中国一方面着想，初不管欧西批评家发何议论。吾言而是也，其为 Utilitarian，其为 Tolstoian，又何损其为是。吾言而非也，但当攻其所以非之处，不必问其为 Utilitarian，抑为 Tolstoian”。只是这样以来，似乎从另一面多少印证了梅光迪对胡适文学改良主张的西方来源的指责批评。

作为对胡适日趋清晰明朗的白话文学主张的回应，梅光迪并非一味批评，只破不立。他也提出了自己关于文学改良的建设性的“四大纲”，即“一曰摈去通用陈言腐语。二曰复用古字以增加字数。三曰添入新名词。四曰选择白话中之有来源有意义有美术之价值者之一部分以加入文学。然须慎之又慎”。这些主张，在胡适看来，与晚清以来的文学改良者的思想主张根本没有什么差异和不同，完全就是“拾其余绪，虚无足言”。

1916 年 7 月到 9 月，是胡、梅白话文学之争最为集中的时期，也是胡适白话文学思想趋于成型的时期。当时的胡适，其白话文学主张尚未在国内报刊刊出，在美国的往来友朋中，已经遭到了激烈批评和反对。不仅梅光迪，还有胡适在中国公学时期的老朋友朱经农、任叔永等，皆极力反对他的观点，但据胡适说，在自己“实地实验”白话诗《黄蝴蝶》、《尝试》、《他》、《赠经农》四诗后，“皆能使经农、叔永、杏佛称许”，独只有梅光迪依然坚持自己的意见。是年 10 月，梅光迪仍然有长书寄胡适，“觐庄有长

①　梅光迪：《欧文·白璧德：人之师表》，段怀清译，见《跨文化对话》总第 12 期，上海，上海文化出版社，2003。

书来挑战”，胡适的反应是，“吾以病故，未即答之”。或许，此时的胡适，不仅对于说服梅光迪理解并支持自己的白话文学主张已经失去了信心，或许他也认为梅光迪的理解和支持，对于在国内已经如火如荼地开展起来的文学改良乃至革命，已经不再重要了。

《胡适留学日记》中最后一条有关梅光迪的记载，是1917年4月11日：“此次节假，觐庄……来游纽约。吾与觐庄日日辩论文学改良问题。觐庄别后似仍不曾有何进益，其固执守旧之态仍不稍改。夫友朋讨论，本期收观摩之益也，若固执而不肯细察他人之观点，则又何必辩也。”胡、梅此次相聚，距离胡适归国，不足两月，而胡适的文学改良主张，此时却已经在国内掀起滔天波澜。

四

1917年胡适学成归国之后，梅光迪又在哈佛大学度过了两年读书时光。在这里，他最终形成了自己关于中西文化的思想，实际上也就是白璧德的人文主义思想，即综合东西方人文思想之菁华，以文学保留历史与传统观念，维持久远的道德与哲学原则，在更高人文基础之上发扬中国古代儒家思想、西方古典思想，以期形成抗衡近代以来西方浪漫主义思想主潮。这些思想，甚至也有着西方“文艺复兴”时期思想的某些外表，但在根本上，是依托中西古典人文思想，对西方近代以来的主流思想“科学的人道主义”和“泛情的人道主义”以及五四知识分子对于上述主张的引进予以积极的批判。

这种文化理想，在现实外缘上，与胡适以及国内正方兴未艾的新文化运动显然不无关系。因为前者本身就被梅光迪看成是对西方近代主流思想的引进，只是此时梅光迪与胡适之间的分歧，显然已经不仅限于白话文学。据吴宓记载，当时梅光迪在留美学生中“到处招兵买马、搜求人才、联络同志，准备归国后与胡适作一全盘之大战”，此说虽不无夸张，但大抵属实。从梅光迪当初对胡适文学改良主张反对之激烈坚决看，梅光迪在见到转学来哈佛的吴宓时那番“慷慨流涕”的诉说以及对胡适等“今彼胡适等所言所行之可痛骂”的责骂，也就不难理解了。

就文学改良、对于西方古典与近代文明的态度以及人文知识分子的现代思想文化立场等问题，梅光迪的观点可以撮要陈述如下：

一、文学改良

梅光迪与胡适“白话文学”之争发端于1915年，集中于1916年7月至9月。梅光迪当时的观点主要有三：其一，认为文学乃知识阶级的特产，反对将文学“普及到大多数之国人”(这种观点在梅光迪《论吾国学术界之需要》中得到了进一步发挥。但胡、梅最初开始争论时，胡适也并没有提出用“白话”替代“文言”的主张，只是讨论如何“改良文字的教授方法”。当时的胡适也认为，相比于其他国别语言文字，中文的优长很明显，只是教授方法不当。这一点，在后来罗素的《中国问题》一书中也有相同阐述)；其二，文字无死活之分，白话俗不可耐，根本不可能作文入诗，反对将白话中的字词直接引入诗文当中；文字的变动更改需要经过“数十百年”，还需要“文学大家承认”，而后才能被使用。所以，个人性的再造新文学的想法和说法，在梅光迪看来都是荒唐的，它违反了语文“自然进化”的“规律”。对于胡适的个人英雄主义式的“独立”“自助”的思想文化主张，梅光迪针锋相对地提出了对于传统文化的“消化”“吸收”乃为思想之正途的主张。这里需要说明的是，梅光迪此处所说的“白话”，与胡适正在“尝试”的五四时期知识分子的“白话”，并非一回事。梅光迪所说的白话，虽然没有展开阐明，但潜意识里显然是指所谓“引车卖浆”之人的日常口语，这也是“文言”“白话”之争初始双方对于“白话”的界定不明所造成的；其三，“诗之文字”与“文之文字”不同，求“诗界革命可”，但若移“文之文字于诗”，则不可。

需要注意的是，即便如此，梅光迪此时对于从“俚语文学”入手进行“文学革命”也并未一概否定，只是他不能同意胡适“再造”新文学的“大胆”“狂妄”，而是反复提醒要“慎之又慎”，坚持认为文学及文字须经“有美术观念者之口”，“经美术家之锻炼”，以及缓慢的语言精神自然进化之必要。对于人文知识分子在文学革命中的能动作用，梅光迪显然没有胡适那么乐观，也不能接受和容忍胡适那样的乐观。

事实上，在胡、梅两人上述分歧背后，是两人迥然不同的文学史观。胡适的文学史观，一言以蔽之，就是进化的文学观念，就是“一时代有一时代之文学”；而梅光迪的文学史观却是，真正的文学是经过时间检验的、由人类最优秀情感思想的积淀而成的文学经典，它“含有普遍永久之性质”，不会成为文学改良者所谓的“死”文学。不能认为这两种文学观在价值倾向和审美上就一定是截然对立的，但在思维方式和对待个人创新与文学传统、个人在文学史进程中的作用等态度上，其分歧则是显然存在着的。

二、对于西方古典与近代文明的态度

梅光迪对于西方古典与近代文明的态度，深受白璧德思想的影响。他认为：

其一，“物质文明”与“精神文明”之间有一种时间上的内在关联。也就是说，精神文明的变迁速度与物质文明的发展速度之间，是需要有一种内在平衡的。因此，梅光迪指出：“以吾国近二十年之历史观之，国民性之变迁速度洵远逾于寻常，虽事实与思想悬绝。征之事实，吾国物质文明之不振如故，而思想上国人早已超越改革物质文明之时代，从事于精神文明之改革矣。”而正是这种过于快速的变革状况，带来了整个思想文化上的“变迁性胜于保守性”，已经为中国数千年精神文化传统在现代的命运定下了基调。也正是从这里，梅光迪对西方近代文明与国内正方兴未艾的新文化运动都提出了批评。

其二，文化交流介绍当求那些“有本体性之价值”，而且“实用于吾国者”，不应只是为解决“一时一地之问题”。这里所谓的“实用于吾国者”，是指其“或以其与吾国固有文化之精神，不相背驰，取之足收培养扩大之功……或以其为吾国向所缺乏，可截长以补短也。或以其能救吾国之弊，而为革新改进之助也”。什么样的西方文化才符合梅光迪上述标准呢？在他看来，以白璧德为代表的美国新人文主义思想，“综合西方自希腊以来贤哲及东方孔佛之说而成，虽多取材往古，然实独具创见，自为一家之言。而于近世各种时尚之偏激主张，多所否认，盖今日思想界之一大反动也。……两人固皆得世界各国文化之精髓，不限于一时一地，而视今世文化问题，为世界问题者也”。

在这样的西方文化认识基础之上，梅光迪对西方近代以来以培根为肇始的科学人道主义和以卢梭为代表的情感人道主义，与他精神思想上的导师白璧德一样，采取了断然批判的态度，并认为这绝非中国所应该效法于西方者所在。

三、人文知识分子的现代立场

关于这一点，梅光迪并没有提出明确系统的意见，而是通过自己的那些批评文章间接反映出来。大体而言，梅光迪认为：

其一，坚持知识分子的启蒙立场，但又不赞同当时新文化倡导者们的启蒙内容和启蒙主张；坚持精英文化对大众文化、历史传统对今日个人创造的指导作用，但也并不坚持认为拘泥于传统就是对传统的最好维护。

其二，学术研究与文化译介一样，当求彻底研究，“悉其原委”、“以极上下古今融会贯通之功”、“不依傍他人，自具心得”等，强调知识者个人对待所引进介绍的西方思想文化的自主性、独立性和批判性。

五

应该说，留学时期和《学衡》初期，是梅光迪一生中思想最活跃、也最富思想创建性的时期，而执教哈佛大学（1924～1936）和浙江大学（1936～1945）时期，则显沉闷。梅光迪对中国古代文化思想的那些意见，他对白璧德思想的时代价值的发现与高度评价，他对西方近代以浪漫主义为主流的思想文明和以科学主义技术主义为主流的物质文明的自觉批判，他对五四新文化运动在资源背景和思想方法上不乏见地的比较批评等，无论是其思想方法、比较眼光、历史意识，还是最终所形成的思想结论，时至今日，仍然未完全失去其思想光辉。但是，《学衡》之后，也就是自1924年去国赴美任教，直至1945年底病逝于贵州，梅光迪的思想似乎就未曾再往前走一步，这就不能不让人费解并感到遗憾了。

五四时期的胡适日记中大概最后一则与梅光迪有关并涉及两人论争内容的，是1922年《学衡》创刊后胡适写的一首《题〈学衡〉》：

> 老梅说：
> “《学衡》出来了，老胡怕不怕？”
> 老胡没有看见什么《学衡》，
> 只看见了一本《学骂》！

这时的胡适，不仅在国内新思想界赢得了显赫地位，而且在学术成就上，也已经远非此时的梅光迪所能比。从胡适这首打油诗可以看出，胡适对《学衡》的出现，并没有看得太重。而且，这时胡适的学术境界，有足够的资料显示与梅光迪也已经有了相当距离。实际上，距离早在留美时期就已经出现了，而最能够昭示出两人之间的这一“距离”的，就是胡适为中国科学社创办五周年所作的个人报告论文《清代汉学家的科学方法》。在这篇议论学术方法的文章开头，胡适旗帜鲜明地指出：

> 研究欧洲学术史的人知道，科学方法不是专讲方法论的哲学家所发明的，是实验室里的科学家所发明的，不是亚里士多德(Aristole)、培根(Bacon)、弥儿(Mill)一般人提倡出来的，是格利赖(Gallieo)、牛顿(Newton)、勃里斯来(Priestley)一般人实地试行出来的，即如世人所推为归纳论理始祖的培根，他不过曾提倡知识的实用和事实的重要，故略带着科学的精神。其实他所主张的方法，实行起来，全不能适用，决不能当“科学方法”的尊号。后来，科学大发达，科学的方法已经成了一切实验室的日用品……

早在1914年前后，胡适就已经有了这种方法论意识上的自觉，而胡适最终所选择的“实验”或者“尝试”的方法，也并非完全得益于杜威，而是与胡适自己一直在思考的学术方法问题有着逻辑上的直接关联。至于胡适是如何关注方法问题的，只要读一读胡适留学日记，就可以一目了然。

胡适回国后的所有思想言论、学术研究乃至现实行止，几乎都可以从留学日记中找到端倪，而又在留学时期的基础上有了突飞猛进的拓展，在国内思想、社会和现实环境的巨大反弹力之下，呈现出更清晰的个人思想张力，并最终形成了一个现代知识分子十分清晰的个人精神信仰与学术思想道路。而梅光迪归国后的生活，却湮没在抗战军兴之后的颠沛流离的日常生活之中，并最终失去了一个思想者有迹可寻的思想光辉，这一点，梅光迪可能没想到，但却为留学时期的胡适所不幸言中，这难道只是巧合？

六

为什么会这样？原因在白璧德这里？是因为白璧德思想本身鲜明的反现代特性而导致了梅光迪在白话文学之争和五四新文化运动批判中的昙花一现之后，又迅疾消失在默默无闻之中？如果梅光迪没有当初留学期间与胡适之间的那些围绕着儒家传统的现代诠释、近现代西方思想的批判、白话文学之争、对于白璧德人文思想的“发现”以及在中国学生中间的大力介

绍传播等所显示出来的敏锐的思想洞察力和批判力，上述类似追问无疑显得多余。但事实是，无论作为白璧德在中国的第一关系人，还是五四新文学和新文化运动中的一个声音特殊的批评者，梅光迪都应该得到足够的关注。

对于梅光迪与胡适之间留学期间关系的考察，旨在揭示出这样一个结论：正是因为梅光迪与胡适之间的这些关系，这些探讨、议论、争论中所产生的分歧、冲突以及在此背景过程中所结下的“渊源”，一方面固然更有效地催生、形成、丰富了胡适对于白话文学改良的最初主张，而在另一方面，是否也在一定程度上影响到了梅光迪思想上的自然发展、提高？

有关上述结论，或许我们可以从梁实秋有关《学衡》与人文主义的一段文字中探出一些究竟。他说，“可惜的是，《学衡》是文言的，而且反对白话文，这在当时白话文盛行的时候，很容易被人视为顽固保守”。他还说，“人文主义的思想，其实并不一定要用文言来表达，用白话一样的可以阐说清楚。”不仅如此，在梁实秋看来，人文主义固然有鲜明强烈的反现代倾向，但这并不至于就被简单地认为是保守，“人文主义的思想，固有其因指陈时弊而不合时宜处，但其精意所在绝非顽固迂阔”①。

梁实秋的上述意见中尤为值得注意的一点，就是“人文主义的思想，其实并不一定要用文言来表达，用白话一样的可以阐说清楚”。这一观点用在“学衡”派知识分子群这里，至少可以解读为，《学衡》通过反对“白话”、提倡“文言”的方式，来反对新文化和新文学运动、倡导白璧德的人文主义思想，并不一定是一个有效而且能够成功的路径。或许因为当初与胡适就白话文学改良进行过一番激烈的辩论，或许因为自己当初曾经如此严厉地抨击过以胡适为代表的“新文化运动者”，或许因为《学衡》是“文言”的，而新文化和新文学是白话的，还或许因为对于胡适在新文化领域中“暴得大名”的“不满”和“不服气”，才会有梅光迪后来的“抱残守缺”，一意孤行，不再拓展、修正自己的思想主张？

怎样认识白璧德对于梅光迪这种“抱残守缺”的影响？对于留美初期坚持以孔孟之“原意”以解近世中国学术与思想之弊的梅光迪来说，白璧德的出现确实是他思想发展过程中的一个重大转机。

---

① 梁实秋：《关于白璧德先生及其思想》，载《人生》第 148 期，1957 年 1 月香港出版。

转学到哈佛大学研究院之前的梅光迪，与胡适此时思想实际上"颇多相合之处"，至少在对当时他们"印象"当中的中国知识界思想界状况的不满上，两人是有不少共同语言的。在这一时期梅光迪致胡适信札中，也经常出现"字字如吾心中所欲出者"，"极合吾意"，"与弟意正合"一类的文字。不过，这些文字都是与胡、梅二人所讨论的有关中国古代文化思想内容相关，很少涉及对于西洋文明的态度和看法。据梅光迪自称，在1915年读到白璧德《现代法国文学批评大师》一书之前，自己"也曾陷溺于当时流行的浪漫思想"，但是既已皈依于白璧德的新人文主义，"才终身未改其操的"[①]。所谓"当时流行的浪漫思想"，结合梅光迪这一时期与友朋论学书以及他自己的论述，可以推知主要是指那种思想上的怀疑主义、重估传统价值的现代意义的自由精神和主张[②]，也包括当时在一般知识者中及社会上所流行的"世界潮流"，即"大同主义、平民主义、社会主义"[③]。但是，这一时期梅光迪的"浪漫"，实际上主要表现在对待传统思想文化的态度上，而并不过多涉及他自己具体的思想观念。譬如，他曾经断言"不推倒汉宋学说，则孔孟真面目终不出也"。而在一封写给胡适的有关孔教的信函中，他又毫不掩饰地抒发了自己多少带有一些"原初主义"(Primitivism)倾向的"浪漫"情怀，"仆思吾国风俗，其原始皆好，唯二千年来，学校之制亡，民无教育，遂至误会太甚，流弊遂深。吾辈改良之法，尚需求其原意。盖原意皆深合哲理，无所不实用于今也"。梅光迪此时显然是把孔孟思想的"原意"，局限于原初的人文思想和经验，仅就此言，他算得上是一个文化思想上的复古主义者。但是，梅光迪的"复古"，并不是复新文化运动以前所有的"古"，而是求孔孟之说的"原意"。因为，在梅光迪看来，一部中国思想文化史，就是原典思想和原典精神不断被遮蔽、误解、谬传的历史，所以，作为一个"有血气的男子"，"生于今日之中国，学问之责独重"，"于国学则当洗尽二千年来之谬说，于欧学则当探其文化之原，与所以致

① 侯健：《近代中国思想人物论·梅光迪与儒家思想》，见《近代中国思想人物论》，哈佛大学出版社，1976。亦可直接参阅《欧文·白璧德：人之师表》，段怀清译，见《跨文化对话》总第12期，上海，上海文化出版社，2003。

② 梅光迪这里所批评的这种"重估"，显然是指五四新文化所倡导的"怀疑一切"、"重估一切"的主张，而不包括白璧德的人文思想中对于东西方古代人文思想传统的现代诠释与借鉴。确切而言，梅光迪这里所谓"浪漫思想"，其实就是五四时期自由主义知识分子所倡导的思想和激进主义知识分子所倡导的思想。保守主义知识分子所倡导的思想自然不包含于其中。

③ 梅光迪：《自觉与盲从》，载《民心周刊》第七期，11～13页。

盛之由”。这种文化上的“求原”和“存原”的主张，绝对不同于胡适进化的历史观和文化发展观，也是与西方近现代主流思想的倾向相背离的。

但是，梅光迪却用这种方式为自己当时的思想寻找到了一个临时性的归宿，为自己纷乱的思想清理出来了一个可供依凭的私人空间，他似乎在那悠久绵长的历史文化长廊里找到了造成今日中国思想文化日渐衰落的根源，也自信找到了医治这种衰落的方法。由此，梅光迪进一步阐发了自己对于古代思想文化的认识，将国内思想文化界正在展开的对于传统思想文化的批评，归咎于批评者对国情的不了解，对孔教原意的不了解，对孔孟原意和原典精神不断被遮蔽的历史的不了解。“试观吾人自家执笔之徒，有几人能熟悉本国情形能代表吾人者乎?”“今之妄人，以国势之不振，归咎于孔教，从而弃之，而卑辞厚颜，以迎合方兴之外教。”所以，只有那些使“枯树生花、死灰生火”的人，“乃为豪耳”[①]。不过，也许正是这种孤木独厦、力挽狂澜式的文化英雄意识和对孔孟原初思想的坚定信念，将思想上已初露端倪的梅光迪一步步推向五四新文化运动的对立面。有充分的理由相信，就在梅光迪这一时期大谈“孔孟思想”之“原意”之时，他所理解或者归结的“孔孟原意”，与白璧德从孔子儒家思想中所发现的人文伦理的思想经验之间，也并不完全一致，甚至还有很大的出入。白璧德从来不曾将孔子的人文思想视为“一种宗教”——白璧德是从佛陀和佛教那里，找寻到与西方的基督和基督教对应的历史宗教语言的。而从孔子那里，白璧德恰恰是要借鉴与西方的亚里士多德为代表或者开拓出来的一条人文思想传统线索相对应的中国思想经验。而此时的梅光迪，并没有表现出对孔子的儒家思想、儒学、儒教等予以严格辨析、界定、区分的关注。

一种游子对于故园传统文化自然的精神皈依和心理眷念，被多少有些简单和情绪化地放大成对于中国文化原典精神的学术皈依和精神信守，一种现代中国知识分子面对“汉家之厄”而“不见中兴”[②]的文化惆怅忧郁，也被提升到了民族文化危机和生存忧患的空前高度。这是梅光迪在走近白璧德之前自我呈现的精神处境和思想状况。而这种思想又迅速地与白璧德的张扬古典、抨击近现代西方思想主流的人文思想结合在了一起，并最终决

① 上述引文均见《留美学生季刊》，1915年。

② 陈寅恪：《王观堂先生挽词并序》中有“汉家之厄今十世，不见中兴伤老至”的诗句。见《陈寅恪诗集》，清华文丛之二，北京，清华大学出版社，1993。

定了梅光迪一生的学术路向和学术成就。

有学者认为，梅光迪的思想“半自因袭、半自白璧德，或者未必深入”[①]。这种认识是符合梅光迪一生的思想实际的，前两者说明了他思想的两个主要来源，后者明确了他对这些思想语言资源理解体会的程度。白璧德对于西方近现代文化、尤其是以培根为代表的科学人道主义和以卢梭为代表的泛情人道主义传统的清理和批判，是依托于他对东西方人文思想传统的清理认同来展开和完成的。就像 T. S. 艾略特所说的那样，一个真正的人文主义者，是不会拘泥于某一种思想文化资源的，否则他就不会区别于他的那些思想上的“敌人”[②]。显然，白璧德对古罗马的政治哲学、基督教、早期印度佛教以及中国的孔孟思想，都保持着知识上的兴趣，并成功地将这些人类思想文化遗产转化成为自己的思想语言资源；不仅如此，对于他所主要批判的卢梭、培根以来的西方浪漫思想传统，特别是情感上、文学领域中的浪漫主义，白璧德更是在思想学术上下过大的功夫。他的《卢梭与浪漫主义》、《近代法国文学批评大师》等著作，也一直被认为是研究西方近代以来的浪漫主义文学和运动必可不少的参考文献。相比之下，梅光迪更多依凭白璧德人文思想中的部分内容观点而不是他的思想所指向的那些东西方历史语言资源。相比之下，为了批评现代中国文学之浪漫趋势，为了对自己曾经钟情过的王尔德的影响进行彻底清算，梁实秋将白璧德人文思想的西方来源——自亚里士多德一直到 19 世纪的阿诺德、卡莱尔的主要思想观点进行过一遍梳理，并让这一思想成果，落实在他的批评集《古典的与浪漫的》的主要内容之中[③]。

七

几乎所有论述白璧德与现代中国知识界关系的文字，都会将梅光迪列于显著位置。这似乎主要是从梅光迪为中国留美学生中最早发现白璧德及

① 侯健：《近代中国文化人物论·梅光迪与儒家思想》，见《近代中国思想人物论》，69 页，哈佛大学出版社，1976。

② 艾略特：《T. S. 艾略特文学论文集》，204～206 页，李赋宁译，南昌，百花洲文艺出版社，1994。

③ 需要说明的是，即便是在梁实秋的那些批评文字当中，不少观点也不是直接出自批评者自己对于被批评者著作的阅读，而是往往来自于其他批评者的意见，主要是文学史和批评史家的意见。

其人文思想对于现代中国知识分子的意义的事实来立论的。但事实并不仅限于此。在中国留美学生中，梅光迪不仅最先“发现”白璧德、成为白璧德的及门弟子，而且也是白璧德的及门中国弟子中与白璧德接触最多、时间最久、亲炙尤深者。吴宓留学哈佛期间，曾因为哈佛计划开设中文讲座，应当地报馆编辑邀请，为其翻译题写过“孔子再生于哈佛”七字，但五年之后，真正有机会来哈佛讲习中文及中国文化的，是梅光迪而不是吴宓，这其中自然有白璧德的关系①。相比之下，梅光迪也是比较早地批评近现代中国“沦为西洋各种思想倾倒的垃圾场”的具有留学背景的五四时期知识分子，他所力主并作为创办人之一的《学衡》杂志，从创办起也一直寄赠白璧德、哈佛大学以及大英图书馆等。至少从国外研究介绍白璧德在中国的文章看，梅光迪几乎被看成是白璧德在中国的最重要的传承人，其主要依据有三：一是梅光迪与白璧德接触最早且时间最久；二是梅光迪用英文撰写的《人文主义与现代中国》和回忆白璧德的文章《白璧德：人与师》，在美国研究白璧德思想的海外传播、特别是与中国现代知识分子之间关系的研究者中流传甚广；三是《学衡》杂志被看成是由梅光迪主持并以宣扬白璧德的人文思想为主的一份文化批评刊物。而至于在中国包括东方其他与白璧德思想有关联的国家的知识分子眼里(主要是中国、印度、朝鲜、日本)，将白璧德评价为“智者”(a wise man)、“圣人”(a sage)②，这些意见，也大多出于梅光迪或者与之有关。梅光迪曾经将自己1915年转学于哈佛大学归因于白璧德，“或许我1915年的秋天来到剑桥，拜师于这位德高望重的圣人的目的就在于此”③。他还说，“即便是第一次与他交往，你也会发现他是一位拥有大智慧的人：他让你想起那些古代掌管人的整个命运的哲学家，而不是现代学术圈中只有某种学术专长的专家”④。“他一走进教室的那一瞬间，你就感觉到了一个大师的出现”。如果我们稍微联想一下几乎所有

① 吴宓留学日记中曾经记载，1919年7月9日、10日，他曾经应《波士顿晚间记录》(Boston Evening Transcript)编辑之请，为该报登载哈佛拟设汉文讲座一事，直译并手书了“孔子再生于哈佛”七字，“以便影印报端，动人之兴味”。见《吴宓日记》，卷二，37页，北京，三联书店，1998。

② Claes G. Ryn, Introduction to Irving Babbitt, *Character and Culture*: *Essays on East and West*. New Brunswick, N. J.: Transaction Publishers, 1995.

③ 梅光迪：《欧文·白璧德：人之师表》，段怀清译，见《跨文化对话》总第12期，上海，上海文化出版社，2003。

④ 梅光迪：《欧文·白璧德：人之师表》，段怀清译，见《跨文化对话》总第12期，上海，上海文化出版社，2003。

接触过白璧德的那些西方知识分子对于直接聆听过白璧德的讲演的印象的描述评价，就会觉得梅光迪的上述赞誉并不过分。

而梅光迪的英文文章中对于白璧德思想所作的一些阐述评价，则无疑被西方研究者认为是“中肯”而且“适当”的。他认为，“白璧德的谈话，充满了意想不到和令人极为愉悦的智慧和洞察力，而且具有相互对立的矛盾以及极为宽泛的自由的所有魅力，但是从来不曾过远地偏离人文主义者坚信的原理”[①]。当然，这样的评价也有稍显夸张的时候。或者因为看到了白璧德的观点在他的时代所遭遇到的挑战甚至围攻，或者因为白璧德在个人行为上的过于特立独行，梅光迪将白璧德看成是“在一个拥挤不堪的学术世界中”的“特立独行者”，“他就像是天上的一颗独行的星星，不属于任何一个星系”，“他注定要在一种阻碍他的个性才能开花结果的环境中度过他的一生”。梅光迪甚至将白璧德视为“这个无英雄时代的最后一位烈士”[②]。梅光迪引用了白璧德的友人穆尔的一句话：“那些逆普世信仰而行的人，无疑需要所有人的忍耐力和所有人的力量。”但是，即便是这样一些评论，依然没有影响到西方研究者对于梅光迪是否准确地认识到了白璧德在西方和东方人文思想传统中的确切位置的评价。

但是，梅光迪对于白璧德的思想状况的现实处境的描述，事实上又成了后来他在中国介绍传播白璧德的人文思想观点时候的一个缩影。而也许正是在这种“榜样心理”的暗示之下，梅光迪实际上在一定程度上夸大了他与胡适之间的观点分歧和思想冲突，故意为自己“制造”出来一种世人皆醉唯我独醒的思想价值环境，刻意在一种孤木独厦、力挽狂澜式的批评语言中寻找到一种类似的“英雄”心理满足和平衡。换言之，与白璧德成了一个思想上的特立独行者不同的是，梅光迪是将自己塑造成了一个时代的白璧德式的特立独行者，一个类似于白璧德的“无英雄时代的最后一位烈士”。只是在《学衡》与新文化阵营较量最为激烈的时候，他又离开争论方酣的中国远赴异域去了。

梅光迪思维方式上的这种“反现代倾向”或者反“进化观”倾向，又与他

① 梅光迪：《欧文·白璧德：人之师表》，段怀清译，见《跨文化对话》总第12期，上海，上海文化出版社，2003。

② 梅光迪：《欧文·白璧德：人之师表》，段怀清译，见《跨文化对话》总第12期，上海，上海文化出版社，2003。

性格上的某些“缺陷”纠缠在了一起，对他后来的学术成就和现实人生都产生了深刻而长久的影响。

应该说，梅光迪与胡适之间的分歧，在胡适尚未完全清理出自己对于文言白话的确切思想主张之前，也就是胡、梅之间的那场文言白话之争展开之前，并非已达到了无法调和的程度。但是，当共同留学异邦的胡适以文学改良主张而在国内一时声名鹊起的时候，梅光迪对于胡适的批评就已经不仅止于文言白话本身了。梅光迪几乎是迅速单方面地夸大了他们之间的观点分歧，并由此为引发，将自己完全推向并定位在了与新文化运动截然对立的位置上。更为令人费解和惋惜的是，梅光迪还将这种思想主张上的分歧，不加掩饰地扩大延伸到彼此人格上的对立，并以此对提倡新文化者的学术人格大兴批评攻击之道。

当胡适不无揶揄地回敬他：“老胡没有看见什么《学衡》，只看见了一本《学骂》!”的时候，胡适的这种表面的轻松之中，是否还包含着某些对于老朋友善意的规劝呢？这好像已经不重要了，重要的是梅光迪并没有停止自己多少因为个人缘故而对新文化运动和新文化倡导者在心理上所产生的强烈反感。

而就在胡适看到的这一期《学衡》上，刊登有梅光迪的《评提倡新文化者》。此文言辞激烈，锋芒毕露，被“学衡”派知识分子联盟中，当时国学功底最为深厚的柳诒徵评说成“《学衡》一出，言者不敢置喙”[①]。由此可见梅文批评的强悍凌厉程度之一斑。撇开这种文化批评现象本身是否正常以及提倡新文化者是否如所说的那样不堪一击不谈，单就梅光迪这种批评风格而言，其实与他的不少反对者一样，大都是感情多于理智、谩骂多于学术。

对于胡适的才华见识，留美时期的梅光迪已多有领教，并且最初一直是深怀敬佩的——实际上，梅光迪的思想才能，同样赢得了胡适不少赞誉。在当时一封致胡适的信中，梅光迪真诚而又略带夸张地写道，“中人在此者不下三十余，求其狂妄如足下万一者，竟不可得，正所谓梦我思之者也”；在另一封信中，梅光迪同样毫不掩饰地写道，“足下论阴阳极透澈，论大同小康亦详尽，谓孔子不论来生，以为诚实不欺，尤令吾叹赏”。

① 柳诒徵：《送吴雨僧之奉天序》，见《吴宓诗集》卷六《辽东集》，52页，上海，中华书局，1935。

此时的梅光迪还是在坦诚而努力地与朋友谈学论道，毫无门户之私见。然而，短短几年之后，梅光迪对以胡适为代表的提倡新文化者的评价竟一变而成了“彼等非思想家，乃诡辩家”，“彼等非创造家，乃模仿家”，“彼等非学问家，乃功名之士”，“彼等非教育家，乃政客”，其锋芒所指，明眼人一目了然。而个中缘由，又该作何解释呢？

或许正是因为有对胡适从最初的羡慕钦佩到后来的不满乃至多多少少的一些“妒忌”，才会有梅光迪在留美学生中“到处招兵买马、搜求人才、联络同志，准备归国后与胡适作一全盘之大战”的计划[①]，才会有当别人把吴宓引见给梅光迪时，梅光迪所作的那番“慷慨流涕”的诉说和“今彼胡适等所言所行之可痛恨”的责骂。曾几何时，那些留学西洋欧美者，在他的眼里一下子又变成了“大率多年少而学未成之士。其于西洋思想能贯彻会通者，有几人耶！其于西洋学术有评判取舍之能，何者为适用于吾国、何者为不适用于吾国，又有几人耶？”[②]所以，梅光迪一方面呼吁青年学生应该有独立研究的意识，不要附和所谓的思想权威；另一方面，他自己又毫不避嫌地担当起青年学子正确认识了解西方文化思想的引路人的角色，“若吾国青年忽同时俱得欧美名师之指示，或读尽欧美现行之书报，得知世界思潮之趋势，而又于本国之文化与社会制度彻底研求，晓然于其病原之所在，今乃得一海外之万应良方以救之者”，也方为思想界知识界的正途[③]。

梅光迪此种“首领”意识的强烈，还可以从他与吴宓之间初和终离的朋友关系上窥见一斑。吴宓对于白璧德及其思想学说的认识是因为梅光迪的介绍；而吴宓推掉与北京高师的前约，归国改就南京高师的聘请，也是源于梅光迪的力劝[④]。同梅光迪一样，吴宓也是怀着满腔热情和宏大理想来

---

① 见《吴宓自编年谱》及《吴宓日记》。

② 梅光迪：《自觉与盲从》，载《民心周刊》第七期。

③ 梅光迪：《自觉与盲从》，载《民心周刊》第七期。

④ 需要说明的是，吴宓最终放弃了条件优厚的北京高师之聘约，改就薪金待遇低很多的南京高师之聘，并非完全因为梅光迪和《学衡》缘故。1920 年 2 月中国教育考察团抵达吴宓所在的波士顿，其同行者中北京高师校长陈宝泉和四川高师校长杨伯钦各欲聘其为英文部主任教员。后吴宓决定应北京高师之聘，其中理由即有曾经与梅光迪有约在先，即“归国后，与梅君等，共办学报一种，以持正论而辟邪说。非居京，则不能与梅君等密迩，共相切磋”。而后来所以解约，先是 1921 年正月六日日记中出现北京高师校长陈宝泉“被迫辞职”的文字，并有“宓事或以此而有变更，则归计将成虚话”的猜测。可见，改就南京高师，实因为北京高师所生变故。而改就南京高师，则完全因为梅光迪与《学衡》。

到当时文化思想空气还相对沉闷的南京的。但是，吴宓绝对没想到，他与梅光迪之间的分歧会来得那么快，并会发展到彼此难以相互共处的地步。细察其中原委，表面上看，引发两人争执的是彼此在《学衡》栏目内容安排上的不和，实际上恐怕与吴宓把自己的名字署在了《学衡》编辑一栏，“违背”了《学衡》同人最初的约定，从而引起了力倡“学术人格”的梅光迪的不满有关，以至于仅在《学衡》创刊一年后，梅光迪就愤然宣称“《学衡》内容愈来愈坏，我与此杂志早无关系矣!”[①]1924年，梅光迪干脆离开新旧之争还方兴未艾的中国，到美国投奔白璧德去了。所谓与胡适“大干一场”的宏愿，到此也只能是不了了之、抛给别人了。而梅光迪归国后联系较多的《民心周刊》以及他主办但尚未出刊已夭折的《独立月刊》等，大抵都没有在现代批评史上留下多少印记。

《吴宓自编年谱》中，有一小段文字涉及对梅光迪的评价，“梅光迪君好为高论，而无工作能力。……盖一极端个人主义者与享乐主义者耳”。曾经一度为梅光迪同志的吴宓，当然不会不知道自己该为这种评价所承担的道义责任，不会不知道一个人文主义者与浪漫派意义上的个人主义者、享乐主义者之间的思想界限和精神界限。但是，吴宓的上述评价虽略显尖刻，却并非无中生有。留美时期的吴宓，对于梅光迪评价甚高，日记中曾经有“吾年来受学于巴师，读西国名贤之书，又与陈、梅诸君追从请益，乃于学问稍窥门径，方知中西古今，皆可一贯。天理人情，更无异样也”[②]的记载。其中陈君，为陈寅恪，而梅君，即为梅光迪。而吴宓归国后改就南京高师职，主要原因，也为梅光迪。但在短短几年之间，对于一个人的评价发生如此大的变化，除了吴宓方面的缘故，梅光迪自己又该为这种评价的变化承担怎样的责任呢?

梅光迪去世之后，他在浙江大学的同事、中文系教授王焕镳在《梅光迪文录·序》中称他“春容闲旷，极趣盎然，出辞隽永，辙轰座人”，又称他“超迈而不失之放，谨严而不入于拘，狷介而不沦于隘，非夫悻悻亢亢，以为直者也”。此番评说生发于斯人已逝之时，显然多少是有些溢美之嫌的。

---

① 吴宓：《吴宓自编年谱》，235页，北京，三联书店，1995。

② 吴宓：《吴宓日记》，卷二，45～46页，北京，生活·读书·新知三联书店，1998。

八

当梅光迪将白璧德与韩愈、欧阳修等并列，作为“儒家理想的声名显赫的典型”的时候[①]，他显然并不是站在西方人文主义传统的历史语境当中，也不是站在白璧德所清理勾勒出来的世界人文思想传统的历史语境当中，而是依托于儒家思想传统并在此基础上进行比较言说的。梅光迪显然也注意到了，白璧德对于文学的“内容的严肃性”(seriousness of content)的强调，与中国那些将对“文”的诉求与对于“道德崇高”的诉求放在同等地位的儒家知识分子们之间，有着惊人的一致性。而且，梅光迪在两者之间所作的这样的比附，并不限于一般表面现象。

梅光迪曾经真诚地向白璧德提出过这样一个假设：如果白璧德懂得中文，那将是20世纪中国之大幸。“我曾经对他说最遗憾的是他不懂中文，否则他就会充分利用那些思想资源，并来解救那些西方学者对中国文化所作的诠释。”在他看来，这些诠释，要么是“科学的”，要么是“印象式”的，“缺乏必不可少的哲学洞察力、文学才能和扎实的学识三者之间的结合”。我们知道，当梅光迪作此假设的时候，他依然是在儒家思想传统的历史语境当中言说，因为他的这一假设，实际上就是所谓“义理、考据和辞章”相统一的原则，但对于究竟是哪些西方学者以及对中国文化作了哪些诠释，遍查梅光迪的批评文字也不见端倪。

就在注意到白璧德与儒家传统之间的一致性或者类似的同时，梅光迪同样注意到了白璧德对于早期道家思想和20世纪所谓儒家复兴所抱有的警惕——对此，那些曾经留学美国、师从白璧德的中国学生并非人人都予以了足够的注意，而这些也确实显示出梅光迪敏锐的思想洞察力。但这实际上也成为一个可供参考的极有价值的标志，那就是梅光迪对于白璧德的人文思想理解认识的完整性和必要深度。在此意义上，说梅光迪的思想“半自因袭，半自白璧德，或者未必深入”，又有一种特别的寓意。

或许我们可以从梅光迪所曾经极力批判的西方近代思想及其批评语言中，对此有更深一些的体会。在他的一篇无论从哪个角度看都显然谈不上是上乘的批评文字的《现今西洋人文主义》中，他曾经不作任何辨析地指斥

---

① 梅光迪：《欧文·白璧德：人之师表》，段怀清译，见《跨文化对话》总第12期，上海，上海文化出版社，2003。

卢梭托尔斯泰派“归真返朴，反抗文化”，而马克思派之“阶级斗争说”、尼采派之“超人论”等，“其本体之价值，毫无足言”。这种类型的批评文字，令人怀疑会是出自于一个主张文化介绍必须“悉知原委”的批评家之口。胡适曾经说“觐庄治文学有一大病：则喜读文学批评家之言，而未能多读所批评之文学家原著是也。此如道听途说，拾人牙慧，终无大成矣”[①]。这一评价中所谓“喜读文学批评家之言”，显然并不能够简单地看成是一件坏事，原因是梅光迪、吴宓等人都接受白璧德的一个观点，那就是批评和批评家在20世纪文化中将占据重要位置。梅光迪甚至进一步阐述道，“批评家之重要，尤近世所公认也”，而作为这一论断理论依据的，是阿诺德、爱默生等人的批评观。而梅光迪对此的进一步解读是：批评家与哲学家不同，或者文学批评与哲学不同，二者虽同为研究人生，然实有别。原因在于，哲学多趋抽象，或不切近人生。文学批评重事实，而为具体之讨论；哲学多用专门文字，非个中人不能了解。文学批评，用普通文字，易于入人；哲学家思想或高，而文字未美，能为朴实说理之文，而不能为艺术之文。若文学批评家之文，则兼说理与艺术矣。“文学批评，具有此三长，宜为其近世艺术之一种，而与文学创作媲美也”。

遗憾的是，至少在梅光迪的那些批评文字中，我们似乎并没有看到文学批评成为了一种“用普通文字，易于入人”的“艺术之文”。这一点，恐怕是极力张扬批评和批评家之于20世纪思想文化之重要性的梅光迪所未曾想到的，这也就像他曾经有过的宏大研究写作计划一样，因为天不假年，终令他抱憾不已。

第四节　白璧德与吴宓

在“学衡”派知识分子群中，从不讳言与白璧德之间的师承关系的是吴宓；不遗余力地在中国介绍白璧德并有切实成绩的是吴宓；对白璧德人文思想的现实意义有着至为深切的个人体会的是吴宓；对传统型人文知识分子的现实处境有着尤为切身感受的是吴宓；对白璧德的人文思想的“内在矛盾”有着长久体验的是吴宓；最终使得白璧德及其人文思想成为中国现

① 胡适：《觐庄对余新文学主张之非难》，见《胡适学术文集·新文学运动》，9页，北京，中华书局，1993。

代思想史、批评史和文学史上一个不能也不应该绕开的历史事实的也是吴宓(虽然在这一点上梁实秋的作用同样不可忽视)。

一

与其说吴宓是因为梅光迪的引见而走近白璧德的，倒还不如说正是吴宓当时身上那种含混不明、充满矛盾的思想状态和精神气质，注定他终将在白璧德带有浓厚道德伦理色彩的人文思想中找寻到他渴望已久的东西[①]。

《吴宓日记》中最早出现有关白璧德的记载是在 1918 年 9 月 24 日，吴宓转学于哈佛大学。“校中派 Prof. I. Babbitt 为予之 Adviser[②]，从予之请也”。而吴宓选中白璧德作为自己的指导导师，则是源于梅光迪的大力推荐。就在这则日记前四日，吴宓日记中有一则关于他的清华学校校友吴芳吉(碧柳)的记录：“又碧柳来函，其中狂骚之情、郁激之感，颇与卢梭等相类，予殊为惊忧，即致书规劝”[③]。这则记载的重要性在于：吴宓文字中如此形容卢梭，此乃首次，且至关重要。它表明，吴宓此时实际上已经接触到白璧德的思想观点，特别是对于卢梭的批评，如果这则日记的内容不是后来又修改过的话。

正是在梅光迪的大力推荐之下，吴宓选学了白璧德的“卢梭及其影响”(Rousseau and His Influence)和“16 世纪以后的文学批评”(Literary Criticism Since the 16th Century)两课[④]。据吴宓自己说，他当时选择学习课程的标准是“力取高深”。但“力取高深”的课程显然并不只是白璧德的课程，从其日记中可知，此时吴宓还选修了英国小说、抒情诗、浪漫时代的诗人

---

① 在清华学校时期的吴宓，已经是一个有一定作品数量的旧体诗诗人，还是一个“野心勃勃”的小说家，不仅如此，他的《余生随笔》，又显示出他在读书、思考、评论方面的一定才能。而他对于家事、国事、天下事的关注与忧患，又让人有充分的理由相信，这不是一个仅仅关注个人命运前途的青年学生。但所有这些都不能够掩盖这样一个事实，那就是世纪之交的中国知识分子那种既有历史遗传、又有时代特征的文化危机意识。这种危机意识因为知识分子各自对于传统文化所认同的内容、程度、方式、路径等的差异侧重，而又呈现出个人精神思想的特征。吴宓身上强烈的道德伦理意识，是吸引吴宓走进白璧德的最直接的因素。吴宓日记中，随处可见“今我生忧患无穷，责任无穷，学问事功，亦各无穷”一类的慨叹文字。

② 据载，按照哈佛章制，二、三、四年级学生，各有 Adviser 一人。学生每学期之选修课单，必经此人审查批准，然后签字，付该生送缴教务处存案，方为有效。

③ 吴宓：《吴宓日记》，卷二，13 页，北京，生活·读书·新知三联书店，1998。

④ 梁实秋就是在选听了白璧德的“16 世纪以来的文学批评”一课，才在震骇之中，开始清算自己原本“为艺术而艺术”的浪漫的文学主张的。见此章第五节“白璧德与梁实秋”。

研究、法国散文与诗歌等课程，但他与授课教师之间的关系，显然不能够跟他与白璧德之间的关系类比。

此间，吴宓除选学了白璧德的上述课程外，还阅读了白璧德的主要著作[①]以及当时与白璧德交往颇深、在不少学术观点和文化思想上持有相近意见的批评家穆尔的《谢尔棚文论》(Shelburne Essays)。从这一时期吴宓日记中的记载看，吴宓进一步认识到中西方文化思想在许多方面是相通的，“吾年来受学于巴师，读西国名贤之书，又从陈(指陈寅恪——作者)、梅(指梅光迪——作者)诸君追从请益，乃于学问稍窥门径，方知中西古今，皆可一贯。天理人情，更无异样也”。虽然在清华学校时，吴宓在与汤用彤的交谈讨论中已经发现西方古典思想中，尤其是古希腊哲学中有不少与中国儒教原典思想精神相契合的地方，但当时还只是从有限的阅读中积累起来的一点读书感受，尚谈不上什么研究。但是，白璧德对于西方近现代主流思想文化的清理批评，尤其是他对西方人文思想资源的梳理张扬，对东方经验、特别是孔子儒家人文思想和佛陀思想的借鉴以及在此基础之上所倡导的东西方思想文化贯通融合的主张，已经不仅仅只是从知识上大大地开阔了吴宓的视野，还从文化思想上，尤其是文化史观和文化哲学上，对吴宓产生了越来越深的影响。这从他积极介绍张鑫海、楼光来受学于白璧德的行动中可见一斑[②]。他甚至因此还为在哈佛大学的五六十个中国留学生中，直接受学于白璧德的却只有四五人而感到可惜，“曷胜叹哉”。不过需要说明的是，即便吴宓这一时期读书日记中出现了不少西方思想者的名字，其实多数情况之下并不表明他已经熟读过他们的著作，而多是在白璧德、穆尔的著作中或者课堂上获知而已。譬如，他曾经在日记中议论道：西国学问之精华本原，皆出希腊三哲(这种学问思想的“一源论”，其实也非白璧德完整观点)。三哲之中，苏格拉底生平无所著述；柏拉图多述师说，而亦自有发明；亚里士多德则集其大成，而其学极博。约而论之，柏氏之书，多言天道，亚氏则究人事。柏氏多言本体，而亚氏则究其致用。……治西学而不读希腊三哲之书，犹之宗儒学而不读四书五

① 在吴宓选修白璧德的课程之时，白璧德已经出版了《文学与美国大学》(1908年)、《新拉奥孔》(1910年)、《法国现代批评大师》(1912年)、《卢梭与浪漫主义》(1919年)。他的《民主与领袖》出版于1924年。但因为后者也主要为论文汇集，实际上有些文章最初发表时吴宓也已读到。

② 上述所有引文均见《吴宓日记》，1918～1919。《吴宓日记》，北京，生活·读书·新知三联书店，1998。

经，崇佛学而不阅内典。即便如此，此时吴宓仍是虽略习三哲之学说，而未尝读其著述之原本，愧惭何极[①]！吴宓的此番感慨，实际上也昭示出这样一个往往被忽略的事实，那就是五四时期的启蒙知识分子，当他们在宣扬他们所信奉的西方思想学说时，不少人不少时候只是通过“阐释的阐释”，来代替他们对于“原典”的直接解读的。

这一时期，白璧德对吴宓的影响，绝非仅止于他对东西方古代思想文化传统的认识，同时，他对于中国现代命运，包括现代中国政治、外交、军事、社会以及知识阶级（the educated Class）的现实作为等话题的关注，包括对中国传统文化思想的向外介绍等的关心，无不对吴宓产生着潜移默化的影响，以至于吴宓曾暗自发誓，归国后，“无论处何境界，必日以一定之时，研究国学，以成斯志也”。斯“志”为何呢？就是鉴于“中国国粹日益沦亡，此后求通知中国文章哲理之人，在中国亦不可得”，吴宓遂有志于张扬中国传统学问，并与世界各国之儒者，“联为一气，协办行事”，以期有“淑世易俗之功”。吴宓的此种心志感慨，实际上与陈寅恪1928年送北大学院历史系毕业生二诗中的“群趋东邻受国史，神州士夫羞欲死”的激愤是一致的。

不过，如果认为吴宓此时已经真正读懂白璧德之心忧、之关切，无疑还显过早。须知吴宓时代还是中国现代知识阶级对于西方刚刚开始全面认识了解的时代，对于西方思想传统的完整知识还没有建立起来，新兴知识阶级还在通过课堂、阅读的书籍等途径，来进行垦荒式的思想文化交流的奠基与探索。近代以来中国知识界所积累起来的有关西方的知识，大多流于空疏表面的评论，尚缺乏系统性专业性的研究。就在吴宓对于自己将来之职业还处在犹豫当中的时候，他所面对的真实社会现状是：人文知识分子在教育领域之外，已经没有什么能够将信仰、兴趣与研究结合得比较理想的职业选择了。他当初对白璧德对于人文批评和批评家地位的看重，显然既缺乏思想上的同感，也缺乏现实处境方面的认同。事实是，吴宓此时并没有在学术上明确自己将来可能的方向和现实实现途径，更多关注的，

① 吴宓：《吴宓日记》，卷二，61～62页，北京，生活·读书·新知三联书店，1998。

只是自己思想的通透和知识上的进步①。

吴宓曾经在1919年3月的一则日记中这样描述自己在中西比较认识上所取得的进步，“宓近观察及读书所得，知古今中外、天理人情以及成败利害得失之故，悉同而不异。西国昔日，事事多与中国类似。而中国今日步趋欧美，其恶俗缺点，吸取尤速”。这不仅不是白璧德的中西文化观中的观点，即便是作为一种社会观察，也只能说是流于表面现象。但吴宓这时已经形成的一种比较思维习惯，却已经明显让他获益。他曾经与陈寅恪一起论诗，陈寅恪向其“述中国汉宋门户之底蕴，程、朱、陆、王之争点，及经史之源流派别”，而吴宓也自然地“证之以西学之心得，深觉有一贯之乐”②。而在阅毕穆尔的《谢尔棚文论》(*Shelburne Essays*)九册之后，吴宓对于孟子的“生于忧患，死于安乐”的名训，作了如下解读：

> 今吾诚欲自救，则非弃绝尘世不可，然世中之快乐羁绊，虽可割舍，而于国家社会，种种责任，则目前似尚有不能放弃者存，故不得不求折中两全之术，如何可以自救而不弃世，摆脱忧患之桎梏，而尽吾对人之责任，以高明之理想，与当前之时境相调和，而施于实在之事功。此古今宗教家不能解答之难题，宓彷徨疑虑，经年而不知所措手者，今读 Shelburne Essays(VI)而竟得其术，宓之惊喜可知已!

在个人人生与社会责任之间，知识分子如何担当，并非一件易事，特

① 吴宓当初来美之时，原本以习报业为志。及到美，“乃知报业专以营业图利为之旨”。而据他自己的日记记载，白璧德和陈寅恪曾劝他专学文学，以“评文家”(critic)为未来理想。而在吴宓看来，当时在哈佛或者波士顿的中国同学，确有“高明出群之士”，他们专骛一门，如陈寅恪之梵文、汤用彤之佛学、张鑫海之西洋文学、俞大维之名学、洪深之戏剧，“皆各有所专注”。“宓尚无定决”。其中固然有“文学与报业”，久久不决之故，也与究竟如何将文学不仅作为个人修心养性之一途，尚能作为一门专门学术以及如何开展文学研究等，吴宓此时均无明确之思想有关。他曾经在与陈寅恪论学之中，就美国当时研究文学者之方法，将其分为两派，一为 Phiologists，吴宓认为也就是“汉学训诂之徒也”；另一派为 Dilettantes，吴宓将此派类比与当时的白话文学之主张类似，视“文章为易事”。当然，吴宓没有说研究文学者还有第三派，也就是白璧德的批评研究方法。

② 吴宓：《吴宓日记》，卷二，28页，北京，生活·读书·新知三联书店，1998。

别是遭逢乱世之时。[①] 其实，儒家的修齐治平，试图解答的就是这一问题。所谓“自救”，就是儒家的“明明德”，所谓责任，就是儒家的“亲民”，而最终将“止于至善”。白璧德对此更是有着详细的阐明。在他看来，人文主义者乃一真正的个人主义者，他所最初着眼者，并非社会之改造完善，而是自我的改造完善，是自我人性道德的完善提高，然后再由己外推及人和社会国家。这一路径，自然与儒家思想相通。实际上，白璧德本来就从佛陀和孔子的自我心性道德训练的经验中受益匪浅。只是吴宓此时恐怕还没有真正体会到白璧德在此问题上的用力所在。足以证明这一点的，就是在他同期引证印度佛教的相关规训教义时，丝毫没有言及白璧德在宗教与人文主义、宗教与道德等方面所作的极为艰难的平衡协调。

吴宓对于西方思想传统与中国古代思想之间的“类似”的认识或者体会还有：希腊三哲，以中和为教。西儒谓“在两极端之中点，即为善，而在其极端，则为恶”。“宓此后虽见解时有变异，而决当不失中和”。

而吴宓此时对于精神理想所作的定位，同样值得关注。他曾经“自笃信天人定论、学道一贯之意，而后兼蓄并收，旁征博览，执中权衡，合覆分核，而决不为一学派、一教宗、一科门、一时代所束缚、所迷惑；庶几学能得其真理，撷其菁华，而为致用”[②]。他还将自己将来的人生事业目标，定位于研习中西学问上，“宓回国后，做事之外，日必专以短时，治中西学问”[③]。这种比较之中求中西学问思想之贯通的追求，一方面与白璧德的世界范围内的人文思想传统有关，但也是一个人文知识分子正常自然的文化追求，只是吴宓此时可能还没有意识到，正是这种强烈的将中西学问思想统一于“一”的思想，又让他从白璧德的有关“一”与“多”的文化思想中得到了持久的回应。“一”与“多”的思想，也几乎成为吴宓的文化哲学思想中最为核心的内容之一。

这一时期，也是吴宓的思想文化观点渐趋成型的时期。据《吴宓日记》

---

① 将知识分子的责任担当问题，视为困扰留学时期的吴宓的一个主要问题，当不为过。吴宓日记中也随处可见因为“观时”“管事”而引发的“烦恼”。他曾言：吾国人情势隔阂，其自命新学通人，所见适得其反。他引用了陈寅恪对此的一段劝解，认为在国中“不论政，不谈学，盖明眼人一切皆已自悉，不需我之述说。若半通不通，而又矜心作气者，不足与言，不能与辩，徒自增烦恼耳”。吴宓认为，“此伤心人之言，合于实情，盖确非无因者也”。

② 吴宓：《吴宓日记》，卷二，28页，北京，生活·读书·新知三联书店，1998。

③ 吴宓：《吴宓日记》，卷二，28页，北京，生活·读书·新知三联书店，1998。

记载，他此间曾完成一篇名为“卢梭与罗伯斯庇尔”（Rouaaeau and Robespierre）的英文论文，但已不可查。这当然可以看成是吴宓在白璧德的课堂启发之下，对于浪漫主义运动在思想领域和政治社会实践领域历史的一次初步检视。但充分体现他对五四新文化运动的基本态度的两篇文章《新与旧》和《论新文化运动》，则可看成是吴宓利用白璧德对于浪漫主义运动批判所提供的思想结论，对五四新文化运动的西方思想资源背景和基础的一种批评实践。

二

《学衡》一直被认为是与白璧德的人文思想或主张密切相关的一份批评刊物。这种说法可能来源于这样几个事实，其一《学衡》最初的创办者中，主要有梅光迪、吴宓等；其次是《学衡》曾经连续登载过专门翻译介绍白璧德人文思想的论文；再次，五四后期也很难找到另外一份刊物像《学衡》那样，在介绍一种思想学说的同时，几乎将这一西方思想大师奉为刊物之“尊神”。如果我们注意到了“学衡”派知识分子群，实际上更是一个带有临时性质的具有诸多背景及思想主张的知识分子联盟，而且《学衡》刊物自1924年之后，已经处于由吴宓独立支撑的状态，其与东南大学知识分子群之间的关系，也生发了不少变故，就可以推知白璧德与《学衡》之间的实际关系了。

《学衡》自创刊直至终刊，直接翻译白璧德的著作只有一次，即由徐震谔翻译的《白璧德释人文主义》。此文选译自白璧德的著作《文学与美国大学》中的第一节“何为人文主义”（What is Humanism）。除此而外，《学衡》刊发的其他冠以白璧德名义的文章，多为节译或者译介，中间多有借题发挥之处。即便是同为介绍白璧德，彼此之间在理解和诠释上也并非完全一致，譬如梅光迪的《现今西洋人文主义》一文，不仅有头重脚轻草率收场之嫌，其介绍要旨也并非十分贴切，对白璧德及穆尔人文思想大旨以及现今西方文化思想状况的描述，也显得粗枝大叶，甚至不得要领，简直让人怀疑这篇文章的作者会是当初与胡适往来论学的那个梅光迪。

《学衡》创办初期，对白璧德的思想作过切实评价介绍的是吴宓和胡先骕。此处仅择吴宓一人而论之。吴宓在由其译述的《白璧德之人文主义》一文中，对白璧德人文思想生发的思想背景和社会背景作了交代，认为当时美国从欧洲引进了近代以来的各种思想，其中最容易了解的是所谓“无穷进步之说”，此说以为“个人愈得自由扩张，物质愈能为人驱使”，而且人类全体也将随之“享受最大之快乐也”[1]。而白璧德的思想，则是对这种盲目乐观的进步学说的反动和攻辟。白璧德从文化发展并非单线进步的文化发展观和人性的养成需要训练出发，认为上述毫无管束的泛滥膨胀，实际上只是物质及感情上的扩张而已，并没有带来个人在“人性”上的提升和文化上的伟大。文中还介绍了白璧德对培根的科学思想与卢梭的浪漫主张对于后世物质主义和情感主义的影响，提出近世的实证主义与功利主义实源于科学，而浪漫的感情主义则出自于想象。在白璧德看来，旧文明中那些以宗教为根据者，已经为文艺复兴时期及后来的新说所摧毁，所以白璧德不主张“复古”，而是主张实证的人文主义。这种人文主义本于“人类之经验深思穷研之所得”以及由此而养成的人性。虽然吴宓的介绍中也有夸大了白璧德思想中的道德成分之嫌，但对白璧德思想的总体概括，还是符合白璧德思想实际的。但是，即便如此，吴宓也罢、梅光迪也罢，在介绍白璧德的过程中，都不约而同地暴露出这样一个“缺陷”或者“偏颇”，就是注重“批评”一面的白璧德，忽略甚至不提“学问”一面的白璧德。实际上从这里我们恰好可以看出，梅光迪、吴宓自己在对白璧德的学术路径的理解认识上，或者对于白璧德思想的完整性和科学性的认识上，存在着缺陷或者偏颇。白璧德在对16世纪以来的西方批评史、浪漫主义文学运动和思想运动等方面所下的“研究功夫”，在白璧德的中国弟子们这里，几乎完全为他对近代西方思想主流的思想“批判功夫”所代替，这也使得白璧德在中国的介绍传播，不仅缺乏现代学术、科学的色彩，而且也往往容易流于空疏。

在由胡先骕述译的《白璧德中西人文教育谈》一文的“编者按”中，吴宓再次略要地介绍了白璧德思想，指出白璧德学说的大旨，乃在于西方近世“物质之学大昌，而人生之道理遂晦，科学实业日益兴盛，而宗教道德之势力衰弱。人不知所以为人道。于是众唯趋于功利一途，而又流于感情作用”[2]。吴宓认为，当今战乱频仍，这与科学发达而人道衰微不无关系。至于如何才能够发扬人道以求精确，吴宓的解释是，“绝去感情之浮说，虚词之诡辩，而本经验，重事实，以查人事，而定为之人道。不必复古，而当求真正之新。不必谨守成说，恪尊前例，但当问吾说之是否合于经验及

---

① 白璧德：《白璧德之人文主义》，载《学衡》第十九期。

② 白璧德：《白璧德中西人文教育谈》，载《学衡》第三期。

事实。不必强立宗教，以为统一归纳之术，但当使凡人皆知为人之正道”[1]。如此诠释白璧德的思想，虽然仍然有机械教条之嫌，也有将白璧德人文思想推高到能够救治百病、乃至替代宗教的位置上，但在对于白璧德思想大旨内容的认识理解上，倒也并没有偏离多远。

三

作为一个终生以追圣贤遗风、弘扬古典人文思想为己志的现代人文主义者，在“明理”之外，吴宓也是很看中自己一生事功的。他曾经反复提到自己引为自豪的三件事：其一，是创办《学衡》，在二三十年代的知识界思想界西学新学“声浪日炽”的时候，倡言“昌明国粹，融化新知”的文化调和论。这种主张既区别于晚清以降的“中体西用”论，也不同于一味主张民族文化自守的文化保守论，而是将民族文化纳入到世界文化范围之内予以考察，并提出世界最具有普遍价值的和依然具有生命力的文化要素的融会贯通，以期解决人类所面临的共同的思想文化问题的主张；《学衡》在中国现代思想文化史上，确实也因此而成就了一家之言。对于《学衡》的评价，尤其是对于《学衡》的新文化融合论的评价，至今仍为学界所关注；其二，是组织筹办清华国学研究院，吴宓自认有初创之功。从《吴宓日记》中的记载看，吴宓一直为自己能够把当时国内几位一流大师级的学者延请至清华而引以为荣，其中即有经常为他所提及、也已为学界所熟知的陈寅恪之间的关系；其三，是吴宓并不像上面两件那样经常提及的，他主持编辑《大公报·文学副刊》。不过，在上述三件事功之外，吴宓还有一件倾注了不少心血、也是在日记中经常提及的工作，这就是《吴宓诗集》。对于编辑诗集的重要性，吴宓的认识前后发生过变化。最初他将其视为极重大之事，但后来自觉世风已变、今非昔比，也就只能够将编辑自己诗集的目的降而为自我愉悦消遣了，“专供一己之展读，重溯昔来之旧梦，于风晨雨夕，青灯书案，困顿之时，抑郁之际，……独自沉吟涵咏，使少年之感情，过去之经验，一一涌现心目，如观电影，聊以自慰”[2]。这对于终生奉文学为“严肃之事业”，为匡复世道人心之正途的吴宓来说，如此之文学态度，简直可以视之为“堕落”了。虽然吴宓也曾经哀叹过“强为儿女又英雄，殉道

① 白璧德：《白璧德中西人文教育谈》，载《学衡》第三期。

② 吴宓：《吴宓诗集·编辑例言》，2页，上海，中华书局，1935。

殉情事两空。终信大人原赤子，身残志决不谋功”[①]，但面对自己经世济时的少年梦想，吴宓始终无法做到真正的解脱，他一直被一种自己建构起来的宏大而崇高的人生理想扯拽着，却又不得不时时刻刻为自己某些行为寻找到近于自我安慰式的解脱之法。他办《大公报·文学副刊》，就是在《学衡》处境艰难、自己却仍然自信救世济人的真理在手、不忍目睹那些具有普遍永恒之价值的世界文化资源（包括中国）被现代中国弃置和误读，就是要在新文学，至少是白话文学已经取得全面胜利、甚至连新文学这个词也已经成为文学的代名词的时候，再次挺身而出主持文学之“正义”。这种对于文学“正义”的追求，当然也可以视为对于一种话语权力的维护。问题是，《学衡》拿白璧德的文化批评，来集中批判白话文学，特别还只是观念阶段的白话文学，就已经有缺乏针对性的问题存在——白璧德的人文批评，主要针对的是欧美 19 世纪末、20 世纪初不断走向强势的所谓科学人道主义和情感人道主义，这种批判，连带它所唤起的对于古典人文经验的重新关注与重新诠释，在西方现代语境中的意义，是显而易见的。而白璧德对于浪漫主义文学的批评，固然有其特别的发现与贡献所在，但这些发现与贡献，并不简单地服务于浪漫主义文学研究和批评，更多地服务于白璧德对于西方思想精神的总体批判。而五四新文化和新文学运动所倡导的，尽管相当部分确实为白璧德所批评的思想主张，但被批评并不意味着当时的中国就不需要进行类似的启蒙或者不需要这些思想要素的冲击调节。即便是白璧德本人，也认为中国古代儒家思想存在着一些需要现代西方思想要素来补充协调的地方，尽管他并没有非常明确详细地列明究竟哪些西方现代要素可以纳入到补充中国古代思想之中；而白话文学实际的成功——至少在白话确定为国语之后，实际上《学衡》对于白话文学的批评已经在现实层面失败了，而对于这一点，吴宓及其同道并非没有意识到。

问题是，就这样放弃自己奉之为信仰的文学理想吗？倘若坚持自己的信仰，又该如何独善其身呢？偏于一隅的研究——语文学式的研究，又非人文主义的文学批评所认可；而将文学视为一种浮光掠影式的个人爱好，随波逐流，又绝非吴宓所愿为。埋首于教学，放弃批评言说，也不是人文主义者精神自救与救世的完整人生路径。剩下的，似乎就只有明知不可为

① 吴宓：《吴宓诗集·忏情诗三十八首》，56 页，上海，中华书局，1935。

而为之了——如果对于人生的需求仅限于理想之范围的话。

在吴宓主持编辑的刊物中，如果说《学衡》是一份文化学术批评刊物的话，《大公报·文学副刊》显然更多关注的是文学。

《大公报》最初是由英敛之创办，1902 年 6 月在天津出版，1916 年由安福系的王郅隆继续经营，办至 1925 年 11 月 27 日停刊。1926 年 9 月 1 日起，由吴鼎昌、胡政之、张季鸾等接办。由于该报至此调整了办报方针，所以很快在"资产阶级、上层小资产阶级知识分子中有广泛影响"[①]。1937 年 8 月，日本侵占天津，该报移至汉口出版，汉口沦陷后又移至重庆出版。日本投降后，1945 年 12 月 1 日在天津复刊，1949 年 1 月天津解放，该报在大陆停刊。

1928 年 1 月 2 日至 1934 年 1 月 1 日，已经在清华园安顿下来的吴宓，在教学读书研究之余，主持编辑了《大公报·文学副刊》，此间共出 313 期。1930 年 8 月至 1931 年 9 月，吴宓游学欧洲期间，由吴宓在东南大学时的学生浦江清代理编辑事务。在此期间，浦江清一共编辑了 61 期，即从第 134 期至第 194 期。

吴宓主持编辑《大公报·文学副刊》，显然是在他经历了一番人事波折之后。先是应南京高师聘，出任西洋文学系教授，并组织编辑《学衡》；后不到三年，吴宓就离开了东南大学，改聘东北大学。但他在此也仅羁留不到一年。1925 年，吴宓回到了他的母校　　当时的清华学校，除担任英美文学教授外，还出任正在筹备之中的清华国学研究院的主任。吴宓接手编辑《大公报·文学副刊》，即在这一时期。

吴宓接手主办《大公报·文学副刊》，据说是缘于张季鸾的关系。张季鸾，名炽章，陕西榆林人，与吴宓为"大同乡"。张亦为陕西关中知名学者刘古愚的"晚岁及门弟子"，而吴宓的生父吴建寅、嗣父吴建常、姑丈陈伯澜、姨丈王幼农等人皆曾受业于刘古愚。1921 年 8 月，吴宓自美返国时，曾在上海拜谒过张季鸾[②]。当时张季鸾为《中华新报》主笔，吴宓所译的英国作家萨克雷的小说《名利场》(*The Vanity Fair*)第一回[③]，最初就刊登在《中华新报》上。除了上述同乡之谊外，吴、张二人不少思想观点也基本接

---

① 《大公报》影印说明。

② 吴宓：《吴宓自编年谱》，227 页，北京，生活·读书·新知三联书店，1995。

③ 题目是"媚高门校长送尺牍 泄奇忿学生掷字典"。

近。《学衡》初创之初，曾经遭遇到《时事新报》的一片抨击之声，但却获得过《中华新报》的声援[①]。而吴宓留美之时曾经有过的从事报业的想法，显然也并没有因为专事文学而完全消逝。碰到这样的时机，能够通过报纸来张扬自己的文学人生主张，这在吴宓看来，无疑是一个难得机会。

《大公报·文学副刊》办刊之宗旨，在创刊之页有详细说明。“略仿欧美各大日报之文学版及星期文学副刊之体例，而参以中国现今之情形及需要”；其内容“约分十类”，而主要有：一通论及书评；二中西新书介绍；三文学创造；四读者通信、问答及辩难等。

《大公报·文学副刊》与《学衡》所倡导或者追求的批评态度相一致，“取公开态度”，“立论不偏不倚”、“大公无私”。“力求中正无偏，毫无党派及个人之成见，其立论，以文学中全部真理为标准，以绝对之真善美为归宿，重真理而不重事实，论大体而不论枝节，评其书而不评其人。即对于中西文学、新旧道理、文言白话之体、浪漫写实各派，以及其他凡百分别，亦一例平视，毫无畛域之间，偏袒之私。唯美为归。”[②]从这段说明中可以看出，此时吴宓对于白话和白话文学的公开态度，至少作为文学副刊编辑者，已经发生了变化。他已经不可能完全无视白话文学存在的事实了。而这与《学衡》在时间上，相去也不过五六年。

在《大公报·文学副刊》的几个栏目中，其“通论”及“中西新书介绍”以其覆盖面广、涉及文史哲政治及相关专门研究、信息量大、学术性强而在中上层知识分子中拥有一定的读者；其中，它对于西洋近现代文学观念、思潮、流派、作家生平、作品具有一定计划系统的移译评述等尤为引人注目。至于它上面所登载的文学创作，则多为一些圈内人的旧体诗词，虽也言创新，但是在旧体诗词范围内的创新，与当时主流文学所关注的主题并不相干，关注的人自然也就少，亦没有留下多少影响。

据统计，《大公报·文学副刊》313 期中，着重介绍的西洋近现代作家评论家不下五十人。这些作家所持文学观点主张并不一致，但该报尚能予以科学(scientific)、客观(objective)的介绍，其所征引的材料，也基本上能够努力做到公允、全面和一定的权威性。当然，这些评介文章的基本文学观点，仍然是吴宓所坚持和倡导的人文主义文学观。如果说《大公报·

---

① 吴宓：《吴宓自编年谱》，236 页，北京，生活·读书·新知三联书店，1995。

② 《大公报·文学副刊》之“宗旨及体例”。

文学副刊》能够在中国现代文学史上留下一丝痕迹的话，首先应该得益于它对西方文学的介绍。这些介绍虽然也有在作家征选上的不当处，譬如把一些名不见经传的作家放在与那些名声已经或者正趋显赫的作家不作辨析地放在一道一并予以介绍等。但总体上看，它的信息量大，知识性强，有益于当时中国文学界知识界对于世界文学的具体了解。如果说《学衡》是一个言辞犀利、态度鲜明的文化批评杂志的话，《大公报・文学副刊》则更像是一个正经八百地照本宣科的先生。

按其先后顺序，《大公报・文学副刊》介绍过的世界(主要是欧美)作家、诗人和批评家主要有哈代、圣伯甫(即圣伯夫)、雷辛(即拉辛)、施莱格尔、罗素、拜伦、汤木士曼(即托马斯・曼)、D. H. 劳伦斯、圣・奥古斯丁、罗色蒂、白璧德、黑格尔、柏格森、莎士比亚、斯宾诺莎、华盛顿・欧文、斯当达尔(斯汤达)、普鲁斯特、但丁等；除此之外，还曾经开辟过有关意大利文学、美国文学、法国文学、德国文学、英国文学专号，介绍了一些并不怎么知名的作家以及一些文学史常识，包括翻译了一些诗歌作品，并介绍了英美一些主要文学期刊杂志。参与到对这些西方文学的介绍翻译工作当中的，除吴宓外，还有他在清华大学的几位学生浦江清、张荫麟、贺麟等。

但是，虽然《大公报・文学副刊》在20年代末亦申言“文白”不分，但它仍然坚持使用文言或者“裹着脚”的白话，势必影响到它的阅读面。而且，它那些背依着所谓文学“正论”作出的作家批评，也未必能够在当时大多已为浪漫的文学趋势所裹挟的青年学生中引起多少共鸣。

四

1935年，吴宓以鲜明的个人方式出版了《吴宓诗集》。这本诗集，尤其是早年的“故园集”(1908～1910)、“清华集上”(1910～1914)、“清华集下”(1914～1916)，几乎就是一套儒家知识分子传统的修齐治平话语的诗歌表现形式。个人声音，包括其思想情感，完全被这一套话语所渗透、覆盖。

吴宓曾自称，“民国元、二年，梁任公先生所主撰《庸言》杂志，则每期每篇皆细读。其中‘诗录’尤熟诵”[1]。《庸言》是由梁启超等人于1912年

---

① 吴宓：《吴宓自编年谱》，35页，北京，生活・读书・新知三联书店，1995。

12月创刊于天津的一份综合性刊物。值得注意的是，《庸言》英文译名为“Justice”。此处梁启超所强调主张的，并不是民约论意义上的社会公正，而是时代思想言论的“恒常”与“变易”。在《庸言》一卷一号释“庸言”一文中，梁启超这样解释道：“庸之义有三。一训常言其无奇也；一训恒言其不易也；一训用言其适应也。”并进一步阐释道：“振奇之论，未尝不可骤耸天下之视听。而为道，每不可久且按诸实而多阂焉。天下实物，皆有原理、原则。其原理之体，常不易，其用之演为原则也。则常以适应外界为职志不入乎其轨者或以为深颐而隐曲，而实则布帛菽粟夫妇以愚可与知能者也。”梁启超的这番议论以及《庸言》的办刊宗旨、体例，显而易见给吴宓留下了深刻印象，并可能在其后来主持《学衡》过程中得到了回应。但吴宓早期求学过程中对于“恒常”不变之人生之理的浓厚兴趣与强烈苛求，实际上也为他走近白璧德的人文主义思想提供了前提。

吴宓对白璧德思想学说的认同接受是全面的、彻底的，其虔诚程度绝不逊色于新文艺者对西方浪漫主义者的信念。因此，与白璧德的相遇、相识、相知，对于一个身在异域、心在远古的现代道德理想主义者来说，也就无异于他乡遇知音、荒漠饮甘露。

在去国赴美前，吴宓曾有过专攻“新闻学”或者“化学工程”的打算，是当时的清华校长周诒春劝说他选择了人文学科。到美后，又因为梅光迪的大力推荐和引见，得以结识白璧德。之后又在白璧德思想的影响下，成为一个奉之为人生信仰的现代意义上的人文主义者，其基本思想、观念、主张，穷其一生几乎没有发生根本之变更。吴宓曾自称他早年的个人经历中假如没有这些人和这些因素的参与，他“一生之事业、声名、成败、苦乐亦必大异，而不知如何”。所以，他曾感慨万端地说：“一切非人为，皆天命也！”①

如果说吴宓对白璧德新人文主义思想的接受、对五四新文化运动的批判集中体现在他的《新与旧》、《论新文化运动》中的话，其进一步的具体化、专门化，则是他在《学衡》上连续刊出的《西方文学书目精要》和《希腊文学史》。这些书目尽管也不无偏颇和值得商榷，甚至还有给人以拾人牙慧之嫌，但对于当时中国学术界和文学界张扬西方近代学术思想和文学观

① 吴宓：《吴宓自编年谱》，35页，北京，生活·读书·新知三联书店，1995。

念、创作方法而言，吴宓的努力依然显示出了不可轻觑的时代意义和学术价值。他自己曾经不无自豪地说："盖自新文化运动之起，国内人士竞谈'新文学'，而真能确实讲述西洋文学之内容与实质者则绝少。（仅有周作人之《欧洲文学史》上册，可与谢六逸之《日本文学史》并立。）"因此，"在此三数年间，谈说西洋文学，乃甚合时机者也"[①]。此说与事实基本上是相符的。而吴宓所谈之西洋文学，非浪漫主义者所张扬的西洋文学，而是白璧德所张扬的西方古典文学或者那些符合古典文学精神旨要的近现代文学。

五

吴宓曾经在《文学与人生》和《我之人生观》中，集中而明确地表述过自己的文化观与文学观。在《文学与人生》第一部分中[②]，吴宓首先对中国传统影响下的人生经验以及东西方接触之后人生经验内容所发生的变化作了比较说明。在他看来，人生经验包括："己身在社会中之所感受，并其读书理解之所得，选取其中最重要之部分，即彼所视为人生经验之精华者。"其中，由于近现代东西方文化的接触交流，中国人的"政治社会经济思想种种变过，人生之经验递增，人生之情况益繁"，因此，"中国文学之范围不得不随之而扩大，应和中国古今及西洋古今人生之经验而为一"。"居今日而欲创造及评论文学，均当以中外东西古今新旧人生之总和，及中外东西新旧文学之全体为思想之对象，为比较模仿之资料"。由此观之，对于文学思想或者观念上的所谓"保守"，从理论上讲，吴宓也是持反对态度的。他认为"保守"乃如"固步自封，限于一隅，尊己而蔑人，是丹而非素，己身为渊博之学者，则谓诗中每字每句均应取材于典故，而不问情感之真挚与否；己身为达官贵人，则谓洋车夫及农民生活不宜入诗，而不问其描写之功力如何。己身提倡某种主义，则谓此前之文学，均为专制君主骄奢贵族歌功颂德，成为帝国主义及资本家助虐张目，而不细究其作品之内容及作者之意旨；己身富于情感，喜作抒情诗，则谓凡文学以感情为主，说理叙事均非文学，此等议论……盖借由不知文学之范围实与人生之全体同大，而未可以一时之事限之也"，此番议论，不仅与胡适当初论述文学要有真挚感情的观点看上去十分契合，而且，显然已经去掉了留学时代和

① 吴宓：《吴宓自编年谱》，35 页，北京，生活·读书·新知三联书店，1995。
② 《大公报·文学副刊》，1928 年 1 月 9 日。

《学衡》时期思想上的不少戾气，多了一些宽容和理性的诉求。

基于上述对于人生经验的描述，吴宓提出了自己关于文学中所表现或者描写之人生经验的看法。“文学中所描写之人生，亦为本能直觉理性意志感情想象联合所构成”，“是故文学描写人生欲得其真，必同时兼写此种性行原素之表现于事实者”。这似乎是更接近浪漫的文学观的一种主张，而吴宓也显然注意到了这一点。所以，他接着说，比较之下，“古学派(亦译古典派)之伦理的主张，乃以各种性行原素之调和融洽，平均发达，适宜适用，为修养之鹄的及人性之标准”。也就是，此时的吴宓，固然已经不像当初那样，对于新文化运动和新文学持强烈的反对与批评态度，但就客观存在的文学风格而言，他更倾向于“古典”文学，这种“个人偏好”，归因于这种文学所描写的是“共同的历史”和“普遍的标准”。

吴宓没有像梁实秋那样，用所谓的“人性论”来归纳自己对于文学与人生之间关系的认识，哪怕是在像《我之人生观》中阐释到“人性二元”的观点时，他也没有让所谓的“人性”论发展成为他的世界观中最核心的内容，至少他没有像梁实秋那样将“人性论”作为自己人生观和文学观的核心。与之相适应的是，吴宓提出了“人生经验”这一概念，并将这一概念道德伦理化。不要以为吴宓一下子变得与那些新文学的倡导者们在文学材料方面的认识一致起来了。在《吴宓诗集·编辑例言》中，吴宓指出，作诗的标准，在于“以一生经验之最大部分写入诗中，而所写入者，又适为最重要、最高贵之部分”，人生之经验，不仅包括量，还包括质，而这里所谓的“质”，就是一种道德理性，一种人文修养，一种更高意志导引之下的“想象”。

既然文学要表现的是人生之经验，而且是“最重要、最高贵”的那部分经验，那么，一个人的人生观就变得必要和重要起来了，因为人生经验与一个人的人生观是紧密相关的，如果这个人是一个受过教育的、理性的人的话。最能够从理论上说明吴宓的人生观的是他的《我之人生观》一文，而最能够反映他的这种人生观与他的日常精神情感生活之间的现实关系的，则是他的诗集《吴宓诗集》。实际上，这两部文字作品可以相互阐发参照。

吴宓曾言《我之人生观》是自己融合吸收了那些智者前贤有关人生观的论述，再经过自己的阅历感触所得，一非完全自造，二非尽源于书本别人。实际上就是吴宓综合了当时所阅读过的那些人文社会著作中与自己理想相契合者(包括中国古代那些有关实践理性和道德理性的内容)而成的。

在这篇半文半白的自我精神思想的长篇告白中，吴宓实际上将白璧德的相关论述，用自己的语言(也包括白璧德那些关键的概念术语)，尤其是儒家学说中那些常识性的、关乎人生及人伦道德的观点，对白璧德思想以及白璧德思想所背依的东西方人文思想文化资源进行了一次所谓的“贯通融合”，其目的在于为自己建构起来一种可供奉为思想及行为鹄的人生理想，一种用于指导他自己的日常精神情感生活、思想行为的准宗教的信仰。

在这篇文论中，吴宓首先对人生观作了界定，认为人生观应有五事构成，即：(1)天性，也就是“个性”；(2)境遇，此处所谓境遇依照其解释，是指与个人社会职事以及社会地位相关联的思想观念；(3)时势，即各时代有各时代最具代表性的、符合精神需要和现实人生需要的观念学说；(4)读书，即学理；(5)涉世，即经验。在上述人生观构成的“五事”中，吴宓认为有“由于内者”，有“出之己意者”，有“因事之偶然而不自知者或即知而非吾力之所能控制矫正者”，未可一概而论。因此，有顺应天性或时事境遇者，这是一种被动自然的人生观。而“正确”的人生观，则在于“融贯归纳”上述各条，“静思熟计”，而后“践履笃行”。有意思的是，吴宓在论及时势及读书时，直接搬用了白璧德对于时代思想变迁的描述，认为天下之事，一治一乱，也就是白璧德所说的“精约之世”(age of concentration)和“博放之世”(age of expansion)，两者相互交替。所谓“精约”“博放”，各有具体内容，也各有所对应的时代。对于一个人文主义者来说，就是要审时度势，“创造正当人生观”。

吴宓所谓正当的人生观中明显不同于中国传统人文思想的地方，也就是他直接汲取白璧德思想或者受其影响的地方。其中，吴宓对于“天人物”三界的论述及观点，虽然是附着在“宇宙事物不可尽知”这一观点之后，但仍然可以看出是直接照搬白璧德的说法的。而依照所谓“天、人、物”三界而规划出来的三种人生观，则更是白璧德的批评语言了。但是，在论述或者诠释的过程中，吴宓能够将多种思想资源交互比较参照，互为阐发，尤其是关于“观念”、“宗教”和“人性二元”的论述说明，则进一步显示出他当时对于比较文化、比较宗教诸方面“科学”而“客观”的自觉意识。这显然更得益于儒家文化本身的理性特性。至于“实践道德之法”一节，则是吴宓充分发挥儒家学说中有关伦理思想，由此也可以看出他的“新文化融合论”的中国思想的传统背景。

如此人生观，或者说文化观，在吴宓的诗集中都得到了体现。或许是吴宓刻意为自己规划出了这样一个“崇高”“伟大”的人生理想，因此，面对时事，吴宓诗中最常见的，就是所谓感怀诗——理想未遂、抱负难伸，一种“埋没英雄芳草地”之类的情绪。此种情绪有时甚至发展到与人文主义者的生活态度相抵牾的怨天尤人、悲观厌世乃至文化虚无主义的境地。譬如他在 1928 年的写怀诗二首中曾经感伤道，“读书学道曾何益，黄口白头一样痴”[①]。在他的《欧游杂诗・叙》中，他甚至一度自比于拜伦，认为“予学业志趣虽异拜伦，而遭际阅历不无一二类似之处”，可见其内心苦闷矛盾之深以及在现实环境中追求实践理想的艰难困窘。

实际上，吴宓将自己的诗当成了自己倾诉发泄内心苦闷的一个地方、一种途径，这是在他的文化和文学理论之外的另一世界，而在这些吟诵文字之后的，也似乎是一个更真实、更现实的吴宓。他依靠这种自我倾诉，来面对精神上的痛苦甚至空虚，有时，也只能遥望那久远的时空和那些过去的伟大的灵魂，以抒发一些人生感慨。其中，他的《癸酉岁暮述怀》四首最能代表吴宓诗的艺术特色和人生理想：

(一)四十流年去，生涯醉若醒。哲师今超谢[②]，知友渐凋零。美境回甘味，霜华点鬓星。书城供坐啸，一室自温馨。

(二)信道明方笃，斟情老更纯。天人理一贯，物我界全泯。恩重应无怨，灵存岂患身。虔心依帝座，大地望回春。

(三)千年迭治乱，扰扰世长争。大勇力和命，奇功败或成。道魔齐进化，羊虎共偷生。推枰难着子，黑白太分明。

(四)久伴马牛走，羞愧艺术园。余生企正业，从此敛精魂。落叶随风扫，春花绽锦繁。赋形完踪象，情德匪空言。

第五节　白璧德与梁实秋

在“服膺”了白璧德的人文批评的中国留美学生中，接触白璧德之前后思想观念变化最大的是梁实秋，最为“活学活用”白璧德对西方浪漫主义运

① 吴宓：《吴宓诗集》，42 页，上海，中华书局，1935。

② 指白璧德于 1933 年去世。《大公报・文学副刊》曾发《悼白璧德先生》一文。

动批评语言和批评立场的是梁实秋，而在后五四时代的文学批评领域取得最大成就的也是梁实秋。

一

我们还是先来看看梁实秋自己是如何看待和说明他与白璧德之间这种师承关系的。

梁实秋个人对于他与白璧德之间的关系曾有过多次说明，但前后并非完全一致。梁实秋最早公开提及他与白璧德之间的“师生”关系的，是他在《浪漫的与古典的》这本评论集的“序言”中。在这篇不长的“序言”中，梁实秋写道：“我借这个机会要特别表示敬意与谢忱的，是哈佛大学法国文学教授白璧德先生(Prof. Irving Babbitt)，我若不从他研究西洋文学批评，恐怕永远不会写出这样的几篇文章。”[①]时间是1927年的6月。收录在梁实秋这本最早的批评文集中的文章，除《现代中国文学之浪漫的趋势》一篇外，其余均为对西洋古典文艺思想观点的评介文章，并不直接涉及五四新文学。但是，如果我们清楚了梁实秋在这本文集的第一篇《现代中国文学之浪漫的趋势》中对于五四新文学的总体认识和态度，我们就会对他如此集中地评介西洋古典文艺思想观点的举动背后之寓意有所了解。在上述征引的这段文字中，梁实秋很明显地、甚至还带有几分真诚感激地说明了自己与白璧德之间曾经有过的师生关系，只是他并没有直接点明，自己与白璧德之间的这种师生关系就是他们在文学思想上的师承关系。

紧接着，在为由吴宓等人翻译汇集的《白璧德与人文主义》这本集子的“序”中，梁实秋再次提到了自己与白璧德之间的关系：

> 民国十三年我在美国哈佛大学读书。我选了一门白璧德教授的功课“16世纪以后的文学批评”，这是我认识白璧德教授之始。
>
> ……
>
> 十七年夏，我到北京，吴宓先生来看我。我们闲谈到国内文学界的情形。我告诉他上海似乎很有一些人不知道白璧德的，更有一些人知道白璧德而没有读过他的书的，还更有一些人没有读

① 梁实秋：《浪漫的与古典的》序言，上海，新月书店，1927。

过他的书而竟攻击他的。我自己从来没有翻译过白璧德的书，亦没有介绍过他的学说，更没有以白璧德的学说为权威而欲压服别人的举动；我只是在印行我的《浪漫的与古典的》那个小册子的时候，在序里注出白璧德的名字。但是，我竟为白璧德招怨了。

……

我并不把白璧德当作圣人，并不把他的话当作天经地义，我也并不想借白璧德为招牌来增加自己的批评的权威。在思想上，我是不承认什么权威的，只有我自己的“理性”是我肯服从的权威。白璧德的学说我以为是稳健严正，在如今这个混乱浪漫的时代是格外的有他的价值，而在目前的中国似乎更有研究的必要。

建议并促成吴宓把《学衡》上面译介白璧德及其思想主张的文章编辑成册并出版的是梁实秋。梁实秋也把这件事视为他为白璧德的思想观点在中国的传播所做的唯一一件事功。“这是我唯一的一次对于白璧德先生主张稍尽一点力量”[①]。而梁实秋之所以要这样做，上面那段引文中已有明示——它似乎在暗示着当时文坛上与梁实秋有关的某些纠葛矛盾。不过，即便是在这样一次最有可能明示自己与白璧德在文学思想上存在着高度一致性的场合，梁实秋也只是“轻描淡写”地提到自己曾经选听过白璧德的一门课的经历，只是他多少还是强调了白璧德“稳健严正”的学说思想对于现代中国思想界文学界的价值和意义。

梁实秋20世纪20年代中后期的主要批评文字，大多发表于《新月》杂志。在《忆新月》一文中，梁实秋这样说道，“以我个人而论，我当时的文艺思想是趋于传统的稳健的一派，我接受五四运动的革新的主张，但是我也颇受哈佛大学教授白璧德的影响，并不同情过度的浪漫的倾向”[②]。这一论述明确说明了两点，其一是梁实秋并不同情所谓“过度浪漫”的文学主张——这显然是对梁实秋自己曾经与“创造社”的一班人之间交往经历所作的脚注；其二是尽管没有明确说明，但梁实秋还是没有回避曾经受学于白璧德，并对后者的思想学说产生过兴趣，并受到过影响的事实。而他对于五四新文学中“过度浪漫倾向”态度的转变，应该作为这一事实的脚注。

① 梁实秋：《梁实秋论文学》序，台北，台湾时报文学出版社，1978。

② 梁实秋：《秋室杂忆》，1～4集，北京，中国广播电视出版社，1989。

在《梁实秋论文学》序中，梁实秋对自己一生的文学生涯作了总结性的说明，并再次提到了自己早年与白璧德之间的关系渊源："我过去读王尔德的作品不少，极爱他的英文文笔，觉得他自夸'英文之王'不算是过分，从而对他的唯美主义也发生兴趣。自从听过白璧德的演讲，对于整个的近代文学批评大势约略有了一点了解，就不再对于过度浪漫以至于颓废的主张像从前那样心悦诚服了。"但是，梁实秋又说，"中国学生中亲炙最久的是张欣海（即张鑫海）、吴宓、梅光迪几位"，"白璧德教授是给我许多影响，主要的是因为他的若干思想和我们中国传统思想颇多暗合之处"[①]。梁实秋曾经"极爱"王尔德的文笔不假，但这绝对不是他与英国唯美主义和浪漫主义关系的全部事实，这可以从他写于美国科罗拉多大学（去哈佛大学师从白璧德之前）、发表于《创造》月刊1926年第一卷第三、四期的《拜伦与浪漫主义》一文看出其中究竟。而他一度曾经对"浪漫"的文学主张"心悦诚服"，则符合他早年接触白璧德的人文思想之前的实际。至于白璧德思想之所以对梁实秋产生影响，"主要是因为他的若干思想和我们中国传统思想颇多暗合之处"的说法，显然也不十分准确。

上述几处引文，都是梁实秋自己对于与白璧德之间关系的说明，不过前后时间跨度很大，论说时的人文社会时代背景也不尽一致。譬如，《白璧德与人文主义》的"序"中，梁实秋虽然"交代"了与白璧德之间的师生关系，但对这种关系只作了"轻描淡写"的说明，而当时正是他与鲁迅、郁达夫以及左翼文学论战激烈之时。尽管梁实秋并不认为与白璧德之间的那段师生关系有什么不宜昭示于人的地方，但他显然也不愿过分张扬这种关系而授人以柄。至于白璧德对于他的文学思想的影响究竟有多大，这些影响究竟表现在哪些方面，为什么白璧德思想会对他产生这些影响等，梁实秋自己并不是、也没有前后完全一致地予以承认、解释和说明。

对于第一个问题，也就是白璧德对于梁实秋的影响究竟有多大，是仅止于一般的师生关系，还是有很直接的思想上的师承，我们至少可以从两个方面着手去予以澄清。一是作为创作者的梁实秋，在与白璧德接触前后，创作上是否发生了明显的变化；二是作为批评者的梁实秋，在与白璧德接触前后，在批评思想和批评语言上是否发生了明显变化。

---

① 梁实秋：《梁实秋论文学》序，台北，台湾时报文学出版社，1978。

几乎所有的资料，无论是同时代人对他的评介还是他自己的说明，都显示出梁实秋在结识白璧德之前，其思想倾向基本上是浪漫的，是深受五四新文化影响的。闻一多在《〈冬夜〉评论》中曾把梁实秋与郭沫若并列为当时具有“幻想力”的诗人：“现今诗人除了极少数的——郭沫若君同几位‘豹隐’的诗人梁实秋君等——以外，都有一种极沉痼的通病，那就是弱于或竟完全缺乏幻想力。”[①]

至于梁实秋当时在诗歌创作方面的才能及成就是否可以与郭沫若并列，并被闻一多评价为“豹隐”一类的诗人，此处不作评说，但以闻一多当时对同为清华同学的梁实秋的了解来看，这一评价至少说明梁实秋当时在诗歌创作上的显而易见的浪漫倾向。梁实秋自己在《〈草儿〉评论》中也提出了诗歌中“情感”与“想象力”的重要。他批评《草儿》的作者“情感太薄弱，想象太肤浅”，“诗人的思想应该是超于现实的。……严格讲来，诗人生活乃是想象的精神生活。……诗人对于人间世，既具有极强烈的厌恶，所以每借想象力创造出缥缈空灵的诗境，作为精神的安息。所以说，诗人应该具有厌世出世的思想，因为他所企望的生活在社会现实中是无法找到，也无法实现的”[②]。这些文字或者与此相似的文字，我们在梁实秋那篇对英国浪漫派诗人拜伦饱含钦佩的评介文章中同样能够读到。而这些文字，或者包含类似思想的文字，在白璧德所批判的浪漫主义的诗人们和批评家们的笔下同样能够读到。

不过，我们不妨还是先来看一看梁实秋这一时期一些有代表性的创作作品。它们分别是《苦风凄雨》、《海啸》、《海鸟》和《梦》。

《苦风凄雨》写的是一个即将远行的游子“绿哥”临行前因为要与家人爱侣告别而生发出来的离愁别绪，那种“剪不断理还乱”的乡愁恋情。个中情绪以及表现这些情绪的语言，无疑都是属于五四新文学初期的——那种“个人性”的、“印象式”的、“情感化”的浪漫。而这篇作品的题目以及它所刊发的《创造周报》，也都明确地显示出了它在文学观念上和审美追求上可能的倾向性。《海啸》[③]则是一首不短的新诗体诗，抒发的是梁实秋在赴美的海轮上依然鼓胀着的“乡愁”——

---

① 闻一多：《闻一多全集》，149页，上海，开明书店，1948。

② 梁实秋：《〈草儿〉评论》，见《秋室杂忆》，台北，台湾传记文学出版社，1977。

③ 梁实秋：《海啸》，见《小说月报》丛刊第二十七种，上海，商务印书馆，1923。

醒哟！失群的孤禽，离家的游子！
醒哟！从你的糖饴似的乡梦醒起！
请看天上的纤云，波上的白沫，
并听送到耳边的清冷的音乐。
若再流连在缥缈的梦境的时候，
一句乡梦将引起竟日的乡愁！

《海鸟》几乎完全可以看作是《海啸》情绪的延续。这首诗借一只孤飞的海鸟来比拟一个初出远门的游子对故园家乡、亲人伴侣的依恋和思念，是当时的“新派”留学生文学中最常见的主题和情绪（事实上整个《海啸》中所收录的作品几乎全是以离愁别绪为内容的）。而《梦》这首短诗除了在语言的节奏感和韵律方面与前面两首诗略有不同外，其余也并无差别，依然可以看作当时创造社一派的情绪和路数。而在《海啸》这篇回忆文章中，梁实秋也已明示了自己当时与创造社诸子之间的交往[①]。

上述这些诗（《凄风苦雨》除外，它更像是一篇小说，或者场面特写），都是在梁实秋认为“新诗是一个自由开放的园地，有青春的热情就可以写诗”的时期的精神产品[②]。尽管他在这一时期对于“南京一派比较守旧的思潮”，（此处所谓“南京一派比较守旧的思潮”，即指所谓的“学衡”派）“也有一点儿同情，并不想把他们一笔抹杀”[③]，但梁实秋这一时期总的思想是倾向于浪漫的，不仅不只是一般的倾向，甚至可以用痴迷于“浪漫的想象”也不过分，根本就看不出一星半点的他后来所谓的“趋于传统的稳健的一派”的文艺主张的痕迹。

我们还可以从梁实秋自己的回忆文字和批评文章中找到一些证据，来进一步说明上述对梁实秋这一时期思想倾向所作的分析结论。

梁实秋自称在清华读书时期曾经仔细阅读过的书刊有：胡适的实验主义、尝试集、短篇小说集、中国哲学史，周作人的欧洲文学、域外小说

---

① 梁实秋曾经在《海啸》这篇回忆文章中，谈到自己当初出国留学，在上海乘船赴美之时，“给我送行的只有创造社的几位”。

② 梁实秋：《副刊与我》，见《梁实秋散文》1～4集，北京，中国广播电视出版社，1989。

③ 梁实秋：《清华八年》，见《梁实秋散文》1～4集，北京，中国广播电视出版社，1989。

集，王星拱的科学方法论，潘家恂译的易卜生戏剧，少年中国的丛书，共学社的丛书，晨报的丛书等等。“新潮、新青年等杂志更不待言，是每期必读的”。

晚年的梁实秋是怎样评价自己这段读书经历的呢？“嚣张是不须讳言的，但是求知的欲望也同时变得非常旺盛，对于一切的新知都急不暇择地吸收进去”，“当时，学力未充，鉴别无力，自己并无坚定的见地，但是扩充眼界，充实腹笥，总是一件好事”。因此，才会有“进化论与互助论，资本论与安那其主义，托尔斯泰与萧伯纳，罗素与伯格森，泰戈尔与王尔德”等诸多新潮思想观点被他神奇地整合在了一起的“壮举”，虽然是“杂糅无章”，但这也是当时绝大多数新派学生真实的读书求知状况，没必要也不应该去过多指责。梁实秋曾经很坦率地描述过当初自己读到胡适的《文学改良刍议》时所产生的思想和心灵震撼：确实是振聋发聩，把许多人的心目中积存已久的疑惑一下子点破了，“我顿时像是进入了一个新的境界”①。

这是一个什么样的新的境界呢？毫无疑问，在梁实秋那里，这首先是一次思想和精神上的大解放，它把梁实秋从一个不自觉的传统思想观念的束缚状态中解脱出来，使得他开始用初步的现代眼光来审视过去的历史和现在的境况，来审视自己的精神和情感生活，来审视自己所发出的那些文学声音。这种思想解放的最直接后果，便是自我的重新发现和急剧膨胀。它使梁实秋初步实现了从对西方新知识“兼收并蓄”式的“存储”，提升到一个可以运用所存储的西方新知识来初步地认识并回答中国历史和当下现实中的一些具体问题，尤其是那些关于“人的”和“个人的”问题。梁实秋也因此而初步地形成了一种趋向于“个人”的、“自由”的、“西方”的、“现代”的文学观和文学史观，实际上这是一种以西方近现代浪漫主义思想为基调的文学观和文学史观。在梁实秋个人思想的形成和发展过程中，这次提升无疑是重要的。

最能够标示并记录梁实秋的文学思想观念从最初的浪漫倾向向古典训练和人文主义标准转化的，是他的《拜伦与浪漫主义》和《王尔德的唯美主义》这两篇论文。前者是他对于浪漫主义文学观最集中的认识和批评实践，

① 梁实秋：《梁实秋论文学》序，台北，台湾时报文学出版社，1978。

后者则是他在初步接触到白璧德的人文思想和西方古典主义文学观之后，对于自己原来所持的浪漫思想和“为艺术而艺术”的文艺主张的初步清算。而将这两篇文章放在一起比对，恰好反映出梁实秋从对浪漫派文学的赞扬到对“唯美派”的纯艺术主张的清算告别的思想转变过程。

《拜伦与浪漫主义》一文写成于“癸亥年十二月初八日”（1923年）。地点是美国西北部的科罗拉多大学[①]。在这篇分两期登完的长篇论文中，梁实秋首先辨析了“浪漫主义”的概念（实际上是译介 *A History of English Critical Terms* 中有关“romantic”一词条），并列出浪漫主义的三个特点，即自我表现之自由、诗的诗体之自由和诗的题材之自由。在此基础上，梁实秋指出浪漫主义的“精髓”，即所谓“解放”两个字，即作为“诗人”的“人”之解放、诗体之解放和诗的材料之解放。

> 浪漫主义者全是丛聚在这个新鲜的大纛下面，他们全都崇奉着这解放的精神，而向不同的各方面去发展。故此，浪漫诗人里，有与自然同化的隐士，有与社会反抗的豪侠，有处心积虑的社会改造家，有沉醉于美感的艺术家，虽是分道扬镳，而内心中自有他们的共同的宗法。他们全是“解放”旗下的骁将，他们全有我上面所说的三个特点[②]。

梁实秋逐条分析了浪漫主义与古典主义之间在审美和文学观念上的分歧（而需要注意的是，梁实秋在该文里面所极力贬斥的古典思想，正是他在白璧德那里发现并最终认同的；而他此时所极力张扬的浪漫思想，在短短的一年之后，却都被他系统地批判否定了），这种分析正如白璧德对“人文的”和“古典的”这些词语的实际被使用的状况所进行的清理一样，是带有情感上的偏向的，不过不是偏于古典主义，而是偏向于浪漫主义。鉴于当时五四新文学最大的敌人就是被称之为“古典主义”或者“保守主义”的那些传统思想，自认为新文艺阵营中的一员大将的梁实秋，也就自然地会去极力张扬浪漫主义对于古典主义的反动了。

---

① 据记载，当时该校“规模很小，只有几百个学生”，但是，该校“属于哈佛大学所承认的西部七个小大学之一”，这也是后来梁实秋转学哈佛的原因所在。

② 梁实秋：《拜伦与浪漫主义》，载《创造》月刊第一卷三期、四期，1926。

> 浪漫派诗人于是起来高呼解放，以为一个诗人——如其他是一个诗人——有在诗里表现他自己的自由，他可以是一个常态的人，也可以是个变态的人。所以浪漫主义又颇近于个人主义。因为浪漫主义的发生，不只是文学上的变化的一个阶级，而乃是人类历史里很有意义的一个大运动的征兆。

梁实秋因此而极力赞扬了卢梭，高度评价了这位无论是浪漫主义的同情者还是批评者在谈到浪漫主义思想的时候都不会忽略的人对于人类思想解放史的贡献，“卢梭是法国大革命的前驱，也是全欧浪漫运动的始祖。卢梭的使命乃是解脱人类精神上的桎梏，使个人有自由发展之自由”。这些批评似乎更能够证明，白璧德对于卢梭及其浪漫思想对于后世的影响所作的说明并没有夸大。

除此以外，梁实秋还饱含激情地赞扬了作为浪漫诗人的拜伦，特别是拜伦那“极端的反抗的精神”——“拜伦就像是一阵不羁的西风，飞沙走石，摧干折枝，呼啸着过去。他是一只鸷鹰，喙尖而爪利，准备着在‘宇宙’的战场和‘生命’去厮杀”。

尽管这篇论文已经开始暴露出梁实秋后来在自己的批评文章中大段移译征引原文甚至直接移植原文的“习惯”，但是，它所反映出来的思想情绪，毫无疑问与梁实秋这一时期的真实思想境况是一致的。不过，梁实秋大概绝对没有想到的是，仅仅一年之后，因为白璧德的缘故，他的思想会发生那么大的变化：他原来所认同和维护的，成为了他极力批评的靶子；而被他视为保守和因循守旧的古典文艺观点，却成了他批评五四新文学中的浪漫倾向的思想依托和语言资源。这种从旧营垒中冲出来的反戈一击，才是梁实秋这一时期思想转变的真实，而标志梁实秋这一思想转化的，则是他的《王尔德的唯美主义》，而完整地反映出梁实秋对于白璧德的人文思想和人文批评的接受已趋稳定，对于“浪漫主义”的心仪也只能够是埋藏在心底或者隔日旧梦的，则是他的《现代中国文学之浪漫的趋势》一文。

虽然《王尔德的唯美主义》这篇论文中还明显地残留着梁实秋对于王尔德的“唯美主义”以及西方浪漫主义文学依依难舍的“旧情”，但它所背依的思想资源和理论话语，显然已经发生了巨大变化。在这篇论文所论述的王

尔德的学说的五个大问题中，除“艺术与时代”外，其余“艺术与人生”、“艺术与自然”、“艺术与道德”和“个性与普遍性”等，都是对白璧德文学思想和批评语言的直接借用。即便是“艺术与时代”，其中所涉及的“艺术所表现的不是时代精神，而是艺术本身”这一命题，后来也只是被梁实秋转换成了“艺术所表现的不是时代精神，而是普遍的永恒的人性”而已。而后者，正是白璧德有关艺术与人性论的基本结论之一。

二

如果说胡适及五四新文化运动给了梁实秋思想上的第一次“震荡”，使得他开始真正地睁眼看世界和中国历史，尤其是中国文学史的话（对于当时绝大多数青年知识分子来说，这是一次非常必要而且重要的思想“蜕变”），白璧德及其人文思想则给了梁实秋思想上的第二次“提升”，使得他对于自己已有的思想（包括从五四新文化运动中所获得并初步形成的那些关于历史文化以及文学等的认识），连带自己原来认识中国古代思想传统的方法和立场，都产生了新的认识。梁实秋承认说“我受他的影响不小，他使我踏上平实稳健的道路。”①但这种说法似乎表明白璧德对于他仅止于思想和批评风格上的影响，而不是思想和文学观点本身。而事实上，正是白璧德让梁实秋在更为开阔的文化视野和思想资源背景下去重新审视和评价五四新文化的浪漫精神（也就是梁实秋自己最初的思想主张）——在白璧德之前，完全淹没在五四新文化语言当中的梁实秋，根本不可能还能够置身于五四之外，来审视五四这场知识分子的思想精神运动。也正是白璧德，使他完成了对于一个批评家来说极为重要的又一次自我思想的批判和超越（虽然并不仅止于此）。如果说第一次思想“震荡”使得梁实秋从一个历史思想常识和习惯惯性驭使下的精神奴隶，成长为一个“睁眼看世界”的、具有初步个人意识和批判精神的现代自由思想者的话，白璧德则让他自觉地对自己最初所背依的思想资源（主要是西方近现代以来的浪漫主义思想以及在文学艺术上的主张）进行了第二次清理，使他在白璧德所清理出来的关于东西方古典文艺和人文思想背景上，完成了对于作为传统而存在的西方文艺思想遗产的初步细分，和对作为现代思想主流的科学浪漫主义与

① 梁实秋：《梁实秋论文学》序，台北，台湾时报文学出版社，1978。

情感浪漫主义的思想批判。从表面上看，梁实秋的这次批判带有浓厚的复古保守色彩，但是，只要稍作考察分析就会发现，梁实秋绝对不是简单地回归“传统”，更不是不明就里地去与五四时期的那些所谓思想上的“保守主义者”为伍。他后来的经历也表明，他甚至与最有可能结合在一起的“学衡”派知识分子群之间的往来，也不是如想象的那么多。相反，他一直与胡适以及新月派那些自由主义知识分子保持着密切往来，并成为他们思想上和精神上的盟友，这至少说明，撇开在文学上的主张，梁实秋还是将自己看成为一个政治上的自由主义者的。这也说明，梁实秋对于白璧德人文思想的接受，至少从 20 世纪二三十年代看，基本上局限于文学批评范围，白璧德对于宗教、哲学，包括现代教育和现代政治的观点，基本上被梁实秋暂时“搁置”起来了。这或许与中国近代以来的社会、政治现实有着更密切的因果关系，此处不作赘述。

该如何更全面完整地认识和评价梁实秋的这次思想转变呢？

如果说《王尔德的唯美主义》还带有思想和情感转变期的烙印的话，《现代中国文学之浪漫的趋势》一文，则标志着梁实秋已经找到了在中国传统思想文化的语言资源背景下解读白璧德思想的切实可行的现实途径，而他原来所持有的浪漫的文学主张，此时则恰恰成为了他予以批判的最适当的靶子。尽管他还没有完全读懂白璧德人文思想的现代意蕴——这当然与白璧德所关注的西方问题有着更密切的关联，尽管白璧德试图解决的，并不仅限于西方问题，而是具有普遍意义的人类问题。但 19 世纪中期以来，“中国问题”已经成为任何一个具有一定观察力和思想力的中国知识分子都无法绕过的现实——甚至对白璧德所清理出来的西方人文传统以及他所极力批判的那些东西，也未必已经有了真正透彻的理解和必不可少的同情，但是，这一切都并不妨碍梁实秋借用白璧德所清理出来的那些西方人文思想的语言资源——他已经能够娴熟地运用白璧德的那些古典文艺观点和概念，包括他的诠释方式等，来对五四新文化运动的西方思想文化背景和浪漫倾向予以分析和批评了。这一点既得益于白璧德思想的鲜明的反现代特征，也与五四新文化鲜明的反“传统”倾向以及梁实秋自己最初对这种倾向的深切同情和了解有关。

曾经有人指出，梁实秋 20 年代后半期的许多批评文章的观点乃至标题，都是直接从白璧德那里照搬过来的，这种说法符合某些事实，但只要

看一看五四前后那些介绍西洋、东洋思想著作的批评者或者翻译者们，又有多少人没有使用过梁实秋所使用的类似方法呢？但是，对于梁实秋之所以如此做、却又不公开说明的缘由，则有不同的解释。事实上，倘若我们对照一下梁实秋自己在接触白璧德前后文学上的思想主张，我们就会发现，梁实秋后来所批判的五四新文学的那些倾向或者特征，正是他自己当初所极力认同和张扬的主张。这就意味着，与其说梁实秋的这些批评文章是写给那些新文化的鼓吹者们看的，还不如说是梁实秋在用这种独特的方式进行着自我思想清算。但是，令人多少有些不解的是，我们不仅没有从梁实秋这一思想转变过程中感受到应有的心灵“震撼”，也没有感受到自我思想蜕变过程中那些常见的艰难、矛盾和痛苦。换句话说，梁实秋是以一种非常自然的方式(没有人引见)走近白璧德，又用一种非常自然的方式走进了白璧德的人文思想，并且很平静地实现了自己作为一个现代知识分子的思想转变的。至少，我们并没有从梁实秋的自我描述一类的文字中，发现与梅光迪、吴宓曾经经历的思想转变相类似的东西。尽管梁实秋出国前曾经到当时的东南大学游历过，并有资料显示他曾经在吴宓的课堂上出现过，而且也听到过白璧德的名字。但这些又能够说明什么呢？它们能够说明梁实秋后来的思想转变是具有前因的吗？它们能够说明白璧德的人文思想对于一个异国青年知识分子具有如此巨大的无可抗拒的思想魅力吗？答案似乎更应该从五四前后中国知识界的思想境况和梁实秋个人精神思想的构成走向当中去找寻，甚至包括梁实秋的个人性格。

梁实秋是怎样具体完成自己文学思想上的这一转变的呢？或者说，如何认识评价在结识白璧德之后，梁实秋的文学思想及主张所发生的那些变化呢？

在《现代中国文学之浪漫的趋势》一文中，梁实秋已经初步展示了自己后来奉行不悖的文学观，即在白璧德的积极的批判精神、古典主义的文学主张与中国传统思想中那些最接近西方古代人文思想的文学与文化思想资源之间，努力找到一个朝向现代的思想衔接点，并以此构建起自己的文学批评标准和精神思想空间。

在这篇论文中，梁实秋直接借用了白璧德的一个基本观点，即所谓“文学里有两个主要的类别，一是古典的，一是浪漫的”。这种从哲学和思想审美角度来评论文学的方法，是白璧德文学批评的突出特征。而白璧德对17世纪以来西方思想所作的高屋建瓴式的清理勾勒和归纳，无疑给当时并没有系统的西方文学和西方思想史意识的梁实秋以醍醐灌顶式的启示。而白璧德思想与现代西方主流思想之间的针锋相对（白璧德也一直被认为是以一个个人来反对一个时代和一代人的思想典型），不能不引起梁实秋对五四新文化所借助的西方思想的重新关注与反思。也就是说，重新审视五四新文化知识分子们的“西方”，与重新审视五四新文化运动，在梁实秋这里几乎是同时发生展开的，或者说，两者几乎可以相互置换。白璧德对于西方近代主流思想传统的批判，在梁实秋看来，无疑就是对五四新文化的主要价值观念的批判——这种批判并不是简单地否定并抛弃这些价值主张，而是从更高的标准来重新检讨这些价值观念。

梁实秋当然注意到了白璧德对培根以降的科学主义及其过度膨胀的产物——“技术主义”“工业主义”和正在被不断社会化的“功利主义”的批判，同样也注意到了他对卢梭以降的西方浪漫主义的清算。而白璧德也正是通过对上述两条思想线索的清理，完成了他对于西方近现代主流思想的批判：个人主义、民主思想、大工业生产和商业文化。在白璧德看来，西方近现代思想的主流是“浪漫的”，它在思想源头、精神及现实特征上有两个支点，那就是发轫于培根的“科学浪漫主义”和以卢梭为极致及代表的“情感浪漫主义”。白璧德认为，正是前者直接衍生出了西方近现代占据社会思潮主流的有关社会进步的发展观和外向的、以改造人类生存环境为先导及主要目标的“科学”生存观及幸福观；而后者则从个人与群体、个人与历史、个人与自然的关系系统中，重新确立了个人的地位及现实发展方向。在白璧德看来，这两者及其所代表的思想潮流都是“浪漫的”、反“古典的”。白璧德认为，在人类思想文化史上，是产生过并一直存在着一种超越种族和时代的思想文化，这种文化的精神气质和价值标准是全人类可以共享，并真正体现了健康平衡等思想文化标准的。这种思想文化主要地生成于过去，但它又绝非简单地等同于常识意义上的作为静态的认知对象的古代思想文化，因为在白璧德看来，这种“文化”不是一个毫无原则标准的“大杂烩”，而是有着鲜明原则及价值标准，包括它的现代价值取向的文化有机体。白璧德曾经详细地清理过导向这一文化有机体的那些古代思想精神遗产，包括古希腊、罗马以及古代印度和中国的那些人文思想遗产，并希望从中清理出一条白璧德式的具有更高标准、适应于人文生活的历史文

化的发展衍生逻辑。

在白璧德那里，“古典的”和“浪漫的”与其说是时代文化概念，还不如说是历史文化概念，它几乎涵盖了历史文化的所有，但更指向它们在文化精神和艺术审美上的旨归。白璧德在自己的批评语言中，一直很少使用当时学术界已经开始使用的所谓“现代性”或“现代主义”等概念，来描述或归纳那些正日益显露出其思想文化特质的、迥然有别于传统思想文化的现代思想文化。其原因在于，白璧德认为，西方近现代思想文化的主流是“浪漫的”，即他所谓的“科学的浪漫主义”和“情感的浪漫主义”的现代延续或变种，其根源仍然在于原初的科学思想和原初的浪漫思想。或许与此相关，白璧德的思想有时也被批评为在思想语言上缺乏创新。

梁实秋直接借用了白璧德在清理西方近现代思想时所使用的一个观点，即将西方思想史看成为“古典的”和“浪漫的”的两种不同或者在许多方面甚至完全对立的思想文化观念的此消彼长的历史，并将这种分法视为“西洋文学批评的正统”[①]。这种大刀阔斧而不拖泥带水的归类，实际上为梁实秋的文学批评辟拓出一个有着清晰界域的历史语言空间，又不失明确的时代针对性。梁实秋认为，五四新文学的主要思想文化资源是“外国的”，而这些资源又是偏重于西方近现代思想文化的，从思想文化系统的角度讲是“不完整”的，从文化本身及其本质的角度讲则是“不健康”和“有缺陷”的。梁实秋着重分析了五四新文学初期对于个人“情感”的过度推崇的可能的社会道德后果(而这也是他在接触到白璧德思想之前殊少关注的一个话题，甚至相反，他曾经大声疾呼过诗人们的想象，无论是健康的还是病态的)。在梁实秋看来，“情感的质地不加理性的选择，结果就会是：(一)流于颓废主义；(二)假理想主义”；并总结道，“浪漫主义就是不守纪律的情感主义”[②]。梁实秋对于这一观点的进一步的阐释是：孔子说他自己年至七十才“从心所欲，不逾矩”。古典主义者所需要的文学是“从心所欲不逾矩”的文学，这种文学上守纪律的文学；浪漫主义者所需要的文学，是“从心所欲”而“逾矩”的文学，文学则是不负责任的文学。他还说：我们

---

① 梁实秋：《现代中国文学之浪漫的趋势》，见《浪漫的与古典的》，123页，上海，新月书店，1927。

② 梁实秋：《中国现代文学之浪漫的趋势》，见《浪漫的与古典的》，128页，上海，新月书店，1927。

可以赞成“皈依自然”，但我们是说以人性为中心的自然，不是浪漫主义者所谓的自然。浪漫主义者所谓的自然，是与艺术立于相反的地位。我们也可以赞成独创，但我们是说在理性指导之下去独创，不是浪漫主义者所谓叛离人性中心的个性活动。毫无疑问，这些语言当然就是白璧德的批评语言，而且几乎是完全照搬的白璧德的批评语言。值得注意的是，在这里，梁实秋第一次提出了“情不在多，而在于有无节制”的文学观点，这一观点既是对他自己早期文学情感浪漫倾向的批判（或者说对新文学浪漫倾向的批判），又是对白璧德有纪律、有节制的个人情感表现的文学主张的认同和回应。

这些观点归纳起来，也就是梁实秋在《中国现代文学之浪漫趋势》一文最后所总结出来的对于五四新文学全新的认识：新文学运动根本的是受外国影响；新文学运动是推崇感情轻视理性；新文学运动所采取的对人生态度是印象的；新文学运动主张皈依自然并侧重独创。

这些归纳并非没有值得商榷之处。譬如陈独秀在回应胡适的《文学改良刍议》一文时所提出来的一些主张，那些关注社会、关注实际人生的一些主张，并不是梁实秋在这篇文章中所总结出来的新文学所能够完全涵盖的。值得注意的是，梁实秋在批评五四新文学“要求扩张，要求解放，要求自由”的主张的时候，他一方面援用了白璧德的“理性”概念，同时，他又首次提出不能将中国古代人文思想中的理性观念连同“礼教”观念一同废除和清理掉（此时的梁实秋还没有依凭所谓普遍的“人性论”来批判新文学追求以个体为中心和朝向的个性解放的思想）。这里已经反映出梁实秋在白璧德的人文思想与中国古代人文思想传统之间寻找一个思想和精神支撑点的努力，或者说基本上背依中国古代传统人文思想来解读白璧德的人文思想、批判五四新文学的浪漫精神的努力。最明显的就是，梁实秋或许已经意识到，自己对于中国现代文学的批评所依据的，乃西方文学理论，其批评语言的来源，也多为西洋文学历史，如此直接的照搬照抄，是否有教条主义之嫌？而梁实秋的“高明”之处，就在于他已经意识到五四新文学“就是外国式的文学”，而他原本为五四新文学的信徒和骁将，因此也可以说是“外国式的文学”的骁将，如今“摇身一变”，又成为了“外国式的批评”的“要员”。而这样的“变化”，自然需要思想逻辑上的关联，否则就有人格上的“硬伤”。而梁实秋对此作出的最合乎情理的解释是：中国文学本不该

用西洋文学上的主义来衡量，但是，对现今中国文学则可，因为现今中国的新文学就是外国式的文学。以外国文学批评的方法衡量外国式的中国文学，在理论上似乎也是可通的。唯一稍显缺憾的，就是梁实秋没有同时说明他所使用的“外国文学批评的方法”是“千百年来外国人一直在使用的文学批评方法”，还是“外国人新近才使用的文学批评的方法”。如果是前者，那么，五四新文学的倡导者们就太过“偏激”和“盲目”，而如果是后者，那只能够说明，梁实秋在外国人那里找寻到了应对五四新文学的利器。

但是，我们不能因此便过分夸大了中国传统人文思想对于梁实秋所产生的实际影响力。这种影响力虽然客观存在，但也只是因为这些古代人文思想观念被白璧德观照激活、并从生活常识和思想常识层面对梁实秋产生了影响(对于他那一个时代的人文知识分子而言，这种人文知识上的因袭影响是明显存在着的)，而不是从学术理性的角度及深度层面对他产生的深刻影响，至少不会是白璧德在发现孔子儒家思想时那种类似的刻骨铭心式的思想经验。原因很简单，从当时的情形看，没有证据表明梁实秋对于他所援引的那些中国古代人文思想作过系统而深入的研究，虽然他的《〈草儿〉评论》中大量征引了中国古代诗歌作品及诗论，而这种作为一个读书人的文化修养标志的文学积累，在当时的新式知识分子中依然是得到肯定的。

在批评五四新文学的“印象主义”倾向的时候，梁实秋所依凭的是西方古典主义者在文学上的一系列主张，包括文学家应该“沉静地观察人生”、“不是观察人生的部分，而是观察人生的全体”，文学表现的是“普遍”的“常态”的人性，其表现的态度应该是“冷静”的“清晰”的“有纪律”的等原则。梁实秋认为，古典主义的上述文学主张，不仅应该体现在作家的创作中，在批评家的文学批评方面，也同样存在着“古典”的与“浪漫”的在批评标准和批评方法上的分别。“考西洋文学批评的方法，最根本的只有两个：一是判断的批评，一是鉴赏的批评。凡主张判断批评者，必先承认文学有一客观的固定的普遍的标准，然后根据这个标准来衡量一切。凡主张鉴赏批评者必于自己性情嗜好之外不承认有任何固定的标准，故其批评文学只根据其一己之好恶。概括言之，前者是古典的，后者是浪漫的，前者是理性的，后者是情感的。”而这，应该视作是对阿诺德的文学批评观和白璧德的积极的、批判的人文精神的一种现代回应。

我们注意到，梁实秋此时对于白璧德思想的接受，一方面表现在他完全摒弃了自己最初所信奉恪守的浪漫主义的文学主张(白话替代文言的主张除外，梁实秋无疑还是肯定白话文学运动在语言上的贡献的，但是在此方面他也并非完全没有疑义。至于他与浪漫主义之间的瓜葛，是否就因为在理论上对白璧德人文批评的皈依，在情感上也就完全断绝了与“浪漫主义”的联系，这还需要更多材料的证明。梁实秋晚年曾经说过自己是“古典头脑，浪漫心肠”。如果世界上真能存在这样一个文学批评者的话，大概此人就是梁实秋)；另一方面，白璧德的思想观点又开始不断激活梁实秋有关中国古代文学思想中某些主张的知识记忆(但是，这些主张又都是统一在白璧德的上述文学二分法的主张之下的，或者说，梁实秋是自觉地拿中国古代那些人文思想主张去对应或者印证白璧德的思想的)。

全面反映梁实秋对白璧德思想的进一步认识和认同的，是他的第一本文论集《浪漫的与古典的》。这本白璧德思想语言色彩极浓的文论集，并不像梁实秋在序言中所说的那样“并没有什么相互的系统”，也不仅仅只是在思想上和主张上呈现出一种“求其能一贯”的一般“努力”。其中，作为首篇的《现代中国文学之浪漫的趋势》，是梁实秋第一次运用白璧德的文学观点及主张，对中国当时的文学现实进行比较“系统”的批评。虽然这篇评论本身也带有某些“印象主义”的色彩，譬如说，它对当时五四新文学的浪漫倾向的描述本身就是现象式的，缺乏史的发掘和深层追问，但它同时又表现出一种努力排除个人好恶、在某种标准或者观点的统驭下分析文学现象的努力，或者说，一种寄希望于一次性根本地解决思想问题的倾向。其他几篇，基本上可以看作是梁实秋对白璧德“16世纪以来的法国文学批评”一课的读书报告，尤其是《喀赖尔的文学批评观》、《亚里士多德的诗学》、《亚里士多德以后之希腊文学批评》以及《西塞罗的文学批评》等。相较之下，梁实秋的另一本文论集《文学的纪律》，则是他沿着白璧德的思想去进一步解读西方古代文论和分析一些文学史上的文学现象的努力的汇集。其中《文艺的无政府》和《艺术就是选择说》等，几乎就是白璧德以及马修·阿诺德思想的直接转述。

而他的《浪漫主义的批评》①一文，则又是他综合阿诺德、白璧德对于

① 梁实秋：《浪漫主义的批评》，见《文学批评论》，138页，上海，中华书局，1934。

英、法浪漫主义文学运动的观点而对西方近代文学进行的一次远程“偷袭”，但所使用的武器，则是清一色的洋枪洋炮。

最能够体现梁实秋具体地运用白璧德的人文思想和文学观对当时文学界的各种思潮进行批判的，是他的《偏见集》。其中《现代文学论》一文，是考察这一时期的梁实秋的文学观及文学史观的最好样本。在这篇不短的论文中，梁实秋先是分析了中国文学的两个传统，即所谓儒家的传统和道家的传统。在这两个传统中，梁实秋认为，道家的“出世观”和“皈返自然”的观点，一直是影响中国文学最为强烈和有效的潮流。而相比之下，儒家的文学观不仅“不成系统”，而且也没能够深入到“我们民族心理”，也没有像想象的那样成为我们民族文学观念中的所谓“正统”。不过，在梁实秋看来，道家的“出世观”和“皈返自然”的观念，虽然在历史和现实中强大而且有力，“占据极优越的位置”，“证明我们民族对于超现实生活之热烈的企望”，但是，它是一种“消极的，出世的，离开生活的，极度浪漫”的“生活观”，是“中国文学不健康的症结”，因此，梁实秋提出了自己与五四新文学根本相斥的主张：

> 我以为新文学运动第一件要做的事不是攻打“孔家店”，不是反对骈四俪六，而是严正地批评老庄思想，要使这种思想不要全盘占据了中国文学的领域。我并不主张“打倒”那一派的文学思想，道家思想支配下的文学尽有极好的艺术品，我们不能一笔抹杀，但是这种文学应该屈在一个次要的位置。

正是鉴于此，梁实秋提出了自己借西洋文学之水，以洗中国文学之蔽的主张。“可惜我们民族还没有能充分发挥儒家的伦理；但是儒家的文学观念决不能使我们满意。我们现在唯一的出路便是参考西洋文学了。”但是，西洋文学也并非一切均适宜于借鉴。梁实秋认为：近年来西洋文学的输入，本来是新文学运动中很重要的一幕，但是太没有抉择。“……我们若认清中国文学不康健的根由……于西洋文学中应采取其切于人生的一部分，并排斥其脱离人生之极端浪漫的一部分”。哪些是西洋文学中应该被新文学排斥的那部分呢？梁实秋认为：“唯美派的文学”，“为艺术的艺术”的主张，享乐的颓废派文学，以及印象派的文学，“这都是缺乏严重的人生意味的东西，正合我们消极懒惰的民族心理，但是决不合我们现代的需要”。那么，又有哪些是西洋文学中具有严重的人生意味，切合人生的实际需要而且适宜我们引以为鉴的部分呢？梁实秋认为：由亚里士多德所代表的古典主义，经过文艺复兴时代，以至于17、18世纪之新古典主义，19世纪后期对浪漫运动的反动，这个绝大的西洋文学主潮都是在人本主义的范围以内，也正是现代中国文学所应该大力引进和利用的思想语言。而由这种思想资源所滋养起来的那些“人本主义者”，“一方面注重现实的生活，不涉玄妙神奇的境界；一方面注重人性的修养，推崇理性与‘伦理的想象’，反对过度的自然主义”。在梁实秋看来，这一传统，才是五四新文学最应该倚重的思想资源。

实际上，梁实秋这里所谓的“人本主义”，也就是白璧德的“人文主义”，他所描述或者界定的“人本主义者”，就是白璧德式的人文主义者的翻版。而被他列为不宜被引进或借鉴的那一部分西洋文学，也恰恰就是被他曾经奉为圭臬的卢梭以降的西方浪漫主义思想，尤其是王尔德的“为艺术而艺术”的文艺主张。

引人注目的是，此时的梁实秋，在批评语言上，已经开始注意回避与外国式的文学批评方法之间的过于分明的接触，开始从白璧德人文批评的启发中，从白璧德对中国古代儒家思想、早期道家思想的批判中，从白璧德对佛陀思想的阐述中，寻找中国式的文学批评方法所需要的历史语言资源。这无疑是一个“进步”，是从文学批评方法上的简单模仿，到知其所以然之后的初步自觉尝试。尽管他对道家生活观及其对中国文学传统影响的分析，依然可以看成是对白璧德的《中国的原初主义》一文的扩充，但他对儒家思想观念在中国文学传统、特别是文学创作中的实际效用和境况的揭示，却有着白璧德不曾发现、也难以发现的“贡献”。不过，同样需要说明的是，此时持如此认识的梁实秋，依然不是基于对儒家思想在中国文学传统中的历史状况的仔细研究，更多是基于他对中国文学历史进程的知识印象。

但是，尽管梁实秋已经在“事实”上皈依了白璧德的人文思想，完成了从“浪漫心肠”到“古典头脑”的思想转变，但他对于白璧德批判西方近现代主流思想的西方思想史背景以及白璧德清理出来的西方人文思想传统，依然是缺乏深切的体认，这从他对白璧德有关人性论述的诠释和理解中可以

看出来。也因此，无论是梁实秋这一时期对于中国古代文学传统的重新阐述，还是对于晚近西洋文学的批判，特别是对五四新文学的批判，都多少给人一种以“理”压“人”或者有“理”无“人”的印象。而他对浪漫派文学主张的所谓批判，尤其显得空乏浮泛，缺乏他在《拜伦与浪漫主义》中的那种极富个性的批评语言。

三

就其批评实践而言，梁实秋所接受的白璧德的人文思想以及在后来的批评实践中被他长期奉行不悖的思想观点的核心，是他所谓的“人性论”。“人性论”不仅成为梁实秋批评五四新文学的基本理论支撑，也是他与鲁迅以及“普罗文学”论战的基本观点。但是，梁实秋的“人性论”从一开始就打上了更清晰的中国传统伦理思想的烙印，虽然他的道德伦理倾向并没有吴宓那样强烈和明显。

在此略微概述一下白璧德对于“人性论”的观点应该不嫌多余。

白璧德对于“人性”的考察，就其语言资源的来源而言，一定程度上与他对于个人现实生活的关注和历史上那些“人文主义者”的思想及其现实行止的某种个人式的“精神迷恋”有关(穆尔就曾经对白璧德思想中的这种特征表示过吃惊，“我弄不明白他是如何开始热爱那些罗马和希腊诗人并对他们如此谙熟的”[①]。这种关注和迷恋最初是非常个人性的，“一个奉行人文主义的人与奉行人道主义的人相反，更加专注于个人己身的道德完善，而不是全人类的改进与提升”[②]。)也就是说，无论是白璧德，还是他所列举的那些历史上的人文主义者，他们所首先要解决的问题，是面对历史与现实的个人的思想和精神困境问题，“一个人如果能够首先征服他自己，那么他才会有足够的时间去征服别人和这个世界”[③]，而这些问题在真正的人文主义者那里，是可以不必借助于历史和现实的系统环境而单独得以解决的。这种从个人出发的主张，很容易让人联想到浪漫主义的个人主义，但

① P. E. More：*New Shelburne Essays*，Volume Ⅲ，pp. 25～42，Books For Libraries Press，Freeport，New York，1968.

② Irving Babbitt：*Literature and The American College*，pp. 71～87，National Humanities Institute，Washington，D. C.，1986.

③ Irving Babbitt：*Literature and The American College*，pp. 88～108，National Humanities Institute，Washington，D. C.，1986.

两者明显不同的是，人文主义者用来指导提升个人精神生活的准则，是人类“共同的历史”，是“普遍的标准”，是比个人的更高的纪律训练；而浪漫主义者、自然主义者的“个人”，是顺应个人情感欲望和统治欲望的个人。人文主义者的进步观，不同于科学人道主义和社会进化论者的“进步观”，是立足于个人道德和人性完善的进步观，是“修身、齐家、治国、平天下”路径的“进步观”，是“明明德、亲民和止于至善”的“进步观”，而不是片面向外扩张的数量上的进步观。

白璧德认为：一个人文主义者通常徘徊游移于同情与纪律和选择之间，而判断这种状况是否符合人文标准，则取决于他在两个极端之间是否能够调和得当。“一个人的美德的真正标记，在于他能够融洽自身各种相对立冲突的德性，并且能够驾驭这些德性之间的一切空间的能力。这种人通过自身协调统一彼此对立的德性的能力，来显示出自己的人性——他那优越于其他动物的精髓所在。”[①]白璧德根据人性善恶二元论的观点，提出了自己的所谓“自然的”(natural)、“超自然的”(supernatural)和“人文的”(humanistic)三种生活方式的主张，以分别对应于浪漫主义和自然主义的生活观、积极的批判的人文主义的生活观以及宗教的生活观。在白璧德看来，所谓“自然”的“人性”乃健康的人所不应为，而“超自然”的“人性”常人又不能为，怎样才能够确立起一种健康有益而且切实可行的人生标准呢?这正是白璧德的人文主义的“人性论”所要解决的问题之所在。

白璧德并没有抽象地去描述自己的人文主义的“人性论”，甚至我们还有可能因此而指责白璧德的“人性论”理论性不强，缺乏系统的理论体系，但白璧德曾经明确地指出过，人文主义的人性观本来就是历史地存在于那些古代典籍——那些记载各时代的人文主义者的楷模们所奉行的信条、信念以及他们的现实行止之中，而不是个人凭空想象出来的，虽然他也提到过“道德的想象”这一概念。但这是他在批评新古典主义者将对于本性、礼仪、经典等的模仿变成毫无生气的机械教条行为时所提出的一种解救方法。通过历史地比较考察，白璧德发现了那些真正的人文主义者的许多共同之处：他们同样地反对过分地同情和过分地选择，反对过分地自由和过

---

① Irving Babbitt：*Literature and The American College*，pp. 71～88，National Humanities Institute，Washington，D. C.，1986.

分地节制。“人文主义者应该做到有所节制的自由和有所同情的选择。”[①]“一个人文头脑，如果想保持稳健正确，必须保持统一性与多样性之间的极好平衡”，“有时候应该注意与绝对存在的联系，遵循这种真知灼见所带来的更高标准；有时候则应该明白它自身不过是大自然永恒存在和相对性中的转瞬即逝的一瞬而已”[②]。需要特别指出的是，白璧德并没有、也不是用人的超自然的可能性来平衡或者抑制自然的可能性，他也没有进一步说明他所说的“有时候”指的是那些时候。但是，这并没有影响白璧德设计出来白璧德式的“人文主义”以作为宗教的替换物——也正是从这里，梁实秋找到了白璧德的人文主义与中国古代人文思想之间巨大的互通性和一致性。

需要指出的是，白璧德的人性观点中的“自然的”与“超自然的”两种存在形式或者生活方式，在西方思想史和生活史上都曾得到过并且依然得到着张扬和实践，而梁实秋所借以批评的道家的出世观，或者五四时期西方的浪漫主义思想，都不能够说已经成为过去或成为了具有“权力话语”地位的中国当下的社会现实。我们从这里也可以看出梁实秋在“本土化”白璧德的人性观点时“直接移植”的痕迹，至少在20年代中后期和30年代前期如此。

但是，白璧德的这种人性论，尤其是他用人文主义替代宗教的企图当时就受到了他的学生T.S.艾略特的批评。艾略特借用了白璧德关于人道主义运动的代表人物的论述中的一段话，认为“人道主义者抑制了特有的人性，只剩下兽性；人文主义者抑制了神性，只剩下人性中一个成分，而这个成分，虽然他(人文主义者)力求使之升高，却有可能很快地又下降到兽性的水平”[③]。在艾略特那里，人文主义并非像在白璧德那里那样是与宗教并列平行的一种传统，它不是和“宗教排成战斗序列来攻击人道主义和自然主义”的，而只能是宗教，更确切地讲是“神性”抑制“兽性”的过程和结果。

即便如此，梁实秋也没有去追问白璧德的“人性论”的西方思想史背景以及它与宗教或者“超自然”之间难以割舍的内在精神及现实联系，包括白

① Irving Babbitt: *Literature and The American College*, pp. 88～108, National Humanities Institute, Washington, D.C., 1986.

② Irving Babbitt: *Literature and The American College*, pp. 71～87, National Humanities Institute, Washington, D.C., 1986.

③ 吴宓编：《欧文·白璧德的人文主义》，232页，上海，新月书店，1929。

璧德是如何解决这一个西方思想史上的大难题的。他用“子不语乱力怪神”和孟子“人之所以异于禽兽者几稀”的观点，把白璧德的“人性论”完全地中国化、伦理化了(这当然与儒家思想传统中有关“人性论”的语言资源之丰富分不开来)。同时，白璧德有关人文主义者也是个人主义者的思想(他关注个人己身的道德完善的思想)，又被梁实秋与儒家“修齐治平”的思想串联在一起，而成为一种切实可行的人生指南和文学批评标准。“所谓文人之生活的充实，是说想象能力的养成，养成一种敏锐而有纪律的想象力，以之观察人性的错综万态，以之寻求人性的普遍永久，如此生活自然充实。”[①]“我们批评文学，采取文学的标准，我们批评文人的无行，只能采取唯一的德行的标准。”[②]

就像有人评论说白璧德因为总是喋喋不休地宣扬自己那一成不变的核心观点而被认为是“缺少那些吸收同化和成长的能力”一样[③]，梁实秋对于人性的阐释，包括他的文学应该描写那普遍永恒的人性的主张，自他接受了白璧德的文学批评之后，也几乎再没有改变过。直至 20 世纪 70 年代，梁实秋仍然强调自己的“人性论”一点也“没有改变”的事实。为了进一步说明自己的人性观，梁实秋指出自己在二三十年代的论战中人性的观点未解释清楚[④]，其原因是当时自己对所谓的人性“未了解透彻”[⑤]。那么，此时的梁实秋又是怎样理解或者阐释“人性”的呢？他说，“所谓人性，究何所指？圆颅方趾皆谓之人，人人皆有人性。……人虽然有若干的兽性，还有不同于兽性者在。高贵的野蛮人其实不见得怎样高贵，在纯自然境界中的人比禽兽高贵不了多少。人在超自然境界的时候，运用理智与毅力控制他的本能与情感，这才显露人性的光辉”[⑥]。梁实秋这段关于人性的文字，应该是他将白璧德的“人性观”与中国古代人文伦理思想“融会贯通”后的最完整体现，但是，这种描述中也有与艾略特对白璧德的人性思想批评的共同点。他还同时指出，“最好的文学作品无不以发扬人性为旨归”[⑦]，即所谓文学

---

① 梁实秋：《文人有行》，载《新月》，一卷二号，1928。

② 梁实秋：《文人有行》，载《新月》，一卷二号，1928。

③ P. E. More：*New Shelburne Essays*，Volume Ⅲ，pp. 25～42，Books For Libraries Press，Freeport，New York，1968.

④ 梁实秋：《梁实秋论文学》序，台北，台湾时报文学出版社，1978。

⑤ 梁实秋：《梁实秋论文学》序，台北，台湾时报文学出版社，1978。

⑥ 梁实秋：《梁实秋论文学》序，台北，台湾时报文学出版社，1978。

⑦ 梁实秋：《梁实秋论文学》序，台北，台湾时报文学出版社，1978。

“发于人性，基于人性，亦止于人性”[①]，文学的目的“是在借宇宙自然人生之种种现实来表示出普遍固定的人性”[②]。“历来文学杰作，无不教人向上，维护人性尊严，文学不是道德的说教，自然的具有其道德的意义”[③]。

正是基于对文学与人性之间关系的如此理解，梁实秋认为，文学不是表现时代精神，也不应该去过度表现人的本能和情感，文学应该去描写和表现所谓的“健康”“普遍”“永恒”的人性。梁实秋也就是依据自己的这种“人性论”，去批评五四新文学的过度浪漫的倾向和“革命文学”、“大众文学”的“文学是有阶级性”的主张的。前者是梁实秋依据人之所以为人的、“异与禽兽几稀”的“人性”，去批判人性未经任何约束的所谓自然释放或者解放的主张；后者则是他依据所谓“人性”的普遍性原则，去反对“人性是有阶级性”的观点。

梁实秋这种批评的自然发展，就是他对“文学的美”的重新思考与阐述。他毫不犹豫地承认，自己对于文学的态度是“道德的”，反对“唯美主义”、反对“为艺术而艺术”的主张[④]。他承认，在最古的时候，批评家就是哲学家，但是，文学批评与哲学之间的这种关系，实际上早已经发生了变化。在他看来，现今对于文学批评与哲学之间关系的正确理解，应该是“以对伦理学为最密切”。他说，假如我们以“生活的批评”为文学的定义，那么文学的批评实在是生活的批评的批评，而伦理学亦即人生的哲学。正是循着这样的逻辑，梁实秋甚至一度提出这样“过激”的主张：我甚至感觉到所谓“艺术学”或“美学”（Aesthetics）在一个文学批评家的修养上不是重要的[⑤]。原因很简单，既然文学是“生活的批评”，既然文学批评是对于“生活的批评的批评”，而所谓“艺术学”和“美学”，“因为唯心主义的色彩太浓所以结论往往是很抽象空虚”，也就是不大关涉实际的现实的人生。在梁实秋看来，通常人们认为“文学为艺术之一种”，而“艺术学”和“美学”就是探讨“一般艺术原理的学问”，因此，美学的原理“应该可以应用在文学上面”。但梁实秋对此同样给予了否定的回答。一是所谓文学为艺术之一种，原本是很古老的说法，但“美学的原则往往可以应用到图画音乐，偏偏不

---

① 梁实秋：《文学与纪律》，见《文学的纪律》，百科小丛书，上海，新月书店，1928。

② 梁实秋：《文学与纪律》，见《文学的纪律》，百科小丛书，上海，新月书店，1928。

③ 梁实秋：《梁实秋论文学》序，台北，台湾时报文学出版社，1978。

④ 载《东方杂志》，第三十四卷第一号，1937。

⑤ 载《东方杂志》，第三十四卷第一号，1937。

能应用到文学上去"①。而即使能够应用到文学上去，它所讨论的，"也只是文学上最不重要的一部分——美"。为什么"美"成为了文学中最不重要的一部分了呢？除了美，还有什么比美更重要的呢？梁实秋说，对于一部具体的文学作品，我们"不能只说'美'，我们还得说'好'"。对于文学的形式美——音乐美、结构美、图画美，梁实秋并没有太多关注，更没有多少兴趣，因为"文学虽是艺术，而不是纯粹的艺术"，文学在给人以美感之外，还以"给人更严肃更崇高的感动(理智的与情感的)为目的"。梁实秋这段关于"文学的美"的阐述，其实也就是白璧德回应克罗齐的美学思想的翻版。

如果我们希望看到更完整的有关梁实秋对于文学和文学批评的主张，特别是他对于白璧德的人文思想的态度，在时间的历程中是否发生了一些变化——如果我们已经认同了梁实秋与白璧德之间所存在着的"思想上的师承关系"，是否还有更可靠的材料，来进一步支撑对于这种关系的说明——那么，我们不妨将关注的时间段，从他对五四新文学和"普罗文学"的批评，延伸到20世纪五六十年代。在他写于50年代的一篇罕见的《关于白璧德先生及其思想》中，梁实秋同样罕见地将自己当年究竟是如何走近白璧德并走进白璧德思想的经过，作了再清楚不过的说明。

这篇文章的缘起，是因为当时受邀翻译白璧德的《卢梭与浪漫主义》中之一章。在20世纪50年代偏于一隅的"孤岛"上，还有人注意到白璧德，这在多少有些无事可做的梁实秋看来，已经是十分的难能可贵了，于是乎"于心窃喜"——只是这种窃喜，在当年的大陆，在当时的新文学批评领域中左右驰骋的梁实秋那里，显然是没有也用不着的。当年建议吴宓将《学衡》上面有关白璧德的文章汇集成册出版，在他看来也不过聊尽一点及门弟子的私谊而已。

就在这篇迟到的文章中，梁实秋虽然轻描淡写，但也还是揭示出来白璧德当年对他所产生的"影响"之程度。他说，"我曾于1924年至1925年选读先生'16世纪以后的文学批评'一课，亲炙未久，难窥堂奥。但是他在我的思想上发生了很大的影响。"②但这种影响，并不是从一开始就发生了的。梁实秋说，自己当初选读白璧德的课，与梅光迪、吴宓等是怀了期待与景

① 载《东方杂志》，第三十四卷第一号，1937。

② 梁实秋：《关于白璧德先生及其思想》，载《人生》第148期，1957。

仰不同，“我后来上白璧德先生的课，并非是由于我对他的景仰，相反的，我是抱着一种挑战者的心情去听讲的”。——如果我们熟悉了梁实秋去国之前的思想状况，这种说法自然也应该属实。梁实秋还承认，在听白璧德的课之前，虽然已经有了自己的文学主张，但自己的文学知识却很有限，“大概分析下来不外乎是一点点的易卜生，外加一点点莫泊桑、柴霍甫，再加一点点泰戈尔之类。此外就是课堂上读过的不出十本的西洋名著了”。“讲到文学批评，根本不知道那是一门学问，以为拿起笔来随意褒贬一番就是批评”。这些说法，应该并非出于自谦。至少在对待文学批评方面，白璧德对于梁实秋，无疑是有“启蒙”之功的。即便如此，梁实秋也早就是新文学阵营里的“豹隐的诗人”和言辞犀利的批评家了。这也是当时的事实。当年与梁实秋同船赴美的留学生中，已经在国内新文学阵营当中颇有声名的，也并不止梁实秋一人。

值得关注的是，20 世纪 50 年代已经是著作等身，在现代文学史上、特别是文学批评和散文写作历史上也应该占有一席之地的梁实秋，竟然破天荒地放下了名人架子，公开承认了与白璧德在思想上的师承关系。

> 白璧德先生的学识之渊博，当然是很少有的，他讲演起来真可说是头头是道，左右逢源，由亚里士多德到圣白甫，纵横比较，反复爬梳，务期斟酌于至当。我初步的反映是震骇。我开始自觉浅陋，我乃始认识学问思想的领域之博大精深。继而我渐渐领悟他的思想体系，我逐渐明白其人文思想在现代的重要性。

在向白璧德提交了一篇《王尔德及其唯美主义》以期“清算一下自己的思路”、并获得白璧德的“相当好的评语”后，梁实秋“从此了解了什么叫做‘历史的透视’（historical perspective）”，“一个作家或一部作品的价值之衡量需要顾到他在整个历史上的地位，也还要注意到文艺之高度的严肃性”。至此，梁实秋承认，“从极端的浪漫主义，我转到了多少近于古典主义的立场”。

梁实秋曾经说过自己不喜爱别人给他戴的帽子，包括新人文主义者这一顶帽子在内，并再次强调“白璧德教授是给我许多影响，主要的是因为他的若干思想和我们中国传统思想颇多暗合之处”；他还特别指出，“我写的批评文字里，从来不说‘白璧德先生云……’或‘新人文主义者主张……’之类的话。运用自己的脑筋说自己的话，是我理解中的写作的态度”①。梁实秋的这些说法，是否符合他的思想发展的实际呢？

不管承认与否，梁实秋与白璧德的思想之间的师承关系，是客观存在的事实。无论是出于知识上的自尊，还是出于论战中自我保护的需要，梁实秋对于两人之间曾经作过的一些“说明”，多少都是可以谅解的。但是，所有这些都不能否定这样一个事实，那就是从梁实秋的“转变”身上——从一个浪漫主义文艺思想的奉行者，到一个人文主义的文艺批评的自觉者，我们依然看到的，是五四新文化的进程中，西方要素、西方思想资源和西方影响的客观存在及其所带来的深远影响。撇开对于个人思想重新检讨的需要，将梅光迪、吴宓、梁实秋等五四新文学和新文化的批评者纳入到五四运动总体中进行考察②，我们所看到的，依然是这种影响被影响的关系的一个个个人思想进程的缩影。

---

① 梁实秋：《梁实秋论文学》序，台北，台湾时报文学出版社，1978。

② 五四新文化运动，应该包括自由主义知识分子、激进主义知识分子和保守主义知识分子对于西方和东方思想的不同阐述所组成，而不仅只是自由主义知识分子一种声音。有关这一观点的详细内容，可以参阅汤一介：《白璧德在中国》“序”（珠海出版社，2004）以及乐黛云：《重估〈学衡〉》、《汤用彤与〈学衡〉杂志》等文（见《跨文化之桥》，北京大学出版社，2002）。

附　录

附录一　白璧德的著作

1. *Democracy and Leadership*. Boston and New York: Houghton Mifflin Con., 1924. [Indianapolis: Liberty Classics, 1979.]

2. *The Dhammapada*. Translated from the Pali, with an Essay on Buddha and the Occident, by Irving Babbitt. New York and London: Oxford University Press, 1936. [New York: New Directions, 1965.]

3. *Literature and the American College: Essays in Defense of the Humanities*. Boston and New York: Houghton Mifflin Co., 1908. [Chicago: Gateway Editions, 1956; Clifton, New Jersey: Augrustus M. Kelley, 1972.]

4. *The Masters of Modern French Criticism*. Boston and New York: Houghton Mifflin Co., 1912. [New York: Farrar, Straus, and Co., 1963; Westport, Connecticut: Greenwood Press, 1977.]

5. *The New Laokoon: An Essay on the Confusion of the Arts*. Boston and New York: Houghton Mifflin Co., 1910.

6. *On Being Creative and Other Essays*. Boston and New York: Houghton Mifflin Co., 1932. [New York: Biblo and Tannen, 1968.]

7. *Rousseau and Romanticism*. Boston and New York: Houghton Mifflin Co., 1919. [New York: Meridian Books, 1955; Auston: University of Te-xas Press, 1977; New York: AMS Press, 1978.]

8. *Spanish Character and Other Essays*. Edited by Frederick Manchester, Rachel Giese, William F. Giese. Boston and New York: Houghton Mifflin Co., 1940. [with a Bibliography of Irving Babbitt's Publications and an Index to his Collected Works.]

附录二 有关白壁德的研究论文与著作选录

(西文部分。主要参阅 George A. Panichas 选编的 *Irving Babbitt: Representative Writings*, University of Nebraska Press, 1981 年中的文献目录)

1. Aaron, Daniel. "Statement and Counterstatement: Literary Wars in the Early Thirties". *Writers on the Left: Episodes in American Literary Communism*. New York: Harcourt, Brace and World, 1961.

2. Bandler, Bernard. "The Individualism of Irving Babbitt". *Hound and Horn 3* (1929): 57—70.

3. Blackmur, R. P. "Humanism and Symbolic Imagination: Notes on Rereading Irving Babbitt". *The Lion and the Honeycomb: Essay in Solicitude and Critique*. New York: Harcourt, Brace and Co., 1955.

4. Bush, Douglas. "Irving Babbitt: Crusader". *American Scholar* 48 (1979): 515—22.

5. Carpenter, Frederic I. "The Genteel Tradition: A Re-Interpretation". *New England Quarterly* 15 (1942): 427—43.

6. Chang, Hsin-Hai. "Irving Babbitt and Oriental Though". *Michigan Quarterly Review* 4 (1965): 233—4.

7. Collins, Seward. "Criticism in America: Ⅰ: The origins of a Myth". *Bookman* 71 (1930): 241—56, 353—64.

——. "Criticism in America: II: The Revival of the Anti-Humanist Myth." *Bookman* 71 (1930): 400—15.

——. "Criticism in America: Ⅲ: The End of the Anti-Humanist Myth". *Bookman* 72 (1930): 145—64, 209—28.

8. Crunden, Robert M., ed. *The Superfluous Men: Conservative*

Critics of American Culture, 1900～1945. Austin and London: University of Texas Press, 1977.

9. Eliot, T. S. "The Humanism of Irving Babbitt"; "Second Thoughts about Humanism". *Selected Essays*. New York: Harcourt, Brace and World, 1960.

——. Introductory Essay. *Revelation*. Edited by John Baillie and Hugh Martin. London: Faber and Faber, 1937.

10. Elliott, G. R. *Humanism and Imagination*, Chapel Hill: The University of North Carolina Press, 1938.

11. Foerster, Norman, ed. *Humanism and America: Essays on the Outlook of Modern Civilisation*. New York: Farrar and Rinehart, 1930.

12. Grattan, C. Hartley, ed. *The Critique of Humanism: A Symposium*. New York: Brewer and Warren, 1930.

13. Hoeveler, J. David, Jr. *The New Humanism: A Critique of Modern America*, 1900～1940. Charlottesville: University Press of Virginia, 1977.

14. Hoffman, Frederick J. *The Twenties: American Writing in the Postwar Decade*. New York and Cincinnati: Abingdon Press, 1934.

15. Jones, Howard Mumford. "Professor Babbitt Cross-Examined". *New Republic* 54 (1928): 158—60.

16. Kariel, Henry S. "Democracy Limited: Irving Babbitt's Classicism". *Review of Politics* 13 (1951): 430—40.

17. Kazin, Alfred. "Liberals and New Humanists". *On Native Grounds: An interpretation of Modern American Prose Literature*. New York: Harcourt, Brace and Co., 1942.

18. Kirk, Russell. "Critical Conservatism: Babbitt, More, Santayana". *The Conservative Mind*. Chicago: Henry Regnery Co., 1953.

19. Leander, Folke. *Humanism and Naturalism: A Comparative Study of Ernest Seilliere, Irving Babbitt and Paul Elmer More*. Goteborg, Sweden: Wettergren and Kerber, 1937.

——. " Irving Babbitt and Benedetto Croce: The Philosophical Basis of the New Humanism in American Criticism". *Goteborgsstudier i Litteraturhistoria Tillagnade Sverker Ek*. Goteborg, Sweden: Wettergren and Kerber, 1954.

——. " Irving Babbitt and the Aestheticians". *Modern Age* 4 (1960): 395—404.

20. Levin, Harry. " Irving Babbitt and Teaching of Literature". *Refractions*. New York and London: Oxford University Press, 1966.

21. Lippmann, Walter. "Humanism and Dogma". *The Saturday Review of Literature* 6 (1930): 817—19.

22. Lora, Ronald. *Conservative Minds in America*. Chicago: Rand McNally and Co. , 1971.

23. MacCampbell, Donald. " Irving Babbitt: Some Entirely Personal Impressions". *Sewanee Review* 43 (1935) : 164—74.

24. McEachran, F. "Humanism and Tragedy". *Nineteenth Century and After* 106 (1929): 70—81.

25. McKean, Keith F. "Irving Babbitt ". *The Moral Measure of Literature*. Denver, Colo. : Alan Swallow, 1961.

26. Manchester, Frederick, and Shepard, Odell, eds. *Irving Babbitt: Man and Teacher*. New York: G. P. Putnam's Sons, 1941.

27. Matthiessen, F. O. "Irving Babbitt". *The Responsibilities of the Critic*. New York and London: Oxford University Press, 1952.

28. Mercer, Louis J. A. *The Challenge of Humanism: An essay in Comparative Criticism*. New York and London: Oxford University Press, 1933.

——. "The Legacy of Irving Babbitt". *Harvard Graduates' Magazine* 42 (1934) : 327—42.

——. *American Humanism and the New Age*. Mikwaukee, Wisc. : The Bruce Publishing Co. , 1948.

29. More, Paul Elmer. "Irving Babbitt". *On Being Human*. New Shelburne Essays, 3d. ser. Princeton, N. J. : Princeton University Press, 1936.

30. Morrell, Roy. "Wordsworth and Professor Babbitt". *Scrutiny* 1 (1933): 374—83.

31. Munson, Gorham B. "An Introduction to Irving Babbitt". *Destinations: A Canvass of American Literature Since* 1900. New York: J. H. Sears and Co., 1928.

32. Murry, J. Middleton. "The Cry in the Wilderness". *Aspects of Li-terature*. New York: Alfred A. Knopf, 1920.

33. Nickerson, Hoffman. "Irving Babbitt". *Criterion* 13 (1934): 179—95.

34. O'Connor, William Van. "The New Humanism". *An Age of Criticism*, 1900～1950. Chicago: Henry Regnery Co., 1952.

35. Panichas, George A. "The Critical Mission of Irving Babbitt". *Modern Age* 20 (1976): 242—53.

——. "Irving Babbitt and Simone Weil". *Comparative Literature Studies* 15 (1978): 177—92.

——. "An Act of Reparation". *Modern Age* 24 (1980): 296—303.

36. Phillips, Norman R. "Positivist Humanism: The Views of Irving Babbitt and G. H. Bantock". *The Quest for Excellence: The Neo-Conservative Critique of Educational Mediocrity*. New York: Philosophical Library, 1978.

37. Richards, Philip S. "Irving Babbitt: Ⅰ; A. New Humanism". *Nineteenth Century and After* 103 (1928): 433—44.

——. Irving Babbitt: Ⅱ: Religion and Romanticism. *Nineteenth Century and After* 103 (1928): 644—55.

38. Russell, Frances Theresa. "The Romanticism of Irving Babbitt". *South Atlantic Quarterly* 32 (1933): 399—411.

39. Ryn, Claes G. "The Humanism of Irving Babbitt Revisited", *Modern Age* 21(1977): 251—62.

40. Shafer, Robert. "The Definition of Humanism". *Hound and Horn* 3(1930): 533—56.

41. Spingarn, J. E. "Notes on the New Humanism(1913～1914)".

Creative Criticism and Other Essays. New York: Harcourt, Brace and Co., 1931.

42. Sypher, Wylie. "Irving Babbitt: A Reappraisal". *New England Quarterly* 14 (1941): 64—76.

43. Tate, Allen. " Humanism and Naturalism" ["The Fallacy of Huma-nism"]. *Reactionary Essays on Poetry and Ideas*. New York: Charles Scribner's Sons, 1936.

44. Vivas, Eliseo. "Humanism: A Backward Glance". *Tien Hsia* 11 (1941): 301—13.

45. Warren, Austin. "Irving Babbitt". *Yearbook of Comparative and General Literature* 2 (1953): 45—48.

——. "Irving Babbitt". *New England Saints*. Ann Arbor: University of Michigan Press, 1956.

——. "The 'New Humanism' Twenty Years After". *Modern Age* 3 (1858～1859): 81—87.

46. Wellek, Rene. "Irving Babbitt, Paul More, and Transcendentalism". *Transcendentalism and Its Legacy*. Edited by Myron Simon and Thornton H. Parsons. Ann Arbor: University of Michigan Press, 1966.

47. West, Rebecca. "Regretfully". *Ending in Earnest: A literary Log*. Garden City, New York: Doubleday, Doran and Co., 1931.

48. Wilson, Edmund. "Notes on Babbitt and More". *The Shores of Light: A literary Chronicle of the Twenties and Thirties*. New York: The Noonday Press, 1967.

附录三　本书参阅过的部分与白璧德的中国知识相关的1860～1940年间英美中国学著作中文献目录及相关要点摘引(含期刊、报纸)

1. *The China Review, or Notes and Queries on Far East*;

2. *The North China Herald*;

3. *The Historical Development of Religion in China*.

作者为 W. J. Clennell，由 T. Fisher Unwin Ltd. London：Adelphi Terrace 1914 年出版。正如作者在“序”中所言，该书乃作者在 Caermarthen Presbyterian 学院给学生们所作的讲座。作者在序言中指出，即便是对中国历史和宗教作一个概括式的说明，都可能需要卷帙浩繁的著述。这种认识至少比那些曾经有过的对于中国历史和文化思想的漠视态度要显得更为理性公允。作者在书中提到了西方研究中国宗教历史具有里程碑意义的学术著作，即荷兰汉学家高廷(Professor de Groot)的 *The Religious System of China*(p. 11)，但没有提到牛津大学比较宗教学家、东方学家麦克思·穆勒(Max Muller)主持编辑的“东方圣典丛书”(*The Sacred Books of The East*)。作者介绍了儒家思想是如何处理与宗教、法律、风俗习惯之间的关系的。在作者看来，中国历史和宗教，并没有为西方学术界所充分研究，尽管已经有一些有关中国宗教的不同侧面的著作。值得注意的是，作者明确地提出了中国人的宗教信仰的一个特点，即儒道释“三教”合流，而且作者同时还指出，在中国，儒道释三者之间的关系，并不像西方人观念中的基督徒(Christians)、犹太教徒(Jews)和伊斯兰教徒(Mahometans)一样彼此分离，也不像罗马天主教徒与新教非国教徒(Protestant Nonconformist)之间那样的关系。不过，作者同时也不认为，上述所谓三教就穷尽了中国所有思想。他说，“它们并没有囊括中国思想的全部，它们彼此之间也并非完全排斥。它们似乎更应该被视为思想学派或者思想趋势，或者也许是在不同时代、不同境遇之下的中国思想的型式”(p. 13)。作者注意到了普通中国人对待“三教”的态度，也指出中国古代的受教育阶级(educated classes)和官僚阶级(official classes)对于儒家学说和古典文学所共同表示出的一种“深刻的敬重”，并这也成为了他们作为儒家的标志。不过，中国人在宗教信仰、特别是上述“三教”方面的自由移动，却是作者发现的一个有趣现象——尽管注意到这一点的西方传教士汉学家还有很多。即便如此，作者却并没有因此而贬斥中国人的宗教心。作者列举了中国人宗教信仰上的这样一些现象：就信仰而言，特别是从他们所接受的教育而言，他们都是儒家，但是，这些人同样会在亲人的丧葬仪式上请和尚们来唱经，或者为他们的小孩子而请道士来算命；当国家稳定健康繁荣的时候，他们对寺庙里的偶像就不会有多大兴趣，而当国家处于衰弱之时，他们又会去请菩萨。作者注意到了中国人、特别是具有儒家知识分子背景的统治阶级宗教信仰的复杂性抑或中国特色。不仅如此，作者还从比较宗教学的角度，将西方人信仰中的“正统”(orthodox)与非正统者(heretics)或者异教徒(outsiders)作对比，认为中国的宗教状况并非如此。他们之间并没有非此即彼的鲜明界限。

4. *The World-Conception of the Chinese*

作者为 Alfred Fork。该作者为德国汉堡大学中文教授。该书由 Arthur Probsthain，即 Probstaim & Co.，1925 年出版。书名又叫《他们的天文观、宇宙观与心理——哲学思考》。该书主要就宋代新儒学(Neo-Confucianism)的重要思想观点进行评述，对中国古代的伦理学和形而上学作了概括式介绍，并对中国人的人生观、对于人的道德服从和假设统治世界的超验力量的认识作了分析，同时也涉及古代中国人对于世界宇宙的看法。作者在绪论中否定了西方有些观点认为中国古代哲学中不曾产生出逻辑学和心理学的说法。与之相反，作者对古代中国人的天体宇宙观进行了系统清理，包括他们在自然科学方面的努力。作者在绪论中认为，在中国古人那里，科学、宗教和哲学是混合在一起的。

5. *Confucianism and Its Rivals*

作者为剑桥大学第二任中文教授翟理斯(Herbert A. Giles)，出版社为 Williams and Norgate，1915 年。该书为作者 1914 年 10 月～12 月在剑桥大学礼堂(Dr Williams 图书馆)所作的系列讲座。剑桥大学中文教授教席设置以后，还没有专门的学科式的研习者，主要是一些即将来华的政府行政人员、来华传教士、商人接受短期语言文化培训等。而且，即便如此，研习中文的学生依然很少。不仅剑桥，英国最早设置中文教授教席的伦敦大学和后来的牛津大学最初情况皆然。

6. *The Wisdom of the Chinese: Their Philosophy in Sayings and Proverbs*

作者为 Brian Brown。该书并非一部专著，而是一本中国古代圣人名言选录，并附有引言。在引言中，作者引用了晚清中国海关总税务司赫德(Sir Robert Hart)对中国人、中国历史和中国文化的高度评价。引言中也有这样一段对于中国历史文化的评语：很奇怪，当你思考上述赞美颂词的时候，或者当你钻研于中国历史之中的时候，也就是在钻研他们的艺术、文学以及哲学的时候，你会发现，当汉谟拉比给年轻的巴比伦拟订法典的时候，中国人已经产生出来了他们最伟大的文学；或者在罗马建城之前，或者苏格拉底、柏拉图在希腊出现之前，中国人已经有了自己最伟大的思想家，但在西方出版的哲学史中，你却看不到任何对于中国哲学的提示(p. 12)。对于之所以如此的原因，除了文化思想上的隔膜和缺乏沟通了解外，作者还认为，可能与中国哲学家们在思想方法和表达方法上与西方的差异有关——作者认为，通常早期中国哲学家的思想大多是通过一些较短的谚语和箴言以及与弟子们的对话来表达出来的。这与苏格拉底的表达方式一致，而这种差异，却被某些西方学者认为是中国哲学思想的"不完善"——"他们不是开始于充分界定的概念"，然后"结束于逻辑结论"，也就是说缺乏方法——哲学体系。该书索引部分还列出了一些当时已公开出版的有关中国研究方面的著作，它们是：

Samuel Couling, M. A. *The Encyclopedia Sincia*. Oxford University

Sir J. F. Davis, *Chinese Moral Maxims*. London, 1823

De Groot, *The Religious Systems of China*

Sir R. k. Douglas, *The Literature And Language of China*

H. A. Giles, *History of Chinese Literature* (Appleton and Co. , New york)

Dr. W. A. P. Martin, *The Love of Catbay* (Fleming H. Revell and Co. , New York)

William Scarborough, *Chinese Proverbs* (London, 1873)

Arthur H. Smith, *Proverbs and Common Sayings of the Chinese* (1902)

D. T. Suzuki, *Brief History of Chinese Philosophy* (Probsthain & Co. , London 1914)

The Chinese Classics (Trs by Prof James Legge, Oxford University Press)

The Sacred Books of China (trs by Prof James Legge, Oxford University Press)

The Sayings of Lao Tzu (Trs by Lionel Giles, John Murray, London)

The Book of Odes (Shi King) (Trs by L. Cranmer-Byng, John Murray, London)

Taoist Teachings(Trs by Lionel Giles, John Murray, London)

Sayings of Confucious (Trs by Lionel Giles, John Murray, London)

Musings of a Chinese Mystic(Trs by Lionel Giles, John Murray, London)

7. *Oriental Studies: A Series of College Text — Books on Subject Connected with China/Japan and other Eastern Lands*

该书作者为傅兰雅(John Fryer, LL. D),当时为美国加州大学东方语言和文学教授。该书由上海:Kelly and Walsh, Limited 出版,出版时间为1900年。该书为"中国哲学和宗教"课程的教材。作者在引言中说明,他在1900年6月25日起草该引言之前,已经在中国生活了四十年,而其中三十年是在朝廷为官(职责为中国语言方面的文学工作)。其中,作者还提到了大致同时期在中国或者日本生活过的一些西方学者或者作家名单:Sir C. Alabaster、Baber、Balfour、Chalmers、Doolittle、Dudgeon、Edkins、Eitel、Faber、Giles、Gray、Graves、Grundry、Hepburn、Hirth、Kingsmill、Legge、Little、Macgowan、Martin、McClatchie、Medhurst、Muirhead、Nevius、Arthur Smith、Sir T. Wade、Watters、Williams、Williamson以及Wylie。在这些名单之后,作者还列举了对于该书写作有帮助的作者名单,他们是 Alexander、Ball、Beal、Sir C. Beresford、Boulger、Carus、Chamberlain、Colquhoun、Curson、Davis、Douglas、Griffis、Hearn、Jennings、Max Muller、Mea-dows、Oldenburg、Rhys Davis、Baron von Richtofen、Von Mollendoriff、Zottoli等,基本上为同期一些东方学家或者汉学家。在这部作为教材用的著作中,作者在解释为什么要了解接触中国文化这一问题时这样说道,除了中国人口众多外,"无论是其人民还是其文学,对于我们来说,还有如此之多让我们感到困惑并难以企及"的地方(p. 2)。而作者认为,"一个新的时代必将到来"(p. 2),在经过了许多个世纪的孤立自守之后,无论是在思想上还是在感情上,现在都出现了一种可信的趋势——通向双方的接触(p. 2)。一方面,中国人自己觉得有必要将西方文明中他们所发现的有价值的一切融入到他们自己的政治、民事、军事和工业事务当中,而西方人也有着同等的兴趣,找到一个新的、巨大的市场,可以将产业和技术知识予以转化并获得最佳效益(p. 2)。不过他还补充道:在许多科学领域,特别是在社会学和

伦理学领域，我们可以从对于占世界人口一半人口的经验的观察中来获得事实(p.2)。而且，他还认为，“对于我们大学里的研究人员们来说，有必要认真研究这个最古老同时也是最令人惊奇的国家的人民的内在的和外在的生活”(p.3)。他还说：“我们想知道他们用来解释他们周围世界的事实和事件的首要原则”，“在实践意义上，我们想理解他们信仰什么以及仍然对于个人和民族行为法则来说什么是最重要的，以及他们民族存在永远需要保存的东西”(p.3)。

8. *A Brief History of Early Chinese Philosophy*

作者为日本人 Daisetz Teitaro Suzuki，这是他在日本东京帝国大学的讲座汇集。1914 年由 Probstain&Co. 出版，但该书最早是以单篇学术论文的方式发表于 The Monist(1907～1908)。该书一共四章。在引言之外，分“哲学”、“伦理学”和“宗教”三章。在“哲学”一章中，介绍了“二元论或者阴阳”、“原初主义”、“一元论”、“超验主义”和“泛神论的神秘主义”；在“伦理学”一章中，分“儒学”、“道家的伦理学”、“快乐主义”、“功利主义”、“礼仪主义”几节。其中“儒学”一节无疑是本章重点，包含“仁，基本美德”、“敬畏与自省”、“诚信”和“孟子”几部分。而在“道家的伦理学”中，主要介绍了“无为”和“无政府主义”。该书后面附有该出版社的“东方丛书”目录(Probstain Oriental Series)。在印度、佛教以及伊斯兰研究之外，有关中国部分有：

The Chinese Classics of Ceremonial (translated from chinese with a commentary by the Rev. J. Steele，M. A)

The Celestial and his Religious；*or the Religious Aspect in China* (Ball)

The Sages of Shamtung：*Confucius and Mencius* (Rev. P. D. Bergen)

Present－day Political Organization of China (Brunnert and Hagelstrom，1912 年出版)

9. *The Uplife of China*

作者为 Arthur H. Smith，有在华三十五年传教士生活经历，该书 1907 年出版，列入 Young People's Missionary Movement 丛书(纽约)。尽管该书是从传教士角度来解读中国、中国人和中国文化，但对介绍对象却有着明确的态度，即将中国视为一个“有着伟大传统的伟大民族”。

10. *The Analects of Confucius*

该书作者为牛津大学第二任中文教授苏慧廉(W. E. Soothill)，该书当时收入"牛津大学出版社世界经典"之中，1910年初版，为《论语》一个比较现代的英译本。

11. *The Dragon, Image, and Demon. Or the Three Religions of China: Confucialism, Buddhlism, and Taoism* (giving an account of the mythology, idolatry and demonolatry of the Chinese)

该书作者为Rev. Hampden C. Dubose，是一个在苏州传教十四年的传教士，该书1886年由伦敦S. W. Patrige and Co. 出版。该书"序"中说，此书内容为作者1882年在美国一百五十座教堂所作的有关中国人的宗教信仰状况，特别是"儒"、"道"、"释""三教"的演讲汇集。作者在书中也提到其中一些观点或者提法受益于同期一些传教士汉学家的著作，他提到了艾约瑟(Edkins)、欧德理(Eitel)、理雅各(Legge)等。

12. *Chinese Buddhism*

该书作者为艾约瑟(Rev. Joseph Edkins, D. D.)，他还著有《中国的宗教》(*Religion in China*)以及《汉字研究入门》(*Introduction to the Study of the Chinese Characters*)和一本关于汉语语法的著作(A Mandarin Grammar)。该书列入到Trubner's Oriental Series之中。该丛书主要以印度、尼泊尔佛教介绍研究为主，其中也有关于藏传佛教和中国古代汉译的佛教典籍内容。该书出版于1879年，初版序写于1879年10月的北京。出版社为Kegan Paul, Trench, Trubner & Co., Ltd.。另据作者初版序中介绍，当时与他做同样研究的还有欧德理(Dr. Eitel)和华特士(Thomas Watters)。

在二版序中，作者分析了Buddhist priests与Buddhists之间的差别。(p. 2)并指出，尽管序中引用曾在中国广东寄居时间超过四十年的美国长老会来华传教士哈巴安德(Dr Andrew Happer, 1818～1894)的估计，当时中国有Buddhist priests人数约为两千万。序中还指出：绝大部分中国人声称自己为儒家子弟(p. 2)。但他们也时常认同佛教和道教的一些仪式(p. 2)。而那些家境富裕的中国人更是自认儒家，不过他们也布施重建佛寺或佛塔，因为他们认为这样行为会给他们带来兴盛繁荣。不仅如此，"他们崇拜道家偶像胜过佛教寺庙里的那些菩萨"(p. 2)。这是中国人信仰的一般状况。不过作者也注意到，可能一个中国人对于上述"三教"都认

同，但“总体上他们还是儒家”，“他们的宗教信仰乃彼此矛盾的教理信条的悲哀的混乱”，这是艾约瑟从西方宗教信仰本位出发，对于中国人的宗教信仰所作的现象描述评论(p. 3)。

该书同时还指出了一个在中国或许是一般常识、而对于刚到中国的西方来华传教士们绝对惊奇的一个事实：中国所有学校的校长都是儒家知识分子。而学校教育中所使用的书籍亦没有佛教和道教的(p. 3)。不过，作者或许也觉得上述说法可能过于绝对，遂又补充道：在最近新刊印出版的书籍中，有一定数量比例的佛教内容和道教内容的书籍，但也多为倡导德性和慈善美德为主(p. 3)。究其缘由，作者认为是没有刊印出版佛教和道教书籍的需求，而所刊印的书籍中，80%以上为儒家经典和一般文学内容书籍。同时，作者还发现，在中国旧式学校中，“去上学就意味着成为一个孔门弟子”(p. 3)。至于那些没有上过学的文盲，则信奉祖宗崇拜。

作者对佛教及其在中国的历史现状作了一些积极的评价，认为在中国佛教原理还是有力的。佛教认为“拯救他自己的力量就是他自身”(p. 5)，而在作者看来，这与儒家强调的“自我救赎”的思想有一致性。而20世纪初期美国的人文主义批评者白璧德，也正是从这里发现了儒家和佛教教义之间的相通性，这也为他在精神思想的自我出路上摆脱基督教的羁绊提供了比较宗教的语言依据和东方经验。而在那些巴利语学者和梵语文本中，同样有一些西方的佛教研究者似乎更青睐中国版的佛教经典，艾约瑟即为其一。这是一部比较早的系统研究汉传佛教的学术著作。作者在序中还提到同时期一些研究中国佛教的西方学者，像Remusat、Burnouf、St. Hilaire以及Hodgson。

该书1852年翻译并于巴黎出版，而伦敦大学(University College)的一中文教授The Rev. S. Beal也曾翻译过*A Catena of Buddhist Scriptures*，以及*The Romantic Legend of Sakya Buddha*，并著有《中国佛教》(*Buddhism in China*，该书1884年初版于伦敦)。而法国汉学家儒莲(Stanislas Julien)也翻译过*Les Avadanas*(1859年)。该书迄今依然是不少欧洲学者研究翻译中国佛教经典的重要参考文献。

13. *The Use of Material from China's Spiritual Interitage in the Christian Education of Chinese Youth*

该书作者为Warren Horton Stuart博士，1932年由Kwang Hseuh

Publishing House/Oxford University Press China Agency(Shanghai)。该书被称为在华基督教传教士的一部传教指南，也可以视之为一部文献资料，而该书实为作者1932年在美国耶鲁(Yale)大学申请博士学位的论文。序言由Ro-bert Seneca Smith博士撰写。后者的身份当时为耶鲁大学神学院Christian Nuiture的贺拉斯·布士勒尔教席教授。序者认为，该书作者的“中文知识”、“对中国文学的鉴赏”以及对中国传统和习俗“富有同情心”以及“不歧视的理解”，使得作者的研究“达到了预计目标”。这是一部很有特点的有关中国古代教育思想与西方基督教思想进行比较研究的著作。

14. *Chinese Ghoul and Goblins*

作者G. Willoughby-Meade。该书中列出部分参考西方汉学家翻译著作目录，目录如下：

The Four Books of Confucius Trns by Rev. Jas. Legge

The Shi King Trns by Rev. Jas. Legge

Chuang Tzu Prof. H. A. Giles

The Civilization of China Prof. H. A. Giles

Chu His and Masters Rev. Prof. J. Percy Bruce

The Sayings of Lao Tzu Dr. Lionel Giles

Chinese Reader's Manual F. W. Mayers

Bouddisme，Tome 2 Rev. Pere Leon Wieger，S. J.

Chinese Art(Victoria and Albert Museum Publitions) Dr. W. Bushell

Folk-Lore as an Historical Science Sir L. Gomme

A Chinese Mirror Mrs. F. Ayscough

Symbolism in Chinese Art W. Perceval Yetts

The Flight of the Dragon L. Binyon

China Sir John Davis

Around and About My Peking Gardon Mrs. A. Little

Early Buddhism T. W. Rhys Davids

Silk(novel) Samuel W. Mervyn

The Red Lantern(novel) Edith Wherry

The Wanderer on a Thousand Hills(novel) Edith Wherry

15. *Chinese Moral Sentiments Before Confucius*

该书作者为 Herbert Finley Rudd，美国芝加哥大学神学院实践神学系博士。该书为作者的博士学位(哲学)论文，1914 年由 Christian Literature Society Depot 出版。该论文副标题为“伦理评价源起考”。该书一个突出特点，就是在方法论上，使用现代社会科学的观点方法来考察中国伦理评估源起，其中一个“很重要的观点”就是，“种族的特性必须在种族历史的观照之下得以阐释”(引言)，“人所经历的过去必定会影响它的整个生活观”(引言)，而“任何种族在为其生活满足而奋斗的过程中所遭遇到的问题，将对其标准和理想的形成产生决定性的影响”(引言)。“为满足种族在特殊环境中的需要的行为方式，是被理想化了的”(引言)，而“道德情操”也是用这种方式建立起来的(引言)，“这些道德情操乃民族历史以及对这一历史的民族反应的累积结果”(p. 2，引言)，所以，要研究人们的道德情操，也就必须研究它的文化生活的历史环境。

在“引言”中，作者还介绍了西方学者有关该选题的研究成果。他说：在成百上千的西方学者有关中国和中国学的论述成果中，真正用“科学的方法”来研究孔子之前时期中国人和中国社会道德情操历史状况的还十分罕见(p. 5，引言)。

而在那些用科学方法研究中国的学者中，作者首先提到了德国柏林的 Prof. Wilhelm Grude，并认为，后者有关中国文学的研究(德文版)被认为是研究中国文学的“最科学的方法”(p. 5，引言)。另外一个被提到的是当时寄居中国山东青岛的卫礼贤(Richard Wilhelm)，这也是一个德国学者。他已有厚达十卷本的中国宗教和哲学研究著作，其中已经出版的已有三卷；除了上述德国汉学家之外，另外还有英语国家的中国学研究者，其中提到了英国剑桥大学的翟理斯(Prof. H. A. Giles)以及他所撰写的《中国文学史》、《中华文明》和《中国与中国人》。不过，对于翟理斯的专门介绍研究中国古代宗教《古代中国的宗教》一书，作者倒是提出了一些批评，并认为该书是翟理斯的所有学术著作中“最不令人满意的”一部。(p. 6，引言)。在文献资料使用上，作者还提到了当时还在中国山西的传教士苏慧廉(W. E. Soothill)编撰的汉英小字典。在有关早期中国历史部分，引言还提到了美国哥伦比亚大学的 Prof. Friedrich 的《周亡前中国古代史》以及英国曼彻斯特大学的庄延龄(Prof. E. H. Parker)的《简明古代中国史》。

在上述西方中国古代典籍和历史的移译者、研究者之外，引言特别介绍并高度评价了英国牛津大学第一任中文教授理雅各(James Legge)所开创的工作的意义及其对于后来者的汉学研究的奠基式的贡献。他认为,“就我们的研究目的而言,理雅各教授的工作无疑比其他任何西方作者的工作都要重要”(p.8,引言),“事实上,其他所有作者都要大量依仗他的对中国古代经典的翻译、注释以及介绍”(p.8,引言)。特别值得西方汉学家关注的是,理雅各的翻译本中还提供了一个上百部他经常使用的中国原典注释版本和参考书目,而且,理氏的译本还参考了当时仍有帮助价值的、珍贵的拉丁本、法文本、德译本和英译本,也因此,理氏也就成为了中国古代文学研究大师,并因此而确立了他自己在翻译其他文学中国家民族文学中前不见古人、后不见来者的杰出人格及学术标准(p.8,引言)。作者还认为,虽然理氏的工作据作者时代结束已经有三十年了,而他之后,也还有不少译者在继续中国古代经典的翻译工作,甚至他们的译文可能也更为流畅华丽,但与理雅各的译本相比,他们的译本一般都失去了不少“准确性”。不过,在1910年后的西方译本中,引言也肯定了苏慧廉的英译本和卫礼贤(Richard Wilhelm)的德译本。同时,对于理氏,主要是他的译本,作者也指出他的神学家色彩有时候要浓厚于他的中国学学者色彩(p.9,引言)。作者认为,理雅各接受的是19世纪早期的神学信条,认为,“the Chinese people must have been colonists from the west after the Tower of Babel incident”(p.9,引言。作者的这一评述未必符合理雅各思想的实际状况),因此,理氏对于中国人的早期发展“缺乏远见”(p.9,引言)。引言作者还认为,理氏的上述立场影响到了他翻译“God”这个重要的概念,同时也使得他对于中国宗教的自然源起“盲目不见”(p.9,引言)。不仅如此,还影响到他对中国人的道德品质和社会机制的意义缺乏认识(p.9,引言)。作者在介绍西方学者们有关翻译研究上述选题的同时,也提到上述选题的研究也要参考孔子之后两千四百年间中国学者们的研究成果。作者认为,正是借助于这些里程碑、记录,以及卷帙浩繁的评论诠释,现代研究者们才可能带着研究古希腊、罗马文学一样的信心去研究中国古代经典(p.13,引言)。

16. *The Story of Oriental Philosophy*

作者为L. Adams Beck,1928年由Cosmopolitan Book Corporation/New York Mcmxxxi出版。其中关涉中国部分不少。

17. *Studies in Chinese Religion*

作者为汉学家庄延龄(E. H. Parker, M. A.),英国曼彻斯特的维多利亚大学的中文教授。该书1910年由Chapman & Hall, Ltd. 出版。

18. *Researches into Chinese Superstitions*

该书原法文作者为Henry Dore, S. J.,后由M. Kennelly, S. J. 翻译成英文,由Tusewei Printing Press 1916年出版。该书为多卷本的系统研究中国人的民间信仰迷信的著作。

19. *A Comparative Study of Life and Ideals*

该书中文名称为《生活理想之比较研究》,该书作者为冯友兰(Yu-Lan Fung),1924年由The Commercial Press, Ltd.;Shanghai China出版。

该书一共三部分十五章。其中引言包括"哲学与人生"、"自然的理想化与艺术的理想化"、"退隐的方式与演进的方式"和"第三个视角"四部分。其中在"自然的理想化与退隐方式"一章中,主要提到了中国的"浪漫主义"思想的始祖:庄子。该章内容包括:庄子的道的观念、庄子的幸福观、社会和政治哲学、个人崇拜与理想的人、纯粹经验世界、个体与整体联合的幸福等五节。在第三章中,主要论述了"唯心主义:柏拉图"的哲学思想。第四章论述"虚无主义:叔本华",而第五章为第一部分的总结,分"禁欲主义"、"反一知识主义"和"神秘主义";第二部分即"艺术的理想化与演进方式",包括如下几章:第六章论述中国古代快乐论的鼻祖杨朱,第七章为论述"功利主义"的墨子,第八章为论述西方的"进步主义"(Progressism)的笛卡儿、培根与费希特(Fichte),第九章作为第二部分总结论述,涉及"快乐论"、"知识主义"和"利己主义";第三部分标题为"自然和艺术的连贯性的理想化以及行为的善"。其中第十章论述"义"、"孔子的道的思想"、"有用的艺术的缘起"以及"礼与乐"、"国家的源起"、"世界的进化"、"行为的善"、"理性的幸福"、"内在与外在的联合"等。第十一章论述亚里士多德,第十二章论述"新儒家",包括"一般体系"、"对佛教的批评"、"爱的中庸"、"热情与自然恶"、"绝对宁静"和结语。第十三章为"黑格尔",第十四章为第三部分之总结,包括"禁欲主义与享乐主义"、"反一知识主义与知识主义"、"神秘主义与利己主义"等。第十五章为总结论,包括"哲学家的盲目"、"哲学问题"、"哲学与宗教"、"哲学与科学"、"哲学与历史"、"哲学与艺术"等。冯友兰该书为其在美博士论文。其中已经涉及中西哲学思想的比较研究，当然主要内容集中在生活理想之上。而他对东西方“浪漫主义”和西方“进步主义”的评述，与白璧德在观点上倒有不少接近处，不同的只是比较评述所服务的目的存在着差异。

20. *Truth and Tradition in Chinese Buddhism*: *A Study of Chinese Mahayana Buddhism*（《中国大乘佛教研究》或者《汉传佛教的真理与传统》）

该书作者为 Karl Ludvig Reichelt（艾香德），该书由 Kathrina Van Wagenen Bugge 自挪威语翻译成英语。出版社为商务印书馆，时间为 1934 年。这是一部研究汉传大乘佛教的学术专著。

21. *Moral Tenets and Customs in China*

该书由 L. Davrout，S. J. of the Chihli S. E. Mission 翻译并注释，1913 年由河间府（Ho-Kien-Fu）罗马天主教传教士会出版（Catholic Mission Press）。该书原作者为戴遂良（Dr. L. Wieger）。据翻译者在译本序中称：该书原作者在中国哲学、历史、习俗、迷信以及宗教方面的研究，为其奠定了在西方汉学研究方面的公认地位及学术声誉。其十二卷本的《入门》（Rudiments）更为其研究中国的百科全书式的著作，其学术实用价值已为大多数中国学研究权威们所认同（p. 1）。而且该书曾经获得“儒莲学术奖”（Prix Stanislas Julien），获奖时间为 1905 年。由巴黎的 Paris Academie des Inscriptions et Belles-Lettres 授予。白璧德关于中国早期道家思想研究所依据的《道德经》、《庄子》等，就是戴遂良的译本。

22. *The Real Chinaman*

该书作者为 Chester Holcombe（曾多年担任美国驻北京公使团翻译、秘书以及公使）。该书 1895 年由美国纽约的 Dodd，Mead&Company 出版。该出版社此时期出版了不少有关中国的书籍。在第一章中，除介绍“中国最近与西方国际之接触”外，还对比了“东方世界”与“西方世界”，其中关涉中国人对于外人之无知，以及鸦片战争之后所暴露出来的中、西彼此之误解。在该书第三章中，专门介绍了“中国语言”，第四章为“中国人的家庭生活”，第五章为“中国人的社会生活”，第六章为“中国人的宗教”，第七章为“中国人的迷信”。另外在涉及近代中国部分，还介绍了“中国的法院”、“官与民”、“教育与文学”、“礼仪”、“商人与贸易技巧”以及“中国的穷人”、“中国的金融体系”等，是一本介绍性的读物。

23. *Miscellaneous Notices Relating to China*, *and Our Commercial In-*

tercourse with That country

作者为英国东印度公司中文翻译史当东(Sir George Thomas Stauntion, Bart, LL. D&F. R. S),后曾经担任英国国会议员。该书 1822 年由 H. Skelton, West-Street, Havant 出版,这是一本有关中国政治、民俗、语言文学、经济贸易综合性的翻译介绍著作。

24. *The Foreigner In Far Cathay*

作者为麦都思(W. H. Medhurst, H. B. M. Consul, Shanghai),该书 1872 年由伦敦的 Edward Strford, 6&7, Charing Cross, S. W 出版。作者曾经为伦敦传道会上海印刷所主持(即墨海书馆),王韬等曾经佐助他翻译《圣经》以及西方科技著作。这是一本介绍中国社会风俗习惯(包括饮食起居,以及中国社会机构和传教士在中国的一些情况)的通俗读物。

25. *Chinese Civilization*: *An Introduction to Sinology*

该书作者为江亢虎(Jiang Kang-hu)。该书中文书名为《中国文化叙论》,1935 年由中华书局出版(Chung Hwa Book Co., Ltd. Shanghai China)。该书虽然出版于 1935 年,但据作者在序言中介绍,实为作者 1913 年在美国加州大学作的有关中国文化的系列讲座的汇总。

26. Weighed in China's Balance

该书作者为 Paul King,出书之时已经退休卸任。该书 1928 年由 Heath Cranton Limited, London 出版。该书提到曾经参阅下列关于中国研究的西方汉学著作:

China and the Nations	Wong Ching—Wai
China of the Chinese	E. T. Chalmers Werner
Chinese Buddhism	Joseph Edkins
Eight Letters to a Missionary	R. F. Johnston
The Englishman in China	Alexander Michie
Ignatius Loyola	Paul van Dyke
The Inquisition	A. L. Maycock
Journeys in North China	Alexander Williamson
Life of Griffith John	Nelson Bitton
Musing of a Chinese Mystic	Lionel Giles and H. A. Giles
The Religion of the Koran	Arthur N. Wollaston

Robert Morrison, China's Pioneer	Ernest H. Hayes
The Sayings of Confucius	Lionel Giles
The Sayings of Lao Tzu	Lionel Giles
Seventy Summers	Poultney Bigelow

27. *The Lore of Cathay or The Intellect of China*

该书作者为丁韪良(W. A. P. Martin, D. D. , LL. D, Formerly president of the Chinese university)。丁韪良有关中国的著作还有"A cycle of Cathay"和"The Siege in Peking"等。该书1912年由纽约、芝加哥以及多伦多三处的 Fleming H. Revell Company 出版。该书为丁韪良集十年之功,专注于中国知识分子生活研究(Introduction Note)之成果,主要涉及中国文学、哲学、教育和宗教历史。丁作为一位西方传教士和教育者,在中国服务生活了六十二年。在丁韪良自己为该书所写的序言中,他这样阐述了自己研究中国的动因:对于东西方知识上的互动,一个基本点就是双边的知识分子的理解。而如果中国要成为文明国家大家庭中的一部分——中国思想、中国人的历史和生活的基本的原则必须被理解(p. 2, One essential to this intellectual interaction is mutual intellectual comprehension. If China is to be a part of the family of civilized states-Chinese thought, the principles at the basis of Chinese history and life must be understood)。该书包括五章及一个序言"中国的觉醒"。第一章为"中国之于艺术与科学的贡献";第二章为"中国文学";第三章为"中国人的宗教与哲学";第四章为"中国的教育";第五章为"中国历史研究"。

28. *Forty years in China or China in Transition*

该书作者为 Rev. R. H. Graves D. D. , 1895年由美国巴尔狄莫(Baltimore)的 R. H. Woodward Company 出版。其中列有下面这些标题:"旧与新"、"中国的现在"、"中国的保守主义"、"中国的毁灭力量"以及"中国的建构力量"。其中关于中国的保守主义一章中,作者这样写道:对于西方人来说,中国人最引人注目的特性,就是他们强烈的、巨大的保守主义(p. 36)。对于中国人所表现出来的在文化上的傲慢以及对于外人的无知,作者倒是给予了充分的体谅:"没有一个民族可以垄断所有美德"(p. 36)。作者还批评了中国知识分子们所坚持的"华夷之大防"观点,认为这种思想,在中国文化处于文明世界的中心的时代,还有积极的意义,而当中国处于文明发展的停滞阶段而世界上其他国家，特别是西方近代工业化国家正处于社会文明充分快速发展的状况之下的时候，上述所固守的“华夷”之大防，实际上又成了思想狭隘和闭关自守的理论教条。而作者所面对的现实是，当时不少中国知识者还将西方人称为传统意义上的蛮夷或者野蛮人。就在该书40页论述中国人在文化上的这种自满自大以及对于西方人的无知时，作者专门提到了英国传教士、中国经典的翻译者理雅各晚年专注的中国古代文化译介工作，即把儒家经典介绍给欧洲或者西方读者。作者就此这样评述道：好像中国并不需要基督教一样，理雅各博士作为一个在香港服务生活了多年的基督教传教士，现如今是牛津大学的一名中文教授，并将其晚年所有岁月都贡献给了中国圣人们的著作的翻译和出版工作。据此有些中国人便推断声言理雅各博士已经深信中国人不需要基督教，所以他如今正试图说服英国人转而接受儒家学说(p. 40)。

29. *The Meeting of East and West*

该书作者为F. S. C. Northrop，美国耶鲁大学Silliman学院哲学教授、院长。该书1946年由The Macmillan Company出版。在该书扉页上，作者引用了墨子的一句话：where standards differ there will be opposition. But how can the standards in the world be unified?

该书主要针对当时全球范围内的“意识形态冲突”，比较了墨西哥丰富的民族文化资源、美国的工业文明、英国的独特的民主因素、德国的唯心主义思想、苏联的社会主义和共产主义、罗马天主教文化和古希腊科学以及在此基础之上的西方文明的意义，还有就是东方的古代文明及其意义。

30. *China：A History of the Laws，Manners，and Customs of the People*

该书作者为John Henry Gray，M. A. LL. D，1878年由伦敦的Macmillan and Co. 出版。该书比较全面地介绍了中国政治、政府、宗教、社会、人民、习俗、运动等。

31. *Ancient China Simplified*

该书作者为庄延龄，英国曼彻斯特维多利亚大学中文教授，1908年由伦敦的Chapman & Hall，Ltd. 出版。这是一部中国古代历史的简编本，正如它的封面上所写的另一个中文名称《诸夏原来》。

32. *Early Chinese History：Are the Chinese Classics Forced?*

该书作者为林乐知(H. J. Allen，即 Herbert J. Allen，F. R. G. S)。该书 1906 年由伦敦的 Society for Promotions Christian Knowledge 出版。书中介绍了中国五帝、夏商周几个朝代以及《诗经》、《易经》、《礼记》、《春秋》、《左传》、《论语》、《孟子》等儒家经典以及道家的老子、庄子。

33. *China in Convulsion*

该书作者为 Arthur H. Smith。1901 年由 Fleming H. Revell Company 出版。作者为美国在华传教士会员，在中国服务生活了二十九年，同时还著有《中国特性》、《中国的乡村生活》等。这是一部有关新教和罗马天主教在中国传播的书籍，同时还涉及对改革的态度、在华传教士的状况等。

34. *Jesuit Adventure in China*：*During the Reign of Kang Hsi*

作者为 Eloise Talcott Hibbert，1941 年由 E. P. Dutton and Company 出版，专门研究康熙时代中西政治宗教冲突及外交关系。

35. *What's Wrong with China*

作者为 Rodney Gillbert，由 London 的 John Murray，Albermarle，Street，W. 出版。该书分中国的社会传统、语言与文学、历史、人性标准、对外关系、暴乱与外国影响等几部分，对中国作了综合介绍。

36. *The United States and China*

该书作者为 John King Fairbank(费正清)，1948 年由 Harvard University Press 出版。该书被评为当年度单行著作中有关中国的最优秀专著。

37. *Middle Kingdom*：*A Survey of the Georgraphy*、*Government*、*Li-terature*、*Social life*、*Arts and History*

该书作者为卫三畏(S. Wells Williams，LL. D)，1883 年由纽约的 Charles Scribner' sons 出版。作者曾经为美国耶鲁学院中国语言和文学教授，并编有中文字典，该书中文书名为《中国总论》。这是一部被广泛征引的中国学著作，理雅各论述康熙、雍正两朝的《圣谕广训》及《圣谕广训衍》的专题讲演，曾经参考该书中有关中国的科举取士制度部分内容。

38. *China Opened*

该书作者为郭士腊(The Rev. Charles Gutzlaff)。1838 年由伦敦的 Smith：Elder and Co.，出版。

39. *The Life of John Livingston Nevius*：*For Forty Years A Missionary in China*

该书作者为倪维思(Nevius)的夫人 Helen S. Coan Nevius，并由京师同文馆英文总教习丁韪良撰写序言，1895 年由 Fleming H. Revell Company 出版。这是倪维思在华四十年传记。

40. *Western Civilization and the Far East*

该书作者为 Stephen King-Hall，1924 年由 Methuen&Co.，Ltd.，London 出版。

41. *Forty-Five Years In China*：*Reminiscences By Timothy Richard*，D. D.，Litt. D.

该书 1916 年由纽约的 Frederick A. Stokes Company 出版，是传教士李提摩太在华传记。

42. *Imperfect Understanding*

该书作者为曾经担任国立北京大学外语系系主任的温源宁，1935 年由 Kelly&Walsh，Ltd.，Shanghai 出版。这是温源宁关于他的大学同事或者朋友的人像素描，一共十七人，按顺序分别为吴宓、胡适、徐志摩、周作人、梁遇春、王文显、朱兆莘、顾维钧、丁文江、辜鸿铭、吴麦熙、杨丙辰、周廷旭、陈通伯、梁宗岱、盛成和程锡庚。

43. *Tu Fu*：*The Autobiography of a Chinese Poet*，A. D. 712—770

该书作者为 Florence Ayscough，1934 年由 Butler&Tanner，Ltd. 出版。这是一部研究杜甫生平及诗歌的专著，另外，该作者还著有 A Chines Mirror：Being the Reflections of Reality behind Appearance（1924 年由 Boston&New York：Houghton Mifflin Company 以及英国伦敦的 Jonathan Cape Ltd. 出版），以及 The Autobiography of a Chinese Dog 和 Fir-Flower Tablets：Poems translated from the Chinese。值得注意的是，该书题记中多次提到美国"意象派"运动的领袖 Amy Lowell。在《中国的镜子》一书扉页，更是标明该书献给后者。作者对于中国诗歌的研究，是否能够从西方的视角证明在西方意象主义诗歌运动背后，潜隐着中国要素呢？更何况意象主义诗歌运动的精神领袖庞德以及另一个重要诗人艾略特都曾经对中国古代诗歌作过研读，并有不少启发。

参考文献

1.[英]阿伦·布洛克．西方人文主义传统．董乐山译．北京：生活·读书·新知三联书店，1997.

2.[美]艾伦·布鲁姆．走向封闭的美国精神．缪青等译．北京：中国社会科学出版社，1994.

3.[美]列文森．儒教中国及其现代命运．郑大华等译．北京：中国社会科学出版社，2000.

4.[英]托·斯·艾略特．艾略特文学论文选．李赋宁译．南昌：百花洲文艺出版社，1994.

5.[法]马赛尔·普鲁斯特．驳圣伯夫．王道乾译．南昌：百花洲文艺出版社，1992.

6. 陈寅恪．陈寅恪诗集．北京：清华大学出版社，1993.

7. 吴宓．吴宓诗及其诗话．吕效祖主编．西安：陕西人民出版社，1992.

8. 吴宓．吴宓日记．北京：生活·读书·新知三联书店，1998.

9. 梅光笛．梅光笛先生家书集．台北：台湾中国文化学院，1980.

10.[英]埃里克·J. 夏普．比较宗教学史．吕大吉等译．上海：上海人民出版社，1988.

11. 乐黛云．跨文化之桥．北京：北京大学出版社，2002.

12.[美]威廉·巴雷特．非理性的人．杨照明等译．北京：商务印书馆，1999.

13.[美]马泰·卡林内斯库．现代性的五副面孔．周宪等译．北京：商务印书馆，2002.

14.[美]特伦斯·欧文．古典思想．覃方明译．沈阳：辽宁教育出版社，牛津大学出版社，1998.

15.[英]罗素．中国问题．秦悦译．上海：学林出版社，1996.

16. 张椿年．从信仰到理性——意大利人文主义研究．杭州：浙江人民出版社，1993.

17. 林毓生．中国传统的创造性转化．北京：生活·读书·新知三联书店，1988.

18. 余英时．文史传统与文化重建．北京：生活·读书·新知三联书店，2004.

19. 马一浮．默然不说声如雷：马一浮新儒学论著辑要．滕复编．北京：中国广播电视出版社，1995.

20. [美]M. H. 艾布拉姆斯．镜与灯．郦稚牛等译．北京：北京大学出版社，1989.

21. 钱满素．爱默生和中国．北京：生活·读书·新知三联书店，1996.

22. 学衡．1922 年 1 月至 1933 年，共 79 期.

23. 大公报·文学副刊．1928 年 1 月 2 日至 1934 年 1 月 1 日，共 313 期.

后　　记

2003年仲夏，我到北京开会，特地去北大看望乐黛云先生。时正京中伏天，酷热难耐，但朗润园的红莲池旁，竟然还能感觉到一丝凉意，不知是心境，抑或天意。就在此次向乐先生问学中间，先生告知正在筹划一套有关"外国思想家与中国文化"的著作丛书，希望我能够接受并完成关于美国文化批评家白璧德与中国文化这一课题。先生的信任已让我感动，而先生的"你为此书最合适作者"的鼓励，则又让我汗颜。

在白璧德及其人文主义、"学衡"派知识分子群研究等方面，先生予我之关照提携多且厚矣。我的有关艾略特对于白璧德人文主义的诠释与批判、白璧德对于西方主义的批判等文稿，均为应先生之邀而作，并承先生雅意抬爱，未作任何删削地刊登于由先生主持的《跨文化对话》第八、十二期上。此外，还有我翻译的梅光迪回忆白璧德的一篇文稿，也经先生恩准，刊登于该刊。尤为让我感铭于心者，是我应浙江大学社科部之邀，编辑了《梅光迪文集》，当我在将文集提交商务印书馆之前请先生为此文集赐序时，正值先生即将去美国斯坦福大学讲学。先生竟不辞行前事繁，慨然允诺，并很快发来一篇关于梅光迪与五四新文学和新文化运动的专门论文，其中有关梅光迪之于胡适白话文学改良主张之特殊贡献的论述，发前论之未发，既精且当，对我读解梅光迪启发至多。这些启发，部分已落实在已经完成并呈现于读者诸君面前的这部著作中了。

我初知白璧德之名，时在1995年。当时我在武汉一所大学教书。一美籍外教临归国前，送给我一批西方文学理论书籍，其中就有白璧德的《文学与美国大学》。我至今仍记得这位无意中对我后来的白璧德及其人文主义研究提供了因缘契机的美籍外教的名字：John Veltema，学生们都叫他“老杜”。

而在20世纪80年代末、90年代初，随着国内知识界、思想界对于现代中国知识分子研究的深入扩展，特别是对于激进知识分子和左翼知识分子之外的现代自由知识分子与保守知识分子研究的深入，白璧德与“学衡”派知识分子群逐渐进入到研究批评之中，并先后出版了一批与“学衡”派知识分子群相关的文集、选集、日记、年谱等文献资料，这无疑为现代中国这一不应该被遗忘忽略的知识分子群体的研究，奠定了一个必不可少的基础。

而此时，我已经离开武汉，在复旦大学中文系，师从陈思和先生，攻读中国现当代文学专业的博士学位。我选定的博士论文选题，就是白璧德与“学衡”派知识分子群研究。复旦师门四载，获益之多，至今思之，心动怦然。思和师的宽容与奖掖，于我读书做事，俱为珍贵。然愚生驽钝，于学业精进迟缓，此为学之惰矣。

但我对于白璧德与“学衡”派知识分子群的研究并未终止。其间，美国人文协会（National Humanities Institute）主席、美国《人文》（*Humanitas*）主编、华盛顿天主教大学政治学系主任、国际知名的白璧德及其人文主义研究专家Claes G. Ryn教授，对于我的研究给予了极大的支持和鼓励，先后给我寄来了他的研究白璧德思想的专著《意志、想象与理性》以及他为美国Transaction版《卢梭与浪漫主义》、《性格与文化》等书撰写的长篇绪论，并在他来华参加国际比较文学会议期间，专门与我就白璧德及相关话题进行了富有启发和令人难忘的探讨。而他的朋友、美国人文协会会长、美国《人文》主编Joseph Baldacchino先生，更是古道热肠，给我寄来了如今即便在美国也非常难以弄到的《白璧德：人与师》一书（这部我一直期待能够一读的文献，竟然如此轻易地到了我的手中，当我翻阅这部书时，都还有一种恍然若梦之感）。而这部文献对于我的研究写作的帮助，读者诸君完全可以从我的这部著作中看出。不仅如此，Joseph Baldacchino先生还给我复印并寄来了美国密歇根大学教授、白璧德研究专家John W. Aldridge教授撰写的一篇《白璧德在中国和白璧德与中国》的论文，还有最新数期《人文》刊物。这种跨国“人文情谊”，或许就是白璧德所乐道的“人文道德”之当代呼应。

本书集中撰写，其实只有不到半年时间。其间我还穿插翻译了英国19世纪传教士—汉学家理雅各的传记《理雅各：传教士与汉学家》，并准备撰写《〈中国评论〉与晚清中英文学交流》一书（已完成，广东人民出版社即出）。所以中间未免有仓促之处，还望读者诸君谅解。而此书收尾之时，正是杭城大暑，因为电力紧张，偶尔还会遇上拉闸限电。挥汗赶字，其中甘苦，扪心自知。而我的妻子周俐玲女士和女儿段孟姝每于此时对我的支持和鼓励，也是这本书终于按期完成的一个保证。

书稿初稿完成后，得到责任编辑王红梅女士及书稿评审者的悉心阅读，就初稿内容、观点、语句乃至标点符号等，一一提出详细修改意见，并对该选题本身的学术价值，予以了充分肯定。接到审读修改意见后，我对初稿内容文字又作了比较大的修改。呈现在读者面前的，就是修改后的书稿。

白璧德不是一个经典意义上的哲学家，也不是一个学院派意义上的“文献学”式的思想研究者，甚至也不是19世纪末期西方那种流行的比较宗教、文学研究者。白璧德对于西方思想学术的读解批评，与他对于东方和中国思想学术的读解批评一样，都具有鲜明的个人思想风格。如何在处理白璧德这一思想个案的同时，兼顾西方19世纪以降的中国研究或者中国学传统，并在一个更宽泛的西方中国学的历史语境中，来回应白璧德在20世纪初期面对世界范围内的现代主义浪潮之时所发出的批评声音，一直是本书必须面对并试图解决的主要课题。鉴于本书并非专门的白璧德思想研究评论著作，所以在白璧德人文主义思想一章，分几个专题，就其主要思想观点作了介绍说明。

而白璧德与中国文化之间的关系，在作者看来，主要表现在两个方面，一是他与中国古代思想传统之间的关系，这主要体现在他对中国古代儒家思想资源的读解和借镜上；二是他与现代中国之间的关系，这主要体现在他对现代中国知识阶级的现状的关注以及与一些现代知识分子之间的具体师承关系上。对于上述两种关系，书稿分两章予以了阐述说明。

白璧德是一个思想视野开阔、历史意识浓厚、社会责任意识强烈的文化批评家。他自己的那些著作即已显示出，他从来就没有把自己的思想限制在狭隘的专业范围之内，而是延伸到与文学、宗教、政治、哲学、伦理学、社会学等相关学科，并超越国别民族的思想文化界域，在东、西方思想文化的历史长廊之中纵横捭阖。对于他的批评所涉及的诸多学科，特别是宗教，本书作者限于学力，只能作些现象式的解读说明，而难以深入剖析，在此谨向读者诸君说明。

段怀清　2004 年 6 月 24 日杭州华家池初稿
11 月 8 日杭州华家池二稿
2005 年 6 月 4 日杭州华家池三稿